Hommes et Femmes du Moyen Âge
Jacques Le Goff

中世纪的面孔

[法] 雅克·勒高夫 主编

申华明 译

Sous la direction de
Jacques Le Goff
HOMMES ET FEMMES DU MOYEN ÂGE
© Flammarion Paris, 2012

致 谢

感谢弗拉马里翁出版社向我提出本书的选题意向，并与我共同确定其结构和内容。特别感谢最先与我进行沟通的克莱尔·阿谢尔（Claire Archer）女士，她对本书表现出充分的兴趣，即便她离开弗拉马里翁出版社之后，仍为本书尽心尽力。同样感谢接替阿谢尔女士的亚历山大·屈尔尼耶（Alexandre Curnier），对于本书的编辑和配图过程中所出现的一切问题，他都以专业而友好的态度与我交流。感谢弗拉马里翁出版社的肖像研究学者和校对者们，他们为本书的质量和图片的趣味性做出了巨大贡献。衷心感谢欣然同意为本书撰稿的同事和朋友们，这是一份名副其实的集体成果。最后感谢苏菲·布罗纳女士（Sophie Brones）和奥雷利安·格罗（Aurélien Gros），他们为本书奉献了自己的才干与智慧。

雅克·勒高夫

主编和出版者谨向本书的作者表示诚挚感谢：

马丁·奥雷勒（Martin Aurell, M.A.）

斯维尔·巴戈（Sverre Bagg, S.B.）

约翰·鲍德温（John Baldwin, J.B.）

米歇尔·巴尼亚（Michel Banniard, M.B.）

阿里·本马克鲁夫（Ali Benmakhlouf, A.B.）

让-路易·比热（Jean-Louis Biget, J.-L.B.）

丹尼尔·波勒（Danielle Bohler, D.B.）

阿兰·布罗（Alain Boureau, A.B.）

艾丽莎·布利里（Elisa Brilli, E.B.）

贝尔纳·舍瓦利耶（Bernard Chevalier, B.C.）

马丁娜·克卢佐（Martine Clouzot，M.C.）

菲利普·孔塔米纳（Philippe Contamine, P.C.）

安德烈·克雷潘（André Crépin, A.C.）

雅克·达拉兰（Jacques Dalarun, J.D.）

让·德吕莫（Jean Delumeau, J.D.）

布鲁诺·杜梅齐尔（Bruno Dumézil, B.D.）

齐亚拉·福卢戈尼（Chiara Frugoni, C.F.）

克洛德·戈瓦尔（Claude Gauvard, C.G.）

让-菲利普·热内（Jean-Philippe Genet, J.-P.G.）

多米尼克·伊奥尼亚-普拉特（Dominique Iogna-Prat, D.I.-P.）

珍妮·乔琛斯（Jenny Jochens, J.J.）

布鲁诺·朱迪克（Bruno Judic, B.J.）

加波尔·柯拉尼茨泽（Gabor Klaniczay, G.K.）

戈尔基·克罗佐斯基（Gerzi Kloczowski, G.K.）

凯瑟琳·柯尼阁-普拉龙（Catherine König-Pralong, C.K.-P.）

雅克·科里南（Jacques Krynen, J.K.）

雅克·勒高夫（Jacques Le Goff, J.L.G.）

雷吉娜·勒让（Régine Le Jan, R.L.J.）

让-克洛德·梅尔-维格（Jean-Claude Maire-Vigueur, J.-C. M.-V.）

德尼斯·芒若（Denis Menjot, D.M.）

皮埃尔·莫奈（Pierre Monnet, P.M.）

马丁·奈捷德里（Martin Nejedlý, M.N.）

皮埃尔·拉辛（Pierre Racine, P.R.）

贝尔纳·里贝蒙（Bernard Ribémont, B.R.）

皮埃尔·里谢（Pierre Riché, P.R.）

雅克琳·里塞（Jacqueline Risset, J.R.）

丹尼尔·鲁索（Daniel Russo, D.R.）

让-克洛德·施密特（Jean-Claude Schmitt, J.-C.S.）

米歇尔·塞内拉尔（Michel Senellart, M.S.）

托尔菲·H. 图利尼乌斯（Torfi H. Tulinius, T.T.）

安德烈·沃谢（André Vauchez, A.V.）

雅克·韦尔热（Jacques Verger, J.V.）

贝尔纳·樊尚（Bernard Vincent, B.V.）

目　录

缓慢的欧洲缔造者 ·· 1

II 从欧洲的基督教化到查理曼（325—814 年）

图尔的圣马丁（Saint Martin de Tours）·················· 14

希波的圣奥古斯丁（Saint Augustin d'Hippone）········· 18

埃吉丽亚（或埃特丽亚）（Égérie ou Éthérie）··········· 23

努西亚的圣本笃（Saint Benoît de Nursie）··············· 24

阿提拉（Attila）··· 28

狄奥多里克大帝（Théodoric Le Grand）·················· 32

克洛维（Clovis）·· 34

波爱修斯（Boèce）·· 37

卡西奥多罗斯（Cassiodore）································· 42

圣拉德贡德（Sainte Radegonde）··························· 46

布隆纳特（Brunehaut）·· 49

图尔的格里高利（Grégoire de Tours）····················· 51

格里高利一世（Grégoire Ier le Grand）···················· 55

圣科伦巴努斯（Saint Colomban）··························· 59

塞维利亚的伊西多尔（Isidore de Séville）················· 61

圣安利日（Saint Éloi）··· 65

达戈贝尔（Dagobert）·· 67

比德（Bède）·· 71

查理·马特（铁锤查理）（Charles Martel）··············· 75

阿尔昆（Alcuin） 80
阿尼亚纳的本笃（Benoît d'Aniane） 84
利埃巴纳的贝阿图斯（Beatus de Liébana） 86
查理曼（Charlemagne） 92
多达（Dhuoda） 96

99 从查理曼到公元 1000 年（814—1000 年）

阿尔弗雷德大帝（Alfred le Grand） 102
奥托大帝（Otton le Grand） 105
奥利亚克的热贝尔（Gerbert d'Aurillac） 110
圣阿德尔伯特（Saint Adalbert） 113
圣艾蒂安（Saint Étienne） 119
克努特大帝（Knut le Grand） 123
圣瓦茨拉夫（Saint Venceslas (Vacľav)） 126

131 中世纪中期（1000—1300 年）

阿雷佐的圭多（Gui d'Arezzo） 137
古德里德·索尔布亚纳多第尔（Gudrid Thorbjarnardottir） 140
格里高利七世（希尔德布兰德）（Grégoire Ⅶ (Hildebrand)） 143
征服者威廉（Guillaume le Conquérant） 146
坎特伯雷的圣安瑟伦（Saint Anselme de Cantorbéry） 150
"骁将"熙德（Cid Campeador） 153
阿布里赛尔的罗贝尔与蒙索罗的赫森德
　（Robert d'Arbrissel et Hersende de Montsoreau） 157
卡诺萨的玛蒂尔达（Mathilde de Canossa） 161
阿伯拉尔与爱洛漪丝（Abélard et Héloïse） 165
絮热（Suger） 169
布雷西亚的阿尔诺（Arnaud de Brescia） 173

克莱沃的圣贝尔纳（Saint Bernard de Clairvaux）……175

尊者彼得（Pierre le Vénérable）……179

宾根的希尔德加德（Hildegarde de Bingen）……183

彼得·隆巴德（Pierre Lombard）……187

圣托马斯·贝克特（Saint Thomas Becket）……189

旺塔杜尔的贝尔纳（Bernard de Ventadour）……194

阿基坦的埃莉诺（Aliénor d'Aquitaine）……199

红胡子腓特烈一世（Frédéric Ier Barberousse）……204

阿威罗伊（Averroès）……209

弗洛拉的约阿西姆（Joachim de Flore）……212

特鲁瓦的克里蒂安（Chrétien de Troyes）……215

萨拉丁（Saladin）……221

狮心王理查（Richard Coeur de Lion）……225

英诺森三世（Innocent III）……231

腓力二世·奥古斯都（Philippe II Auguste）……235

圣多明我（Saint Dominique）……241

西里西亚的圣海德薇（雅德维加）

（Sainte Hedwige de Silésie (Jadwiga)）……244

史诺里·史特卢森（Snorri Sturluson）……245

阿西西的圣方济各和圣克莱尔

（Saint François d'Assise et sainte Claire）……249

大阿尔伯特（埃尔伯图斯·麦格努斯）（Albert le Grand）……255

腓特烈二世（Frédéric II）……260

哈康四世，老哈康（Haakon IV Haakonsson l'Ancien）……264

匈牙利的圣伊丽莎白（Sainte Élisabeth de Hongrie）……266

杜塞丽娜（Douceline）……271

圣路易（路易九世）和卡斯蒂利亚的布兰卡

（Saint Louis (Louis IX) et Blanche de Castille）……272

圣波拿文都拉（Saint Bonaventure）……277
布鲁奈陀·拉蒂尼（Brunetto Latini）……281
托马斯·阿奎那（Thomas d'Aquin）……284
瓦拉泽的雅各布斯（Jacques de Voragine）……289
拉蒙·鲁尔（Raymond Lulle）……292
智者阿方索十世（Alphonse X le Sage）……296
奇马布埃（Cimabue）……303
乔托·迪·邦多纳（Giotto di Bondone）……306
马可·波罗（Marco Polo）……311
约翰尼斯·埃克哈特（Johannes Eckhart）……318
贝尔纳·居伊（Bernard Gui）……321
但丁·阿利基耶里（Dante Alighieri）……323

动乱与变迁（1300—1500 年）

美男子腓力四世（Philippe IV le Bel）……335
奥卡姆的威廉（Guillaume d'Ockham）……341
乔万尼·薄伽丘（Boccace, Giovanni Boccaccio）……344
柯拉·迪·黎恩济（Cola di Rienzo）……347
波希米亚的查理四世（Charles IV de Bohême）……349
尼古拉·奥雷姆（Nicolas Oresme）……353
贝特朗·杜·盖克兰（Bertrand Du Guesclin）……356
艾蒂安·马塞尔（Étienne Marcel）……361
约翰·威克里夫（John Wyclif）……365
"英明的"查理五世（Charles V le Sage）……368
让·傅华萨（Jean Froissart）……374
杰弗里·乔叟（Geoffrey Chaucer）……379
锡耶纳的圣凯瑟琳（Sainte Catherine de Sienne）……385
瓦迪斯瓦夫·雅盖沃（Ladislas Jagellon）……390

扬·胡斯（Jean Hus） ······ 392

锡耶纳的圣贝尔纳迪诺（Saint Bernardin de Sienne） ······ 396

航海者亨利（Henri le Navigateur） ······ 400

雅克·科尔（Jacques Coeur） ······ 404

圣女贞德（Jeanne d'Arc） ······ 407

让·富盖（Jean Fouquet） ······ 413

"穿刺者"弗拉德三世（德古拉）

（Vlad III "l'Empaleur" (Dracula)） ······ 417

克里斯多夫·哥伦布（Christophe Colomb） ······ 421

429 虚构的人物

亚瑟王（Arthur） ······ 432

乡巴佬扎克（Jacques Bonhomme） ······ 439

祭司王约翰（Le Prêtre Jean） ······ 441

女教皇让娜（La papesse Jeanne） ······ 446

圣母玛利亚（La Vierge Marie） ······ 449

海妖梅露辛（Mélusine） ······ 453

梅林和薇薇安（Merlin et Viviane） ······ 456

列那狐（Renart） ······ 461

侠盗罗宾汉（Robin des Bois） ······ 465

罗兰（Roland） ······ 467

撒旦（Satan） ······ 471

477 附录

地图 ······ 478

大事年表 ······ 485

参考书目 ······ 495

缓慢的欧洲缔造者

历史在本书中的呈现方式似乎有些过时,因为它以重要人物为线索。诚然,从 20 世纪中期的年鉴学派运动以来,人们倾向于在社会和社会阶层的总体中寻找历史的意义。然而,构思本书并撰稿的历史学家们认为,著名的男人和女人可以作为一个社会和一个时代的典型代表。因此,由众人合力完成的这本书所介绍的是能够揭示时代特征、被视为历史英雄的个体。

本书在很大程度上受到历史学家 R. C. 戴维斯(Robert C. Davis)和 E. 林德史密斯(Elizabeth Lindsmith)的著作《文艺复兴时期的男人和女人:现代世界的创造者》(*Hommes et femmes de la Renaissance. Les inventeurs du monde moderne*)(弗拉马里翁出版社,译自英文版)的启发。这本书给我的灵感首先源自一个争议。众人皆知,"文艺复兴"(Renaissance)是一个较晚出现在历史文献中的概念。1860 年,瑞士历史学家布克哈特(Burckhardt)在《意大利文艺复兴时期的文化》(*La Civilisation de la Renaissance en Italie*)这部著作中创造了这个概念,用来指代传统的中世纪之后的一段时期,该书 1885 年被译成法文。必须明确指出的是,历史学家们首先普遍接受了这个被称为"文艺复兴"的中世纪之后的时期的特殊之处。毫无疑问,15 世纪,尤其是 16 世纪的确有革新之处(我们可以称之为"近代的"),但我对这个历史分期提出了质疑。在我看来,中世纪的主要特征一直延续到 18 世纪,18 世纪发生了两个催生了真正意义上的现代性的重大事件:从英国传播到欧洲大陆的工业革命;在 19 世纪传遍欧洲的法国大革命。可以说,这个漫长的中世纪在向前发展的不同阶段中穿插了多次复兴。人们牢记的有加洛林文艺复兴和 12 世纪的文艺复兴,在我看来,15 世纪和 16 世纪这段时期不过是第三次文艺复兴,但或许也是中世纪最重要的一次复兴。①既然必须尊重已经成为传统的历史分期,那么在我的思考和作品中,我将中世纪的结束确定在15世纪末,我也接受接下来的阶段是人们所说的文艺复兴。然而,我不太能够接受的是,R.C.戴维斯和E.林德史密斯在他们的著作中把15世纪也归入文艺复兴时期:15世纪虽然变化颇多,但绝对属于中世纪。尽管如此,我做出选择,没有把15世纪的某些男人和女人列入本书之中,以免出现信息重复。萨伏那洛拉(Savonarole)是了解宗教异端和中世纪穷人崇拜的经典人物,但很遗憾,我不得不放弃他,但是我仍然选择了六个15世纪的人物:锡耶纳的圣贝尔纳迪诺(saint Bernardin de Sienne)、克里斯多夫·哥伦布(Christophe Colomb)、航海者亨利(Henri le Navigateur)、雅克·科尔(Jacques Coeur)、圣女贞德(Jeanne d'Arc)和伟大的画家富盖(Fouquet)。我同样保留了扬·胡斯(Jean Hus,约1370—1415年),他在14世纪生活的时间长于15世纪,毋庸置疑,这是一位中世纪的异端分子,而非现代人物。我选择克里斯多夫·哥伦布是有些大胆的,实际上,从地理维度考虑的话,人们可以把哥伦布视为文艺复兴的奠基人之一。但我试图证明的是,虽然他在无意间发现了美洲大陆,但他的思想和行为方式仍是典型的中世纪人,如果把他视为现代性的创造者之一,可能会让人颇感诧异。

本书介绍的人物中有一定数量的女人,但远少于男人。这种不平衡并不是包括我们的社会在内的现代社会中始终存在的不平等的写照,它反映的是被文献记录下来的中世纪女人的真实地位。此外,我们可以发现这种劣势地位并不像我们想象的那么明显。与古代相比,中世纪之所以没有提高女性的地位,是因为基督教一方面赋予女人重要的地位,另一方面又让她们承担了两大教义带来的后果:一个是夏娃要为原罪承担责任,另一个是女人不能被提升为承担圣职的神职人员。然而,某些女人所拥有的声望表明了她们在中世纪的重要性。她们被接纳为高于其他所有人的新等级的成员:圣人。此外,她们在成为修女之时,也为推动同时代人的灵修和虔敬起到了重要作用。人们会发现,在城市

---

① 雅克·勒高夫,《漫长的中世纪》(*Un long Moyen Âge*),巴黎,塔朗迪耶出版社(Tallandier),2004年。

这个中世纪的重要产物之中，哪怕是在世俗生活中，女人也被赋予了具有宗教色彩的地位，例如不发愿的修女们。最能表明女性地位上升的事件或许是从12世纪开始迅速发展的圣母崇拜。最后，虽然社会和政治权力主要由男人掌控，地位最高的贵族阶层中的某些女人仍然扮演着重要角色。此外，在社会和价值体系中，骑士文学使出身贵族的女人获得了"贵妇人"（dame）的上层地位，依据封建制度，"贵妇人"拥有一切权力去支配身为"仆从"（vassal）的男人。

在这本借由重要人物来回顾中世纪的书中，我同样提到了虚构故事中的主角，因为在一个社会之中，与真实的生活和思想相比，虚构的想象有着同等的重要性和功效性。中世纪重要的虚拟人物各有特色。某些肯定（或非常可能）源自史实，他们成为神话之后才对时代和记忆产生影响，例如亚瑟王（Arthur）、罗兰（Roland）和侠盗罗宾汉（Robin des Bois）。还有一些角色源自基督教，他们在日常生活中扮演着能够操控超自然现象的角色，这个时代把人类生活视为一场善恶大战，邪恶阵营里有撒旦（Satan），善良阵营里有圣母玛利亚（la Vierge Marie）。最后，有一些人物源自民间故事，例如巫师梅林（Merlin）和海妖梅露辛（Mélusine），有一些来自文学作品，例如列那狐（Renart），还有一些具有社会讽喻色彩的人物，例如乡巴佬扎克（Jacques Bonhomme）。某些古代历史人物在中世纪频频被提及，从而被视为中世纪英雄，为避免书中内容冗长，我没有收录这样的人物，例如马其顿国王亚历山大大帝（Alexandre le Grand），人们相信他在各个领域都享有盛誉，他不仅战功赫赫，政治威望极高，还发明了许多神器物品，譬如许多细密画都描绘过他乘坐某种透明的潜水钟观察海底；再如古代犹太国王所罗门（Salomon），《圣经》和犹太教把他视为智慧的化身和争议的捍卫者，他在中世纪成为了一个备受争议和讨论的人物，更被视为一个几近异端的巫师。

透过对这些著名的男人和女人的观察，我们可以发现中世纪的特点之一便是新英雄形象的产生。某些来自基督教的发展，他们是介于上帝和凡人之间的圣人，上帝借他们之手施展神迹。圣人是基督教独有的特征之一，其他主要的宗教中没有这类人物。这类人在中世纪是最荣耀的群体，他们之中也有女人，重要的女性圣人的存在表明中世纪有一种试图实现某种意义上的男女平等的趋势。

如果说圣人是一种出现在欧洲的全新形象，那么国王就是一种从古代到中世纪发生彻底变革的形象。在古罗马时期，国王是被嘲讽的对象，希腊城邦对征服他们的马其顿国王腓力和亚历山大也疑心重重。国王是一种以波斯国王为原型的源自东方的现象。王政时代早早结束之后，罗马共和国将国王视为愚弄人民的可耻暴君；在罗马，即使在帝国时期，人民都是公民社会的基础。在基督教化的欧洲，正在形成的民族国家却常常把国王视为自己的首领。高卢便是最典型的案例，克洛维（Clovis）经历了加冕（le sacre）这个由基督教发明的宗教仪式之后，成为了国王。

最后，我们列举的一系列男性人物中还有行使着被视为至高的或者特别重要的职责的两类人：教皇和神学家。教皇有好有坏，女教皇让娜（la papesse Jeanne）这个独特的虚构人物也出现在书中。经院神学家受人尊敬依靠的不是权力，不是政治权威，而是他们的智慧，例如大阿尔伯特（Albert le Grand）和托马斯·阿奎那（Thomas d'Aquin）。古希腊和古罗马也有一些著名的哲学家，其中一位在中世纪恢复了影响力，因为他激起了不少大学学者的热情以及他们对教会的怀疑，他就是亚里士多德（Aristote）。我们可以通过中世纪社会新出现的权力机构来理解这些新人物的崛起：教会、王权、大学。这是中世纪的三股力量：神职（*Sacerdotium*）、君主统治（*Regnum*）、学术（*Studium*）。

本书中的人物介绍并不仅限于他们的生平和名望，他们也是各自时代的见证者，借由他们，历史研究在20世纪末发生了转折，事件史（histoire événementielle）全面让位于一种更全面、更深入、更集思广益的历史研究，推动历史的重要人物被视为一个时期、一个社会、一个文明的象征。这就是本书通过这些人物并且以要点形式所呈现的中世纪形象。这首先是我自己的观点，它或多或少也得到不少历史学家的赞同，这也是为何他们同意为本书撰写一篇或几篇文章。

我心中的中世纪与那种蒙昧落后的中世纪形象（英国人称之为"黑暗时

代")相去甚远(几乎完全相反)。这种暗黑形象由文艺复兴时期的人文学者提出,启蒙时代(18世纪)的哲学家和历史学家对其进一步阐释,虽然19世纪的浪漫主义有了新的观点,实证主义研究更加依靠文献、更具批判精神,但它们对这种形象只做了部分纠正。我在前面提到的"漫长的中世纪"(传统意义的中世纪也非常漫长,从4世纪一直到15世纪末)比人们所想的更加积极、更加进步(虽然这一时期不存在现代意义上的"进步")。诚然,人们不会在这段时期找到现代和当代社会中的典型人物,例如企业家、经济学家、媒体人士(记者、摄影师、广播员)。虽然没有任何重要的名字留给后世,但如同历史学家贝特朗·吉勒(Bertrand Gille)所指出的,从15世纪开始已经出现了一些工程师。3—9世纪是一个漫长而动荡的时期(人们倾向于称其为"古代晚期",而非"中世纪早期"),古代社会和文化经历了漫长的解体过程,新社会和新文化的出现也非常缓慢。然而,从10世纪,尤其是从11和12世纪的格里高利教会改革和12世纪的文艺复兴开始,新欧洲才开始真正出现。我们必须理解的是,当彼得拉克和文艺复兴的思想家创造出"中世纪"这个名词时,他们看到的不过是一个充满活力的古代与刚刚萌芽的现代之间的历史时期,"中"在某种程度上否认了这个时期的一切活力特征。我认为中世纪是一个具有创造力和生命力的漫长时期,我们如今仍然能看到的那些艺术品便是其产物和证据,例如声乐和器乐、油画、宗教建筑等,乔治·杜比(Georges Duby)所称的"大教堂时代"(le temps des cathédrales)备受赞赏,但这份赞赏却没有改变中世纪的形象。

我把这超过10个世纪的时间划分为四个阶段,后面章节会对每个阶段有详细介绍。第一个阶段介于古代晚期和中世纪早期。它从罗马皇帝君士坦丁确定基督教的政治地位(本书没有介绍君士坦丁,因为他属于古代人物)一直到查理曼去世。虽然查理曼的宫廷里都是文人,但他是一个复古式的人物,并不属于文艺复兴。实际上,公元800年在罗马被教皇加冕为皇帝之后,他考虑并期望位列罗马皇帝之列,即便他定都亚琛(Aix-la-Chapelle),仍希冀重新沐浴于罗马永恒的荣耀之中,完成罗马帝国未竟之业:让野蛮人接受并适应罗马文明。

他是一个罗马文明影响下的法兰克民族主义者。

第二个阶段从 9 世纪初查理曼病逝到公元 1000 年。与人们一直所说的恰恰相反，现代历史学家有充足的理由视公元 1000 年为一个重要的变化起点。但对当时的人们而言，这个年份并没有什么特别的吸引力。实际上，在这一时期，在教皇西尔维斯特二世（Sylvestre Ⅱ，即奥利亚克的热贝尔（Gerbert d'Aurillac））和神圣罗马皇帝奥托三世（Otton Ⅲ）的共同行动之下，基督教世界（la chrétienté）逐渐成形，在中世纪的地理范围之内，"基督教世界"成为欧洲最重要的名词。也是在这一时期，教皇和罗马皇帝统治下的基督教国家联盟逐渐形成。

第三个阶段（11—13 世纪）是发展最快、创造力最旺盛、重要人物最多的时期。我使用的是"中世纪中期"这个普通称呼，但我坚持用一些关键词来明确指出这一时期最重要的创造："城市、君主制、商人、经院哲学家、托钵修会"。在重要的人物之中，有些男人和女人在城市（中世纪的伟大创造，与古代城市截然不同）中生活，僧侣和大领主则主要生活在农村。在这段时期，君主国的国王定居在首都（capitale）。最初四处流动的商人开始定居下来。经院哲学家在城市的大学里授课和写作。最后，与以前经常住在偏远隐修院的僧侣不同，托钵修会的修士生活在城市修道院中，通常在城市中传教。

最后一个阶段（14 和 15 世纪）长久以来被视为一个充满危机的时期。但近期更为细致的研究表明，尽管农村和城市的确存在着动乱，但大部分历史学家所称的文艺复兴的萌芽已经出现。无论如何，这都是一个充满创造性的时期，所以我们应称之为一个充满变动而非危机的时期，这个阶段有历史上最常见的重大变化。真正的危机多少都与重要历史事件有关，但这一时期很罕见，变动也主要发生在某个特定的时间段内。动乱波及的既有农村，也有城市。法国所发生的情况是最典型的例子。在农村，农民起义被称为"扎克雷起义"，因为人们虚构了一个名叫乡巴佬扎克的起义领导者，本书最后一部分会有介绍。城市动乱主要发生在巴黎（伦敦或佛罗伦萨同样也不能避免），巴黎市长艾蒂安·马塞尔（Étienne Marcel）这个真实的历史人物代表了这起事件。动乱也发生在宗教领域；某些历史学家想要从中发现 16 世纪新教宗教改革的苗头，但我们也可以认为它们就是严格意义上的中世纪事件。宗教动乱的代表是两个重要的异端分子，即英国人威克里夫（Wyclif）和捷克人扬·胡斯（Jean Hus）。这个时期的历史变动还有更加明确的代表，此人也为15世纪末和16世纪的地理大发现打下了重要基础，他就是葡萄牙亲王航海者亨利。在不断发展的贸易领域，代表人物是神秘的、充满魅力的法国人雅克·科尔。

这个阶段的末期还有两个人物，他们代表了中世纪截然相对的两面。第一个人物代表了黑暗和恐怖的一面，罗马尼亚大公弗拉德三世（Vlad Ⅲ），他被同时代的人称为"穿刺者"（l'Empaleur），后成为吸血鬼德古拉的原型。与他相反的是代表善良的克里斯多夫·哥伦布，我想要表明的是他不知道自己发现的是美洲大陆，人们将其视为现代性的先驱之一，但他的思想使其成为与德古拉针锋相对的人物。

最后，第五部分没有遵循任何年代顺序，内容涉及的是虚构人物，我在前文中已经解释过为何将其选入本书。想象活动是中世纪最重要的现实之一，它不单单是幻想，也是人们的生活体验。

读者会发现这本书的人物列表中极少涉及文学家或艺术家。在很长一段时间里，艺术家保持匿名是规矩。实际上，艺术的概念是在中世纪时期慢慢出现的。如今我们能够叫出名字的艺术家中的大部分都是手工艺人；虽然劳动的价值有一定程度的提升，手工劳动，也就是艺术家们的劳动，将他们埋没于大部分手工艺人之中。基督教的美学概念得到承认是一个漫长的过程，安伯托·艾柯（Umberto Eco）在一本引人入胜的著作中指出，基督教美学概念在13世纪才真正形成。

人们常常将中世纪称为"大教堂时代"，这一时期的教堂遗址令人叹为观止。实际上，教堂是这一时期的重要工程，然而，我们并不知道大部分建造者是何人。虽然10世纪和11世纪留下了一些名字，但一直到13世纪，艺术家的概念才出现。通常，"艺术家"这个术语（它让创造有了新含义）的出现要追溯到13世纪末伟大的意大利画家乔托（Giotto）。本书之所以极少涉及艺术家，是因为他们在中世纪的社会处境相对较差。例如，手抄本中的装饰画是中世纪最令人着迷的作品,但大部分时候,我们并不知其作者是谁。本书也几乎没有涉及音乐,但它在这一时期却非常重要,例如宗教音乐领域出现了单旋律圣歌和复调歌曲;为乡间舞蹈伴奏的民间音乐,譬如凯乐舞曲(les caroles)以及至少从 13 世纪中期开始出现的基督教封斋期之前的狂欢节。我们可以从这一时期的某些细密画中发现那些纵情音乐的狂欢场景,其中非常有名的一幅展现的就是喧闹的狂欢节。我选择了阿雷佐的圭多(Gui d'Arezzo)作为音乐家的代表,他在 11 世纪初创造的音乐记谱法沿用至今。在文学创作领域,这个时期出现了一些重要的新事物。略微有些文化的人到处使用拉丁语,与此同时,本地语言开始与拉丁语竞争,迫使拉丁语退回教堂和大学之中(在这些地方,课堂之外也必须使用拉丁语)。本地语言上升为文学语言,与民族意识的发展有密切联系。法国北方是奥依语的天下,南方是奥克语的地盘。13 世纪初,法兰西国王已经不再自称 rex francorum(法兰克人的国王),而是 roi de France(法兰西国王)。文学在 13 世纪才开始显露声势,但它扩大了读者群体,吸纳了一定数量的有文化的世俗之人。新文学的代表人物有特鲁瓦的克里蒂安(Chrétien de Troyes)、但丁(Dante)、薄伽丘(Boccace)、傅华萨(Froissat)和乔叟(Chaucer)。

本书的列表中也基本没有穆斯林和犹太人,虽然从 8 世纪阿拉伯帝国征服伊比利亚半岛开始,直到 15 世纪,半岛上都有着数量众多的穆斯林。为了表明他们在基督教中世纪的重要性,我选取了一位重要的哲学家阿威罗伊(Averroès),他出生在被穆斯林占领的西班牙,并在 13 世纪对某些基督教经院哲学家产生了重要影响。我同样选择了有着神奇命运的库尔德人萨拉丁(Saladin),他曾经把十字军驱逐出巴勒斯坦,但在他死后的中世纪里,他却被基督教世界视为一个具有美德的伟人。

数量众多的犹太人曾经生活在中世纪的西方,但自 11 世纪开始受到迫害,遭遇大屠杀,这些屠杀时常与十字军东征有关。14 世纪,英法等国的犹太人遭到彻底驱逐,他们很少有人在历史上留下印记,因此,本书目录中没有犹太人。我曾犹豫是否选择 12 世纪的迈蒙尼德(Maïmonide),他出生在穆斯林统治时期的西班牙的科尔多瓦(Cordoue),那里的犹太人受到的待遇要好于基督教世界,但他后来在开罗定居,著作都在那里完成。我们不应当忘记穆斯林思想和犹太人思想在中世纪基督教世界的巨大影响，虽然一些著名人物的名字不足以完全描述这一现象，但也必须将其提到。列表中著名的男人和女人能够描绘某个历史阶段生动而多样的形象，但该阶段的其他要素却只能在社会大众或知识分子等某些领域中去了解。

最后，虽然在中世纪的人类想象中最常出现的人物之中，我选择了圣母玛利亚来代表善良，撒旦来代表邪恶，但我认为我们可以再大胆一些，从基督教的《旧约》中借用一个古老的人物，约伯（Job）。6世纪末，格里高利一世（Grégoire le Grand）所著的《约伯道德书》（*Moralia in Job*）大获成功，让这个人物广受欢迎。儿童形象在这个时期开始出现，我们也可以选择基督教会在13世纪正式承认的圣童耶稣（l'Enfant Jésus），圣诞马槽装饰习俗的传播让这个形象家喻户晓，文献中最早提到的马槽之一是阿西西的圣方济各（François d'Assise）在古比奥（Gubbio）所供奉的马槽。

雅克·勒高夫

从欧洲的基督教化到查理曼
（325—814年）

与历史上大部分重大变动一样，在一段漫长的时间里，罗马帝国逐渐衰落，转变为一个迥异的新世界。这一影响深远的变化有两个非常重要的日期：一个是313年，罗马皇帝君士坦丁颁布《米兰敕令》(l'édit de Milan)，承认基督教的合法地位；另一个是476年，帝国徽章被送至君士坦丁堡（拜占庭），西罗马帝国正式灭亡。接下来的几个世纪里，拜占庭皇帝为了重新夺回昔日的西罗马帝国而采取了或和平或武力的措施，但皆是徒劳。实际上，他们所面对的是基督教会的抵抗，基督教会把核心机构设在罗马，就是为了彻底摆脱拜占庭帝国。最晚到11世纪，双方彻底决裂，因此本书中介绍的人物都来自罗马帝国的西半部分、未来欧洲的雏形。这一大片地域居住的主要是混杂的"蛮族"（在罗马帝国定居的异教民族，4世纪后，他们慢慢地、不同程度地成为基督徒）和罗马帝国的本地民族（凯尔特人、高卢人、盎格鲁-撒克逊人等）。本书中不会出现中世纪时期生活在拜占庭的人物；对于西方的基督教世界，我在总序中已经解释过为何本书中有一位来自西班牙的穆斯林代表，而犹太人虽然对中世纪欧洲有着重要影响，但14世纪，他们遭到英法等国的驱逐，因而本书中没有犹太人。

因此，书中论及的人物是蛮族的后代、国王（新型政治首领）、因道德神圣或满腹经纶而出类拔萃的基督徒。有很大一部分人来自基督教会，因为从教皇常驻罗马开始，它很快就铺开了一张强有力的教会网络，其中最重要的是修道院。这些修道院不仅拥有权力，还全部配有缮写室（*scriptoria*），用来制作手抄本，传播知识。我们在这里可以观察到图书外观的变化，因为使用动物皮革制作的羊皮纸被莎草纸取代，催生了一种新的书籍形式，手抄本取代了卷轴。这一变化对阅读和写作而言至关重要，堪比中世纪末的印刷术。

总体来说，这个地理区域逐渐乡村化，城市不断衰落，剧院、圆形剧场、温泉和广场等在古代社会和文化生活中扮演重要角色的元素都消失不见。主教管辖的教区通常与罗马帝国的行政区域重合，但这些行政区已经被更为重要的政治集团取代，即蛮族建立的国家，欧洲的民族国家便从其演变而来。国王是这些国家的首领，他们是这个社会中涌现的新人物。

然而，这些历史变动并没有使未来的欧洲拥有一种刻在骨子里的野蛮特征。卡罗尔·莫泽莱夫斯基（Karol Modzelewski）曾特别指出，蛮族按照新制定的基督教法令管理新国家，这些法令已经传播了重要的价值观念。

在上层社会中，无论王室还是修道院，或贵族阶层，都可以见到女性的身影。基督教占据统治地位的中世纪没有实现男女平等，因为夏娃是亚当犯下原罪的罪魁祸首，她仍是圣母玛利亚的鲜明对比物，但基督教使女性在社会中受到尊重，甚至通过宗教和权力，使她们的地位得到一定的提升。

这些缓慢但至关重要的转变引起了许多争论，有人支持将这段时期称为古代晚期，也有人认为应当称其为中世纪早期（*früh Mittelalter*），中世纪盛期（*hoch Mittelalter*）这个表达则用来指中世纪中期。（J.L.G.）

图尔的圣马丁

（Saint Martin de Tours，？—397年）

公元371年，圣马丁成为图尔主教，直至397年去世。圣马丁没有留下任何书面文字，他在世期间，弟子苏尔比基乌斯·西弗勒斯为他撰写了一部传记。圣马丁去世后，西弗勒斯增加了一些书信来追忆这位圣人。404年左右，西弗勒斯再次增补了《关于神迹的对话录》（*Dialogues sur ses miracles*），最终得以完成整部传记。马丁出生在潘诺尼亚（Pannonie）的萨巴利亚（Sabaria）。他在意大利伦巴第地区的帕维亚（Pavie）长大，身为军官的父亲强迫他很早就进入罗马军队服役。后来，马丁被基督教所吸引，采用了最严苛的苦修形式，并养成了布施的习惯。隆冬的一天，在亚眠（Amiens）城门驻守的马丁遇到了一个赤身裸体的乞丐，便将长袍割下一部分赠予他。当天夜里，他梦见基督，基督身穿的恰恰是他赠给乞丐的半件长袍。于是，马丁决定受洗，离开军队。从此以后，他以自由之身，投身宗教。马丁首先回到伊利里亚（Illyricum），让自己的家人改信基督教。马丁为母亲行了洗礼，后来在米兰与拒绝承认三位一体的阿里乌教派[①]信徒发生冲突。他第一次隐居是在意大利西北部的利古里亚的加利纳拉岛（Gallinara）。后来他先后来到罗马和普瓦捷（Poitiers），寻找伟大的三

一马当先，仁慈与博爱。圣人与穷人，中世纪的英雄。战马……
加泰罗尼亚艺术，《图尔的圣马丁与乞丐》（*Saint Martin de Tours et le mendiant*）（贡夫伦（Gombren）的圣马丁教堂祭坛正面）（局部），12世纪，白杨木与松木胶彩画，维克（Vic），主教博物馆

---

① 阿里乌教派，曾任亚历山大主教的阿里乌领导的教派，反对三位一体之说，主张圣子不具有神性，引起基督教内部严重分歧，在不同的大公会议中均被视为异端。——译者（除注明之处，本书中的页下注均为译者注）

位一体论神学家伊莱尔（Hilaire），并在普瓦捷附近的隐居所安顿下来，这个隐居所就是后来的利居热（Ligugé）修道院。马丁施展神迹的名声逐渐传播开来。正在寻找主教的图尔人听闻便赶来，向他提出请求，最终将其带回图尔。

马丁接受新职位之后，尽心尽力，走遍整个教区，让农民信奉基督教。他继续过着苦修生活，并在卢瓦尔河北岸创立了马尔穆捷修道院（le monastère de Marmoutier）。普里西利安①（Priscillien）事件发生时，马丁曾多次前往特里尔（Trèves）觐见皇帝，与其他主教针锋相对，但普里西利安最终被皇帝下令处死。马丁不希望有人因为纯粹的教义争论而被判处死刑。马丁在维埃纳河与卢瓦尔河交汇处的康代（Candes）创建了教区，后来在一次出访时，卒于此地。

图尔的圣马丁的墓地成为了圣马丁崇拜的主要地点，主教佩尔比图乌斯（Perpetuus）从460年开始推崇这种崇拜，并得到了诗人希东万·阿波利奈尔（Sidoine Apollinaire）的支持。507年，克洛维在与西哥特人作战的途中，被这片圣地和圣人的名望所触动，于是圣马丁成为了新生的法兰克王国的庇护者之一。6世纪，在同僚普瓦捷主教与诗人富图纳图斯（Fortunat）的支持下，图尔主教格里高利（Grégoire）将圣马丁的事迹推广开来。7世纪，法兰克人挥舞着绣有圣马丁图像的军旗冲锋陷阵，圣马丁的长袍由一些教堂神甫保管，查理曼命人在亚琛修建了礼拜堂来供奉这件最为珍贵的圣物。在中世纪末期的欧洲，彼得、玛利亚和马丁这三位主保圣人的重要性远超

《圣马丁割袍赠予穷人》（Saint Martin partageant son manteau avec un pauvre），15世纪，细密画

米兰，布雷拉国家图书馆（Bibliothèque nationale Braidense）

---

① 普里西利安，古代基督教神学家，生于埃及孟斐斯，在西班牙传教，后因异端思想被判处火刑，他是第一个由于异端罪名被处死的基督徒。

其他圣人。从意大利的帕尔马（Palerme）到拉文纳（Ravenne），再到英国的坎特伯雷（Cantorbéry），从爱尔兰的阿马（Armagh）到匈牙利的帕诺哈尔玛（Pannonhalma），从西班牙的阿尔贝尔达（Albelda）到德国的科隆（Cologne），成千上万以圣马丁命名的教堂、村庄和地名可以证明这一点。但圣马丁如此受欢迎，只是因为他对法兰克和法兰西国王的庇护吗？圣马丁崇拜的发展与苏尔比基乌斯·西弗勒斯的作品在罗马和传统的苦修圣地的传播有关。埃斯奎利诺山（l'Esquilin）上的圣马丁教堂就在图尔的圣马丁教堂修建之后不久落成。身为修道生活的先驱和福音书的捍卫者，圣马丁赢得了古代晚期基督教信徒的好感。然而，这种"苦修的"虔诚是最为重要的，本笃（Benoît）将卡西诺山（Mont-Cassin）修道院的教堂献给圣马丁；从10世纪开始，圣马丁仁慈的形象成为效仿基督的象征；13世纪，圣方济各在修行时再次以圣马丁为榜样。民众对圣马丁的欢迎也体现在民俗方面，11月11日的圣马丁节（l'été de la Saint-Martin）对应的是"小阳春"，标志着两个农活季节的过渡，分割长袍也意味着分享时间。圣马丁的传说是欧洲民间文化的重要组成部分，葡萄、橡树等植物和驴、熊、鹅和翠鸟等动物都为这个传说提供了素材。（B.J.）

希波的圣奥古斯丁

（Saint Augustin d'Hippone，354—430 年）

圣奥古斯丁出生在努米底亚（Numidie）（如今的阿尔及利亚）的塔加斯特城（Thagaste），他接受的是古典教育，专攻修辞学。他的父亲是异教徒，母亲是基督徒，两人所树立的榜样互相冲突。奥古斯丁直到372—373年才接触宗教，并成为摩尼教信徒。383年，他来到意大利，在这里的停留使他最终远离了摩尼教。与米兰大主教安布罗斯（Ambroise）的相遇让他走上了改宗的道路，在加西齐亚根（Cassiciacum）归隐期间，他皈依基督教的意愿逐渐成熟。387年，他接受了洗礼。391年，回到非洲之后的奥古斯丁担任圣职。395年，他继承希波主教一职。在漫长的主教生涯中，他不时与异教徒、摩尼教徒、多纳图派信徒、佩拉热派信徒、阿里乌派信徒等进行辩论。他的著作涵盖哲学、卫道论、论战、注解、教义、伦理等多个领域，此外还有一些牧歌、通信、《忏悔录》（Les Confessions）和《再思录》（Rétractations）等。

奥古斯丁的著作颇丰，塞维利亚的伊西多尔（Isidore de Séville，卒于636年）曾表示，但凡声称自己读完奥古斯丁所有作品的人必定在撒谎。然而，中世纪的读者却无须进行这项繁重的阅读任务。奥古斯丁的作品很快就流传开

出类拔萃的博学者
加泰罗尼亚学派，《希波的圣奥古斯丁》（Saint Augustin d'Hippone）（局部），4世纪，木板蛋彩画，维克，主教博物馆

来，从 5 世纪开始就已经有学者（阿基坦的普洛斯珀（Prospère d'Aquitaine）、莱林斯的文森特（Vincent de Léris），尤其是奥吉皮乌斯（Eugippius））编订的选集出现，大大方便了人们的研究。奥古斯丁的著作翻译一直持续到加洛林王朝，这一时期的人们更喜欢与现实问题有关的选集，例如与兰斯的欣克马尔（Hincmar de Reims）和奥尔贝的葛索（Gottschalk d'Orbais）之间的争论有关的《论圣徒的预定》(Sententiae in praedestinatione)和《论恩典与自由意志》(gratia et de libero arbitrio)。奥古斯丁的作品被频频引用，这也导致一些伪经的出现，例如《反哲学》(Contra philosophos)、《反犹太》(Contra Iudeos)和《奥古斯丁与奥罗修斯的问题对话录》(Dialogum quaestionum Augustini et Orosii)以及数量众多的伪奥古斯丁布道集，例如《针对隐修修士的布道集》(Sermones ad fratres in eremo)等。这些伪经证明了奥古斯丁的权威存在于各个领域。他提出的原罪教义结合了经典的神正论（捍卫上帝的善）与敏锐的灵魂救赎思考（通过赎罪而获得灵魂永福），构成了与该主题有关的一切中世纪经院哲学思考的起点。毫无疑问，奥古斯丁的《忏悔录》代表了一种新文学形式的典范，对后世所有自传性质的作品都产生了重大影响。奥古斯丁的三位一体论教义也为中世纪传统打上了深刻烙印。这一内容不仅被神学研究领域保留下来，也涉及普通民众阶层。关于三位一体，有这么一个通常配有图画的小故事：有一天，奥古斯丁在海滩散步时，遇到一个小男孩，这个小男孩拿着一把银勺子，不停地舀海水，想要把大海灌进一个螃蟹洞里。奥古斯丁突然想到，在一本书中穷尽三位一体之谜，比小男孩把大海灌进洞里更难。这种故事广为流传，也使奥古斯丁和三位一体教义紧密联系在一起。

奥古斯丁另一个重要的形象与他为基督教徒和上帝之城（civitas Dei）的辩护有关。比萨的于格（Hugues de Pise，卒于 1210 年）从一种类似词源学的角度分析奥古斯丁的名字，他把 Augustin 分解成 augeo（扩大，增强）和 astin（奥斯丁），即"让上帝之城不断扩大的人"。在奥古斯丁的著作的手抄本插图中，尤其在《上帝之城》(De civitate Dei)中，他常被以这种形式描绘出来。在这一方面，从 11—12 世纪开始，奥古斯丁经常与历史学家奥罗修斯（Orose）联系在一起，虽然客观来看，他们的研究方法存在分歧。弗莱辛

的奥托（Otton de Freising，卒于 1158 年）的《双城史》(*Historia de duabus civitatibus*) 延续了他们二人的思想脉络。他们的历史研究模型反映了这些人之间的联系，例如奥古斯丁将世界分为幼年 (*infantia*)、童年 (*pueritia*)、少年 (*adolescentia*)、青年 (*juventus*)、成年 (*virilitas*)、老年 (*senectus*) 这六个阶段，奥罗修斯将这一模型改造为四个王国。奥古斯丁为基督教徒的辩护也是中世纪政治人物对他情有独钟的原因，例如将奥古斯丁的遗体运到帕维亚的圣彼得金顶大教堂（église San Pietro in Ciel d'Oro）是伦巴第国王利乌特普兰德（Liutprand，卒于 744 年）政治规划的重要一步；据艾因哈德（Éginhard）所述，查理曼喜欢在吃饭的时候让别人为他朗读《上帝之城》；14 世纪末，拉乌尔·德·普莱勒斯（Raoul de Praelles，卒于 1382 年）以此来解释查理五世（Charles V）为何命他用法语翻译和评论《上帝之城》。中世纪晚期，"政治奥古斯丁主义"（上帝对人类政府的无上权力）这个标签被用来指代那些教会神权政治的支持者，如今我们已经摆脱了这个标签，但中世纪世俗权力援引奥古斯丁的这段历史依旧有待书写。

最后，奥古斯丁的权威也体现在教会和教会研究层面，而且总是能够引起争议。所谓的奥古斯丁所著的《规章》(*Regula*) 是一本拼凑的作品，而且某部分的真实性令人怀疑。如今，人们认为奥古斯丁所著的只有《规程》(*Praeceptum*)，虽然他从未设想建立一个类似中世纪的秩序，但格里高利时代的教会仍援引奥古斯丁，在 1059 年召开的拉特兰（Latran）大公会议上推动世俗教士回归使徒生活 (*vita apostolica*)。然而，对于真正的奥古斯丁的遗产的性质，也就是必须遵循的规章，议事司铎们的意见并不一致。大部分人只承认《规程》，另一些人更倾向于西多会修道制度，要求彻底实施其规章，甚至优先考虑《修道院戒律》(*Disciplina monasteris*)。古代模式 (*ordo antiquus*) 和最严格的新模式 (*ordo novus*) 之间发生了旷日持久的争执，普赖蒙特莱修会

《希波的圣奥古斯丁》(*Saint Augustin d'Hippone*)，10 世纪，选自圣奥古斯丁《上帝之城》的细密画
佛罗伦萨，老楞佐图书馆（bibliothègue Laurentienne）

（l'ordre Prémontrés）的成立（1126年）便是其最重要的结果之一。

1256年，罗马教廷成立的奥古斯丁会（l'ordre des Ermites de saint Augustin）也引起了大范围的争议，该修会集合了该时期不同的隐修生活方式。奥古斯丁会是第三大托钵修会，但与多明我会和方济各会相比，它与罗马教廷关系密切，因而能得到更多好处，但一些议事司铎从此失去了主保圣人。这些议事司铎的反应掀起了一波新论战，关于奥古斯丁肖像的纠纷是其影响之一。把奥古斯丁描绘成僧侣（1319年西蒙涅·马蒂尼（Simone Martini）在祭坛后装饰屏绘制的版本，藏于剑桥菲茨威廉博物馆）还是议事司铎，这场争论表明了双方针锋相对的立场。奥古斯丁会的文化政策标志着奥古斯丁学说的转折。奥古斯丁的作品选集快速普及，例如乌尔比诺的巴塞洛缪（Bartholomée d'Urbino）的《奥古斯丁千言集》（*Milleloquium Augustini*），这部选集编撰于1347—1350年，一直流传至18世纪。同样，奥古斯丁的生活经历也受到重视，被视为所有基督教徒的典范，关于他不同生活阶段的肖像图画不断增加，让信徒们产生了一种奇特的亲近之感，把他视为教会的神父和博学者中最接地气的一位。正是在这种背景之下，彼得拉克（Pétrarque，卒于1374年）在《秘密》（*Secretum*）中选择将圣奥古斯丁作为自己的灵魂审判官。

从这个角度来看，奥古斯丁被视为古典文化和基督教信仰的完美融合典范，即最早的人文主义的典范。这种重新解读和宗教改革的阐释深深地塑造了奥古斯丁的形象，确保他的权威以其他形式在接下来的世纪里继续流传。（E.B.）

埃吉丽亚（或埃特丽亚）

（Égérie ou Éthérie，4 世纪下半叶）

　　这是第一位留下圣地朝圣记录的女性基督徒。这位贵妇来自西班牙西北部的加利西亚（Galice），381—384 年动身前往东方。她的旅行手记（*Itinerarium*）向我们讲述了她在埃及、巴勒斯坦、美索不达米亚和君士坦丁堡的见闻。旅行记特别记录了《圣经》中的地点，以及圣周和复活节期间，耶路撒冷（圣墓教堂、锡安山、橄榄山）和周围地区（伯利恒、贝萨尼亚）的教堂中的礼拜仪式。埃吉丽亚在骆驼骑兵的护卫下穿越沙漠，在西奈、埃及和叙利亚会见僧侣，与这些僧侣的住所相关的记录非常珍贵，因为这些机构仍受隐居传统的影响而不为人所知。（A.V.）

努西亚的圣本笃

（Saint Benoît de Nursie，约 490—约 547 年）

我们对圣本笃的了解不多，仅限于教皇格里高利一世（Grégoire le Grand，卒于 604 年）在《对话录》（*Dialogues*）第二卷中记录的关于圣本笃的内容。本笃于 490 年左右出生在翁布里亚①（Ombrie）的努西亚（Norcia）的一个富裕家庭中。年轻的本笃（拉丁文为 Benedictus，即本尼迪克特）很早便前往罗马，并在那里接受了深受古典文化影响的学校教育。这种教育使他反感，于是他立刻前往罗马东部的山区，在那里学习"博学的无知"（docte ignorance）。他在苏比亚科（Subiaco）附近的一个洞穴（"圣穴"，Sacro Speco）里独居了三年，过着极端的苦修生活，后不断有隐修士前来求教，他便将其组成灵修团体，陆续在附近建立了 12 座隐修院。随着本笃的威望与日俱增，一些罗马贵族将年幼的孩子送至他处，跟随他学习，这些学生中最有名的有莫鲁斯（Maur）和普拉西笃斯（Placide）。但是，本笃与当地一位拥有裁判权的教士发生冲突，530 年左右，他与数名同伴动身前往向南一百多公里以外的卡西诺山，在那里建立了一座修道院。547 年，他在卡西诺山的隐修院中去世，葬在妹妹圣思嘉（Scholastique）墓地旁边。580 年左右，修道院被伦巴第人摧毁，一位法兰克僧侣在废墟中找到了本笃的遗骨，并将其带至法国卢瓦尔河畔的圣本笃修道院（Saint-Benoît-sur-

从卷轴到抄本，从《福音书》到《会规》
艾达维·巴桑（Eadui Basan），努西亚的圣本笃在制定会规，身旁是抱着书的僧侣，抄写者艾达维·巴桑跪地亲吻圣人双脚。图上方是手持卷轴的上帝之手。约 1012—1023 年，细密画，选自艾达维·巴桑的圣诗集，伦敦，大英图书馆

---

① 翁布里亚，位于意大利中部地区。

SCS·BENEDICTUS·PATER·MONACH...
TI·TIMOR·DEI

Obedientes esse prepositis uro

Qui uos audit me audit

Ausculta o fili precepta

...ona humilitate

Loire)。根据格里高利一世的描述，这位"西方隐修之祖"是一位被上帝恩赐之人，他尚在人世时，施展过许多神迹。但如果本笃没有留下那部令后世敬仰的《会规》(Règle)，或许他很快就被人们遗忘了。

530—540 年，本笃在卡西诺山完成了《会规》的撰写。这是一部"针对初入会者的规则"(RB73, 8)，它是在前人所著的《导师规则》(Règle du Maître)的基础上完成的。本笃对《导师规则》做了删减和简化，加入了其他内容，尤其是从个人经历中得出的结论，因为大部分初涉隐修生活的人都应对不了严苛的苦修，所以必须确立规则，保证秩序严格而稳定的团体生活。除了修道院院长与修士之间的纵向关系，他还加入了以僧侣互助为基础的横向关系。考虑到现实因素，他还划定了苦修要求的界限，因此，僧侣们每餐可饮用一定量的葡萄酒，而前几个世纪的苦修者只能喝水。他们必须亲自参与劳动，这一方面是为了防止好逸恶劳，另一方面为保证群体的生存，因为修道院地处穷乡僻

耶稣复活是基督徒获得永福的源头和典范
罗曼艺术，《努西亚的圣本笃让死去的儿童重生》(La Résurrection d'un enfant mort par saint Benoît de Nursie)，约 1140—1150 年，门廊柱头，维兹莱(Vézelay)，圣玛德莲娜教堂

壤，少有外来供给。本笃的规则能够取得成功，很大程度上是由于它平衡有度。在本笃看来，宗教生活是一种"事主学校"（école du service du Seigneur）。人们从中学习如何获得圣洁，它所依靠的不是狂热的活动或过分的苦修，而是在平静之中持续而忠诚地遵守教规。想要回归上帝，其方式有保持缄默，以聆听主的声音；听命于修道院院长，因为他在团体中便是基督的地位；保持谦逊，它是"一切美德的来源与主宰"。僧侣的时间分配给劳动、礼拜或私人祈祷、圣经诵读和思考（lectio divina）。僧侣不允许有私人财产，但团体可以甚至应当拥有一些财富，以维持成员的生存，完成自己的职责。

圣本笃的《会规》的成功不仅在于它的灵活性和平衡性，也要归功于教皇格里高利一世和后来的加洛林王朝君主的推动，虔诚者路易（Louis le Pieux）在阿尼亚纳的本笃（Benoît d'Aniane）的支持下，在817年的亚琛大公会议上决定统一法兰克王国境内的修道制度，推行圣本笃的《会规》。但直到11世纪，《会规》才在整个西方世界确立主导地位。（A.V.）

阿提拉

（Attila，约 406—453 年）

"他曾是所有国家的噩梦，我不知道他用了什么魔法，到处散播恐惧，为自己赢得了可怕的名声"，研究哥特人的 6 世纪史学家约达尼斯（Jordanès）如是说。匈牙利诗人雅诺什·阿兰尼（János Arany）写道："星辰坠落，山峦移动/大地颤动，世间凋零/吾乃阿提拉，降临于此/世界之锤，上帝之鞭！"历史上很少有人能够留下如此强烈、如此矛盾的印记：西方基督教世界视他为"上帝的灾祸"，匈牙利人视他为伟大的国王和英雄。

匈人是可怕的游牧战士，他们往往手持反曲弓，诈逃战术战无不胜。4 世纪的罗马历史学家埃米恩·马尔策林（Ammien Marcellin）形容他们是"来自大山的龙卷风"。5 世纪末，匈人的进攻导致日耳曼部落向西大迁徙。他们在几十年内就形成了一个强大的帝国。对江河日下的罗马帝国而言，这个不可预知的邻居正带来越来越多的威胁。

阿提拉是鲁加（Ruga）和奥克塔尔（Octar）的弟弟孟德鲁克（Mundruc）的儿子，鲁加与奥克塔尔从 412 年开始共同统治匈人各部落。434 年，伯父鲁加死后，阿提拉与兄长布莱达（Bleda）登上王位。联合统治期间，他们获得了东罗马帝国双倍的贡金，但他们的合作也频现冲突。444 年年底，阿提拉设下圈套，将布莱达暗杀，独自成为匈人之王。弑兄令他的名声愈加可怕，很快另一事件更加巩固了他的威望：他"发现了"战神马尔斯之剑[①]。实际上，这个神话只能暴露他主宰世界的野心。匈人对罗马帝国的威胁成了家常便饭，446 年，阿提拉

[①] 普利斯库斯在书中记录了此事：一个牧人发现他的牛群里有一头小牝牛跛了脚，他好奇地循着血迹而行，发现那头小牛在吃草时不慎踏到一把剑。他赶忙挖出了那剑，剑发出刺眼的寒光，他的耳畔听到一个声音"快将此剑呈献给阿提拉"。牧人遵从这个声音的指示，将宝剑献给了王者阿提拉。阿提拉将剑端在手中，在他眼前出现了战神的影子，他认定这就是传说中的"战神之剑"，认为这是上天指定他统治世界的象征，会使他在往后的征战中无往不利。

夺取了潘诺尼亚。447年，在杰皮德人（les Gépides）和东哥特人等日耳曼盟友的帮助下，阿提拉向东罗马帝国发起进攻并洗劫东罗马的城市。

在这场持续时间较长的军事冲突中，449年，东罗马皇帝狄奥多西二世（Théodose Ⅱ）的使臣兼历史学家普利斯库斯（Priscos）在阿提拉身边待了几个月。后来，他撰写了一部名为《历史》（Histoire）的著作，共8卷，但仅有片段流传至今，这些文献生动记录了阿提拉周围人的生活、阿提拉行使权力的方式以及匈人的风俗习惯。普利斯库斯描述了阿提拉的外交伎俩，此人突如其来的怒火让人胆战心惊。阿提拉曾威胁普利斯库斯，命他坦白狄奥多西二世暗杀自己的阴谋，否则就让他亲眼看着儿子维基拉斯（Vigilas）被割喉。

约达尼斯提到了普利斯库斯的某些段落，描述了匈人国王的体貌特征："阿提拉为人高傲，眼神扫视周围，每个傲慢的身体动作都要显示出他的威严。［……］他的身材矮壮，胸膛开阔，头颅硕大，眼睛细小，胡子稀疏，头顶些许白发，鼻子塌陷，面色偏棕，这些都显示出他的种族特征。"

450年，狄奥多西二世去世之后，阿提拉与东罗马帝国的冲突宣告结束。狄奥多西二世的姐夫，即普尔喀丽亚长公主（Pulcheria）的丈夫马尔西安（Marcien）继任皇帝。马尔西安对匈人采取了新政策，他拒绝缴纳贡金，表达了要抵抗威胁的坚定意志。阿提拉便将注意力转向西罗马帝国，在此之前，他与西罗马一直保持着较为和平的关系，这主要得益于执政官埃提乌斯[①]（Aetius）的合作。阿提拉与埃提乌斯有私交，因为埃提乌斯曾作为人质在匈人宫廷度过数年。西罗马皇帝瓦伦提尼安三世（Valentinien Ⅲ）的妹妹霍诺利亚（Honoria）的丑闻成为阿提拉插手西罗马事务的借口。为了避免帝国继承出现问题，霍诺利亚被禁止结婚，但449年她意外怀孕。为了解决这桩丑闻，霍诺利亚的情人被处死，她自己被迫嫁给一个年迈的元老院议员。绝望之下，她秘密写信给阿提拉，并送给他一枚图章戒指。阿提拉要求西罗马皇帝将霍诺利亚嫁给他，以半个西罗马帝国作为嫁妆，这个要求自然被瓦伦提尼安三世拒绝。阿提拉以此

[①] 埃提乌斯（391—454年），西罗马帝国末期的主要军事统帅，被称为最后的罗马人，他的主要战绩是击败了匈人入侵，取得了下文所提到的古代欧洲规模最大的卡塔隆平原战役的胜利。

恐惧与荣誉

匈人国王阿提拉肖像银质勋章（*Médaille d'argent à l'effigie d'Attila, roi des Huns*），5世纪，巴黎，卢浮宫

为由发动进攻。第一场大规模战役发生在高卢地区，阿提拉的决定令人意外，这场战役也规模浩大。阿提拉的军队跨过莱茵河、将梅斯城（Metz）夷为平地、围攻奥尔良、"血流成河的"卡塔隆平原战役（约达尼斯提到共有16.5万人战死）、阿提拉突然撤退等重大历史事件不断出现在后世的历史著作和圣徒传记之中。这一时期涌现出许多英雄人物，例如依靠虔诚祈祷保护了巴黎的圣热讷维耶沃（sainte Geneviève），奋勇保卫奥尔良的圣艾尼昂（saint Aignan）等。452年，阿提拉重整旗鼓，进军意大利，他包围并攻下阿奎利亚（Aquilée），摧毁了意大利中部许多城市。阿提拉与教皇利奥一世（Léon Ier）有一次非常著名的会面，据传说，在利奥一世的努力下，罗马幸免于难。阿提拉意图在453年再次进攻东罗马帝国，但他的猝死使他征服世界的野心化为泡影。为了巩固新的军事联盟，他再次迎娶一位新娘伊尔迪科（Ildico）（他已经有了十几位妻子），却卒于新婚之夜。在普利斯库斯所描述的奢华宴会上，阿提拉烂醉如泥，睡梦中鼻腔破裂、血液倒流导致他窒息而亡。声势浩大的葬礼之后（遗体被分别放在金、银、铁制成的三具棺木之中，然后被埋葬在提萨河谷地之中），庞大的匈人帝国在几年之内分崩离析，但关于阿提拉的记忆阴影一直持续至今。（G.K.）

狄奥多里克大帝

（Théodoric Le Grand，约 455—526 年）

狄奥多里克出身声名显赫的阿马里家族，5 世纪中叶，他出生在潘诺尼亚，此时的东哥特人仍臣服于匈人的统治之下。他的父母是基督徒，但属于不同的教派，他的父亲瓦拉米尔国王（Valamir）属于阿里乌教派（主张三位一体中的耶稣次于天父），母亲艾瑞丽瓦（Erelieva）追随尼西亚（Nicée）大公会议提出的"圣子与圣父同质"的立场。狄奥多里克受洗后信奉阿里乌教派，但他终身都对宗教持非常宽容的态度。

为确保与东罗马帝国的外交联盟，父亲将年幼的他送到君士坦丁堡，充当人质。他在东罗马帝国的首都待了十年，接受了良好的教育。这段经历让这位东哥特王子养成了对"秩序"（civilitas，以权利为基础的文明）的偏好，在后来的统治中，他把这个概念奉为箴言。

5 世纪 70 年代，狄奥多里克重获自由之后，过着充满危险的生活，有时他为皇帝服务，有时又与皇帝作对。为了约束他，东罗马帝国颁给他多个荣誉头衔如执政官等，并且给予他的子民"盟友"（fédérés）的身份。凭借这个身份，哥特人能够以军事援助作为交换，合法占据罗马帝国的土地。在这项协约的背景之下，东罗马皇帝芝诺（Zénon）命令狄奥多里克重新夺回从 476 年开始落入奥多亚克①（Hérule Odoacre）之手的意大利。为此，狄奥多里克将出身不同的战士召集起来，用"东哥特人"（Ostrogoths）称呼他们，以便与占据阿基坦和西班牙的西哥特人（Wisigoths）区分开。493 年，狄奥多里克轻而易举地除掉了奥多亚克，但他拒绝将征服的土地交还东罗马帝国。他与东罗马帝国维持着表面的友好关系，以完全独立的君主身份统治意大利。

---

① 奥多亚克（435—493 年），意大利第一个日耳曼蛮族国王，476 年，他废黜西罗马帝国最后一个皇帝罗慕路斯，并宣誓效忠东罗马帝国皇帝芝诺，但却把意大利的统治权握在自己手中。

从 493 年起，狄奥多里克的权力似乎具有两面特征。作为哥特人的国王，他总是以蛮族军事首领的身份行事，因此，他可以毫不犹豫地没收一部分意大利土地，将其分给战士们。在外交方面，他通过交叉联姻的方式，与西方蛮族政权成为盟友。然而，当狄奥多里克选择以意大利国王的身份出现时，他又成为了罗马皇帝的代理人，为此，他的仁慈必须惠及所有臣民，不分民族，不分宗教。因此，他对元老院尊敬有加，修复了帕拉丁山[①]的罗马皇宫，前往圣彼得和圣保罗的墓前拜谒。狄奥多里克虽然依旧信奉阿里乌教义，但他不断向教皇示好，甚至帮助教廷解决了一场分裂危机。他对"秩序"的执着也促使他为希伯来社群提供保护。

意大利的贵族逐渐被狄奥多里克的魅力征服，转而支持他的权威，纷纷来到其行政机构中任职。在狄奥多里克的庇护之下，波爱修斯（Boèce）、卡西奥多罗斯（Cassiodore）、帕维亚的爱诺迪乌斯（Ennode de Pavie）等学者迎来了百花齐放的时代。这一时期的知识分子开始渴望在哥特人的保护之下复兴罗马文明。狄奥多里克鼓励这场思想潮流，拨款修复意大利许多城市中的温泉和引水设施。此外，他还命人建造了许多精美绝伦的罗马艺术杰作，其中包括他自己的陵墓，陵墓的顶部是一整块巨石，令人叹为观止。

相较之下，狄奥多里克的统治末期非常灰暗。525 年，狄奥多里克认为一部分元老院议员背叛了他，企图让意大利重回东罗马帝国怀抱，他的怀疑或许是有依据的。包括波爱修斯在内的所谓的煽动者被处死。狄奥多里克委派教皇约翰一世（Jean Ier）前往君士坦丁堡，让东罗马皇帝撤回禁止阿里乌教派的法令，结果教皇未完成使命，反遭囚禁，最后卒于狱中，狄奥多里克也深受打击。526 年 8 月 30 日，狄奥多里克卒于痢疾。他的死因与异端创始人阿里乌（Arius）相同，一个诋毁他名声的传说由此渐渐传播开来，当然了，这个传说主要源自基督教会。相反，东罗马帝国一直维护对这位开明的、热爱罗马的君主的记忆。6 世纪 30 年代，查士丁尼甚至相信只要推翻了狄奥多里克建立的王朝，就能重新夺回意大利。蛮族世界也对这位东哥特国王有着积极评价。中世纪史诗文学中的重要人物狄特里希（Dietrich）或狄德雷克（Thidrek）都是由狄奥多里克演变而来。（B.D.）

---

① 帕拉丁山（Palatino），直译为"宫殿山"，是罗马帝国多位皇帝的居所和宫殿所在地。

克洛维

（Clovis，约 466—511 年）

克洛维是法兰克国王中最有名的一位，却也是最不为人所知的一位。我们对他的了解主要源自历史学家图尔的格里高利（Grégoire de Tours）的作品，格里高利生活的时代比克洛维晚了三个世纪，因此他掌握的内容并不多，但他毫不犹豫地在此基础之上，塑造出了一位能够令当时的君主叹为观止的基督教国王楷模。

481 年或 482 年，尚且年轻的克洛维继承了父亲希尔德里克（Childéric）的王位。法兰克人有六个国王，希尔德里克不过是其中不起眼的一个，他的威望局限于兰斯和图尔奈（Tournai）之间狭小的地域。然而，东罗马帝国承认他为盟友，因此，他成为第二比利时行省（Belgique Seconde）的合法总督。

克洛维为树立权威而做的第一件事或许是筹备父亲的葬礼。他的父亲下葬时身穿罗马帝国将军战服，但遗体周围摆放着祭祀的战马，这是日耳曼民族的风俗。从这种墓葬形式来看，法兰克国王的权力仍在罗马形式和蛮族风俗之间游移不定。他们对宗教的态度也比较模糊，希尔德里克和族人都是异教徒，但他们为教士提供保护，与基督教重要人物保持着友好关系，例如圣热讷维耶沃。

486 年左右，克洛维这位罗马化的蛮族人向占据苏瓦松地区（Soissons）的罗马将军西阿格里乌斯（Syagrius）发起进攻。在图尔的格里高利的记载中，法兰克士兵在这次战役中抢走了一个祭祀用的大花瓶，克洛维最终将这个花瓶物归原主。著名的"苏瓦松花瓶事件"让克洛维向军队展示了权威，但它更是对教会的明确表态。

战胜西阿格里乌斯之后，克洛维将权力范围扩展到卢瓦尔河和索恩河地区，与占领阿基坦地区的西哥特国王阿拉里克二世（Alaric Ⅱ）以及占据罗讷河谷的勃艮第国王贡都巴德（Gondebaud）三军对垒。克洛维不断发动小型冲突，蚕食

他们的地盘。与此同时，他企图越过莱茵河，进攻阿拉曼人。但他很快就停止了攻城略地，因为 5 世纪末期，法兰克人开始受到东哥特王国的狄奥多里克大帝的影响，狄奥多里克大帝希望蛮族国家之间能够实现和平。为了表明自己的良好意愿，克洛维同意将妹妹嫁给狄奥多里克。

在 500 年左右，克洛维迎娶了一位勃艮第公主克洛蒂尔德（Clothilde）。王后信奉基督教，克洛维同意他们的孩子接受洗礼。随后不久，克洛维自己也皈依基督教。由于缺少当时的文献记录，王室洗礼的日期和具体情形都不确定，历史学家有众多猜测。

507 年，克洛维与东罗马帝国达成一致，破坏了狄奥多里克强加的和平。

洗礼，入教的仪式，王室典范，女性的作用
加洛林艺术，《498 年 12 月 25 日克洛维一世在克洛蒂尔德王后注视下受洗》（*Le Baptême de Clovis Ier en présence de la reine Clothilde, le 25 décembre 498*）（局部），9 世纪，象牙雕，亚眠，皮卡迪博物馆

在勃艮第人的支持下，他向西哥特王国出兵。武伊勒（Vouillé）战役结束之后，克洛维成功将阿基坦并入版图。然后，为了得到高卢罗马贵族的支持，他举行了一场古罗马式的凯旋仪式，大肆宣传了东罗马帝国赐予他的荣誉执政官的封号。511年，克洛维在奥尔良召开了一场大公会议，他所控制的所有地区的主教都前来参会。这场会议的成功标志着，也表明了一个真正的领土政权的诞生。

在位末期，克洛维忙于消灭所有其他法兰克君王，从此以后，王室仅限于延续他血统的继承人，也就是墨洛温王朝（Mérovingiens）。此外，著名的《撒利克法典》（loi salique）也可能源于他，这部法典的编撰可以追溯至公元500年左右。无论如何，在他统治时期，君主制下的新身份认同扩散开来，精英阶层的法兰克民族归属感大幅增强。

由于他统一了高卢地区并成为第一位基督教国王，从中世纪开始，克洛维就被视为法兰西真正的奠基人。后来甚至有人传说一位天使为克洛维带来了刻有三朵百合花的盾牌，这枚盾牌注定成为王国的象征。许多人都试图为这份遗产正名。巴黎曾经是克洛维的都城，因此它从6世纪开始便成为王权争夺的关键所在。兰斯是克洛维受洗之地，从9世纪开始，它也成为历代国王加冕的城市。

克洛维的神话在16世纪几乎被人遗忘，19世纪又重回大众记忆，当时出现了一场"法兰克君主制"与"高卢共和制"、克洛维与维钦托利（Vercingétorix）之间的激烈竞争。1965年，戴高乐将军更是直接表示："于我而言，法兰西的历史始于克洛维，他被法兰克人部落选为法兰西国王，法兰西的名字源于此。更重要的是，克洛维是第一位接受基督教洗礼的国王。我的国家是基督教国家，所以我从这位拥有法兰克姓名的基督教国王开始计算法兰西的历史。"1996年，克洛维的神话再次点燃民众热情，因为这是后代推定出的克洛维受洗日（496年）1500周年纪念。历史学家马克斯·加罗（Max Gallo）在《费加罗报》（Le Figaro）发表文章称："忘记克洛维，就是否认法兰西！无论对史实的无知，还是从意识形态或政治角度拒绝史实，无论如何，不讲授这段历史，就是禁止了解法兰西的诞生"，然而让·布捷（Jean Boutier）则认为"克洛维是一位被高估的法兰克国王"（《解放报》（Libération），2011年11月26—27日）。正是由于记载克洛维的史料之稀缺，长期以来，历史与意识形态神话之间时不时出现一番争斗。（B.D.）

波爱修斯

（Boèce，约 480—524 年）

从著作、政治行动和传统思想来看，波爱修斯深受以文化霸权为傲的罗马帝国贵族传统的影响。阿尼修斯·曼里乌斯·赛弗利努斯·波爱修斯（Anicius Manlius Severinus Boetius）出身最具权势的罗马名门望族之一阿尼契家族（Anicii）。他出生于 480 年左右，就在奥多亚克宣布废黜西罗马帝国末代皇帝不久，但这位日耳曼国王后来被东罗马帝国"保护"的东哥特人狄奥多里克推翻。波爱修斯早年丧父，被叙马库斯（Symmaques）收养，接受古典传统的"自由学科"教育（*Artes liberales*）（精英阶层的知识）。他的仕途一帆风顺，在 505 年之前获得了"帕特里丘斯贵族"（patriciat）的头衔，这是古罗马的头衔之一，获得者即便没有保留其法律地位，至少也拥有了威望（和风险）。罗马贵族精英成功地与新到来的哥特人保持了合作关系，波爱修斯（和同侪一样）得以继续在这条"荣誉之路"（*cursus honorum*，即晋升体系）走下去，他在 510 年成为执政官，522 年，他为尚且年幼的两个儿子谋得"指定执政官"（*consules designati*）的官衔，他自己也成为权倾朝野的政务总管（*magister officiorum*），并发表了一篇正式演讲向国王致谢。然而，好运连连的同时，危机也涌现出来。某些危机源自从塔西佗（Tacite）时期就存在于皇帝与元老院精英之间的问题，这些元老院精英通常是"领土收复主义者"（"共和派"）；另一些危机与当时的地缘政治有关，"罗马人"被分裂为君士坦丁堡和拉文纳两派；还有一些危机在严格意义上属于宗教范畴，天主教的意大利和阿里乌教派的东哥特王国之间的矛盾。波爱修斯是否对自己的文化霸权过于自信，因而缺乏足够的敏感度，将亚里士多德的逻辑学与政治道德观混为一谈？东哥特国王或许担心东罗马帝国的入侵和冲突，或许害怕遭到那些贵族的欺骗，在这种敌意四伏的情形之下，他处死了其中两位高官，即波爱修斯（经历了漫长的监禁与折磨之后，他于 524 年被处死）和叙马库斯。波爱修斯与偶像西塞罗（Cicéron）的经历极为相似，他的文化、思想、多题材写作能力都堪比西塞罗。波爱修斯有一项重要计划，那就是用拉丁语翻译和评论亚里士多德与柏拉图的所有作品，他对古典哲学充满热情，渴望这门学问在西方永远流传下去，而且据同时代的阿维图斯（Avit）和卡西奥多罗斯所述，他是为数不多的能够完美掌握拉丁语和希腊语的双语学者。和五百多年前的西塞罗一样，波爱修斯试图编撰一套丛书，让拉丁文化接替古希腊文化，同时也让异教徒的贵族传统继续存在于基督教化的西方世界。波爱修斯的计划只完成了一部分，而且相当一部分作品也已散佚，但剩余的内容仍令人叹为观止。波爱修斯遵从古代学者的方法，努力使读者从他的百科全书中获得勉励，让他们有能力涉及这些学科。在那些著名论著的基础之上，他编写了一系列关于数学、音乐、几何、天文学的手册。（983 年，身处意大利曼托瓦（Mantoue）的奥利亚克的热贝尔拥有八卷波爱修斯所写的天文论著。）因此可以说，波爱修斯完成了中世纪教育中的四艺[①]（quadrivium）的准备工作。他还翻译了亚里士多德的《工具论》中的《前分析篇》（Premiers analytiques）和《后分析篇》（Deuxièmes analytiques），他以普罗提诺[②]（Plotin）的学生波菲利[③]（Porphyre）的注释为基础，对亚里士多德的《解释篇》进行了注解。波菲利的某些论文曾被马吕斯·维克多利努斯（Marius Victorinus）译成拉丁语，波爱修斯对其中的《亚里士多德〈范畴篇〉导论》（Introduction

从哲学到宗教，从世俗音乐到宗教音乐
《手持乐器的拉丁语哲学家波爱修斯》（Le Philosophe latin Boèce tenant un instrument de musique），6 世纪，细密画，选自坎特伯雷的一份手抄本，剑桥，大学图书馆

[①] 四艺包括算术、几何、天文和音乐。
[②] 普罗提诺（205—270 年），罗马帝国时期最伟大的哲学家，新柏拉图主义的奠基人，其学说融合了毕达哥拉斯和柏拉图的思想以及东方神秘主义，其思想对中世纪神学和哲学有很大影响。
[③] 波菲利（233—305 年），古罗马唯心主义哲学家，新柏拉图主义学者，著有《九章集》《反基督教徒》《亚里士多德导论》等，他的活动使新柏拉图学派的学说在罗马帝国广泛传播。

discrimina p monochordū

BOETIVS

Consul & eximius scrutator phylosophyę. Vt uideat uocum

Iudicet aure sonum. percurrens indue neacum.

aux catégories d'Aristote）进行了注解。他在前人的指引下，对西塞罗的《地方论》（Topiques）进行评注，还编写一些逻辑学教材，包括两卷《论范畴三段论》（Sur le syllogisme catégorique）和两卷《论假言三段论》（Sur le syllogisme hypothétique）。他还撰写了四卷《论地方差别》（Sur les différences topiques），在西塞罗和忒弥修斯[①]（Thémistius）的影响下，他还探讨了辩证法和修辞学等主题。如此一来，一套内容丰富的丛书便形成了，它可以作为典型的大学教育的基础（古代意义的"学院派"），也可以服务于延续了普拉提诺传统的思维训练式的个人培养（他的基督教思想简洁明了，深入浅出）。

从古代哲学家到中世纪思想家

《被哲学女神和缪斯女神包围的波爱修斯》（Boèce entouré de la Philosophie et des Muses），1305 年之前，细密画，选自《哲学的慰藉》，波爱修斯著，让·德·摩恩（Jean de Meung）译，鲁昂，市政图书馆

---

① 忒弥修斯，古罗马雄辩家和哲学家，以阐释亚里士多德的作品而闻名。

然而，除了这些延续传统的著作之外，让波爱修斯的名誉流传至今的恰恰是他命运突然跌入谷底时的创作。银铛入狱的波爱修斯接触不到任何书籍，备受折磨和死亡的威胁，但他如同西塞罗和塞涅卡（Sénèque）一样，努力证明自己的价值，撰写了《哲学的慰藉》(*Consolation de Philosophie*)，该书流传至今共有五卷，书中使用了丰富而精准的拉丁语，诗歌韵律优美而巧妙。他同样大胆地将哲学描述成一位女神，岁月不会剥夺她的威望与光芒，她的造型象征着她所带来的知识：她左手持权杖，右手拿着书。哲学女神与作者的对话常常隐藏着一种戏剧张力，中间穿插着诗歌。

对话涉及都是众所周知的主题，例如人类财富之脆弱、人类面对不幸所表现的伟大、善之于恶的优越性、唯一的善（即上帝）所含的绝对幸福之真实性等。对话同样扩展至命运的不确定性，并对表面不公所隐藏的复杂原因进行了思考。波爱修斯强调个人自由和个人责任，仔细分析了上帝的权力与人类的自治之间的关系，让人们听到了不同于奥古斯丁的预定论的悲观主题。这部横空出世、无法归类的作品在随后的多个世纪里都颇受欢迎，其命运令人动容，促进了欧洲文学的诞生。它在 9 世纪被译成古英语，10 世纪被译成古德语，11 世纪被译成了一部奥克语长诗。（M.B.）

卡西奥多罗斯

（Cassiodore，480 到 490 年之间—约 583 年）

弗拉维乌斯·玛格努斯·奥莱利乌斯·卡西奥多罗斯（Flavius Magnus Aurelius Cassiodorus）直接开启了中世纪早期的大门。帝国的复辟几乎没有影响他的政治和思想倾向，他是一个善于做出妥协的人。卡西奥多罗斯首先是东哥特王国的忠实仆人（他不会做出波爱修斯那种傲慢的选择），后来他致力于调整宗教教育模式，使其与新历史背景相适应。卡西奥多罗斯出生于 480—490 年，父亲是近卫军长官，国王狄奥多里克对他的赏识使他很早就踏上一条晋升之路。他在 507—511 年担任司法大臣，之后一直在东哥特行政部门任职，例如担任正式执政官（514 年）、军政长官（533 年），并担任首席大臣长达 30 年，一直持续到查士丁尼一世发起收复西罗马帝国领土的战争时期。在担任世俗职务末期，卡西奥多罗斯计划在罗马建立一所基督教大学，并得到了教皇圣亚加比多（Agapit）的支持，但首都周围的战争导致这项计划被迫中断。540 年，卡西奥多罗斯回到故乡西西里岛（Sicile），在维瓦里乌姆（Vivarium）附近的布鲁提恩（Bruttium，如今的卡拉布里亚）的家族领地隐居，并在那里修建了一座修道院，他继承的丰厚遗产保证了这座新修道院的生存，并维持了活跃的思想生活。卡西奥多罗斯渴望提高当地的文化水平，便投身教学工作，编写基督教教材，直到 583 年左右去世。

卡西奥多罗斯的著作分为世俗和宗教两大部分。在担任指定执政官的狄奥多里克之子的要求下，他撰写了《编年史》（*Chronique universelle*）（519 年）。国王渴望哥特民族历史与罗马历史融为一体，便命卡西奥多罗斯编写了《哥特人的历史》（*Histoire des Goths*），他用 20 年时间共写了 12 卷，但大部分均已散佚，流传至今的是东哥特学者约达尼斯于 551 年在君士坦丁堡编写的缩略本。在这部著作中，哥特民族的历史被追溯至古代的盖塔人（les Gètes）和斯基泰人

（les Scythes），这段历史的最初几个世纪即阿马尔王朝（la dynastie des Amales，即狄奥多里克的王朝）时期。

卡西奥多罗斯的天赋并未消失在历史之中，这主要得益于537年出版的12卷《文牍汇编》（*Variae*），包含了他任职期间所写的468份公文和信札。这部合集中虽然没有个人信息，但仍然是一份至关重要的文献。管理命令传达的法令代表了新君主对罗马帝国拉丁语的威望的渴求，也是6世纪意大利学术领域表现之突出的象征；这些法令非常复杂，只有出类拔萃的专家才能成为法令的接管人和受托人。每一卷的序言都用一种复杂的文体风格，这表明了作者的思

《卡西奥多罗斯肖像》（*Portrait de Cassiodore*），15世纪细密画，私人收藏

想要求。

在朋友的要求之下，卡西奥多罗斯花了一些时间撰写了一本名为《论灵魂》(*Sur l'âme*)的手册，随后他全心投入宗教教育事业之中。他在维瓦里乌姆的修道院中为僧侣提供教育，弥补一部分人的不足，让另一部分人精益求精。

他在晚年（他本人说过90岁已是"收拾行李"的年龄）编写了一部较为浅显的专著《论正字法》(*De l'orthographe*)，为一些抄写者和不太自信的读者提供了比较基础的校对指导，他在序言中讲解了标点符号的用法，无论在口语还是书面传统中，标点都是非常重要的工具。《圣诗评论》(*Commentaires sur les Psaumes*)则是更为精深的著作。唱诗是僧侣祈祷的基础之一，也是年轻僧侣学习的主要内容。了解这些诗歌意味着必须对它们进行细致的注解，奥古斯丁有许多相关著作，但不太容易读懂。卡西奥多罗斯撰写了一部简编本，将奥古斯丁的著作内容简单化、系统化。此外，他仍遵循奥古斯丁的劝导，使用世俗理论学说来揭示圣诗中与古典文学有共通之处的修辞特征。

这种情况在卡西奥多罗斯最重要的作品《宗教文献宝库》(*Institutiones divinarum lectionum*)和《世俗文献宝库》(*Institutiones saecularium lectionum*)中比比皆是。前一部涉及宗教文献，后一部涉及自由学科。卡西奥多罗斯在前言中解释了将两门学科相结合的原因，他延续了奥古斯丁在《基督教教义》(*De doctrina christiana*)中的思想，再次表示，如果不借助世俗教育的遗产，就不可能理解宗教书籍。因此，自由学科的合理地位再次得到证明，虽然它的存在是为一个更高的、某种意义上的实用主义目标而服务。除了理解《圣经》中的形象和比喻所必需的修辞学以外，想要正确抄写的人也必须学习语法。然而，这并不意味着对书写传统进行一场标准化改革，相反，卡西奥多罗斯向学生解释道，上帝用拉丁语所讲的话语是不可变动的。这种矛盾让他仔细思考了语言标准和文体标准这两个概念，并最终产生了一种能够适应和演变的基督教拉丁语文化。为基督教文学服务的世俗文学已经准备好登场。

虽然卡西奥多罗斯没有波爱修斯那样杰出、严守传统，但他的确是一位属于新世界的学者，虽然这个新世界的代价是世俗知识受制于基督教学识。此外，卡西奥多罗斯在世期间没能完成自己的计划，但他的权威在僧侣文化生活的演变中起到了至关重要的作用，抄写者这份职务和拯救知识的任务成为赎罪的核心："用手向人类传道、用手指进行交流、用沉默向世人带来永福、用笔和墨抵抗魔鬼的诱惑，这是一项受到祝福的行动、一种值得称赞的虔诚。"（M.B.）

圣拉德贡德

(Sainte Radegonde,约 520—587 年)

墨洛温王朝的国王之中几乎没有男性圣人,却拥有多位被封圣的王后,某些人在世时就有着重要的精神影响力,去世后立刻被奉上圣坛。

拉德贡德(Radegonde)是图林根国王的女儿,531 年,她被军事远征的法兰克人俘虏,其他家人均被杀死,极少数幸存者逃亡拜占庭。为方便将图林根并入版图,这位年轻的公主在宫廷中接受了教育,然后嫁给了国王克洛泰尔一世(Clotaire Ier),但他们的结合称不上幸福。克洛泰尔四处征战,私生子遍布法兰克王国。拉德贡德总是批评宫廷的奢华之风,她的服装非常朴素,看起来更像是一位修女而非王后。拉德贡德曾多次利用自己的王后之位,要么救济穷人,要么命人摧毁异教圣坛。

拉德贡德没有诞下子嗣,在她带上修女面纱的那天,她与国王的婚姻正式破裂。552 年,隐居的王后在普瓦捷建立了一座女子修道院。她把管理权交给了一位名叫阿涅斯(Agnès)的修女,自己专心只做一名普通修女。东罗马帝国皇帝将圣十字架的一块碎片赠予拉德贡德,此后,修道院便被命名为圣十字修道院(Sainte-Croix)。这块首次出现在西方的非凡圣物在 6 世纪 70 年代引起了一波影响广泛的朝圣浪潮。

圣十字修道院很早便得到法兰克国王的庇护。事实上,这座修道院也为王室提供了众多服务。某些惹是生非的或者多余的公主被送到这里,过着归隐生活,直到她们再次被派上用场。此外,墨洛温国王常常利用拉德贡德进行外交

魔鬼试图控制基督徒。抵抗仪式:驱魔
《法兰克王后普瓦捷的圣拉德贡德为一个名为洛迪尔的中魔少女驱魔》(*La Reine des Francs sainte Radegonde de Poitiers exorcise une jeune femme possédée du nom de Leudile*),选自《圣拉德贡德传》(*Vie de sainte Radegonde*),11 世纪,普瓦捷,市政图书馆

NEC ILLVD PTEREATVR REMEDII TEMPVS

beata quod prestitit·
emma quedam leubili·
dum uexaretur in rure
ab aduersario grauiter·
sequenti die sancta oran-
te· noua xpisti curatione
in scapula crepante cute·

& uerme foras excepi-
te· sana ē· reddita
publice·
Et ipsum uermem calcans
pede· liberatam se retulit·

斡旋，因为她与逃亡至东方的亲属仍然保持密切联系。随着年龄渐长，这位修女王后常常被王室成员视为某种精神之母。568 年，内战爆发之时，克洛泰尔一世的许多继承人试图得到她的精神支持。拉德贡德从未公开表态支持任何一方，但人们猜测她偏向于奥斯特拉西亚（Austrasie）国王。

或许正因为如此，拉德贡德对诗人维纳缇乌斯·福图纳图斯（Venance Fortunat）赞赏有加，这位诗人深受西热贝尔一世（Sigebert Ier）和王后布隆纳特（Brunehaut）的喜爱。在 6 世纪 70 年代这个政治动荡的时期，福图纳图斯失去了资助者，拉德贡德便将他留在普瓦捷，为他提供庇护。作为回报，福图纳图斯为她创作了许多诗歌，有的涉及精神世界，另一些则与个人生活有关。二人的友谊持续了十几年。我们从一份保存至今的通信中可以发现，拉德贡德既是刻苦修行的隐居王后，也是一个热爱插花或文学消遣的女人。

阿涅斯去世后不久，587 年，拉德贡德也离开人世，这对普瓦捷的圣十字修道院无疑是一个严峻的考验。多位出身法兰克王国贵族阶层的修女反对修道院新院长，在修道院内掀起一场血光之灾。此外，拉德贡德去世之后，以前的苦修与入世相结合的做法似乎也无法持续下去。因此，主教下令禁止一切男性进入修道院，修女的生活方式也受到愈发严格的监管。福图纳图斯努力以自己的方式平息局面，突出拉德贡德的神圣，力压一切怀疑。实际上，他在撰写《拉德贡德传》（*Vie de Radegonde*）时，抹去了王后大部分个人特征，用一种久经磨炼的圣徒的模式塑造了拉德贡德的一生。圣拉德贡德很早就受到人们的崇拜，许多教堂都为她祝圣便是例证。一直到近代，多位法兰西国王也都曾来到这位神圣的王后墓前拜谒，并视其为自己的"表亲"。（B.D.）

威望极高的女圣人与君王夫婿的关系
《拉德贡德被带到国王克洛泰尔一世面前》（*Radegonde est conduite auprès du roi Clotaire Ier*）（局部），细密画，《圣拉德贡德传》（*Vie de sainte Radegonde*），11 世纪，普瓦捷，市政图书馆

布隆纳特

（Brunehaut，约 543—614 年）

对高卢而言，6 世纪末是一个介于漫长的古代晚期和中世纪早期之间的过渡阶段。布隆纳特王后非同一般的生平阐释了两种文明过渡的时刻给女人带来的机遇。

布隆纳特是篡夺王位的西哥特贵族阿塔纳吉尔德（Athanagild）的女儿。她的出生恰逢东罗马帝国试图夺回西班牙之际。对当时的蛮族王国而言，以前的罗马帝国复兴是一个真实存在的威胁。阿塔纳吉尔德试图抵抗，为了与法兰克人结成联盟，566 年左右，他将布隆纳特嫁给奥斯特拉西亚国王西热贝尔一世。不久之后，他把布隆纳特的姐姐加尔斯温特（Galswinthe）嫁给了纽斯特里亚（Neustrie）国王希尔佩里克（Chilpéric），值得一提的是，希尔佩里克是西热贝尔一世的兄长。

布隆纳特来到位于梅斯的宫廷之后，最初是一位不爱抛头露面的王后，她唯一一次出现在公众面前是抛弃西哥特人的阿里乌教派异端，皈依法兰克人的天主教。自从生下王位继承人希尔德贝尔特二世（Childbert II）之后，她的影响力逐渐增强。王后利用自己的威望，为许多名人提供庇护，例如主教图尔的格里高利、诗人维纳缇乌斯·福图纳图斯。此外，569 年，希尔佩里克暗中遣人将加尔斯温特刺杀，西热贝尔一世表示要为妻姐复仇，要求加尔温斯特的嫁妆（五座城市）归布隆纳特所有。但这位奥斯特拉西亚国王依旧不满足，他向兄长发起进攻，并于 575 年将其包围在图尔奈。希尔佩里克派人将西热贝尔一世刺杀，才挽回局面。

国王死后不久，被俘的布隆纳特被囚禁在鲁昂。她在那里施展自己的才能，与纽斯特里亚王室交好，与希尔佩里克的一个儿子结婚。[①] 再次成为寡妇之后，布隆纳特回到奥斯特拉西亚，以希尔德贝尔特二世的名义摄政。摄政期间，她实施了

---

① 希尔佩里克对此事大发雷霆，将墨洛维削发为僧侣，随后将其暗杀。

雄心勃勃的外交政策。584 年，她趁希尔佩里克遇刺之机，夺去纽斯特里亚部分领土。587 年，她让儿子希尔德贝尔特二世成为勃艮第王国（墨洛温王朝的第三大王国）的继承人。希尔佩里克的遗孀弗雷德贡德（Frédégonde）和儿子克洛泰尔二世（Clotaire Ⅱ）则被软禁在下塞纳地区（Basse-Seine）。

布隆纳特将一个女儿嫁给了西哥特王国的王位继承人，巩固了法兰克人与西哥特人的联盟。这位公主后来被东罗马帝国俘虏，布隆纳特被迫向东罗马人的要挟让步，为了让女儿重获自由，她不得不把奥斯特拉西亚的军队派往意大利，并在那里驻守十年之久，以帮助东罗马帝国皇帝夺回被伦巴第人占领的波河河谷地区。布隆纳特暗中限制了自己军队的进攻步伐，因为伦巴第人被全歼将导致法兰克人直接接触东罗马帝国。

595 年，希尔德贝尔特二世去世后，布隆纳特将王国分给两个孙子：蒂耶里二世（Thierry Ⅱ）得到勃艮第王国，泰奥德波尔特二世（Théodebert Ⅱ）得到奥斯特拉西亚。这两位国王都尚且年幼，他们的祖母继续执掌所有事务。她试图维持罗马帝国行之有效的税收制度，但大贵族的反对之声愈来愈强烈。在这些年的摄政期间，王后与教皇格里高利一世保持密切通信，教皇委托王后对高卢人的教会进行改革，保护罗马教廷派往英国布道的传教士。从 602 年开始，布隆纳特长居勃艮第王国，并支持蒂耶里二世，即便蒂耶里二世与兄弟对抗之时，她的立场也未改变。612 年，蒂耶里二世入侵奥斯特拉西亚，泰奥德波尔特二世被杀。613 年，蒂耶里二世因病去世。布隆纳特企图以曾孙西热贝尔二世（Sigebert Ⅱ）的名义再次摄政，但这一次，贵族强烈反对，多位大领主转投纽斯特里亚国王克洛泰尔二世阵营。613 年，布隆纳特兵败被俘。她被控谋杀国王，被迫骑骆驼游街，随后她的头发和手臂被绑在马尾上，狂奔的马最终将她折磨致死。克洛泰尔二世的近臣迫不及待地抹黑关于她的记忆，把主教维耶纳的德西德里乌斯（Didier de Vienne）之死和爱尔兰传教士科伦巴努斯（Colomban）的流放栽赃到她头上。

布隆纳特被树立为墨洛温王朝残暴的象征，但事实上，她深受古罗马的中央政府概念和地中海地缘政治观念的影响。这种思维方式在 6 世纪尚可被接受，但已经不再适应 7 世纪分裂的贵族社会。（B.D.）

图尔的格里高利

（Grégoire de Tours，约 538—594 年）

乔治乌斯·弗洛伦提乌斯·格里高利乌斯（Georgius Florentius Gregorius）更为人所知的名字是图尔的格里高利，他是中世纪最早的编年史作者之一。我们对墨洛温王朝的最初几位法兰克国王的了解主要源自这位自视为罗马人的学者。

538 年左右，格里高利出生在克莱蒙（Clermont）的一个官宦贵族世家，他的家族为高卢培养出多位伯爵和主教。他年纪轻轻便成为位于奥弗涅（Auvergne）的布里尤德（Brioude）的神职人员，他从 563 年开始在图尔定居。也正是在图尔这座城市，他被奥斯特拉西亚王国的君主西热贝尔一世和王后布隆纳特任命为主教。国王任命主教在 6 世纪虽属正常，却为他招致许多敌意，例如纽斯特里亚国王希尔佩里克，就连图尔地区的神职人员也多次试图使他被废黜。因此，主教祝圣仪式是由兰斯大主教完成的，而且不太符合教会规定。格里高利知道自己备受质疑，便努力让自己的权力得到认可，他不知疲倦地讲道、修建教堂、进行文学创作。这三项活动密不可分：图尔的格里高利所设计的教堂是由灵魂和肉体组成的，也是由砖石和文字垒成的。

格里高利是一位高产作家，他涉足从圣徒传记到圣经注解，从天文日历到礼拜仪式等几乎所有基督教文学形式。他的后世之名主要来自一部历史巨著《历史十书》（*Dix Livres d'histoires*），这部著作大约撰写于 576—592 年，并经历多次修改。这部书的构想在撰写过程中发生了变化，图尔的格里高利开始构思这部书时，他想要仿照凯撒利亚的尤西比乌斯[①]（d'Eusèbe de Césarée）的模式编纂一部通史。他在撰写从创世到 397 年圣马丁去世这段历史时，坚持了最初的计划，但后面的主要历史内容集中在高卢地区，尤其是法兰克王国，克洛维

[①] 凯撒利亚的尤西比乌斯（约 260—340 年），基督教史学奠基人。

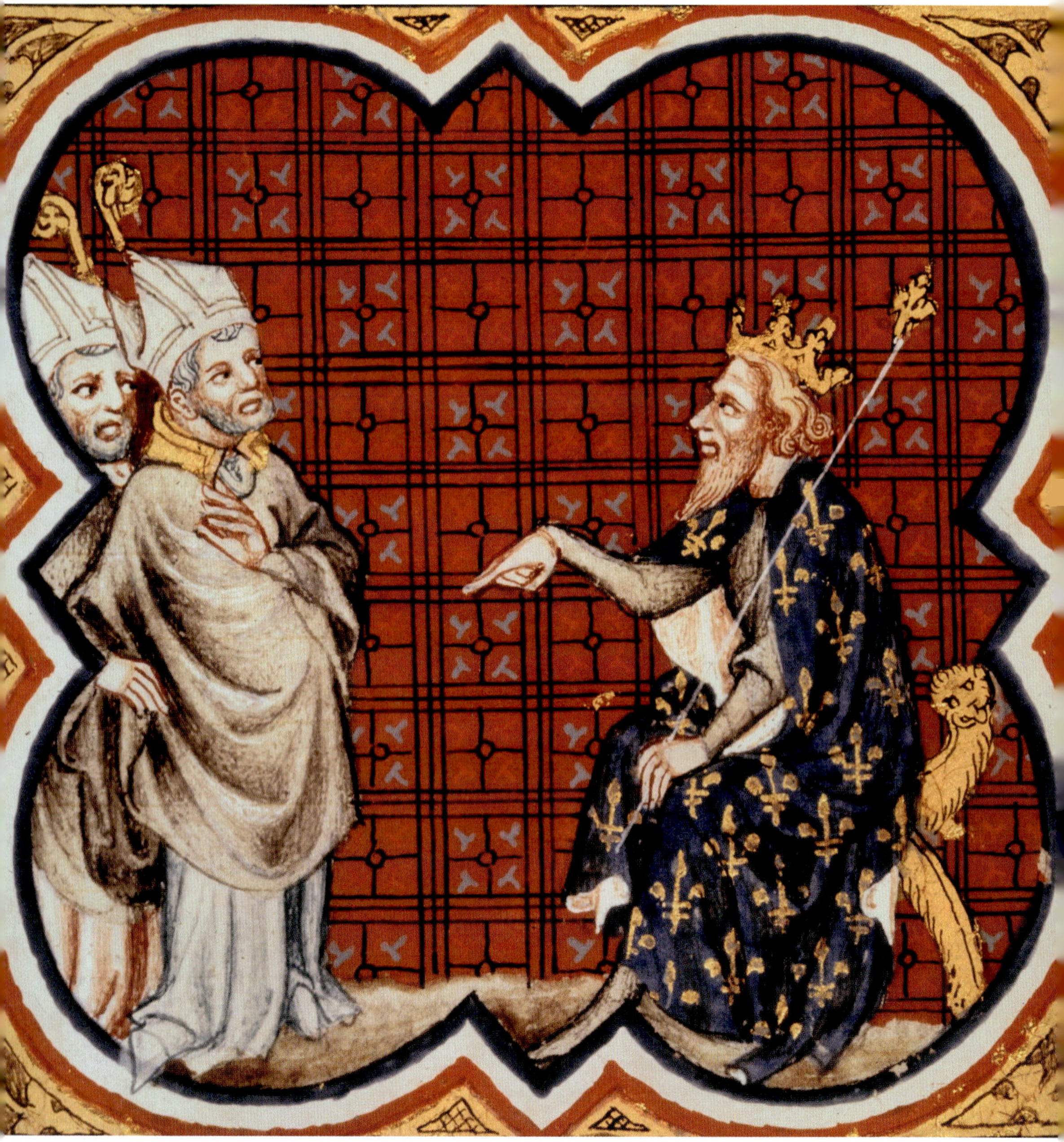

被介绍为王国的真正创立者。从第四卷开始，历史变成了讲述克洛泰尔一世的子孙之间的内战冲突的编年史。因此，某些抄写者毫不犹豫对作品开端部分进行了删减，将其更名为《法兰克人史》(Histoire des Francs)。中世纪流传最广的就是这个删节版，后人又对其进行了缩编和续写，这本书为13世纪的《法兰西大编年史》提供了丰富的素材。

到了近代，格里高利被错认为与墨洛温王朝末期的懒王[①]生活在同一时代，因此而遭到冷遇。即便19世纪的德国学者成功复原了初版的《历史十书》，历史学家对这位图尔主教仍持批判态度。人们批评他的编年史杂乱无章，他的拉丁语不够古典，过分追求平淡的细节。他最为人诟病的是对超自然现象的热衷。和墨洛温王朝时期的大部分作家一样，格里高利被归类为晚期拉丁语时代的"堕落作家"。

自20世纪80年代，人们开始为《历史十书》正名，因此，历史叙事中不断出现神奇事件不再是一种幼稚的象征，这是一种非常微妙的选择，它主要是为了向读者展现上帝在人间的行事并不因为使徒时代[②]的结束而中断。此外，图尔主教的语言或许不同于西塞罗，但在那个时期，绝对是正确无误的。从此，人们终于认同格里高利拥有名副其实的叙述历史的天赋，他可以用寥寥几笔勾勒出一个生动的、具有启发性的故事。他讲述的弗雷德贡德王后的恶劣行为在很大程度上启发了历史画家、浪漫主义作家和如今的小说家。（B.D.）

主教与众人唇枪舌战，捍卫教义正统性
《图尔大主教圣格里高利与阿勒比主教圣撒勒维乌斯谴责希尔佩里克一世的异端》(Saint Grégoire, archevêque de Tours et saint Salvius, évêque d'Albi condamnant l'hérésie de Chilpéric Ier)，约1375—1380年，细密画，选自《查理五世的法兰西大编年史》(Grandes Chroniques de France de Charles V)，巴黎，法兰西国家图书馆

[①] 懒王，即墨洛温王朝的几位末代国王性格软弱，不理朝政，权力被宫相把持，因此被称为"懒王"（les fainéants）。
[②] 使徒时代是约33年到约100年，耶稣的12使徒从耶路撒冷出发，在整个地中海世界传教、创建教会的时期，是基督教教会发展的最初期。

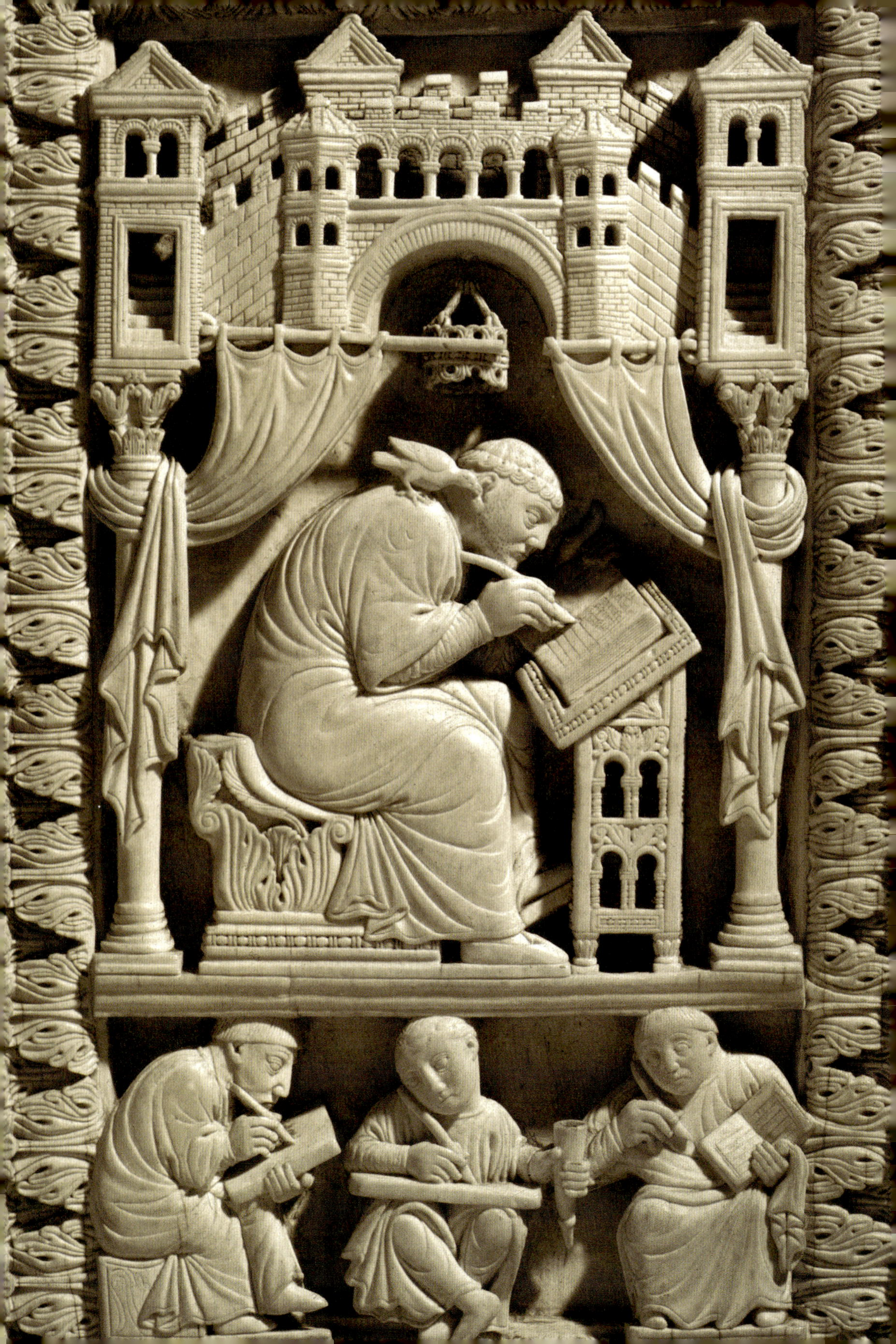

格里高利一世

（Grégoire Ier le Grand，约 540—604 年）

590 年 9 月 3 日，经历了悲剧性的一年之后，格里高利一世成为罗马新主教。伦巴第人与东罗马帝国之间的战争将罗马平原夷为废墟；台伯河的大洪水导致无数粮仓被毁，饥荒令可怕的瘟疫更加肆虐。590 年 2 月，教皇佩拉吉二世（Pélage II）也因瘟疫去世。格里高利是去世教皇的左膀右臂，他组织了一些针对瘟疫的游行仪式，随后在不情愿之下，被选为教皇。同年，图尔教会的一名教士来到罗马迎取圣物时，目睹了这场选举，并为自己的主教记录了这件大事，这位教士恰好是图尔的格里高利，他后来将此事写进了《历史十书》之中。

罗马人格里高利出身于一个长期为教会服务的贵族家庭。他的先祖之一是 5 世纪的教皇菲利克斯三世（Félix III，483—492 年）。格里高利出生于 540 年左右，东哥特人与东罗马帝国的军队爆发战争，意大利重归东罗马帝国皇帝查士丁尼统治。罗马城被反复攻下多次，东哥特国王托提拉（Totila）曾攻陷罗马城，但很快撤走。在这样的背景之下，年幼的格里高利很可能在西西里岛度过了他的童年，他的家族在那里拥有大片庄园。他接受了优秀的学校教育，后成为罗马执政官。573 年左右，父亲去世之后，他把凯利乌斯山（le Caelius）上的斯考里坡道（Clivus Scauri）旁的家宅改造成了修道院。他离开官场成为修士，一心一意侍奉上帝，他的行为和道德都渗透着为上帝服务的渴望。

上帝的白鸽在圣人耳边传授神谕
《文具箱前的格里高利一世和三位抄写僧侣》（*Grégoire Ier le Grand à son écritoire et trois moines copistes*），约 875 年，一本已遗失的圣礼书的象牙封面，维也纳，艺术史博物馆

归隐修道院后,他把精力放在了《约伯记》(le livre de Job)上,这卷书记录了约伯经历的试炼。约伯的苦难类似于格里高利正在经历的世界末日般的氛围,但约伯也借机详细表述了庞大而丰富的道德和精神信念,他认为痛苦能够唤起慰藉,慈悲号召人们付诸行动。格里高利的虔诚信仰不影响他务实的责任感。579年,佩拉吉二世将格里高利请出修道院,让他以教皇特使的身份出使君士坦丁堡。

面对伦巴第人的入侵,罗马急需援助。格里高利与皇室家族关系密切,但他仍然过着简朴的生活。586年左右,他回到罗马。出使拜占庭这段时期,教皇特使的身份是他接触罗马皇帝的必要条件。在教皇佩拉吉二世去世之前,格里

神圣的教皇与神圣的修道院修建者,中世纪基督教的大师
《约伯道德书》(Morale sur Job),6世纪,格里高利一世对《约伯记》的注解,维克,主教博物馆

《字母A开头的乐谱手抄本:创作音乐的格里高利一世》(Partition manuscrite comportant dans l'initiale «A», Grégoire Ier le Grand écrivain de la musique),13世纪,弥撒唱经本彩色装饰画,巴黎,法兰西国家图书馆

Kyrie eleyson. *Dñica .i. in aduentu dñi.*

Ad te leuaui animam meam deus meus

in te confido non erubescam neque irrideant

me inimici mei & enim uniuersi qui te

expectant non confundentur. ℣. Vias tuas dñe. Gl'a seclo% amen.

Vniuer si qui te expectant non confundentur domine

℣. Vias tuas domine notas fac mi

chi & semitas tuas edoce me. Alleluia

Ostende nobis do mine misericordiam tu am & salu

tare tu um da nobis. Of. Ad te

domine leuaui a nimam meam deus meus in te confido non

erubescam neque irrideant me inimici me i & enim uniuer

高利在教会中的声望已经无人能敌。

作为罗马教会的领导者,格里高利也成为抵抗围攻罗马的伦巴第人的真正组织者。他成功地与伦巴第国王阿季卢尔福（Agilulf）签署停战协议,重新改革被战争摧毁的意大利教会,同时保护犹太人不受任何侵害。他熟知福音书和罗马法,指出罗马政权应当为基督之死负责。尽管有地理限制,他也从未停止对地中海东部地区的关注,例如耶路撒冷和西奈半岛僧侣的命运;他非常关心非洲教会并承认圣奥古斯丁在那里留下的遗产;他与西方的塞维利亚、法兰克王国保持密切联系,大力推动盎格鲁-撒克逊地区的传教活动。同时代的科伦巴努斯称他为"全欧洲的观察者"。饱受病痛折磨的格里高利于604年3月12日去世。

除了《约伯记解说》(Morales sur Job)之外,他的著作还包括《教士规则》(Règle pastorale)和一些关于福音书和以西结（Ézéchiel）的讲道。在圣人传记合集《对话录》(Dialogues)中,他重点介绍了努西亚的圣本笃。正是因为格里高利一世的介绍,圣本笃才广为人知,其苦修模式所蕴含的力量也得以被着重强调。除此之外,格里高利一世的作品还有其他注解之作以及担任教皇期间的通信。从12世纪起,他与安布罗斯（Ambroise）、哲罗姆（Jérôme）和奥古斯丁共同被称为四大拉丁神父,共同成为"中世纪的奠基者",但格里高利一世更是欧洲的奠基者之一,他自己曾故意用过这种表达方式。他在不同的地区影响深远:在英国,他是"使徒",人们致力于推广对他的崇拜;在修道院中,他使圣本笃为人所知,人们重视他的灵修思想;在罗马,他成为教廷管理的典范;在拉丁中世纪（Le Moyen Âge latin）期间,人们按照他的风格写作,在礼拜仪式中咏唱他收集整理的歌曲。（B.J.）

圣科伦巴努斯

（Saint Colomban，约 540—615 年）

阿莫里卡半岛的布列塔尼人习惯了看到僧侣从爱尔兰远道而来，辛苦操劳建立隐修院，但他们绝对没有想到591—592年左右，与十二位同伴来到这里的修士科伦巴努斯将会深深影响高卢和意大利北部地区。我们对科伦巴努斯的了解来自他的弟子博比奥的乔纳斯（Jonas de Bobbio）在639—645年所写的圣徒传记、12世纪的其他圣人传记和科伦巴努斯本人的一些信件，也就是说这些文献都是为了颂扬这位圣人，贬低他的对手。科伦巴努斯不是一个容易相处之人，他的性格专制强硬，树敌众多，但他也有着强大的感召力。

他很可能出生在一个爱尔兰贵族家庭。6世纪60年代初，进入克鲁安岛（Cluannis）修道院，跟随修道院院长希奈尔（Sinell）学习，随后来到著名的班戈尔（Bangor）修道院，该修道院的院长是康盖尔（Comgall）神父。虽然爱尔兰与欧洲大陆的联系频繁，但爱尔兰的基督教却有着特别之处。在这个没有城市的农村国家，基督教主要以农村的修道院为中心发展起来，欧洲大陆的主教享有的权威在这里属于修道院院长，他们掌控着庞大的"修道院教区"。爱尔兰也有着自己的礼拜仪式，尤其是复活节的日历推算和私人苦修。最后，这里的修行制度有着非常明显的苦修特征和强烈的出世倾向。这也是为何科伦巴努斯渴望离开这里，效仿基督，踏上流浪旅途，不再回头。

科伦巴努斯在阿莫里卡半岛登陆之后，前往勃艮第王国。他在贡特拉姆国王（Gontran）赐予的土地上建立了三座修道院，分别位于安讷格雷（Annegray）、吕克瑟伊（Luxeuil）和方丹（Fontaine）。不久，他就取得了成功，一大批年轻贵族被苦修和圣人的感召力所吸引，来到吕克瑟伊修道院。但科伦巴努斯最终与主教们发生了冲突，这些人之所以不满是因为科伦巴努斯拒绝放弃爱尔兰的礼拜仪式，排斥主教对修道院的权威，想要控制人们在修道院的神圣场所的进出。

7世纪初，科伦巴努斯与勃艮第国王蒂耶里二世及其祖母布隆纳特的矛盾日益激化。科伦巴努斯拒绝为国王的儿子祝圣，因为其并非婚生，他甚至禁止国王进入吕克瑟伊修道院，双方的冲突彻底爆发。609—610年间，布隆纳特将科伦巴努斯驱逐出勃艮第。他被迫在士兵押解之下来到南特（Nantes）。或许是巧合，或许是天意，当他们登船前往爱尔兰之际，一场暴风雨导致船舶被迫返回港口，科伦巴努斯决定留在欧洲大陆。他前往纽斯特里亚宫廷，觐见国王克洛泰尔二世，并受到热烈欢迎；611年，他来到奥斯特拉西亚宫廷，受到了国王泰奥德波尔特二世的接见；最后他前往阿拉曼尼亚（Alémanie），把弟子加尔（Gall）留在了那里。随后，他动身前往米兰，觐见信仰阿里乌教派的伦巴第国王阿季卢尔福和信仰天主教的王后泰奥德林德（Théodelinde）。他很快就撰写了一部驳斥阿里乌教义的专著，并与教皇格里高利一世通信，尤其对"三章案"（Trois-Chapitres）的分歧进行探讨。阿季卢尔福国王赐予他一些土地用来修建博比奥修道院，615年，他在这座修道院中去世，未能再看一眼爱尔兰故土。

科伦巴努斯的影响范围远超过他自己建立的修道院，因为他的弟子们后来在农村地区修建了数量众多的修道院，例如勒贝（Rebais）和茹阿尔（Jouarre），或者阿拉曼尼亚的圣加尔（Saint-Gall）。但他确立的规则很快被抛弃，即便在吕克瑟伊修道院和博比奥修道院也均如此，取而代之的是所谓的混合规则，其灵感源自圣本笃确立的会规。（R.L.J.）

塞维利亚的伊西多尔

（Isidore de Séville，约 560—636 年）

用"畅销书"这个词形容塞维利亚的伊西多尔的《词源学》(Etymologiae)再合适不过。这部用拉丁语写成的著作完成于 7 世纪初，其目的是以一种连贯有序、条理清晰的方式将一个时代的知识汇总起来，其作者是一个出类拔萃的人物，一位圣经注释者，也是法学家、历史学家和百科全书编写者，他还撰写了一部精彩纷呈的《哥特人史》(Histoire des Goths)。伊西多尔是西哥特人统治时期的西班牙重要学者，也是中世纪西方读者数量最多、最常被提到的作家之一，这种情形一直持续到 16 世纪（他在 1598 年被封圣），例如 14—16 世纪，共有 218 部《同义词》(Synonyma)抄写本问世；1470—1530 年，《词源学》共出现了十多个版本。

在文化发生变动（"西哥特文艺复兴"）的伊比利亚半岛上，伊西多尔也是一位宗教和政治领域的行动派。在 636 年去世之前，他曾担任国王顾问、主教、西班牙天主教会和权力机构重组的领导人，633 年，他在托雷多（Tolède）主持了著名的第四次大公会议，这次会议规定西哥特国王应当由贵族和教会选举产生。560 年左右，伊西多尔出生在一个内部分裂的西班牙，信仰阿里乌教派的西哥特人与信仰天主教的西班牙-罗马人（Hispano-Romains）之间冲突不断，此外还有试图收复罗马帝国疆土的东罗马帝国皇帝查士丁尼发起的战争。年轻的伊西多尔和家人被迫逃离东罗马人占领的地中海沿岸城市卡塔赫纳（Carthagène），他的父母去世很早，兄长莱昂德尔（Léandre）照顾他，并在他的教育中扮演重要角色。

莱昂德尔是格里高利一世的朋友，也与卡西奥多罗斯保持通信联系，是一位同时受到古典文化和宗教教育熏陶的教士学者。584 年，莱昂德尔被选为塞维利亚主教，587 年，国王雷卡雷德一世（Reccarède Ier）皈依天主教，他是主要推手之一。雷卡雷德一世的皈依统一了西班牙所有西哥特人的宗教信仰，莱昂德尔主持的第三次托雷多大公会议正式承认了这一点。伊西多尔始终非常重视

巴埃萨的神迹军旗是西班牙最珍贵的圣物之一。它描绘的是国王阿方索七世（Alphonse VII）征服从 7 世纪开始被摩尔人（les Maures）控制的阿尔梅里亚（Alméria）时，圣伊西多尔前来援助的场景。在收复失地运动（la Reconquista）期间，在卡斯蒂利亚和莱昂的所有战役中，士兵们都挥舞着这面军旗。

《为感谢圣伊西多尔在 1147 年 7 月 25 日夺取巴埃萨的战役中提供的帮助，卡斯蒂利亚的阿方索七世下令制作的圣伊西多尔军旗》(L'Étendard de saint Isidore, réalisé à la demande d'Alphonse VII de Castille pour rendre grâce au saint de son aide dans la prise de Baeza, le 25 juillet 1147)，约 1150 年，挂毯，莱昂，圣伊西多尔皇家教堂图书馆

国家的地缘政治和宗教的统一，他在 624 年向摄政王苏英提拉（Suinthila）致敬时宣布后者是"第一个统治西班牙全境的君主"。

600 年左右，兄长莱昂德尔去世后，伊西多尔继任塞维利亚主教。我们很难了解伊西多尔的思想教育的细节，因为我们并不完全了解他成为主教之前的经历。中世纪时期有一些关于伊西多尔的传记，例如图伊的卢卡斯（Lucas de Tuy）所写的传记指出，伊西多尔在学校里接受了"古典"教育；虽然历史传记传统采信了这些关于伊西多尔童年和青年的传说，但诸如此类的文献的可靠性并不高。即便伊西多尔的著作博采众长，参考了众多古代作家，我们也不能从中得出一些与其学校教育相关的结论。然而，如果我们仔细思考莱昂德尔写给妹妹弗洛朗迪娜（Florentine）的《致妹之规训》（*Regula ad sororem*）中的话语，便有理由认为莱昂德尔给弟弟伊西多尔传授的是一种融合了古典文化和教会文化的知识，伊西多尔后来将这种知识发扬光大。无论如何，伊西多尔的著作表明他经常阅读宗教文献，对古典文献也如数家珍。

《词源学》是伊西多尔的重要作品，也是延续古代文化的重要媒介，知识的多样性在这部作品中表现得最为明显。这是中世纪世界的第一部百科全书，伊西多尔因此被称为"百科全书之父"，它应当被视为一部科学著作，因为它的编写遵循了一些既定的规则、一种明确的方法论和一个严格的组织体系，伊西多尔在《词源学》第一卷中对所有这些要素均进行了明确界定。

伊西多尔采用的方法以"词源主义"为基础，延续了柏拉图提出的"词有所指"的思想。在汇编和组织文献的同时，伊西多尔呈现了一部关于世界、自然和人类、理论与实践知识的浩瀚著作。作者首先以词源分门别类，然后按照自由学科和科技领域将知识组织起来，从上帝到动物、植物、石头，再到人类、哲学、语言艺术、医学、法律、数学、自然科学等等，总而言之，按照如今的想法，这就是一部百科全书。仅此一项，伊西多尔便与启蒙时期的狄德罗（Diderot）和达朗贝尔（d'Alembert）联系在了一起，此外，罗马教廷不也正在考虑让他担任互联网用户和计算机程序员的主保圣人[①]吗？（B.R.）

[①] 主保圣人是由天主教会确立的圣人或圣女，不同的地区、教区、职业等都有自己的主保圣人。圣伊西多尔被视为互联网的主保圣人，很大程度上是因为他所著的《词源学》的编排方式让人联想到数据库。

APOLLO   MEDICVS

圣安利日

（Saint Éloi，约 590—约 660 年）

谁不了解圣安利日和他那传奇般的诚实？据他的朋友乌昂（Ouen）在 7 世纪 70 年代所写的传记所述，他获得克洛泰尔二世的青睐，奉命制作王座一张，而国王提供的黄金足够打造两张，他便诚实地打造了两张王座。安利日出生在利摩日（Limoges）北部的夏普特拉（Chaptelat）的高卢罗马贵族家庭。他是利摩日著名的金银匠阿邦（Abbon）的学徒，后来他被师傅送到克洛泰尔二世的财务大臣博邦（Bobon）处任职。625 年，他被克洛泰尔二世任命为财务和铸币大臣，掌管王室财富。安利日并未放弃自己的金银匠行当，并完成了国王达戈贝尔刚刚扩建的圣德尼大教堂的装饰工作。作为铸币大臣，他的名字出现在巴黎、马赛和阿尔勒（Arles）的硬币上，他在银币取代金币成为主要流通货币的转变中发挥了重要作用。

在国王克洛泰尔二世的宫廷中，他与年轻的达戈贝尔周围的年轻人成了朋友，例如达东-乌昂（Dadon-Ouen）、迪迪耶（Didier）和保罗（Paul）。安利日的交际圈深受圣科伦巴努斯的影响；他在索利亚克（Solignac）拥有一些地产，632 年，在国王的帮助下，他在其中一块地上建立了一座修道院。无论在这座修道院中，还是他在巴黎修建的女子修道院中，他推行的都是吕克瑟伊修道院的教规。此外，他还修缮了利摩日的圣马尔夏尔（Saint-Martial）大教堂。639 年，达戈贝尔去世之后，权力平衡被打破，642 年，安利日离开宫廷，成为努瓦永-图尔奈（Noyon-Tournai）的主教，他的朋友乌昂则成为鲁昂主教。安利日要求教区的所有人接受主教权威，遵守教规，必要时甚至与地方贵族发生冲突。他

词源与科学的圣人
《医神阿波罗》（*Apollo medicus*），细密画，选自塞维利亚的伊西多尔所著的《词源学》第四卷开篇《论医学》（*De medicina*），韦尔切利，教务会图书馆

毫不犹豫地奔赴弗兰德地区，向异教民众讲道，时常招来不解和敌意。他于660年左右去世，葬在努瓦永的教堂中。据他的传记所述，虽然他没有殉教，但他经历的神迹可以证明他的圣洁。法国有一首有趣的儿歌，讲述安利日打趣达戈贝尔的衬裤穿反了，这证明了他与国王的友好关系，这首儿歌已经成为仍然鲜活的历史记忆的一部分。（R.L.J.）

神圣化的手工艺人和马
《努瓦永的圣安利日的传说：耶稣教导马蹄铁匠安利日要谦卑，他将被钉上蹄铁的马腿装回马身》（*Légende de saint Éloi de Noyon. Jésus enseigne l'humilité à Éloi, maréchal-ferrant, en réparant la jambe d'un cheval sur l'enclume de forgeron*），15世纪一份手抄本的局部，切塞纳，马拉特斯塔图书馆

达戈贝尔

（Dagobert，约 608—639 年）

与金银匠兼"铸币大臣"安利日的关系使国王达戈贝尔成为集体记忆（la mémoire collective）的一部分。我们对他的了解主要来自为纽斯特里亚王室服务的历史学家弗莱德加（Frédégaire）所写的编年史，这部著作讲述了纽斯特里亚国王希尔德里克与王后弗雷德贡德的儿子克洛泰尔二世如何铲除年迈的太后布隆纳特，并于614年统一王国的历史。在随后的内容里，弗莱德加赞扬了国王达戈贝尔的优点，例如他的勇气、公正和虔诚。

东部的奥斯特拉西亚贵族担心没有国王代表和捍卫自己的利益，于是向克洛泰尔二世施压，克洛泰尔二世被迫让步，623 年，克洛泰尔二世的儿子达戈贝尔成为奥斯特拉西亚国王。克洛泰尔周围的大臣都是他的亲信，尤其是丕平（Pépin）、梅斯主教阿尔努（Arnoul）和科隆主教库尼伯特（Chunibert）。达戈贝尔向这些大臣学习为君之道。629 年，克洛泰尔二世死后，达戈贝尔成为纽斯特里亚王国和勃艮第王国的国王，他把同父异母的兄弟夏利贝尔（Charibert）排挤到加斯科涅地区（Gascogne）的一个王国（632 年，夏利贝尔在那里去世）。达戈贝尔小心谨慎地从梅斯出发，途经勃艮第城市，前往巴黎，"为穷人主持正义的做法令一些近臣和主教心生恐惧"。他迫使丕平一同前往巴黎，这是丕平失去国王宠信的表现，从此，宫相埃加（Aega）、金银匠兼铸币大臣安利日以及达东-乌昂成为他最亲近的顾问大臣。达东-乌昂属于安吉洛尔芬家族（des agilolfides），其势力范围为苏瓦松、布里（la Brie）、图勒-凡尔登（Toul-Verdun）和萨尔兰地区（la Sarre）。这些大臣和团体相互之间水火不容，但达戈贝尔却能够通过纽斯特里亚宫廷来维持力量平衡与彼此合作，他的宫廷最初在巴黎，后迁至克利希（Clichy），位于圣德尼附近乡间的一座宫殿中。

达戈贝尔意识到一个重心偏向北方的农村新世界正在诞生。他免除了圣德

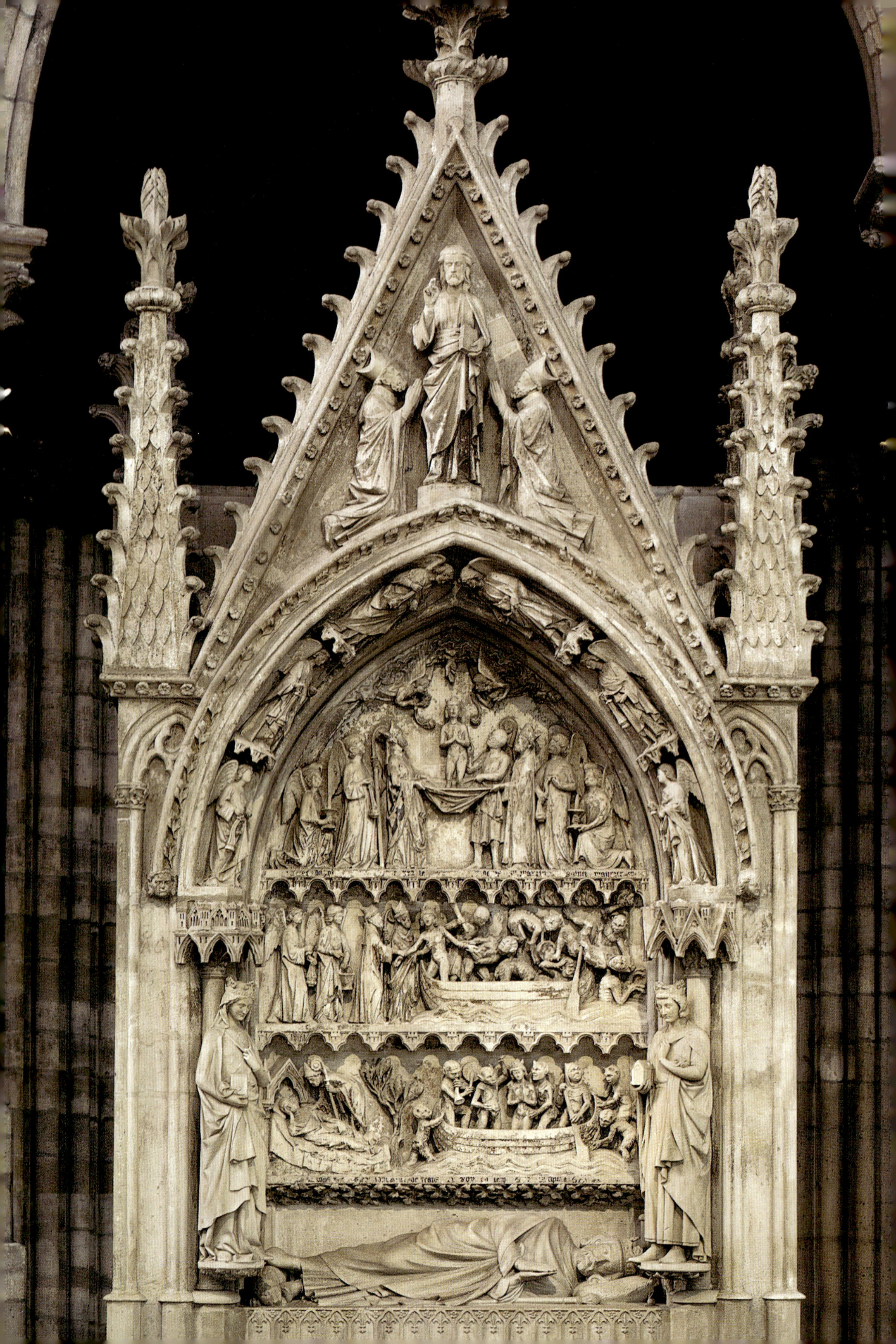

尼僧侣的商品运输税和正在发展中的城镇集市的税赋。他非常关注拉芒什海峡和北海沿岸地区。莱茵河畔的杜里斯特（Dorestad）和康什河畔（la Canche）的昆都维克（Quentovic）出现了货币商人，这些地区是与英国进行贸易的桥头堡。

然而，经济以外的其他领域也发生了变化。在这个政治与宗教的联系越来越密切的世界中，行使权力要获得修道院的精神支持。在圣阿芒（Saint Amand）及其弟子的影响下，北部和西北部地区修建了许多修道院，例如根特（Gand）、埃诺纳圣阿芒（Elnone-Saint-Amand）、圣里基耶（Saint-Riquier）等。在身为奥斯特拉西亚国王期间，达戈贝尔对日耳曼尼亚（Germanie）有着浓厚兴趣。633年，王室军队被一支由商人萨摩[①]（Samo）领导的军队击败，萨摩后成为该斯拉夫部族的首领。在奥斯特拉西亚人的要求下，达戈贝尔将王后格玛特鲁德（Gomatrude，奥斯特拉西亚人）所生的儿子西热贝尔任命为奥斯特拉西亚国王，目的是巩固法兰克人对日耳曼尼亚的统治。然而，法兰克人在图林根的影响力较弱，他们在阿拉曼尼亚的统治更稳固，达戈贝尔将阿拉曼尼亚分封给一些公爵，用书面形式把阿拉曼尼亚人的法律确立下来，为传教活动提供便利，促进阿拉曼尼亚与法兰克王国的融合。

法兰克王国在达戈贝尔统治时期达到鼎盛。他为一个真正的基督教王国奠定了意识形态基础。达戈贝尔出身墨洛温家族，为了保证法兰克民族的永福而被上帝选中，他应当遵守神圣的法律，让众人敬畏，以公平治国，确保和平与繁荣。据弗莱德加所述，如果达戈贝尔来到巴黎之后，没有抛弃丕平所提出的

达戈贝尔是第一位葬在圣德尼修道院大教堂的法兰克国王，630年左右，他命人将圣德尼与同伴的遗体迁至此处。13世纪，圣路易将法兰西王族墓地重新修整，达戈贝尔的墓地也于这一时期完成
国王达戈贝尔一世之墓，13世纪，哥特式建筑与雕塑，圣德尼，圣德尼大教堂祭坛

[①] 即萨摩大公，是西斯拉夫人的领袖，曾在捷克一带建立萨摩公国。

真知灼见，没有纵情声色、妻妾成群，他本称得上一位模范国王。他批评达戈贝尔把教会财产分封给亲信，从查理·马特（Charles Martel）开始，这种手段被加洛林王朝沿用。但弗莱德加也提到了国王对教堂非常慷慨，圣德尼修道院就是主要受益者。达戈贝尔扩建了该修道院的大教堂，命安利日对其进行奢华装饰。他要求修道院中的僧侣日夜为国王、王室和王国祈祷。最后，他也是第一位安葬在圣德尼大教堂的国王（639年）。王国的继承问题也如他所愿：儿子西热贝尔继续统治奥斯特拉西亚，王后南蒂尔德（Nanthilde）的幼子克洛维统治纽斯特里亚和勃艮第。（R.L.J.）

比德

（Bède，约 672—735 年）

比德的作品在中世纪早期无人能及。多位教皇派遣的传教士通过基督教以和平的方式征服了罗马化的不列颠，也催生了岛屿文化，比德的作品就是这种岛屿文化最成功的果实之一。比德的内心也深受岛屿文化的影响，他很少走出修道院，不承担任何教会职务，他的文化和教育均来自书本和学校。即便如此，他的著作却有着极强的现实性，思路清晰，而且展现出丰富的学识和准确的判断力，他也因此成为古代末期与加洛林文艺复兴前期之间承上启下的重要学者。672 年或 673 年，比德出生在诺森布里亚（Northumbrie）。674 年，本笃·比斯科普（Benoît Biscop）在他出生的地区修建了圣彼得修道院（韦穆（Wearmouth）），681 年，他又修建了圣保罗修道院（贾罗（Jarrow））。比德在 7 岁时进入圣彼得修道院，随后来到切奥尔弗里德神父（Ceolfrid）担任院长的圣保罗修道院。对学习充满热情的他来对了地方，因为这是一个充满知识复苏气息的修道院，而且本笃·比斯科普曾多次前往罗马，带回了数量众多的手抄本。这一时期，英格兰暂时摆脱了战争和入侵，相对和平的氛围让这位学者（19 岁成为副祭，30 岁成为神父）彻底沉浸在自己的爱好中，例如学习、抄写、写作和教学等。在 735 年去世之前，他培养了许多届学生，其中包括未来的修道院院长和主教。比德的职业要求大量的直接口述，他承担了各种水平的教学任务，从拉丁语入门（交给他的儿童只会讲古英语）到古典诗歌格律分析，甚至还有礼拜圣歌咏唱。

比德的书面教学（可以流传下来）从一本薄薄的《日历》（Calendrier）（约 703 年）开始，然后是一本名为《自然地理》（Géographie physique）的著作，随后在学生的要求下，他详细讲解《论时间的划分》（Sur le décompte du temps），最后以一本珍贵的通史（一直编写到 725 年）结束课程。这些不同作品的灵感来自塞维利亚的伊西多尔的著作，比德对其做复述、补充和修订，他的编年史成为中世纪编年史作者的重要参考资料。不知不觉中，比德编写了一套历史和地理基础教材，这对于那些远离古代中心城市的地区而言是必不可少的时间与空间定位工具。他也为讲英语的人打开了拉丁语文化的大门，他参考普利西安和夏利修斯（Charisius）的语法著作，撰写了《论正字法》（*Sur l'orthographe*），这部书包含了长长的单词列表，基本以字母顺序排列，并且配有关于正确用法、形态、同音异义词的评论等。比德所著的《论修辞和比喻》（*Sur les figures et les tropes*）讲解了圣经中的文学手段，他延续了奥古斯丁的方法，利用古典修辞学（得益于多纳图斯的发展和卡西奥多罗斯的继承）确立了一个阅读框架，然后从《圣经》中寻找例句填入其中。最难学习的内容之一是韵律（高声朗读时确定拉丁语的重音位置）和格律（区分长音节和短音节，这是古代诗律学的基础）。比德为学生开设了一门关于格律的课程，并以多位语法学家的著作为基础，撰写了一部共 25 章的《论格律术》（*Sur l'art métrique*），其中的例子来自古代基督教诗歌。

他所写的关于宗教感化的作品同样清晰而有力。715—720 年，他用散文和诗歌两种形式撰写了两个版本的《圣库斯伯特传》（*Vie de saint Cuthbert*）（林特斯法恩主教），均符合流行的圣徒传记新体裁的规则，语言清晰，节奏合理。随后，比德撰写了一部简短的《韦穆与贾罗的修道院院长历史》（*Histoire des abbés de Wearmouth et de Jarrow*），这是一份涉及该时期文化生活的优秀文献资料，与当时流行的做法相反，这部书中没有收入任何神迹事件，因此他使用的拉丁语显得简洁朴素，内容审慎克制。由此，我们可以发现在 7 世纪和 8 世纪的英国，出现了一种包含理性的批判精神。比德最著名的作品是他在 731 年献给国王塞奥尔伍尔夫（Ceolwulf）的《英吉利教会史》（*Historia ecclesiastica gentis Anglorum*），这部著作绝对配得上"历史"之名，他在该书序言中提出了

《"尊者"比德》（*Bède le Vénérable*），11 世纪，比德的科学论著《论时间》（*Sur le temps*）手抄本局部，卡瓦德雷蒂尼（Cava de' Tirreni），圣三一修道院档案馆

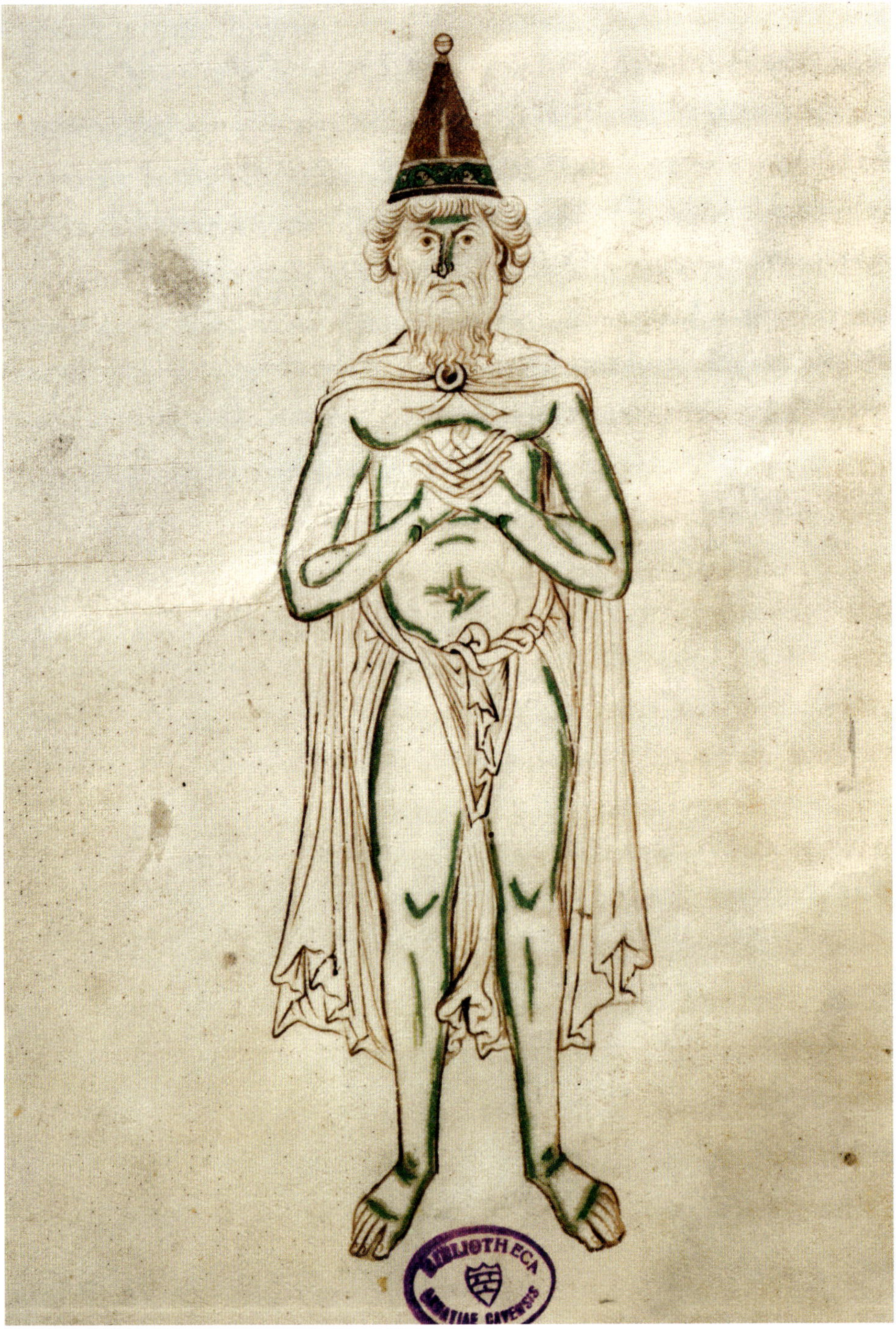
BIBLIOTHECA
ABBATIAE CAVENSIS

严格的写作准则，并在此基础上，有条理地梳理了书面文献（奥罗修斯、吉尔达斯（Gildas）、《欧塞尔的圣日耳曼传》(*Vie de saint Germain d'Auxerre*)、年鉴、信件、宗教机构的档案）和口头材料（对同时代人的采访），这部著作如今仍是研究欧洲史和英国史的重要文献。

在他写给爱格伯特（Egbert，贾罗主教，当地国王的兄弟）的信件中，贝达提出了一些与地方文化现实有关的建议，主张用一些比较极端的语言政策来促进基督教的发展，这些建议出自一个深居修道院的人，这实在令人震惊。他不喜欢用日耳曼语分析田园诗歌，便用儿时所学的古英语充当文学语言，促进了古英语的书面语的诞生。他自己也翻译了基督教的经文，例如《天主经》(*pater*)，《信经》(*credo*)等，并在晚年开始翻译《约翰福音》，他在弥留之际还在用母语吟唱一首诗歌。由此，这位同样通晓希腊语的学者也成为了英语文学的奠基人。（M.D.）

查理·马特（铁锤查理）

（Charles Martel，约680—741年）

  732年（实际上是731年）查理·马特在普瓦捷成功阻截阿拉伯人，除此之外，我们对他还有何了解？相关文献数量极少而且互相矛盾，但我们可以通过这些文献了解到这个人物的重要性：他为加洛林王朝奠定了基础，但却从未试图成为国王。他的母亲是丕平二世（Pépin Ⅱ）的情妇阿勒柏（Alpais），他注定无法"继承"父亲的权力。687年，丕平二世战胜纽斯特里亚人，重新统一了整个王国。丕平二世的嫡子卓戈（Drogon）和格里默尔德（Grimoald）先于父亲死去，714年丕平二世去世时，留下的继承人尚未成年。丕平的孀妻普莱特路德（Plectrude）将王国的财富掌握在手中，确保自己能够以孙子的名义摄政。普莱特路德联合支持者，将查理囚禁于科隆。然而，纽斯特里亚人起兵造反，拉冈弗雷德（Ragamfred）被他们选为宫相之后，与弗里松公爵拉德博德（Radbod）结盟。他们朝着奥斯特拉西亚进发，一路烧杀抢劫，所到之处生灵涂炭。查理重获自由之后，召集了一支军队，结果输给了拉冈弗雷德和国王希尔佩里克二世（Chilpéric Ⅱ）的军队，希尔佩里克二世本是一个名叫丹尼尔（Daniel）的教士，纽斯特里亚人在修道院中找到他，扶持他登上王位。普莱特路德主张与纽斯特里亚人和谈，使其离开，但查理主张发起进攻。717年，查理在汶希（Vinchy）击败纽斯特里亚人，这场胜利迫使普莱特路德将丕平二世的财富拱手相让。但希尔佩里克二世得到了阿基坦公爵奥德（Eudes）的庇护，又经历四年战争之后，查理终于清除了所有抵抗势力。721年，希尔佩里克二世去世，查理辅佐蒂耶里四世（Thierri Ⅳ）为国王，这位国王在737年去世。

  查理的外号（铁锤查理）首先表明了他是一位实力强大、令人生畏的战士。他从追随者中挑选出优秀的骑兵部队，在他们的辅助下，"平定"了整个王国，扩大了法兰克人的势力。直到9世纪初，发动战争并获得胜利都是加洛林王朝

kl. martel.

armes toutes ces terres deuant dites deſ
truit ⁊ gaſta · puis retourna en france no
ble uaīqueur p̄ tout a grans victoires
⁊ a grans deſpuielles de ſes ennemis.
Le c.xvi. coment charles martel occiſt
en une bataille · iij. lxxv · mille de ſarra
zins ⁊ cmēt il tolt les diſmes des egliſes.

Qant cuides le duc daqui
tayne vit que le prince char
les ſi abatu ⁊ humilie ⁊
q̄l ne ſe pourroit uenger
ſe ne queroit ſecours de
autrui p̄ il ſalia aus ſarrazins deſpai
gne ⁊ les appella en aide contre le prince
charles ⁊ contre la creſtiente. Lors iſſirēt
deſpaigne les ſarrazins et un leur roy q̄
auoit nō adiuinac a tout leurs fēmes ⁊
leurs enfans et toute leur ſuſtance en ſi
grāt plēte q̄ nuz ne les pooit nombrer
ne eſmer tout leur hernois ⁊ qīquil auoi
ent il ameneurent auec eulz · auſſi que ſe
il deuſſent touz iours mais habiter ē frā
ce. Gironde treſpaſſeurent en la cite de bor
diaux entrerent le pueple occiſtrent les
egliſes ardurent et deſtruiſſent tout le pa
ys · outre paſſerent iuſques a poitiers et
miſtrent tout a deſtruction auſſi que il
auoient fait a bordiaux et ardent legli
ſe ſ̄. hylaire de quoy ce fu grant douleur
de la mirent pour aler a la cite de touers
pour deſtruire legliſe ſaint martin la ci
te ⁊ toute la contrre · la leur uint au de
uāt le victorieur prince charles ⁊ qīque
il pot auoir deffort · ſes batailles ordena
⁊ ſe feri en eulz p̄ mueilleus hardmēt auſ

ſi que le lou affame ſe fiert entre les
brebis; ou nō de la uiu mē ſeigneur · ſi
fiſt ſi grant occiſion des ennemis de la
foy criſtiene que ſi cōe lyſtoire teſmoi
gne il en occiſt en celle bataille · iij. lxxv.
mille et leur roy qui auoit nō adui
ma · Lors pmes fu il appelles martiaux
por ſurnō · car auſſi cōe le martel de
buſe et froiſſe le fer et touz les autres me
taux · auſſi froiſſoit il et buſoit p̄ bataī
le touz ſes ennemis et toutes eſtranges na
ſcions. ſi fu plus grāt merueille q̄l ne
pdi en celle bataille de toute ſa gent que
mille v. hōmes · leurs tentes et leur her
nois priſt tout et fiſt proie de quīquil auo
ient ⁊ a ſes hōmes pour la rayſon de ce q̄
grāt beſoīg priſt il les diſmes des egli
ſes pour donner aus cheualiers tant
ſeulemēt en deffendant la foy criſtiene
et le royaume par le conſeil et par la volēte
des plas et puiſq̄ ſe dier li donnoit
vie il les reſtabluoit aus egliſes et leur
rendroit largemēt et cē autres choſes.
Ce fiſt il pour les grans guerres que il a
uoit ſouuent et pour les continueꝝ aſſa
ts ſes ennemis · cuides le duc daquitayne
q̄ ſi merueilleuſ peuple de ſarrazins auoit
fait uenir en france fiſt tant qīl fu re
coucilie au prince charle martel · ſi occiſt puis
qīquīl pot trouuer de ſarrazins q̄ eſtoient
eſchapez de celle bataille · en lannee q̄ apꝫ
uīt le noble prince charle martel raſ
ſembla ſes oz̄, et entra en bourgoīgne ·
les contrees du royaume cercha les citez
⁊ les chaſteaux ſaiſi et garni de ſa gent
⁊ miſt cheuetaīns ⁊ chaſtelaīs ſeueta
bles ⁊ loyaus pour le pais iuſticier ⁊ po
teſter aus rebelles · Quant il ot les ci
ſes ordenees a ſa volente et mis pais p̄
tout le pais il retourna par la cite de ly
ons ⁊ ſe miſt en poſſeſſiō de la cite puis
la liura a garder a ceulz a qui il ſe fia et
de la retourna en france · En ce teps mou
rut cuides le duc daquitaine · charle mar
tel qui nouuelles en ſot muit a oſt banie
tantue pour ſa terre ſaiſir par le cōſeil de
ſes barons · Le fleuue de loire paſſa et
puis gironde · la cite de bordiaux priſt
et puis celle de bleues · toute celle region
miſt a ſa ſeigneurie citez ⁊ chaſteaux aꝑꝫ

的权力之源。战争巩固了君主的权威，能够带来威望和财富，赢得臣民的忠诚，让君主牢牢掌控附庸国。

法兰克王国的处境却堪忧。莱茵河彼岸的图林根、阿拉曼尼亚、巴伐利亚等地的公爵纷纷自治。在高卢南部地区，阿基坦公爵几乎独立。在勃艮第南部和普罗旺斯，一些主教建立了名副其实的教会政权。查理毫不松懈地对他们进行打击，削弱这些世俗的和教会的势力。8世纪20年代，或许是在查理的重压之下，日耳曼尼亚的图林根公爵的权力崩溃。查理彻底征服了弗里斯兰（la Frise），将其并入法兰克王国版图。他通过两场战役，重新恢复（至少是临时恢复）了法兰克王国在巴伐利亚的影响力，而且他从巴伐利亚娶回了第二任妻子，即奥迪隆公爵的侄女斯瓦娜希尔德（Swanahilde）。为了巩固法兰克王国在日耳曼尼亚的影响，他支持盎格鲁-撒克逊人卜尼法斯（Boniface）的传教工作，同时拉近与罗马的关系，后来罗马教权帮助他的儿子戴上了王冠。他与罗马的亲密关系也要归功于他对阿拉伯入侵者的斗争，尤其是他在普瓦捷战役所取得的胜利，阿拉伯军队主帅阿卜杜勒·拉赫曼（Abd-ar-Rahman）在这场战役中阵亡。在普瓦捷战役之前，奥德公爵也曾向他求援，战役获得胜利之后，公爵不得不向查理宣誓效忠，文献也开始将查理称为"法兰克人的君王"。

8世纪30年代，查理的权势大幅增强。为了控制被征服的地区，他推行采邑制度，利用亲信对他的忠诚，把从教会手中抢来的土地分封给他们，换取他们的兵役。大部分被派往纽斯特里亚、勃艮第和阿基坦的法兰克人（例如丕平家族）都来自奥斯特拉西亚，他们成为这些地区的伯爵、主教或修道院院长。查理以君主的身份，为教堂和修道院提供保护，但教会和修道院的职务不过是他的政治工具。他将一些职务合并，如此一来，只需几个亲信就可以控制整片

成为神话的战争冲突

让·富盖（Jean Fouquet），《732年查理·马特在普瓦捷与撒拉逊人作战》（*Charles Martel combattant les Sarrasins à Poitiers en 732*），15世纪，选自《法兰西大编年史》（*Grandes Chroniques de France*），巴黎，法兰西国家图书馆

地区，因此，他的侄子于格（Hugues）身兼巴黎、鲁昂、巴约（Bayeux）、里济厄（Lisieux）、阿弗朗什（Avranches）主教以及圣德尼、圣旺德里耶（Saint-Wandrille）和圣瓦斯特达拉斯（Saint-Vaast d'Arras）修道院院长等职。卜尼法斯主教对这些神职人员进行了激烈的批评，指责他们腐化堕落，爱好战争和狩猎。这些批评带有个人色彩，因为卜尼法斯与主教团（源于早期基督教的议会团体）发生冲突还有其他原因。虽然查理的选择有时备受非议，虽然他为了政治目的而利用教会土地，他的行为与祖辈和后代却是一脉相承，他干预教会人员的任命，但又支持修建修道院，推动圣徒崇拜和圣物祭祀，同时他也向教堂慷慨捐赠。（R.L.J.）

曾经的宫相被列入法兰西君主谱系
《查理·马特与信使》（*Charles Martel et les messagers*），约1375—1380年，细密画，选自《查理五世的法兰西大编年史》，巴黎，法兰西国家图书馆

les fais du noble prince charle martel et coment il eschapa de la prison sa marrastre ⁊ qmt il fu prince de ij royaumes.

En ce point morut le noble prince pepin qui fu apele le buef en lau vij. xv. la seigneurie du palais tit xxvj. ans ⁊ demi entiers de

阿尔昆

（Alcuin，735—804 年）

两位伟人的相遇是一件幸事。780 年，查理曼与盎格鲁-撒克逊人阿尔昆（亦被称为阿尔比努斯（Albinus））同时来到意大利的帕尔马。两人一见如故，相谈甚欢，当查理曼得知阿尔昆是一位伟大的学者时，便邀请他跟随自己回到宫中。阿尔昆曾在约克（York）完成学业，后担任助祭，声名鹊起之后，他负责管理教会的学校和图书馆。他写过一首关于祖国和历任约克主教历史的六音步史诗，长达 1657 行。他一直与盎格鲁-撒克逊的国王保持联系，追随查理曼之后，他继续为麦西亚（Mercie）和诺森布里亚的君主们提供道德与宗教方面的建议。在加洛林宫廷中，阿尔昆同样担任查理曼的儿子丕平和查理的老师，他非常关注伯爵和公爵们的教育问题。他专门为布列塔尼的居伊（Guy de Bretagne）撰写了一部关于道德和罪行的作品，共 36 章。

阿尔昆身处宫廷之中，成为了第一次"加洛林文艺复兴"真正的缔造者。他帮助查理曼恢复了教会学校的教育职能，而且可以确定的是，他也是《广训》（Admonitio generalis，789 年）的起草者之一。阿尔昆是优秀的教育家，他擅长使用对话形式来教导学生。他所著的语法书是一位盎格鲁-撒克逊年轻人与法兰克年轻人的对话集。他还设想了一篇与国王的对话来阐释三艺[①]（trivium）中的

加洛林文艺复兴：知识与权力
《阿尔昆向美因茨主教介绍拉巴努斯·莫鲁斯》（Alcuin présentant Raban Maur à l'évêque de Mayence），9 世纪，加洛林手抄本，维也纳，奥地利国立图书馆

[①] 三艺包括文法、修辞学、辩证法（中世纪将逻辑称为辩证法）。

Rabanus mon[achus] Albinus abbas.   Otgarius ep[iscopu]s magu[n]tin[us]

修辞和辩证法。阿尔昆在奥古斯丁和波爱修斯的作品中发现了辩证法，在他的努力之下，这门学科恢复了其在理性和神学哲思中的重要地位。

查理曼要求阿尔昆攻击源自西班牙的异端教义"嗣子论"（adoptianisme），这种异端声称耶稣是上帝收养的义子。阿尔昆为此撰写了反对乌泽尔主教菲利克斯（Félix d'Urgel）的论著以及四部针对西班牙托雷多主教以利班德（Elipand de Tolède）的专著。他借由这场争论，向查理曼献上了三部关于"三位一体论"的著作，他尝试着对基督教义进行体系化梳理，因为前人所做的只是普通的汇编。因此，他也被视为中世纪经院哲学的先驱。

阿尔昆也是一位重要的《圣经》注解者。他为《旧约》和《新约》的许多篇章做了批注。他以对话的形式，为他最早的学生之一希格尔夫（Sigulf）撰写了《关于创世记的问答录》（Questions et réponses sur la Genèse）和一篇关于《诗篇》（Psaumes）的论文，多达（Dhuoda）后来在创作《人生指南》（Manuel）的过程中从这篇论文中获得了灵感。他以寓言的方式阐释了《雅歌》（le Cantique des Cantiques）。阿尔昆最重要的圣经批注作品是他为两个学生而写的《论圣约翰的福音书》（Exposé sur l'Évangile de saint Jean），这两位学生是查理曼的妹妹、谢勒修道院院长吉赛尔（Gisèle）和查理曼的侄女洛特鲁德（Rotrude）。他为圣保罗的《提多书》和《腓立比书》所做的批注受到了圣哲罗姆（saint Jérôme）的启发，为《希伯来书》（Lettre aux Hébreux）所做的批注重新提到了让·克里索斯托姆（Jean Chrysostome）的讲道。

阿尔昆始终对《圣经》充满兴趣。为了给《圣经》做注，注解者必须以一部有公信力的文本为基础。查理曼在《广训》中要求对圣经文本进行修订，他希望所有教堂都拥有同样的文本，改变旧版本与圣哲罗姆的《通俗拉丁文本圣经》混用的情况。因此，查理曼要求西班牙的狄奥多尔夫（Théodulf）和阿尔昆共同修订。阿尔昆和团队全力以赴，在 801 年圣诞节，即查理曼加冕一周年纪念日这天，献上了新版《圣经》。狄奥多尔夫的修订版无人问津，中世纪的所有教堂使用的都是阿尔昆的版本。

796 年，在一封非常有名的信中，阿尔昆鼓励查理曼加冕为皇帝："基督教会只能依赖于你，它只能依靠你来获得永福，只有你才能为犯罪受害者复仇，你能为迷茫之人指引方向，为受苦之人提供安慰，为弱者提供依靠"。

阿尔昆此时已经被任命为图尔的圣马丁修道院院长。他在那里继续著书写作，修订已经完成的《圣理查传》（*Vie de saint Richard*）和《圣威利布罗德传》（*Vie de saint Willibrod*）这两部圣徒传记。此外，他还为王国的公职人员、主教、副主教、王公贵族和弟子们创作了许多六音步诗。流传后世的有几十首。

圣马丁修道院的学校非常活跃。阿尔昆在写给查理曼的信中说，在圣马丁修道院中，他为许多人带来了堪比甜美蜂蜜的《圣经》，为另一些人带来了堪比陈年佳酿的古代学科课程，他还开始用丰富的语法研究成果来充实一些人的心灵，向另一些人讲授充满奥妙的天文星象。

阿尔昆的学生中不乏名人，例如未来的富尔达修道院院长拉巴努斯·莫鲁斯（Raban Maur）与未来的桑斯（Sens）大主教阿勒德里克（Aldric），后者提到他曾经在费里埃（Ferrières）聆听大师授课，阿尔昆也是费里埃修道院院长。此外，盎格鲁-撒克逊人弗雷德吉兹（Frédégise）也是阿尔昆的学生，他在一篇写给查理曼的论文中解释虚无和混沌"是某种事物，或者某种事物的缺失"，并因此而出名。804 年 5 月 19 日，阿尔昆去世，享年 65 岁，弗雷德吉兹接任圣马丁修道院院长。阿尔昆在写给坎特伯雷大主教的信中提到自己已经双目失明。三百封阿尔昆的通信被保留了下来，一场翻译运动随之开始。

9 世纪末，圣加尔的诺特克（Notker de Saint-Gall）指出查理曼有幸得"当代最伟大的智者"阿尔昆为师，他还表示，阿尔昆的教育成果丰硕，使当代的高卢人和法兰克人得以与罗马和希腊的古人比肩。中世纪时期，这样的主题常常被提及，某些人谈论"翻译研究"（*translatio studii*）时，视阿尔昆为 13 世纪蓬勃发展的巴黎大学的先驱。这位盎格鲁-撒克逊助祭绝不会预料到自己承担了如此一份责任。（P.R.）

阿尼亚纳的本笃

（Benoît d'Aniane，750—821年）

加洛林王朝时期出现了另一位本笃，为了纪念努西亚的本笃，人们通常将其称为本笃二世（Benoît Ⅱ），他是查理曼的儿子虔诚者路易统治时期的重要人物之一。本笃小时候的名字叫维提扎（Witiza），他的父亲是一位与巴斯克人战斗过的西哥特伯爵。根据当时的习惯做法，维提扎被送往丕平二世的宫廷，但当时他已经渴望成为僧侣。773年，他加入意大利军队。然而，据传记作者阿尔东（Ardon）所述，他为了救落水的弟弟而差点溺水，后来不顾父亲反对，选择了修道院生活。他放弃了本名，象征性地选择了著名的《会规》作者的名字"本笃"，来到第戎（Dijon）附近的圣塞纳修道院（Saint-Seine），随后的十年间过着严苛的苦修生活。他先后被任命为食物储藏室管理修士和修道院院长，僧侣们悠闲的生活让他非常震惊。返回故乡之后，他建立了阿尼亚纳修道院。虽然发现同伴们不能接受他的苦修风格，但他依然成功地依照圣本笃的会规来管理修道院。

814年，本笃见到了仍为阿基坦公爵的路易。查理曼去世后，成为新皇帝的虔诚者路易将本笃召至宫廷，让他继续负责修道院规划，他已经在《互参法典》（Concordia regularum）中制定了相关准则。虔诚者路易还允许他继续推行改革，此前他已经成立了某种修会，并在多所修道院实施。他在距离亚琛6公里的科纳里慕斯特（Cornelimünster）为自己和僧侣们修建了一座修道院。

虔诚者路易决定对加洛林帝国境内的所有修道院实施改革，本笃成为最受信任的顾问之一。阿杜安（Ardouin）写道："路易让他成为帝国所有僧侣的领导者，命他按照教化阿基坦和哥特王国的方式，用会规来改革整个国家。"

加洛林帝国的修道院被赋予了教区走访权，但本笃和路易想要继续推进，816年，他们征求了主教们的建议。817年举行的大公会议规定所有僧侣都要遵循圣本笃的会规。本笃将全国所有修道院院长召集起来,皇帝在 7 月 10 日颁布了著名的《修道院教规》(*Capitulum monasticum*),将其确定为全国修道院的新章程。圣本笃的会规成为修道制度的基础,虽然为了适应北方地区,饮食制度和着装要求略有松动,但整体来讲,会规有所加强。僧侣在早课之前、晚课之后都要进行三次祷告。体力劳动是必修内容。被父母送入修道院的儿童可在内部接受教育,除此之外,不再开设内部学校。我们在《圣加尔修道院平面图》(*Plan de Saint-Gall*)上可以看到接收教士和世俗人士的外部学校。

僧侣与外部世界彻底隔绝。初学修士来到修道院时,应当把个人物品交给父母,而非修道院。院长与僧侣们共同生活,一起吃饭,他必须在所有修士面前下达处分。修道院成为了一个与世隔绝的独立个体,以前所承担的繁重的军事赋税也得以削减。

借会议之机,路易和本笃重整俗间神职人员的生活,确立了新的规章制度《教规》(*De institutione canonicarum*),虽然这份文件没有提到柯罗德刚(Chrodegand)的会规,但却从中受到了很大启发。此外,相关人员也制定了针对尚未发愿皈依的修女的会规,以改革女性修道院生活。虽然有路易和阿尼亚纳的本笃的双重权威加持,这些各种类型的戒规并没有普及到各个地区,例如圣德尼皇家修道院的僧侣们拒绝实施这些规定,德国和意大利仍采用以前的旧习俗,纵有代表皇帝的钦差(*missi dominici*)的介入也无济于事。

阿尼亚纳的本笃因为这些巨大贡献而被称为"圣本笃修道制度的普及者",他预示着 10 世纪克吕尼派改革运动的到来。此外,克吕尼修道院的创始人贝尔诺(Bernon)和多达的孙子"虔诚者"纪尧姆(Guillaume le Pieux)都来自博姆修道院,该修道院在 890 年采用了阿尼亚纳的本笃所制定的会规。(P.R.)

利埃巴纳的贝阿图斯

（Beatus de Liébana，卒于 798 年）

利埃巴纳的贝阿图斯是利埃巴纳河谷（阿斯图里亚斯（Asturies））的托里比奥圣马丁（San Martín de Turieno）修道院的僧侣和院长，他周围有一个博学的僧侣组成的小圈子，但我们对他的了解非常少。让他声名远扬的是他从 776 年开始编写的《论启示录》（*Commentaires sur l'Apocalypse*），他把哲罗姆、奥

斯蒂法努斯·加西亚（Stephanus Garsia），《羊羔崇拜》（*Adoration de l'agneau*），1060？—1070？年，节选自利埃巴纳的贝阿图斯在圣瑟韦（Saint-Sever）修道院完成的《论启示录》，巴黎，法兰西国家图书馆

古斯丁、格里高利、傅箴修（Fulgence）、爱任纽（Irénée）、塞维利亚的伊西多尔和许多前人学者的段落融入这部作品之中，因此，在现存的任何一部抄写本中，贝阿图斯的名字都未以作者身份出现，这也并非偶然。

他所处的时代的任何抄写本都未流传至今（最古老的可追溯至9世纪末）。如今保存的34份抄写本源自9—13世纪，其中24份配有插图。随着时代发展，贝阿图斯这个名字有了特定的含义，它被用来指代一种有着大量特殊插图的典籍形式。画框内的细密画呈现的是一些简化、清晰的形象，背景是一些非常鲜艳的色块，学者们通常希望细密画的布局形式与原稿保持一致（虽然随着时代发展，细密画出现了不同的风格类型）。摩萨拉克艺术（生活在穆斯林控制地区的基督徒的阿拉伯化的文化）对细密画的影响很深，鲜艳的彩色和典型的马蹄铁式拱形建筑便是例证。

人们认为法国西南部的圣瑟韦修道院的抄写本与原本最为接近，该抄写本由修道院院长蒙塔内的格里高利（Grégoire de Montaner，1028—1072年）订制，斯蒂法努斯·加西亚创作装饰画。该抄写本的《大洪水》（Déluge universel）一章的装饰画呈现无情的现实主义色彩，到处漂浮着尸体以及从村子里精心挑选的牲口（一匹套着马鞍和马具的马，一条狗，一只母鸡，一只山羊，一头骡子，图画配有文字标识），效果令人震撼。失真的色彩让人忘记了那座燃烧的高山，它在《启示录》中变成一座血海之山，装饰画师在绘图时，仿佛想到的是那个时期频频发生的劫匪进犯、生灵涂炭之后的死寂。

贝阿图斯的手抄本和精美绝伦的装饰画大大推动了最重要、最令人震惊的信仰之一的发展，点燃了中世纪男男女女的虔敬之心，《启示录》的影响近似于

中世纪的大恐慌主要源自《圣经》
斯蒂法努斯·加西亚，《大洪水》（Le Déluge），1060？—1070？年，节选自利埃巴纳的贝阿图斯在圣瑟韦修道院完成的《论启示录》，巴黎，法兰西国家图书馆

斯蒂法努斯·加西亚，《被蛇缠绕的巴比伦》（Babylone entourée de serpents），1060？—1070？年，节选自利埃巴纳的贝阿图斯在圣瑟韦修道院完成的《论启示录》，巴黎，法兰西国家图书馆

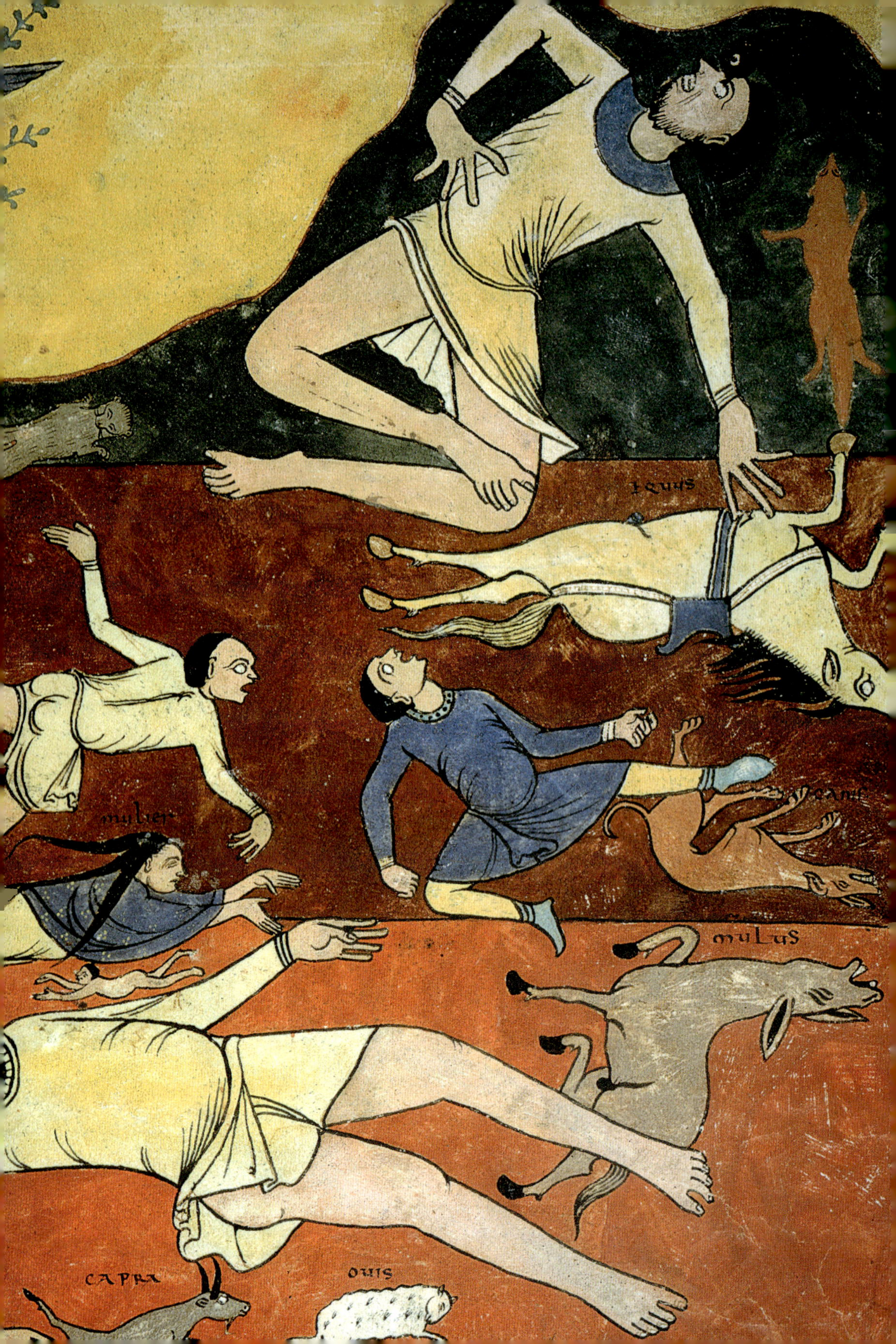
equus
mulier
mulus
capra
ouis

Babilonia. a nemroht gigante fundata est cuius latitudo murou cubitos quinquaginta. Altitudo. cc. habere uidetur. Sup circuitus eius. cccc. lxx. stadiis cocluditur. Idest milia. lxviii. stadiis quatuor. Distructa est a medis & caldeis. & reparata est a semiramide regine. Condita uero sunt corpora secus. Amaio. 13. xpne. o misa est.

Et uasa dni a nabuquodonosor rege. de xpsm ablata sunt in ambitu uero eius pre ira furoris domini. habitant ibi dracones. struciones et pilosi. habitant in ea ululae. et sirene in delubris uoluptatis cantant per ea.

人们俗称的"千禧说",根据古老但多不可信的文献记载,基督将在千禧年再度降临,统治人间,撒旦被打入地狱;到了这千年末期,撒旦再度作乱,但终将彻底失败,随后所有死者将聚集起来,接受最后审判。这些文献和图像在中世纪广为流传,这些幻象和预言滋生了个人和集体恐惧,越是临近世纪末日,这种恐惧越是频繁出现。基督教最重要的与末日思想有关的文献是1世纪末的《启示录》,据说是使徒约翰在爱琴海的拔摩岛(Patmos)所写。一直到13世纪,修道院都在不断提到和思考这部文献,因为在6世纪之前,教会已经使其成为《新约》的一部分。

12世纪,西多会修士弗洛拉的约阿西姆(Joachim de Flore,约1130—1202年)大大推动了启示录思想的发展。经院神学通常排斥这些幻象,对《启示录》并不太关注。从《启示录》中获得灵感的图像如雨后春笋般大量涌现,贝阿图斯的插图版手抄本是其发展的巅峰,这股潮流后来波及细密画、建筑物大门和某些宫殿的装饰,一直持续到中世纪末期。

1937年,毕加索创作的《格尔尼卡》(*Guernica*)的一大部分受到了贝阿图

斯的《大洪水》细密画的启发，他在这幅油画中描绘了内战中，德国空军轰炸西班牙城市格尔尼卡之后的景象。毕加索把燃烧的火海和大洪水作为创作范例表明这些意象能够引发联想，它们如同一面具有说服力的镜子，反映了战争对城市的可怕摧毁。（C.F. 和 J.L.G.）

斯蒂法努斯·加西亚，《神之显现》（*La Grande Théophanie*），1060？—1070？年，节选自利埃巴纳的贝阿图斯在圣瑟韦修道院完成的《论启示录》，巴黎，法兰西国家图书馆

查理曼

（Charlemagne，约 742—814 年）

查理曼是一个伟大的历史人物。从中世纪开始，他成了一个神秘的英雄，其原因有很多，例如他取得了无数胜利（他是一位中世纪类型的战士），重新戴上了罗马皇帝的桂冠；他周围的文人宫廷也为他带来了威望，开启了所谓的"加洛林文艺复兴"；最后，他也为某些最优秀的中世纪文学作品提供了灵感，尤其是史诗领域。查理是矮子丕平的儿子，他的弟弟卡罗曼（Carloman）于771年英年早逝之后，他成为唯一的继承者。他曾经接受过两次加冕，第一次是被法兰克人加冕，第二次是754年被教皇斯蒂芬二世（Étienne Ⅱ）加冕。

作为战士，他的战功显赫，与日耳曼民族的战斗中更是捷报频传。他之所以想要征服日耳曼民族，有两个深层原因，一方面是法兰克人的爱国之心，另一个是让罗马帝国重生的意愿。他是一个残忍的征服者，击败撒克逊人之后，他毫不犹豫地下令处死战俘。随后，他战胜了巴伐利亚人、阿瓦尔人和意大利的伦巴第人。为了保卫幅员辽阔的疆土，他在并未完全屈服的地区设立了边境省（Marches）。800年圣诞节这天，成为教皇庇护者的查理在圣彼得大教堂从教皇利奥三世（Léon Ⅲ）手中接过了皇

美因茨，头戴桂冠、身穿披风与铠甲的查理曼半身雕像银币（*Monnaie en argent au buste lauré, drapé et cuirassé de Charlemagne*），812—814 年，巴黎，法兰西国家图书馆

皇帝的头颅是一件珍宝
查理曼半身雕像圣物盒（*Buste reliquaire de Charlemagne*），1215 年，珐琅、黄金与宝石，亚琛，巴拉丁礼拜堂（亚琛大教堂）

冠。与基督教君主相比，他的地位虽高于他们，却也被边缘化了，他丢掉了国王这个在中世纪属于重要的政治资本的头衔。

9世纪，查理死后不久，被尊为查理大帝或查理曼。他的形象被神秘化首先出现在840年左右一位非常了解查理曼的法兰克贵族艾因哈德（Eginhard）撰写的传记中。这部传记强调查理曼身材高大，这让他的形象更加完整。查理曼回顾历史，无法将罗马这座教皇之城确立为复原的帝国之都，于是他把日耳曼西部地区的亚琛定为都城，建造了一座奢华的宫殿和一座美轮美奂的教堂，但它们只是一个转瞬即逝的帝国的产物。然而，亚琛始终是日耳曼皇帝的加冕地，直到16世纪才被法兰克福取代。查理曼并不是一个神圣的皇帝，虽然他的后继者希望将其塑造成这种形象。1000年，新王朝的皇帝奥托三世（Otton Ⅲ）下令打开查理曼的墓穴，并向教会证明查理曼和所有人一样，都会经历肉体的腐烂，直到最后的审判。1165年，红胡子腓特烈一世再次下令挖掘查理曼的墓穴，将查理曼的遗骨取出，宣布查理曼为圣人。然而，这个决定是由一位皇帝任命的伪教皇所宣布，因此教会拒绝承认。在19和20世纪，只有在学生放假的

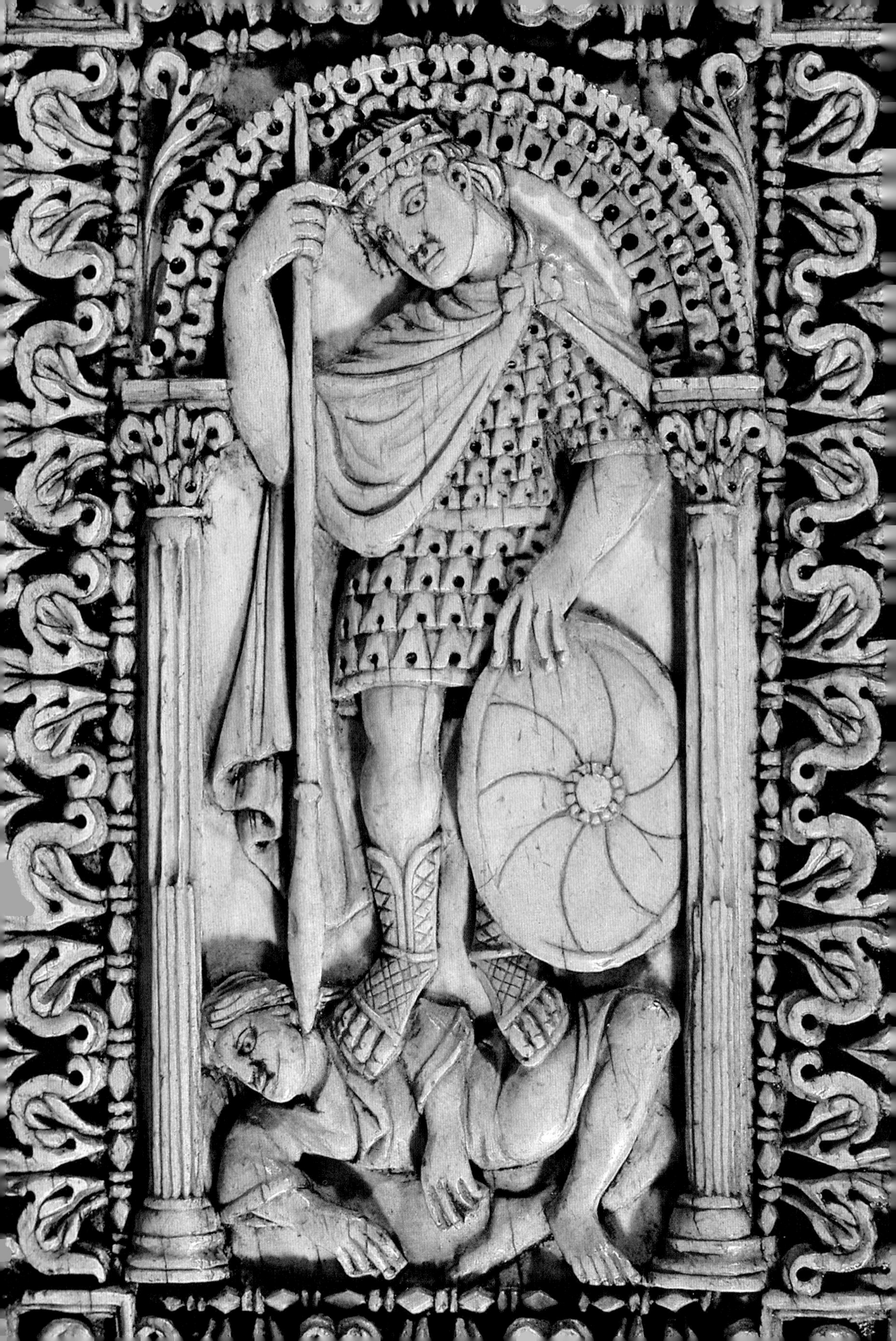

圣查理曼节这天，他才能称得上圣人。

从北方的斯堪的纳维亚（查理曼遇到了丹麦人霍吉尔（Ogier））到比利牛斯山的隆瑟瓦山口（查理曼的外甥罗兰与穆斯林作战牺牲之地），查理曼的神话传遍了欧洲大部分地区。与此同时，真实生活中没有胡子的查理曼成了"大胡子皇帝"。15世纪，诗人维雍（Villon）在诗歌中感叹："英雄的查理大帝如今安在？"查理曼的荣耀并未止步15世纪。到了19世纪，拿破仑曾前往亚琛，参照查理曼的加冕过程来组织自己的加冕仪式。维克多·雨果在著名的《欧那尼》（*Hernani*）中回忆了查理曼。法兰西第三共和国也没有遗忘这位基督教皇帝，并将其视为学校的创建者而倍加赞颂，他成了中世纪的儒勒·费里（Jules Ferry）。

查理曼死后，他真正的国籍问题引发了法国人和德国人之间旷日持久的争论。事实很复杂，但又很清晰，他是一位法兰克民族主义者，如果说《凡尔登条约》（832年）创建了一个真正的国家，那就是法国。然而，不应当忘记的是，查理曼缔造的国家之疆域远远超过后来出现的法国。

19世纪，"科学的"历史研究为查理曼增添荣耀的同时，也发现了他没能被中世纪文献掩盖的重要缺点。查理曼妻妾成群，他或许与自己的女儿们有不伦关系，他与妹妹乱伦几乎是可以确定的事实。中世纪的文献影射了"他的"罪行，但没有细说，因为无论如何，这是查理曼形象的一个严重的污点。

20世纪下半叶，德国人与法国人之间的查理曼国籍之争逐渐被淡忘，人们关注的是这位皇帝的新形象。欧洲的建设让查理曼成为了伟大的欧洲人。每年，法德委员会都会向当代重要的欧洲人或欧洲的重要友人颁发"查理曼奖"，获奖者包括"欧洲之父"让·莫内（Jean Monnet）、西德前总理康拉德·阿登纳（Conrad Adenauer）、法国前外交部部长罗伯特·舒曼（Robert Schuman）、捷克斯洛伐克前总统瓦茨拉夫·哈维尔（Václav Havel）、波兰前外交部部长布罗尼斯瓦夫·盖雷梅克（Bronisław Geremek）以及欧洲以外的美国前总统比尔·克林顿（Bill Clinton）等。查理曼同样也是历史神话延续与变化的最佳典范之一。（J.L.G.）

从罗马帝国时期以来，与蛮族的斗争都是统治者的教化使命。
《查理曼战胜蛮族》（*Charlemagne victorieux contre les Barbares*）（局部），9世纪，象牙浮雕，佛罗伦萨，巴尔杰罗博物馆

多达

（Dhuoda，9 世纪中期）

中世纪末期，没有人了解这位名为"多达"的贵族妇女，没有任何历史学家或编年史作者提到这位加洛林时期的贵族。直到教会学者让·马比荣（Jean Mabillon）出版部分著作，以及 1887 年尼姆（Nîmes）图书馆发现一部手抄本之后，这位贵族妇女才为人所知。几位德国学者研究过她的著作《人生指南》（Manuel）中的诗歌。最后，巴塞罗那图书馆中的一份 15 世纪的手抄本让我们得以见到这部作品的全貌。

对《人生指南》的评论研究是历史学家皮埃尔·里谢（Pierre Riché）在 1962 年答辩的博士论文中的重要内容，1975 年该书以"训子家书：人生指南"（Manuel pour mon fils）（原文和译本）为题出版，被收入"基督教文献"丛书，并于 1997 年和 2006 年再版。这部《人生指南》取得了巨大成功，被翻译成多种语言在美国、英国、意大利、加泰罗尼亚、西班牙和日本（2010 年）出版。

然而，多达究竟是何人？她在书中提到这本书是为刚刚进入秃头查理（Charles le Chauve）宫廷的 16 岁儿子纪尧姆（Guillaume）而写。她在序言中提到自己在 824 年 6 月 29 日嫁给了亚琛的贝尔纳公爵，出席婚礼的有身为公爵亲属的皇帝及其皇后茱蒂丝（Judith）。她帮助丈夫管理当时被称为赛提马尼亚（Septimanie）的西班牙边境省。826 年 11 月 29 日，她生下一个儿子，取名纪尧姆，以纪念男孩的祖父纪尧姆·德·热隆（Guillaume de Gellone）。纪尧姆·德·热隆是查理曼的亲戚，在修建圣吉扬德莱赛尔（Saint-Guilhem-le-Désert）的热隆修道院的过程中去世。827 年，贝尔纳公爵在一次战役中击败阿拉伯人后，被任命为亚琛内廷总管（camerrarius），他把妻子安顿在于泽斯（Uzès），并让她帮助自己向犹太人借贷。这是该地区首次出现借贷。

贝尔纳很少去于泽斯，即便在虔诚者路易去世之后仍是如此。但是多达在书中写到，841 年 3 月 22 日，她生下了第二个儿子，但却并不知道这个儿子的名字：

在次子受洗之前，贝尔纳便派遣主教埃莱方图斯（Éléphantus）将其夺走，亲自负责其教育。多达在《人生指南》中嘱咐纪尧姆让弟弟长大之后要阅读这本书。

独居的多达或许了解虔诚者路易的继承人之间的矛盾，但她只是偶尔提及这些"王国和祖国中"的纠纷。841年11月3日，她开始撰写《人生指南》，843年2月2日完稿，恰逢《凡尔登条约》三分天下之时。

多达出身于哪个家族？我们只能提出一些假设。她的名字源自讲日耳曼语的加洛林帝国北部地区。她在书中要求儿子为逝者祈祷时，除了贝尔纳家族的名字之外，她只提到了两个疑似她父母的名字。我们也不了解多达去世的日期。她提到自己计划为次子撰写另外一本书，但无奈病痛缠身，她急于在死前完成刚开始写的这本书，此外，她也为自己写好了墓志铭。

她的离世恰恰让自己避免了内战带来的悲剧。843年，企图在法国南部地区建立公国的贝尔纳被斩首，五年后，有同样企图的纪尧姆也遭遇同样命运。多达的次子贝尔纳却在政治领域大获成功，获封外号"普朗特沃吕"（Plantevelue），他卒于886年，其子虔诚者纪尧姆在909年与贝尔农神父共同修建了克吕尼修道院。后代取得的这些功绩足以令多达含笑九泉。《人生指南》在文学类型上属于加洛林时期非常著名的"宝鉴"（miroir）。虽然多达在目录中列出了73个章节，但我们可以将其划分为10个部分。首先，作者谈到了上帝，介绍了神秘的三位一体，给出了一些祈祷建议。随后是对社会道德的介绍，这一部分共三章，涉及对国王查理的忠诚，与贵族、主教和教士的关系等。第四部分探讨了罪行与美德，多达提到了威胁人类的苦难，神的七灵与八种福祉如何构成了达到完美的十五个层级。多达随后思考了肉体和精神的双重诞生、世间和永恒的双重死亡。纪尧姆应当像僧侣一样，在每天的不同时刻用《圣诗》进行祈祷，她从中选择了一些片段。她也引用了自己熟知的《圣经》的其他段落，大约有650多个。她研究了Adam（亚当）这个四字母词代表的含义和十五种赐福仪式，推动了宗教数字密码学的发展。书的最后一部分以诗体回顾了纪尧姆的生平，列举了家族先辈，她同样用诗体为自己撰写了刻在墓碑上的墓志铭。

《人生指南》的内容如上所述，这是一部绝无仅有的中世纪早期的母亲为儿子所写的教育著作，也是一部独一无二的珍贵文献。尼姆和于泽斯的两条街道以多达命名绝对是正确的选择。（P.R.）

从查理曼到公元 1000 年
（814—1000 年）

从 800 年到 1000 年，基督教世界朝着由民族国家组成的欧洲发展。虔诚者路易的儿子们签订的《凡尔登条约》（843 年）将法兰克王国分割成了西法兰克王国、东法兰克王国和中法兰克王国，前两者逐渐形成了法国和德国这两个民族国家，中法兰克王国则在很长一段时间都是冲突和分割的对象。查理曼把撒克逊人、巴伐利亚人和意大利人纳入了他的基督教世界，但教皇国除外。盎格鲁-撒克逊人的英格兰逐渐统一，尤其是在阿尔弗雷德大帝统治时期（878—899 年）。

斯堪的纳维亚半岛的维京人对西欧地区的袭击融合了贸易往来和劫掠行为。北欧人常常南下来到不列颠诸岛和欧洲大陆。10 世纪初，一部分北欧人在首领罗隆（Rollon）的带领下来到西法兰克王国北部定居，即后来的诺曼底。基督教世界的北部地区与维京人的贸易往来逐渐频繁，南部地区的主要贸易伙伴是地中海沿岸的意大利，尤其是热那亚、比萨和阿马尔菲（Amalfi）。

8 世纪被爱尔兰僧侣发现的冰岛人在 10 世纪组成了一个由贵族议会（*Althing*）领导的共和国。1000 年左右，基督教开始在冰岛传播。

拉丁基督教同样扩展到中东欧地区，波兰、波希米亚和匈牙利成为未来欧洲的一部分，这些地区出现了一些圣人，他们成为这些未来民族国家的主保圣人。

文化从查理曼的宫廷发展起来，其推动者是盎格鲁-撒克逊人阿尔昆。这是未来欧洲的第一次文化复兴，被称为"加洛林文艺复兴"。它借助于罗马拉丁文学，以基督教为核心，创造了一种新思想，这一时期的创新令人难以忽视，重要的中世纪学者罗伯特·洛佩兹（Robert Lopez）甚至提出这个问题："10 世纪，一次新的复兴？"

虽然撒拉逊人在 846 年攻占罗马，洗劫了圣彼得大教堂，虽然 888 年，加洛林王朝最后一个皇帝胖子查理（Charles le Gros）去世，基督教文明却始终在发展和巩固。817 年，阿尼亚纳的圣本笃统一了基督教修道院制度。909 年，阿基坦公爵纪尧姆九世（Guillaume IX）建立了克吕尼修道院，该修道院在未来的两个世纪里,与无数分支力量一起,成为一支几乎能够与罗马教廷抗衡的强大的基督教势力。

962年,教皇约翰十二世(Jean XII)在罗马为奥托一世(Otton Ier)加冕,一个新的王朝神圣罗马帝国出现了。(J.L.G.)

阿尔弗雷德大帝

（Alfred le Grand，约 848—899 年）

阿尔弗雷德大帝之所以享有盛名，在于他是一位战功无数的国王，他使英格兰摆脱了维京人的统治，同时他也是英语的奠基者；他的身心长期承受折磨（克罗恩病），这些痛苦源自他身为战士与教士的双重使命所带来的压力。威尔士的阿瑟尔主教（Asser）为阿尔弗雷德大帝撰写的传记能够让我们更好地了解他的生平，虽然对该书也应当持审慎态度。阿尔弗雷德约出生于 848 年，是韦塞克斯王国埃塞尔沃夫国王（Aethelwulf，卒于 858 年）的第四子。854 年，他陪同父亲前往罗马朝圣，教皇授予他罗马执政官的头衔，这让他具有了一定的合法性。868 年，他迎娶阿尔斯薇萨（Ealshwith）为妻，共生育五个孩子，其中包括继承人"长者"爱德华（Édouard l'Ancien）。阿尔弗雷德的妻子是麦西亚国王的后代，这一点有助于他被麦西亚王国所接受。

在兄长埃塞尔烈德（Aethelred，866—871 年）在位期间，阿尔弗雷德就在军事领域扮演了重要角色，并在某种意义上成为了国王的副手。871 年，阿尔弗雷德继位，此时他已经在十几场抵抗丹麦大军的战役中扬名立万：从 865 年或 866 年开始，丹麦军队将英格兰视为军事行动的核心目标。丹麦人占据了约克和东英吉利地区，并以此为据点，步步紧逼盎格鲁-撒克逊王国（诺森布里亚、麦西亚和韦塞克斯）。韦塞克斯王国是唯一能够对丹麦人构成威胁的抵抗力量。871 年，阿尔弗雷德战败，被迫接受停战协定，但 876 年，维京人新首领古

权力与硬币
英格兰阿尔弗雷德大帝头像银币，背面为伦敦花体缩写：朗蒂尼亚姆（*Penny d'argent à l'effigie du roi d'Angleterre Alfred le Grand, le verso de cette pièce porte le monogramme de Londres: Lundonia*），889—899 年，伦敦，伦敦博物馆

斯伦（Guthrum）打破停战协定。阿尔弗雷德虽然暂时获胜，但 878 年，他不得不逃往赛摩萨特郡沼泽中的阿塞尔内岛（Athelney）。他在岛上修建了堡垒，成功地再次动员军队，准备复仇，最终他在艾丁顿（Edington）战役中大败丹麦军队。阿尔弗雷德与丹麦人签订《维德摩尔协议》（Le traité de Wedmore），丹麦区（Danelaw）和韦塞克斯王国瓜分英格兰。881—883 年，韦塞克斯王国吞并麦西亚王国，但后者保留了一定的自主地位，阿尔弗雷德的女儿埃塞尔弗雷德（Aethelflaed）的丈夫埃塞尔莱德（Aethelred）为该地区郡守（earldorman）。

从 878 年到 892 年，丹麦人主要在欧洲大陆活动，阿尔弗雷德利用此间歇，重新改革英格兰的防御体系，几乎所有的盎格鲁-撒克逊人都被他招入麾下。他把"海德"（hide）作为缴纳分摊金的单位，例如在征收缴纳给丹麦人从而让他们离开的"丹麦金"（Danegeld）时。此外，他还召集民兵（fyrd），将其分为两部分，一部分民兵作战时，另一部分为其提供军需补给。他还创建了防御堡垒（burhs）体系，这些加固的城寨既可以驻军，也可以居住，能够快速动员多达 25000 人。他也组建了海军，其战船以 60 支桨规模为标准。886 年，凭借这些改革措施和征召的军事力量，阿尔弗雷德从丹麦人手中夺回了伦敦。892 年，丹麦人重返英格兰，与盎格鲁-撒克逊人爆发了一场毁灭性的战争。897 年，阿

尔弗雷德大获全胜，丹麦人被迫撤退到约克王国这个丹麦区。不久之后，即899年，阿尔弗雷德去世。

阿尔弗雷德也被视为英语之父。虽然他很晚才学习拉丁语，但他仍热衷翻译格里高利一世的《司牧训话》(*Pastoral*)、圣奥古斯丁的《独语录》(*Solioques*)、波爱修斯的《哲学的慰藉》和《圣诗集》（他只翻译了前51首）。阿尔弗雷德翻译这些重要书籍的目的是为王国世俗精英的教育奠定基础，简言之，与查理曼的规划异曲同工；最大的不同在于他使用的是通俗语，而非拉丁语。他主持编写的《盎格鲁-撒克逊编年史》(*Chronique anglo-saxonne*)和其他译著（奥罗修斯，格里高利一世的《对话录》）进一步巩固了这项计划。阿尔弗雷德发起的这场翻译运动比卡斯蒂利亚的阿方索十世（Alphonse X）早了三百年，他对英格兰人（Angelcyn，这个单词的出现消除了盎格鲁-撒克逊王国之间的区分）的语言的发展起到了决定性的作用。阿尔弗雷德依靠军事胜利从丹麦人手中拯救了英格兰，从长远来看，他的翻译同样拯救了英格兰，为英国的语言和文化奠定了基础，使其在诺曼征服中存活下来。(J.-P.G.)

奥托大帝

（Otton le Grand，912—973 年）

在中世纪重要的皇帝名录中，奥托一世（Otton Ier）占有举足轻重的地位，在他去世（973 年）半个世纪之后，编年史作者梅泽堡的蒂特马尔（Thietmar de Mersebourg）在书中写道，奥托一世开启了一个新的"黄金时代"。"大帝"这个从 12 世纪开始加到奥托名字之后的称号可以证明这种评判。他被称为"大帝"主要有几个原因。第一个原因与年代顺序有关，962 年，身为德意志国王的奥托一世在罗马被教皇加冕为"罗马帝国皇帝"，帝国称号再次出现，并一直持续到 1806 年（即德意志神圣罗马帝国）。第二个原因与地理位置有关，奥托一世的大规模扩张将许多地区纳入德意志王国版图，其扩张主要分为勃艮第王国、意大利王国、匈牙利和波希米亚东北部边境省三个方向。第三个原因与政治或国家有关，奥托一世在帝国内部设立了帝国教会机制（l'Église impériale），保证了国王能够得到重要的修道院院长和主教的支持，与世俗的公爵和伯爵势力相抗衡。奥托出生于 912 年，是撒克逊公爵"捕鸟者"[*]（l'Oiseleur）、919 年成为东法兰克王国国王的亨利一世（Henri Ier）的长子。936 年，奥托被大领主们推选为国王，在亚琛登上查理曼的宝座。这一事件包含了三个值得关注的要素。首先是选举，这个原则在奥托王朝、萨利安王朝、霍亨斯陶芬王朝、卢森堡王朝和哈布斯堡王朝一直存在。其次，新国王想要树立权威，必须拥有坚实的继承基础，例如 10 世纪前三十年撒克逊的柳多尔夫（liudolfingien）公爵。最后，加洛林王朝的象征仍然存在。

具体来说，这种象征是加洛林王朝的辉煌历史，911 年，加洛林家族的最后一个东法兰克国王"孩童"路易（Louis IV dit l'Enfant）去世后，领土四分五

---

[*] 亨利一世得知当选公爵的消息时，正在捕鸟，因此外号为"捕鸟者"。

q d̄ eccl̄e corporalib; pfectū spacius sp̄u
lib; amplificet augmentis. P

PRO BENE DEFENSO VVARMVNDO

MV NE RE TE DONO

PRESVLE FACTO

CAESAR DIADEMATVS O— —O
MISSA PRO REGIBVS

S REGNORVM
omium & xp̄iani maxi
me p̄tector imperii
Da seruo tuo imp̄ato
ri nr̄o OTTONI triumphum

lxxxvii

Noch nun auff die zeytt Otto des kaysers ymko
men so wil ich von den dingen sagen die zu sei
nen zeytten zu auffspurg geschehen send Do such d'
kayser otto beraytet wider berengancium den kunig bo
lomparden als wider ain wietrich vnd geitigen vn
der alle gerechtikait vmb gelt gab Doch so forcht
in der selb wietrich wan er die machtikait des kay
sers wol wisset vnd durch rat des hertzogen bo lut=
tringen kam er zu dem kayser vnd begeret fried Do

圣母玛利亚的权力

《圣母玛利亚为神圣罗马帝国的奥托一世加冕》(*Le Couronnement d'Otton Ier du Saint-Empire par la Vierge*)，10世纪，选自《沃蒙德主教礼典》(*Sacramentarium Episcopi Warmundi*)，伊夫雷亚（Ivrée），教务会议档案馆

15世纪的历史：神圣罗马帝国、蛮族、战役

赫克托耳·慕利黑（Hektor Muelich），《955年8月10日奥托一世在莱希费尔德会战中击败匈牙利人》(*Victoire d'Otton Ier sur les Hongrois lors de la bataille sur les bords du Lech, le 10 août 955*)，1457年，《梅斯特林编年史》(*Chronique de Meisterlin*)，柏林国家图书馆

裂，分散在巴伐利亚、法兰克尼亚和洛塔林吉亚的家族王公意图将王国瓜分，但奥托想要推行的却是君主制思想。

这自然也与10世纪初维京人和匈牙利人带来的外部压力有关，大领主们被迫把皇冠交到他们之中战斗力最强大的人手上。在整个中世纪，战场上的胜利是被神眷顾和选择的征兆，奥托便是例证。955年，他在奥格斯堡附近的莱希费尔德（Lechfeld）会战中击溃匈牙利人，被编年史作者记入史册，后来他继续在东部进行传教活动，在马格德堡（Magdeburg）建立大主教管区，并受到教皇约翰十二世的认可。教皇为了巩固自己在罗马的权力不受混乱局势的侵扰，提出将"皇帝"（*imperator*）的头衔和皇冠授予奥托一世。962年，奥托一世在罗马加冕，作为交换，罗马教会沿袭了800年查理曼加冕时确立的加洛林传统，教会的财产和权利得以确认。对大公爵的影响力、战争威望和皇帝皇冠的三重优势使奥托一世期望为儿子奥托二世确立世袭君主制。961年，奥托二世在父王在世时已被加冕为国王，967年起与父亲共治。

936年的国王选举让奥托一世获得了压倒地方势力的中央集权，955年的一场决定性的战争胜利为奥托一世赢得了西方其他王国的尊重，962年奥托一世在罗马得到了教会和教皇的认可，这三个重要事件构成了奥托一世统治的三部曲，将德意志王国、西方基督教世界和神圣罗马帝国紧密联系在一起。如果缺少其中任何一个要素，德意志王国的复杂的君主制都会受到动摇。10世纪开

始的继承制如此，奥托大帝统治时期的前景与兴衰也是如此，他时而被称为德意志人的国王，时而被称为罗马人或法兰克人的国王，有时又被称为奥古斯都皇帝，选举制度、继承制度和帝国制度混杂在一起导致了这种情况的出现，它们在很长一段时间内，构成了德国历史乃至欧洲历史的地域和政治结构的基础。
（P.M.）

奥利亚克的热贝尔

（Gerbert d'Aurillac，约 950—1003 年）

公元 1000 年左右，欧洲出现了许多传奇人物，直到如今，他们仍然备受争议，不断被人讨论。奥利亚克的热贝尔就是其中之一，1833 年，法国历史学家米什莱（Michelet）在其《法国史》（*Histoire de France*）中称之为"魔术师"。

的确，热贝尔的一生跌宕起伏，足以令同时代人和后人惊叹。出身卑微的父母把年仅 7 岁的他送到了奥利亚克的圣热罗修道院（l'abbaye de Saint-Géraud），最初他不过是个不起眼的小僧侣。青春期的他在巴塞罗那伯爵路过修道院时迎来了命运的第一次垂青。在加泰罗尼亚的三年期间，他刻苦学习，阅读阿拉伯人所写的科学著作，这些作品早已被译成当地语言。如此一来，他积累了丰富的学识，不久之后，令同时代的人大为震惊。

热贝尔陪同维克主教（Vich）来到罗马之后，觐见了教皇约翰十三世（Jean XIII）和皇帝奥托一世。教皇和皇帝二人都想把热贝尔留在罗马，但他想要继续研读逻辑学，拜在兰斯（Reims）一位名师门下，在北部地区定居。很快，他被阿达尔贝隆大主教（Adalbéron）任命为教会学校校长。声名鹊起的热贝尔来到拉文纳与马格德堡的一位学者辩论，皇帝奥托二世（Otton II）旁观了这场"辩论"，随后将年轻的热贝尔任命为著名的博比奥本笃修道院院长，这座修道院拥有当时欧洲藏书最丰富的图书馆之一，包括 650 份手抄本，如今我们仍可以查阅。

奥托二世去世后，热贝尔回到兰斯，以教学和政治为主要活动。他与自己的大主教共同帮助于格·卡佩（Hugues Capet）战胜了最后一个加洛林国王，阿达尔贝隆去世后，987 年，于格·卡佩被推选为国王。989 年，于格·卡佩认为用一个加洛林王朝的神职人员取代热贝尔更加合理，但此人后来背叛国王，引发了一场冲突，最终导致 991 年巴塞尔大公会议的召开。此人因叛国遭到审判，在政治领域扮演重要角色的热贝尔取而代之成为大主教。然而，罗马教廷并不接受法国主教未经批准擅自行动的做法。在随后的六年里，大主教热贝尔不得不与教廷作斗争，以某些人后来所称的"法国式"的手段来维护自己的地位。厌倦了争斗的热贝尔很快便离开法国，在德国定居，并会见了年轻的奥托三世（Otton Ⅲ）。奥托三世了解热贝尔在科学领域的名望，便要求他担任太傅。这位奥弗涅人（热贝尔来自奥弗涅地区）开始了一个人生新阶段。

年轻的皇帝与步入老年的学者（他已经五十多岁）之间的通信表明二人之间存在着友谊。奥托三世将热贝尔派往拉文纳担任大主教，并补偿其在兰斯遭受的损失（998 年）。奥托三世的表兄教皇格里高利五世（Grégoire Ⅴ）对此表示同意。热贝尔重启其宗教事业，他始终拥有博比奥修道院院长的头衔，因此这所修道院得到了一些特权。

999 年 2 月 18 日，格里高利五世突然去世。谁来接替他？这一时期，拥有任命教皇之权的皇帝毫不犹豫地选择了自己的老师，但奥托想成为君士坦丁大帝一样的人物，要求热贝尔更名为西尔维斯特二世（Sylvestre Ⅱ），以纪念在 337 年为君士坦丁大帝施洗的西尔维斯特一世（Sylvestre Ier）。人们有时戏称热贝尔的人生是一条 R 之路：从 Reims（兰斯）到 Ravenne（拉文纳）再到 Rome（罗马）。这位公元 1000 年的教皇非常活跃，他在继续科学研究的同时，也与皇帝保持合作。他认同奥托三世对《君士坦丁御赐教产谕》的质疑，这是一份在加洛林王朝时期伪造的文件，法国著名的教会学家伊夫·孔加尔（Yves Congar）认为它"对天主教会造成了重大损害"。新教皇也在波兰和匈牙利事务中支持奥托三世。

奥托三世的朋友、传教士阿德尔伯特（Adalbert）被异教徒刺杀之后，葬在波兰首都格涅兹诺（Gniezno）。1000 年，奥托三世前往阿德尔伯特的墓前拜谒。波兰王公波列斯瓦夫希望皇帝赐予他国王头衔，奥托三世只是称其为"罗马人民的朋友和盟友"，并同意教皇提出的协议，在格涅兹诺设立大主教区和三位下属主教，其中包括克拉科夫（Cracovie）主教。1978 年 10 月 16 日当选教皇的约翰-保罗二世（Jean-Paul Ⅱ）曾在 1963 年 12 月 30 日被任命为克拉科夫总主教。

这一时期统治匈牙利的是斯蒂芬公爵。他不希望德国的神职人员改变他的国家，要求皇帝赐予他一顶王冠。奥托三世接受了请求，西尔维斯特二世为公爵送去了一顶王冠。"圣斯蒂芬王冠"是这个新王国的珍宝。罗马基督教世界的边界从维斯特拉河（la Vistule）向东推进到多瑙河（Danube）。

1001年，罗马民众反抗奥托三世，皇帝与教皇逃往拉文纳。1002年，奥托三世去世，年仅22岁。西尔维斯特二世回到罗马继续处理基督教事务，并在1003年5月3日去世。他被葬在拉特兰圣若望大殿（Saint-Jean-du-Latran），那里至今保存着后继者之一为其所写的墓志铭。

我们对热贝尔的生平的了解有两个主要来源，一个是里榭（Richer）等兰斯学校的弟子们的表述，另一个是包含有225封信件的书信集，莱顿（Leyde）图书馆保存有该书信集在11世纪的抄写本。他流传至今的科学著作以信件和数量众多的手抄本为主。虽然人们仍在讨论热贝尔的发明创造，但他涉及宗教和政治的作品同样出色。2000年左右，人们为纪念热贝尔发表了许多文章，并组织了不少活动。（P.R.）

圣阿德尔伯特

（Saint Adalbert，约 957—997 年）

布拉格主教阿德尔伯特（捷克语为 Vojtěch）是波希米亚的民族圣人之一。他出身于斯拉夫尼基德家族（les Slavnikides），该家族的属地位于波希米亚西部，是捷克普密斯勒王朝（les Přemyslides）统一全国的最后一个障碍。他在马格德堡学习了 9 年，后被任命为该城的神甫。982 年，他在布拉格被选为主教。

这位年轻的主教必须获得神圣罗马帝国皇帝的认可，才能行使职责。然而，皇帝居住在意大利，阿德尔伯特便前往亚平宁半岛，结识了许多教会改革派人士。对他而言，意大利是一个全新的社会环境，教会的重要人物拥有很高的社会地位，享有众多特权。983 年 6 月，阿德尔伯特在维罗纳（Vérone）接受了皇帝奥托二世的授职仪式，从美因茨大主教那里接受了圣职，随后返回布拉格。

教会在波希米亚的处境与他在国外了解到的完全不同。阿德尔伯特在波希米亚并非显贵，波希米亚大公将其视为自己的本堂神甫。虽然民众皈依了基督教，但仍保留了异教时期的许多习俗。此外，阿德尔伯特非常厌恶血腥仇杀、神职人员成婚、基督教贩奴贸易等，但这些却是当地日常生活的重要组成部分。于是他与部分捷克领主和捷克大公本人发生了冲突。988 年，危机达到了白热化程度，阿德尔伯特被迫离开，放弃了教职，在同父异母的兄弟高登提乌斯（Gaudentius）的陪伴下，返回罗马。他在阿文迪纳山上的圣卜尼法斯和奥莱克西修道院（l'abbaye des Saints-Boniface-et-Alexis）发下苦修誓愿。

然而，波列斯瓦夫二世公爵派遣使团来到意大利，并许下多个承诺，最终将阿德尔伯特带回布拉格。阿德尔伯特在僧侣的陪同下返回故土，993 年在布列夫诺夫（Břevnov）修建了第一座男子修道院。然而，与他离开之前相比，公国的情况没有什么变化。994 年，失望至极的阿德尔伯特再次卸下教职。在此期间，普密斯勒王室与斯拉夫尼基德家族之间的敌意已经公开化。995 年，利比茨

谁任命主教？教皇还是皇帝？

《布拉格的阿德尔伯特从奥托三世手中接过权杖并前往普鲁士传教》（*Adalbert de Prague recevant la crosse de la main d'Otton III pour son travail de missionnaire en Prusse*）（局部），约 1150 年，铜雕，格涅兹诺（波兰），教堂大门

（Libice）的斯拉夫尼基德家族几乎被屠杀殆尽，他们的财产被彻底清算。

阿德尔伯特再次前往罗马，这次他途经匈牙利，为瓦伊克王子（Vajk），即未来的国王艾蒂安一世施按手之礼。在罗马，他与皇帝奥托三世及其随从之一奥利亚克的热贝尔（未来的教皇西尔维斯特二世）保持着密切联系。奥托三世和他的顾问大臣们支持罗马帝国重建计划（Renovatio imperii Romanorum），该计划力图重新塑造世俗权力与宗教权力之间的平衡。罗马帝国应当重申自己的普世特性，拥有凌驾于基督教世界所有国家之上的君主制度。波希米亚、匈牙利和波兰等中部欧洲出现的新国家应当处于它的影响范围之内。

阿德尔伯特非常欣赏这个想法。由于他抛弃布拉格主教区的做法遭到美因茨大主教的抱怨，阿德尔伯特不得不离开位于阿文迪纳山的修道院。他不知道捷克人是否准备重新接受他为主教，如果被拒绝，他将前往异教地区传教。在等待答案的这段时期，阿德尔伯特走遍了卢瓦尔河畔和巴黎周围的修道院。当捷克人最终拒绝他回国时，阿德尔伯特来到波兰，试图劝导普鲁士的异教徒皈依基督教。虽然他在当地的传教活动取得了一定成功，但却在997年4月23日被杀。波列斯瓦夫想要借机将阿德尔伯特塑造为新生的波兰苦苦寻找的殉道者和圣人。公元1000年，格涅兹诺设立了大主教区，阿德尔伯特的同父异母的兄弟高登提乌斯成为第一任主教。

同年，皇帝奥托三世亲自前往格涅兹诺朝圣。他在朋友的墓前祭拜，并接见了波兰大公，承认其为君主。同年，在匈牙利，与阿德尔伯特志同道合的阿斯特里克（Astéric）试图获得教廷许可，在埃斯泰尔戈姆（Esztergom）设立大主教区，圣阿德尔伯特大教堂就建在此地，它是匈牙利第一位国王艾蒂安一世的加冕地。奥托三世为推动对阿德尔伯特的崇拜做出了巨大努力，阿德尔伯特的第一部传记《圣阿德尔伯特传》（Vita sancti Adalberti prior）就是在他的提议下问世的。奥托三世在亚琛、列日、苏比亚科附近的阿维拉（Ávila）、罗马、拉文纳附近的佩雷奥（Pereo）以及赖兴瑙（Reichenau）等帝国重要城市中修建了纪念阿德尔伯特的大教堂。

1039年，波希米亚大公布列提斯瓦夫一世（Břetislav Ier）向波兰发动进攻，他借此之机，在圣阿德尔伯特的纪念碑前鞠躬示意。随后，他发布了一系列政令，彻底禁止了阿德尔伯特竭尽全力但未能成功消除的异教习俗残余。他庄严地将这位圣人的遗骨（至少是其中一部分）带回了布拉格，将其安葬在圣维特大教堂，并希望以此提升布拉格的地位，建立大主教区。他的计划虽然失败了，但从12世纪中叶开始，阿德尔伯特就和圣瓦茨拉夫（saint Wenceslas）一起成为这个国家的主保圣人之一。

阿德尔伯特作为传教者将几个中欧国家纳入奥托三世的政治版图之内，为中欧历史打上了永恒的烙印。（M.N.）

圣人的沉思：天堂与人间
《天上的耶路撒冷：右下方为波希米亚主保圣人阿德尔伯特、普罗科普、瓦茨拉夫和鲁德米拉》（*La Jérusalem Céleste, en bas à droite les saints patrons de la Bohème : Adalbert, Prokop, Venceslas et Ludmilla*），1150年，装饰画，选自圣奥古斯丁的《上帝之城》，布拉格，皇家城堡

HEC·URBS·EX·VIVIS·CONSTAT·STRVCTA·LAPILLIS

SCS
SAPIET
ISAIAS
IACOB
SCS LV
EGO IN ALTISSIMIS HABITO
VIDEO DNM FACIE AD FACIEM

AN GE LI

LAVDA E TERNA DNM SIC CELICA TVRBA OSA SACRA MAIESTAS EST DE CO AD POESTAS

QVOD AVRIS NEC VIDIT OCELLVS :· ID FACTOR NOB TRIBVIT PIAT QVE RETOR
CONFESSORES VIRES BOEMIENSES
HI SIBI CON MISSA REDDVNT QVOD CREDENDO PVDIV SPES AMOR AT FIDES IVSTOS
DVPLICATA TALENTA IMVS ECCE VIDEMVS LOCAT HIC BOEMENSES

HIC·SVNT·TRANQVILLE·SEDES·EX·GAVDIA·MILLE

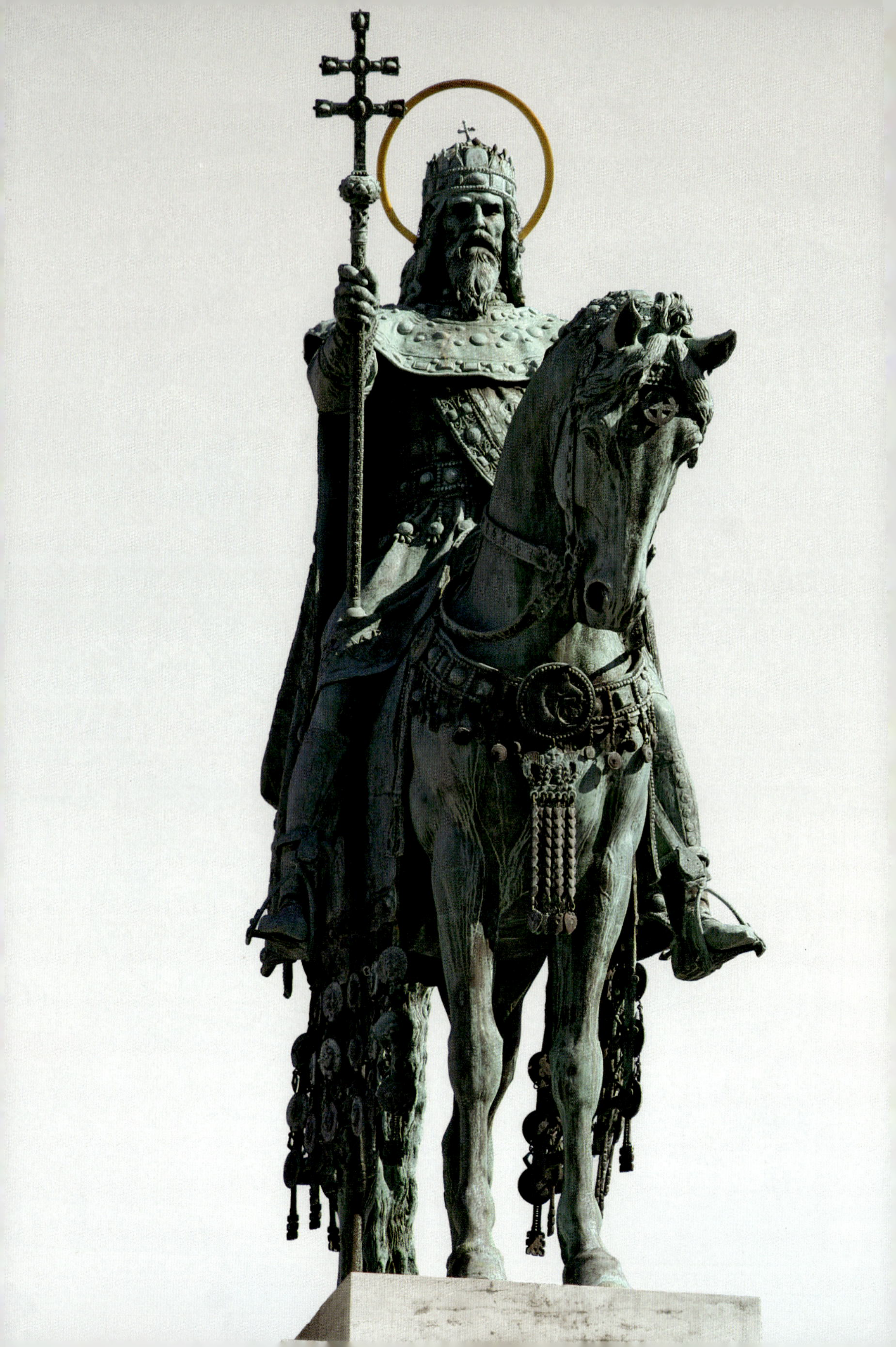

圣艾蒂安[*]

（Saint Étienne，约 970—1038 年）

艾蒂安一世（Étienne Ier）是 9 世纪末占领喀尔巴阡盆地（le bassin des Carpates）的阿尔帕德大公的后裔，也是匈牙利基督教王国的建立者。他的父亲盖萨大公（Géza）以铁腕击败匈牙利各部落，结束了他们对欧洲的持续劫掠，建立了中央政权。盖萨接受了拉丁习俗的洗礼，引导整个国家皈依基督教。他的儿子瓦伊克出生于 970 年左右，受洗时改名艾蒂安（匈牙利语为 István，伊什特万），此受洗仪式很可能是由阿德尔伯特主持的。995 年，阿德尔伯特曾居住在匈牙利。盖萨选择的儿媳是巴伐利亚大公亨利二世（Henri II）的女儿吉赛尔（Gisèle）。997 年，盖萨去世之时，把马扎尔人的大公头衔留给了儿子。与巴伐利亚的联姻对艾蒂安意义重大，因为他不得不面对觊觎王位、起兵造反的叔叔寇帕尼（Koppány）。身为异教徒的寇帕尼失败之后被砍去四肢，挖掉双眼，他的落败标志着匈牙利部落联盟朝着真正的基督教国家的转型。

公元 1000 年的圣诞节或 1001 年 1 月 1 日，艾蒂安得到皇帝奥托三世和教皇西尔维斯特二世的许可，在埃斯泰尔戈姆被加冕为匈牙利国王。12 世纪初的传奇故事讲述了教皇为艾蒂安送去了一顶王冠，这很可能是后来杜撰的，这个王室标志更有可能是皇帝赠送的，如同艾蒂安加冕之后命人打造的硬币上可以

伟大的圣人国王始终守护着城市
奥洛约士·施特罗比（Alajos Strobl），渔人堡的圣艾蒂安雕像（*Statue de saint Étienne sur le bastion des pêcheurs*），1906 年，材质为青铜与石头，布达佩斯

---

* 法语中的 Etienne 在英语中写作 Stephen，故又译为"圣斯蒂芬"。

清楚地看到"王室长矛"一样。这个教皇赠礼的故事告诉我们，虽然艾蒂安为了登上王位而得到了神圣罗马帝国的帮助，但他决心保持自己王国的独立。教廷是西方的另一个无处不在的政权，与它的联盟非常重要，因此我们可以将艾蒂安视为匈牙利诸王的君主权力的源头。

艾蒂安在全国范围内推广基督教，他从其他地区请来传教士，继续与负隅顽抗的异教徒首领作斗争，例如 1003 年被击败的特兰西瓦尼亚（Transylvanie）的"朱拉"（gyula），或者 1008 年左右被击垮的盘踞在匈牙利东南部的阿约托尼（Ajtony）。996 年建造的帕农哈马修道院是匈牙利第一座本笃会修道院，1002 年，这座享有特权的修道院收到了慷慨的捐赠。埃斯泰尔戈姆大主教区和其他七个主教区的建立为匈牙利教会的管理组织机构奠定了基础。国家法律保障了教会的地位和收入（什一税）。基督教君主的一个典型特征是其司法活动，艾蒂安加冕之后颁布的法律被收录在匈牙利最早的两部法典中。这套法律体系推动了社会重组，例如废除了部落制度，把部落区域转变为"州"（*vármegye*），每个州的核心是由州长（*ispán*）管辖的城堡。法典列举了领主对农奴的权利，确定了由国王邀请来的外国移民（*hospites*）的自由标准和身份地位。

艾蒂安的重要历史贡献是藉由一系列外交手段、王朝关系和军事力量，保留了刚刚诞生的匈牙利王国的独立。他希望自己的王国能够在神圣罗马帝国和东罗马帝国之间保持平衡关系。在亨利二世与波兰的"勇敢者"波列斯瓦夫一世（Boleslav le Preux）发生冲突时，他对亨利二世伸出援手。与此同时，1015 年，他为巴塞尔二世（BasileⅡ）提供军事援助，在决定性的战役中战胜保加利亚军队。他与基辅罗斯（Rus de Kiev）大公"智者"雅罗斯拉夫（Jaroslav

中世纪历史：反对异教徒的斗争与基督教推广密切相关
《匈牙利国王艾蒂安一世与寇帕尼领导的斯拉夫和保加利亚部落作战》（*Le Roi Étienne Ier de Hongrie combattant les tribus slaves et bulgares menées par leur chef Koppány*），1358—1370 年，细密画，选自议事司铎卡尔特的马尔西（Marci de Kalt）的《匈牙利人编年史》（*Chronique des Hongrois*），布达佩斯，塞切尼国家图书馆

le Sage）保持良好关系，他还把妹妹嫁给了威尼斯总督奥托·奥赛罗（Otton Orseolo），形成了联姻关系。威尼斯也是著名的思想家和教会改革家萨纳德的杰拉尔（Gérard de Csanád）的故乡。艾蒂安的理想是建立一个独立自主的王国，广开门户迎接四方来客，但又不需依靠任何人。为艾蒂安的儿子埃莫里克（Émeric）所作的《君王宝鉴》（*Libellus de institutione morum*）有一条非常重要的建议："只有一种语言和一种风俗的国家是脆弱的、不堪一击的。"1030年，亨利二世去世6年后，神圣罗马帝国的新皇帝康拉德二世（Conrad Ⅱ）进攻匈牙利时，艾蒂安毫不犹豫地动用所有力量，竭力保卫自己的国家。

在统治末期，艾蒂安一世接连遭遇不幸，他失去了唯一的儿子和继承人埃莫里克（1031年在狩猎野猪过程中被杀），王位继承问题引发了诸多冲突。他选择了外甥彼得·奥赛罗（Pierre Orseolo）作为继承人，这引发了觊觎王位者的武装叛乱，但叛乱最后被残酷镇压。艾蒂安拒绝承认他的堂兄、阿尔帕德王

朝的长子瓦祖尔（Vazul）为继承人，命人将其双眼挖去，在双耳中灌入融化的铅水。瓦祖尔的儿子先后逃亡至波兰和基辅罗斯。1038年8月15日，艾蒂安去世。他的死亡导致国内一片混乱，彼得·奥赛罗与艾蒂安的妹夫萨缪尔·阿巴（Samuel Aba）为争夺王位而混战，最终丧命。1046年，瓦塔（Vata）掀起了一场大规模异教徒反叛，试图废除基督教和西方国家模式。瓦祖尔的流亡后代归国之后恢复了阿尔帕德王朝的统治，但直到几十年后，瓦迪斯瓦夫一世（Ladislas Ier）即位之后，艾蒂安曾经确立的平衡才得以恢复。同样也是瓦迪斯瓦夫一世在1083年将匈牙利第一位国王和"使徒"封为圣人。关于艾蒂安的传说将其塑造为一个强大、公正、虔诚的国王，他最重要的功勋是建立了匈牙利基督教王国。历史记忆和历史评判虽然几经变化，圣艾蒂安的地位从未被质疑。（G.K.）

克努特大帝

（Knut le Grand，约 995—1039 年）

圣奥古斯丁曾思考："如果没有公义，王国除了是更大规模的匪帮外还能是什么？"这条一针见血的评论或许值得讨论，但用其形容克努特大帝似乎非常贴切。在几百年间，北欧的维京人不断劫掠基督教国家，这些劫掠逐渐发展成为有组织的征服。1013 年，丹麦的斯凡一世（Sven Ier）征服了英格兰，但不久便去世。他的儿子克努特返回丹麦，1015 年夏，克努特又回到英格兰。1016 年 11 月，经过无数次战役以及对主要地区的劫掠之后，他与英格兰国王埃德蒙（Edmond）签署了分割国土的协议。不久之后，埃德蒙去世（有可能是被刺杀），克努特成为英格兰唯一国王。

人们或许以为丹麦人不可能实现抢劫勒索到王权统治的过渡。然而，克努特成功地建立了稳定的政府，即便他的兄长丹麦国王哈拉尔（Harald）在 1018 年突然去世，克努特回国继位之后，英格兰也依旧保持稳定。与后来的征服者威廉（Guillaume le Conquérant）的做法不同，克努特延续了盎格鲁-撒克逊政权的传统，并得到了教会和当地贵族的支持。他修订了法律，对教会非常慷慨。1027 年，他前往罗马朝圣，并参加了神圣罗马帝国皇帝康拉德二世的加冕仪式。他在一封信中将自己描述为谦卑的朝圣者，在使徒墓前祈祷自己的罪行得到宽恕，祈求上帝保护他的子民。他也提到了教皇和皇帝给予他的荣誉。

此后不久，克努特率领 50 艘军舰向挪威进发，并得到对挪威国王奥拉夫二世（Olaf II）不满的当地贵族的支持。1028 年，战败被废黜王位的奥拉夫二世逃亡到俄罗斯，最终在 1030 年反扑挪威时战死沙场。如此一来，从 1028 年到 1035 年，克努特成为三个王国的国王，建立了名副其实的"北海帝国"。

然而，这个帝国并未持续太久。克努特死后的 10 年间，他所有儿子都先后去世，其他家族夺取了政权，旧王朝在英格兰恢复统治，丹麦则落入旁系家族

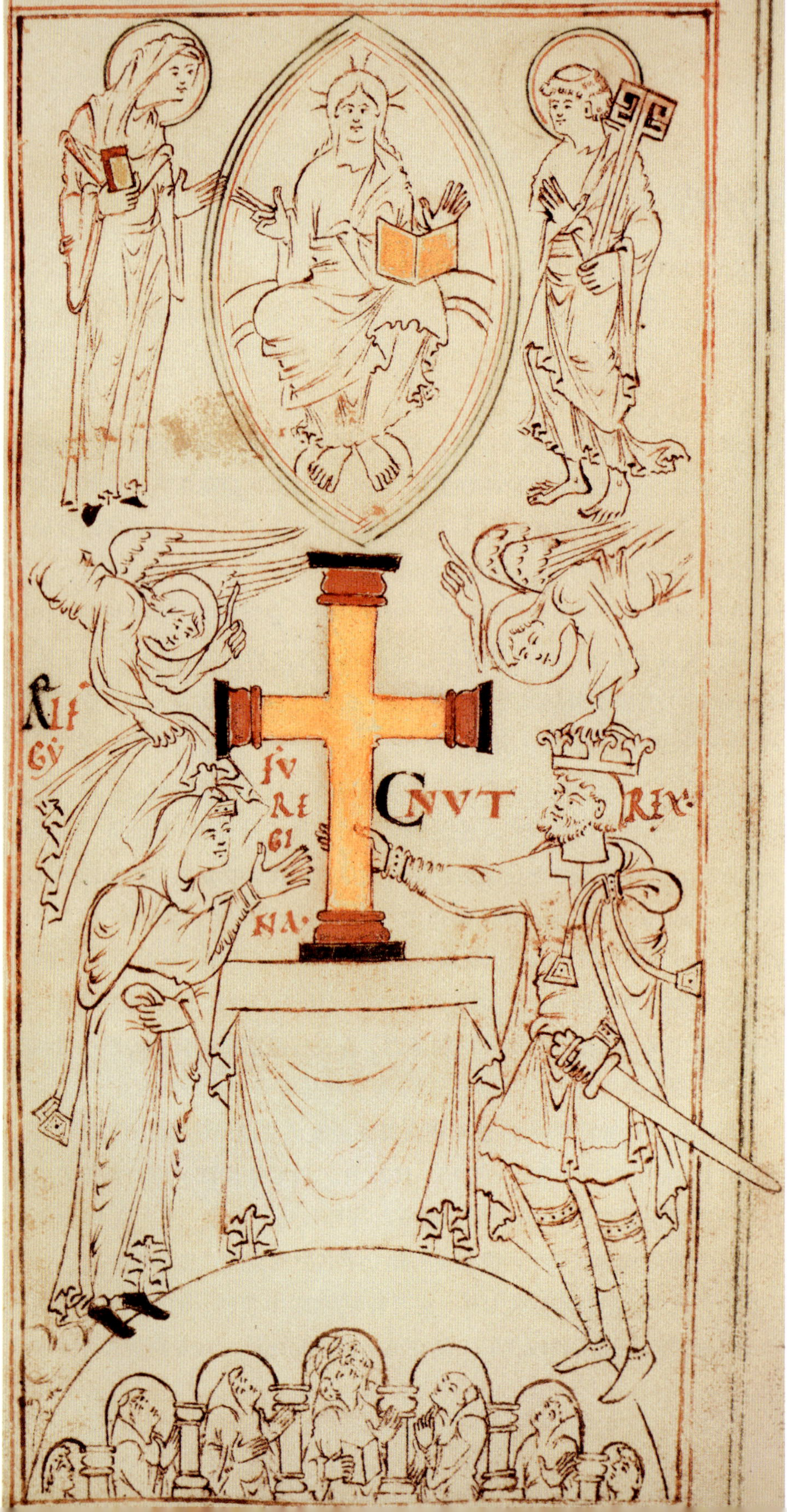

ÆLF
GY
FU
RE
GI
NA.
CNUT REX.

之手。然而，无论在英格兰还是在北欧，克努特大帝的名望仍然充满光辉。丹麦历史学家萨科索（Saxo，约 1200 年）将他描述为一个伟大的征服者、优秀的立法者和继承者的楷模。马姆斯伯里的威廉（Guillaume de Malmesbury）和亨廷顿的亨利（Henri de Huntingdon）等英国历史学家将其视为一位伟大的君主。史洛里·史特卢森（Snorri Sturluson，13 世纪初）等爱尔兰历史学家引用了赞颂克努特的吟游诗人的诗歌，把他的权势和慷慨作为他和平征服挪威的原因。因此，克努特成为了从维京强盗（latrocinia）到中世纪早期君主过渡的典范。（S.B.—法文由德尼-阿尔芒·卡纳尔（Denis-Armand Canal）译自英文版）

征服、基督教化、赞颂上天
《国王克努特大帝与王后埃尔夫吉夫向新敏斯特教堂敬献十字架，上方光环内是被教会主保圣人玛利亚和彼得环绕的基督》（*Le Roi Knut le Grand et la reine Aelfgyva donnant une croix pour Newminster, au dessus, le Christ dans une mandorle entouré des saints patrons de l'Église, Marie et Pierre*），约 1031 年，装饰画，伦敦，大英图书馆

圣瓦茨拉夫

（Saint Venceslas (Vacłav)，约 906—929/935 年？）

9 世纪下半叶和 10 世纪上半叶，普密斯勒王朝统一了各个部落，捷克作为国家登上了历史舞台，其中最重要的一个步骤是 883 年左右，王公波里沃伊（Bořivoj）从圣梅笃丢斯（saint Méthode）那里接受了斯拉夫基督教义。王公的妻子鲁德米拉（Ludmila）也接受了基督信仰。

瓦茨拉夫（Venceslas）是波里沃伊之孙、统治波希米亚（915—921 年）的弗拉迪斯瓦斯（Vratisłas）之子。弗拉迪斯瓦斯的妻子德拉戈米拉（Dragomira）来自居住在波希米亚北部的异教斯拉夫部族。瓦茨拉夫统治期间（915—929/935 年？）经历了日耳曼人入侵，国土成为日耳曼王国的势力范围。自从大摩拉维亚公国（la Grande-Moravie）灭亡之后，德国人的影响在波希米亚非常明显，拉丁基督教取代了源自摩拉维亚的斯拉夫基督教之后，势力不断增强，波西米亚被划归拉蒂斯博纳主教区。

由于流传至今的文献极少，我们很难对瓦茨拉夫及其统治做出完整的介绍。直到 10 世纪下半叶开始，传说开始出现，而且越来越多，瓦茨拉夫成为了某种

《手持宝剑和一本书、站在一片风景前的圣瓦茨拉夫肖像》（Portrait de saint Venceslas, devant un paysage, tenant une épée et un livre）（局部），约 1490—1497 年，装饰画，选自卡斯蒂利亚的伊莎贝拉（Isabelle de Castille）订购的《伊莎贝拉的日课经》，伦敦，大英图书馆

崇拜的对象。这些传说用古斯拉夫语和拉丁语写成，这两种语言形式在波希米亚的影响都很深。随着拉丁教会的发展，拉丁语传说在10世纪的流传更广。这些传说清晰地介绍了瓦茨拉夫的悲惨命运和殉道。他与普密斯勒王朝为统一国家而与部落首领进行的激烈斗争有着密切联系。

在瓦茨拉夫继承王位的最初几年间，实权掌握在他的母亲德拉戈米拉手中。在祖母鲁德米拉的照料下，他接受了优秀的教育，会讲斯拉夫语、拉丁语和希腊语。传说在德拉戈米拉统治时期，异教徒的反动不断，她对儿子和婆婆的基督信仰完全看不上。德拉戈米拉最后下令勒死了鲁德米拉，但鲁德米拉的信仰仍然存在，她也被视为一位殉道者而很快与对瓦茨拉夫的崇拜一起传播开来。929年或935年，瓦茨拉夫被弟弟波列斯瓦夫（Boleslav，卒于976年）暗杀，后者最终统一了捷克部落，建立了一个强大的国家政权。

传说将瓦茨拉夫描述为一个拥有良好教养的男人和君主、虔诚的基督徒和教堂建造者。除了个人信仰之外，他也非常关注其他事务，例如奴隶。他很重视司法公正，不愿判处囚犯死刑。

从10世纪下半叶开始，对他的崇拜传播开来。10世纪70年代，布拉格主教区的建立起到了进一步推动作用。不久之后，主教阿德尔伯特进一步推动了人们对瓦茨拉夫的崇拜，并使瓦茨拉夫成为波希米亚的主保圣人，但阿德尔伯特自己在997年被异教徒刺杀。随着时间发展，对瓦茨拉夫的崇拜有了一种极为特别的特征，瓦茨拉夫被视为"永恒的王子"，每个在位的君主都是他的"临时替身"。在这种背景之下，1341年，波希米亚国王和神圣罗马帝国皇帝查理四世下令从此将捷克王冠存放于布拉格大教堂，"放在圣瓦茨拉夫的头颅之上"。波希米亚之外，对瓦茨拉夫的崇拜扩散到波兰和德国，他也进入基辅罗斯的东正教信仰仪式之中。（J.K.）

捷克学派,《圣瓦茨拉夫》(*Saint Venceslas*),约 1085 年,装饰画,选自《弗拉迪斯拉夫福音书》(*Codex de Vysehrad*)手抄本,布拉格,捷克共和国国家图书馆

EN
ZLA
S DVX

中世纪中期
（1000—1300 年）

从 19 世纪开始，大部分中世纪研究者都同意将 11 世纪作为某种开始，即欧洲中世纪世界大发展的起点。这种发展呈现包罗万象之兆，形式也各种各样，我们可以发现其中最重要的组成部分。虽然基督教世界的经济仍然是根深蒂固的农村经济，但它仍然取得了真实可见的发展。铁铧犁和有壁犁的引入显著提高了农业收益，有利于财富的积累，促进了一定数量的城市的出现与发展以及大教堂等高大建筑的建造。

与大教堂的修建有关的城市发展或许是最引人瞩目的现象，农村地区修道院的宗教建筑的威望逐渐被重要的教区城市盖过。与此同时，城市成为生产中心，与农村形成竞争。城市同样也是手工业经济这个中世纪经济的典型形象的所在地。水利技术推动了手工业的发展，在主要与农村活动有关的河流和池塘以外，密集的城市运河和水渠大量出现，用一位中世纪研究者的话来说，这让中世纪的城市成为许多"小威尼斯"。制革业、手工形式的冶金行业、不断增加的城市磨坊（尤其是桥上磨坊，例如巴黎）让 11—13 世纪的中世纪城市充满了特别的活力。集市成为一个社交场所，它标志着古代的政治集会场（l'agora）或城市广场以新的形式回归了。

虽然这一时期的战争和劫掠有所减少，但城市开始越来越重视系统性的自我保护，例如修建城墙：它既是安全工具，也是司法边界的标志，也是城市居民的集体骄傲的象征。人们逐渐将一些清洁手段应用于街头和广场，这标志着公共卫生的进步。城市也是确定社会地位的场所。它可以具体地甚至根据行政措施来分割成不同区域，不同社会地位的社会等级在各自的区域内社交。在基督教世界的某些地区，尤其不同于大部分地区的意大利，贵族通常拥有一座公馆或大宅，不同高度的塔楼是贵族所出入场合的标志，托斯卡纳地区的圣吉米亚诺（San Gimignano）就是极少数拥有多座高塔的著名城市之一。中世纪城市虽然拥有独特的标志和城墙，但仍与农村环境保持着密切联系，因为真正的经济、社会和政治现实是市镇—郊区—农村形成的整体。

城市也成为了教育和文化的中心，它的光芒常常使曾扮演相关角色的修道院相形见绌。城市学校如雨后春笋般涌现，到12世纪末，出现了一些按照章程组建起来的高等教育学校，人们称其为"大学"，最早的大学出现在博洛尼亚、巴黎和牛津。

城市中出现了一个新社会阶层，其成员拥有大量财富，但这些市民很少有人在中世纪历史上留下浓墨重彩的一笔。

基督教的影响在继续扩张。诺曼底人征服了英格兰，结束了盎格鲁-撒克逊人的统治。伊比利亚半岛上的基督教君王逼迫穆斯林向南部撤退。从11世纪末开始，十字军在巴勒斯坦地区成立了短命的基督教国家，但没有任何在近东地区定居的十字军留下重要的记忆。相反，已经成为国家的地区出现了越来越明确的君主制度。征服者威廉设立了财政部门和郡长制度，这种运转良好的财政和治安管理体系成为君主制度的基础。13世纪初，在腓力·奥古斯都（Philippe Auguste）统治时期，法兰西国王正式用 roi de France（法兰西国王）取代了 *rex Francorum*（法兰克国王）。腓力·奥古斯都的后继者推动了地区行政体系的发展，北部由司法行政长官（les baillis）负责，南部由司法总管（les sénéchaux）管理。罗马教廷成为一个教皇国。卡斯蒂利亚的国王，尤其是阿方索十世（Alphonse X，1221—1284年），也为国家确立了稳固的行政体系。法律通常被书面记录下来，包括游离于教会掌控的教会法（le droit canon）之外的习惯法（le droit coutumier）。教皇格里高利七世（Grégoire Ⅶ，1021—1065年）采取的长期措施使教会发生了深刻变化，这些措施被称为格里高利改革。格里高利七世使教会摆脱了世俗权力的监管（教皇与皇帝之间的长期冲突源自于此），但他也让社会中的世俗之人拥有了更多的独立性和重要性。这些世俗之人中有一部分在城市中享有不同程度的自由，尤其是人们所称的市民（les bourgeois），他们的城市被称为公社（une commune）。城市公社运动在意大利的发展尤为成功。这些进步在一定程度上源于人口增长，基督教的扩张也反映了这一点。在法国南部等许多地区，新城市的建立是人口增长和半独立地区被君主控制的共同结果。

在13世纪，知识领域的蓬勃发展一方面是此前围绕查理曼和其他英雄而进行的诗歌创作的延伸，另一方面表现为大学学术著作的涌现，其典型代表是12世纪下半叶巴黎大主教彼得·隆巴德（Pierre Lombard）的《箴言集》(Sentences)。这一时期取得重大发展的知识领域被称为"经院哲学"，该流派涌现了中世纪最重要的学者，例如大阿尔伯特和托马斯·阿奎那。

大学教师与大学生经常来往于不同的大学之间，这一时期的通用语是拉丁语，与此同时，通俗语也在不断演变，并成为文学语言，以通俗语进行创作的诗人和小说家也得到公众认可。艺术依然在步履维艰地开拓自己的领域，罗曼式和后来的哥特式教堂的设计者通常是匿名的。然而，画家的地位有所上升，逐渐被视为艺术家，而非手工艺者。第一个从这种进步中获益的是意大利画家乔托（Giotto，1257—1336年）。无处不在的音乐是中世纪中期文化领域的一大特征。音乐界尚未出现著名的个人艺术家，但阿雷佐的圭多（约990—约1030年）开创的乐谱体系一直沿用至今，近期重建的圣母院学校中的宗教圣咏仍然令人赞叹不已。13世纪是百科全书作者的世纪，他们用拉丁语或通俗语进行创作，这是文化繁荣的另一表现。但丁的老师布鲁奈陀·拉蒂尼（约1220—1294年）是这一领域的代表人物。

最后，13世纪出现了托钵修会[①]（les orders mendiants）。这种新的修会的教士类型，与以前的僧侣大不相同，他们与自己居住的城市联系密切，而且以教师或学生的身份，长期浸润在经院哲学的氛围中。他们通常是布道者，例如多明我会修士被官方称为"布道兄弟会修士"，他们传播的是一种"新的话语"，这是中世纪文化的重要创造之一。在13世纪，阅读变得"沉

[①] 托钵修会又被称为"乞食修会"。13世纪上半叶，为了与异端教派争夺群众，罗马教会建立了这些修道组织。托钵修会维护正统教义，热衷于布道，甘愿过清贫禁欲的生活，以标榜贫穷、攻击异端来挽回教会威信。此类修会规定会士必须家贫，不置恒产，以托钵乞食为生。主要的托钵修会有多明我会、方济各会、奥斯定会、加尔默罗会、三一会等。

默",不再需要高声朗读。这些新的城市托钵修会发下誓愿,与贫穷这种四处传播、阻碍进步的灾祸相抗争。

本书对中世纪中期的介绍以中世纪最伟大的文学天才但丁(1265—1321年)收尾。(J.L.G.)

Claues ṗ quoſdā ſunt tngīta. quip Septē de ſis. Coctuoderi dr̄
cus e septem de quartis Septē de qntis. ⁊ e cīgīta qnq. Sedin
alios no ſ ñ septē. ſtam ille q̄ ſ in ſis. ⁊ p coſte pūctos. ſ īn tcīs ⁊ qntīs e
qītis ſi aument̃ copulando cū ſc̄ ſuī ſ q̄ nata de tcīs ⁊ qntis ⁊ qn
tīs requir. Aſſertiue dico q ñ e ī unica clauis. ſz mltiplicat ſepa
es uno pūcto minus p uix pūctos quos hīo ī palma. Sit poſſ mltipli
Qīs e clauis ī hac arte Clauis est ſciām artis cāūi ī īnfīuitā
muſice aperiens artificialit' septē lr̄ıs ⁊ ſex pūctos A doctorib' nr̄is
Īſtīctu diuino reptā

阿雷佐的圭多

（Gui d'Arezzo，约 990—约 1030 年）

阿雷佐的圭多出生在托斯卡纳地区，在阿维拉纳修道院（Avellanao）去世。根据教会档案记载，童年的他可能在阿雷佐大教堂的学校中接受过音乐教育，他后来在这座教堂担任副祭祀。关于圭多生平的文献材料并不完整。我们在圭多的音乐理论著作《辨及微芒》（*Micrologus*）（1025 年左右）的题词以及写给彭巴萨（Pompose）修道院修士的《致同修会兄弟迈克尔书》（*Epistola ad Michahelem, Lettre à Michel*）中可以发现他人生的某些重要时刻，他曾在彭巴萨修道院住过一段时日。与他同时代的本笃会僧侣让布鲁的西热贝尔（Sigebert de Gembloux，约 1028—1113 年）在《编年史》（*Chronique*）中记录了圭多或许出生在阿雷佐地区。从 1013 年开始，他进入费拉拉（Ferrara）附近的彭巴萨本笃会修道院。然而，1020 年左右，修道院院长与当地社会发生冲突，具体原因有可能是音乐和教学方面的创新，也有可能是修道院与拉文纳大主教之间的矛盾。1025 年左右，泰奥巴尔德主教（Théolbald）要求他负责阿雷佐大教堂的儿童音乐教育事宜。圭多的声誉将他带到了罗马，1028 年，教皇约翰十九世（Jean XIX，1024—1032 年在位）接见了他。他创造的新乐谱体系得到教会的认可，这标志着西方音乐书写、方法与实践历史的重大转变。

"音乐家（*musicorum*）与演唱者（*cantorum*）之间隔着很远的距离，前者

中世纪最重要的艺术（音乐）之发展的关键时刻
《圭多手：写有普通乐理的音阶和唱名，音程更加清晰可辨》（*La Main de Gui d'Arezzo sur laquelle sont placées les clefs qui, dans le domaine du solfège, permettaient de visualiser plus facilement les intervalles*），11 世纪，装饰画，选自埃利亚·所罗门（Hélia Salomon）的《音乐艺术》（*Scienta Artis Musicae*），私人收藏

负责音乐的创作，后者负责音乐的执行。"阿雷佐的圭多用这样的话语将音乐的理论家（*musicus*）和实践者（*cantor*）区分开来。他不仅从事自由艺术的实践，也负责讲授数字的理性科学，提出了八度音、五度音、四度音和八度概念。宗教仪式对咏唱圣诗的要求，使得音乐论著更为重要。这些论著援引柏拉图，将音乐定义为"能够听到的音乐艺术"，它能够带来世界的秩序与和谐。

《辨及微芒》有着很强的现代性。它讲解了礼拜仪式中无伴奏齐唱的规则，改变了西方音乐，即音乐的符号和谱表，使用单弦音程划分和著名的"奎多手"来进行歌唱教学。在 11 世纪，音乐符号使用的仍是纽姆记谱法（les neumes）。这些书写符号出现于 8 世纪左右，由某些音节上的装饰音记号和僧侣所了解的旋律和节奏样式组成。从符号学角度来看，它们是音节的音乐表现形式，便于记忆和读音，教士教孩子们"把一切能读出来的都唱出来"。纽姆符号位于单词上方，以一条虚拟的水平线为横轴，不同的高度代表音的上下指向，它们并非总是表示音调的音长或音高。圭多的重大创新在于他确立了用红、黄、绿、黑等不同颜色标记的记谱法，每个音都有自己的排列，在线上或线间，音高记谱更加准确。谱线的数量最初有变化，到 13 世纪确定为四条，16 世纪变成五条。圭多遵循圣咏调式理论规则，把一些重要的字母作为变音记号，加入到彩色记谱法中，例如 F、C 或 B。这套音符体系成为现代音乐记谱法的前身。

阿雷佐的圭多是一位优秀的教育家，他把古代的音程系统应用到当时的音乐标记上。他把毕达哥拉斯的音程比率[①]和波爱修斯的单弦音程划分相结合。他在《致同修会兄弟迈克尔书》中阐述了六声音阶（六和弦）教学法，这种方法被称为唱名法（solmisation），用来帮助记忆六个音级中的全音和半音排列。这六个由低到高组合在一起的音阶源自执事保罗（Paul Diacre，约 720—799 年）的《施洗约翰赞美诗》，圭多选取每一句第一音，按照次序排列，作为六声音阶的唱名："*UT queant laxis / REsonare fibris / MIra gestorum / FAmuli tuorum / SOLve Polluti / LAbii reatum.*"，即 Ut-Ré-Mi-Fa-Sol-La。后来有人把这种六声

[①] 有学者认为毕达哥拉斯发现了协和音程（八度、五度、四度）及其相应的比率关系（2:1，3:2，4:3）。

音阶的唱名加进了一个 *si* 音,用来与高八度或低八度的音相连,它来自上述赞美诗的下一句"*Sancte Ioannes*"。如今这些唱名在拉丁国家仍然存在,只是 *ut* 在 17 世纪的意大利演变为 *do*。在日耳曼和盎格鲁-撒克逊地区,字母表中的字母如今仍被用来指代音阶唱名。阿雷佐的圭多还使用了"奎多手"这种特殊教学方法,教师用右手食指指着张开的左手的不同关节教唱音程,每一个关节代表这一体系的一个音,学生能唱出与之对应的自然音阶的各个音。圭多的教育和音乐体系对理论家和作曲家产生了深远影响,例如纪尧姆·德·马肖(Guillaume de Machaut)、若斯坎·德普雷(Josquin Després)、克劳迪奥·蒙特威尔第(Claudio Monteverdi)、约翰-塞巴斯蒂安·巴赫(Jean-Sébastien Bach),一直到 1750 年让-菲利普·拉莫(Jean-Philippe Rameau)所写的专著《和声原则例解》(*Démonstration du principe d'harmonie*)。(M.C.)

古德里德·索尔布亚纳多第尔

（Gudrid Thorbjarnardottir，11 世纪）

古德里德·索尔布亚纳多第尔是一位 11 世纪的冰岛女子，她是两部冰岛史诗中的主要人物之一。这两部史诗合称"文兰史诗"（sagas du Vínland），"文兰"这个名字是来自格陵兰的挪威移民为在 10 世纪最后十年所发现的大陆所取的名字。这些史诗以口述形式代代传播，13 世纪上半叶被用书面语言记录下来。几年之后，挪威人被迫离开新世界。与他们的定居地点有关的信息一直到 20 世纪 60 年代才被发现，挪威探险家海尔格·英斯塔（Helge Ingstad）与妻子、考古学家安妮·斯泰恩·英斯塔（Anne Stine Ingstad）在加拿大纽芬兰（Terre-Neuve）的兰塞奥兹牧草地（l'Anse-aux-Meadows，水母湾）发现了一片来自挪威的维京人村落遗迹。虽然在现代人看来，挪威人发现新大陆令人激动，但史诗作者们并没有把注意力放在男性探险者身上，他们感兴趣的是名叫古德里德的女人，史诗中与她相关的信息要多于其他人物。古德里德是最早值得为其作传的女性之一。我们必须牢记她有两个意义最为重大的贡献：她的旅行和她的后代。然后，我们将讨论从长期来看她的重要性：在将文化要素从世界的一个地方向另一个地方传播的过程中，她所起到的作用。

古德里德是一位冰岛女英雄。在她的出生地，有一张纪念她的世界地图，上面列举了她的无数次旅行。冰岛北部地区有一尊她的雕像，她与丈夫和孩子从文兰和格陵兰返回冰岛之后，曾在这一地区居住过几年。古德里德嫁给了红发埃里克（Erik le Rouge）的长子索尔斯坦（Thorstein）。这对新婚夫妇启程前往格陵兰岛另一个移民地，索尔斯坦很快就死在了新移民地，古德里德只得回到埃里克身边。第二年秋天，一批新移民来到格陵兰，包括一位名叫索尔芬（Thorfin）、外号卡尔瑟弗尼（Karlsefni）的冰岛商人。不久之后，古德里德嫁给了他。卡尔瑟弗尼想要继续经商，但人们都在热烈讨论刚刚发现的"好地方文兰"（Vínland le Bon），他听到之后也跃跃欲试。在妻子的鼓励下，他决定前往这片新土地，并在那里永久定居，但他带领的队伍只在那里待了几年。古德里德生下了一个名叫斯诺里（Snorri）的男婴，他是第一个在新世界出生的欧洲婴儿。斯诺里3岁时，卡尔瑟弗尼决定返回格陵兰，因为当地印第安人对他们充满敌意，挪威人也娶不到妻子（性别比例失调），这两个问题破坏了他们建立永久殖民地的计划。在格陵兰和挪威停留一段时间之后，卡尔瑟弗尼携家带口回到了父母的农场。他死后，古德里德在儿子斯诺里的帮助下管理农场。斯诺里娶妻成家后，"古德里德去往国外，一路向南"。母亲不在期间，斯诺里在自己的土地上建造了一座小教堂，古德里德回来之后就在教堂定居，成为修女。在史诗的用词中，"一路向南"表达的含义是去罗马朝圣。

虽然现代读者对这些航海旅行印象深刻，但古人却更关注古德里德的后代，尤其是她的后代中有四位冰岛主教。或许正是这个原因，古德里德才在两部史诗中有如此重要的地位。第一部史诗间接提到了这些主教，一个场景是格陵兰岛上的异教女先知预言了古德里德的未来，另一个场景是她的第一任丈夫索尔斯坦弥留之际。古德里德的家谱上出现了三个主教的名字，第四个主教的名字出现在另一部史诗中。他们都是通过母系血脉追溯至古德里德夫妇。鉴于这条母系血脉以及古德里德的寿命比丈夫长这一事实，她的重要性就不言而喻了。古德里德和父亲索比约恩（Thorbjorn）离开冰岛时，已经是基督教徒。他们被迫在格陵兰岛南部登陆，随后在异教徒群体中度过了漫漫冬日。当接纳他们的主人提出举行一场仪式来确定饥荒何时结束时，索比约恩走出房门，拒绝参与。虽然古德里德"既不是巫师，也不是先知，而是基督教徒"，她却准备好祈祷，帮助负责仪式的女先知。

索比约恩和古德里德是如何成为基督教徒的？毫无疑问，一位名叫韦费尔（Vifil）的凯尔特先人是他们皈依基督教的源头。身为奴隶和基督徒的韦费尔来到冰岛之后，开始向他的孩子们传播宗教，之后基督教便世代相传。因此，古德里德接触到的是已经传承了四代的凯尔特基督教。按照史诗作者所述，她在格陵兰生活时，能够发表与基督教相关的演说。与此同时，基督教已经被证实在冰岛被接纳，教会组织成了古德里德能够依靠的对象。南下罗马朝圣和她以前的宗教生活都能够证明她的个人信念。虽然文献把古德里德形容为两种宗教之间的桥梁，她在知识传播方面所起到的历史作用并没有太多证据。她在冰岛必然会谈到她的旅行和文兰的经历。她是否也曾向罗马教廷谈过这些内容？古德里德或许是第一个向旧世界传达新世界存在之消息的人，这是冰岛作家哈勒多尔·拉克斯内斯（Halldór Laxness）的观点。但是我们没有必要假设古德里德曾向僧侣告知一切，然后僧侣将故事写在纸上。她必定懂得如何让他人了解自己。拉克斯内斯的假设必须与不来梅的亚当（Adam de Brême）的著作联系起来。古德里德拜访罗马三十年后，与文兰有关的信息或许从罗马传到了不来梅。11世纪中叶，教士亚当正在这座城市中撰写汉堡–不来梅主管教区成立以来的历史。他提到丹麦国王曾向他讲述过"许多人在汪洋大海中发现的一座岛屿，这座岛被称为美酒之岛，因为那里生长的野生葡萄能酿出最好的葡萄酒"。亚当的这本书比冰岛第一部提到文兰的历史文献还要早25年，比那两部史诗要早近两个世纪。换言之，亚当是第一个提到文兰的人。他把这个神奇的故事写入书中，是不是因为他从罗马得知的消息证实了丹麦人讲述的故事？

其中一部史诗很罕见地解释了这两部作品的诞生过程，因为诗中提到卡尔瑟弗尼事无巨细地讲述了他的旅行。古德里德生活在她的小教堂里，她和卡尔瑟弗尼同样了解文兰的故事。由于她的寿命更长，并且游历过欧洲，她肯定保留了更多的故事。她有充足的时间，向家人和访客谈论自己的一生。除了古德里德以外，还有谁能传播这些故事？（J.J.）

格里高利七世（希尔德布兰德）

（Grégoire Ⅶ (Hildebrand)，约 1020—1085 年）

教皇格里高利七世是莱昂九世在 11 世纪开启的教会大改革的代表人物，随着 1122 年沃尔姆斯（Worms）宗教协定的签署，教会改革的争议宣告结束。格里高利七世在历史上的影响导致他的名字派生出一个形容词："格里高利的"改革或"格里高利的"神权政治。希尔德布兰德（Hildebrand）（格里高利的俗名）出生在托斯卡纳地区的萨沃纳（Savona）的一个普通家庭，他在罗马阿文迪纳山的圣玛利亚修道院中接受了最早的宗教教育，他在那里观察到了克吕尼教派的习俗。然而，与根深蒂固的传说恰恰相反，希尔德布兰德并不属于克吕尼教会。在罗马这个大环境中，这位来自托斯卡纳的年轻人逐渐成为教会机器的组成部分：首先他要感谢约翰·格拉先（Jean Gratien），后者在 1045 年成为教皇格里高利六世（Grégoire Ⅵ）；随后在利奥九世（Léon Ⅸ）、维克多二世（Victor Ⅱ）、尼古拉二世（Nicolas Ⅱ）和亚历山大二世（Alexandre Ⅱ）先后担任教皇期间，他的晋升之路一帆风顺。最初他是掌管德国和法国教皇特使任命的副助祭，后来成为掌管教会财政的主教代理，亚历山大二世的首席顾问，1073 年 4 月 22 日，他被枢机主教团（1059 年尼古拉二世为教皇选举而设置）推选为新教皇。在罗马生活多年并担任过教皇特使的格里高利七世非常了解导致基督教世界动荡的主要问题：世俗政权与教会神权之间的关系；教士的生活习惯和道德品行，当时有许多教士犯下了买卖圣职罪（la simonie）及结婚同居罪（le nicolaïsme）两桩主要罪行。为了表示对他心目中的"基督教楷模"格里高利一世（590—604 年）的敬仰，希尔德布兰德更名为格里高利七世。他在整个教皇任期内都在不断斗争，让整个教会听从罗马教廷的命令，使不愿服从神权的大领主、贵族、基督教国王和皇帝接受罗马教廷的种种特权。格里高利七世与神圣罗马帝国皇帝亨利四世（Henri Ⅳ）的矛盾日益尖锐，他们在主教叙任权（investitures）

REX ROGAT ABBATEM MATHILDIM SUPPLICAT ATQ;

上发生激烈冲突，即世俗政权任命主教等神职的权力。1076 年，格里高利七世革除亨利四世的教籍。1077 年，亨利四世来到卡诺萨城堡忏悔请罪。1080 年，亨利四世纠集地区主教，选出新教皇（克雷芒三世）。1081 年，亨利四世率军围困罗马城。1083 年，与格里高利七世结盟的诺曼底公爵罗伯特·吉斯卡尔（Robert Guiscard）向罗马进军，格里高利七世获救。综上所述，格里高利七世的教皇任期就是一场漫长的历险，他的余生在逃亡中度过，1085 年 5 月 25 日死在萨莱诺城（Salerne）。

格里高利七世的通信（尤其是 1076 年和 1080 年写给梅斯主教赫尔曼（Hermann）的两封信）和《教皇敕令》（*Dits du pape*）囊括了所谓"格里高利"改革中实施的教义内容，《教皇敕令》中有教皇提出的 27 条简明的主张，这份具有纲领特征的文件类似于一份教规合集。这些主张中最著名的一条与教皇无谬误说有关，教皇不会犯错，任何人不得反对这一点，否则将被判为异端。这项"神权政治"改革的主要目的是在理论上证明神职人员的权力，并强迫世人接受。这意味着将教会等同于世界，神职人员要约束和控制基督教社会，因为在基督教世界的秩序中，肉体服从精神，在掌控宇宙、社会和人心的等级和谐观念中，底层（人）只能以神职机构作为媒介，才能抵达上层（上帝）。
（D.I.-P.）

教会的重要武器：忏悔和羞辱
《1077 年 1 月 25—28 日，神圣罗马帝国皇帝亨利四世身穿忏悔服请求逃亡至托斯卡纳的玛蒂尔达伯爵夫人的卡诺萨城堡的教皇格里高利七世原谅》（*L'Empereur germanique Henri IV en tenue de pénitent implore le pardon du pape Grégoire VII refugié dans le château fort de la comtesse Mathilde de Toscane à Canossa, le 25-28 janvier 1077*），12 世纪，细密画，罗马，梵蒂冈图书馆

征服者威廉

（Guillaume le Conquérant，约 1027—1087 年）

威廉（法语为 Guillaume（纪尧姆））是诺曼底公爵罗贝尔一世和情妇阿莱（Herleue）所生的独子。1035 年，罗贝尔一世前往耶路撒冷朝圣之前，将年幼的威廉确立为继承人。但是，一直被宽容以待的诺曼人一夫多妻的习俗已经不再为人所接受，父亲在归国途中去世之后，未成年的"私生子威廉"面对的是一片混乱的局面，诺曼底公爵理查一世（Richard Ier）的后代（理查派）拒绝承认威廉的权威。这些人互相攻伐，各地的封臣、不安分的贵族卷入争斗之中，维京人、布列塔尼人和法国人的后代也蹚了这摊浑水。诺曼底到处兵戈扰攘：威廉的监护人布里昂的吉尔伯特（Gilbert de Brionne）遇刺；庇护者和管家奥斯本（Osbern）在威廉的卧室内惨遭割喉。一出铲除威廉、扶持"理查派"布里昂的居伊（Guy de Brionne）上位的阴谋差点得逞。威廉不得不向法王亨利一世（Henri Ier）求援。1047 年，威廉在瓦莱斯沙丘（Val-ès-Dunes）战役中取得了决定性胜利。

威廉的童年经历决定了他的性格，他有着战士一般的冷酷、刚强、严格、残忍，但也是一位坚忍不拔、极富耐心的统筹规划者。他与弗兰德伯爵的女儿马蒂尔德（Mathilde）成婚之后，生育了 9 个孩子，他终生没有任何情妇或私生子。1046—1066 年，他依靠教会支持的"神圣休战"（Trêve de Dieu）恢复了诺曼底公国的和平。马蒂尔德和威廉在卡昂（Caen）建立了两座重要的修道院，

确定英格兰命运的决定性战争
《英王哈罗德二世在 1066 年 10 月 14 日的黑斯廷斯战役中被征服者威廉杀死》（*Le Roi d'Angleterre Harold II tué par Guillaume le Conquérant à la bataille d'Hasting, le 14 octobre 1066*），约 1280—1300 年，插图，伦敦，大英图书馆

Aprés seynt Edward reg-
na Harald le fiz Gode-
wyn, counte de Kent, a fort
e a tort, ix moys, dunke vi-
ent Will' Bastard, e ly tol-
yst la vye e le regne e quist
la tete. Harald gist a Walthm.

Puis regna Will' Bas-
tard xxi an, puis mo-
rust e gist a Kame en

即男子修道院（Abbaye-aux-Hommes）和女子修道院（Abbaye-aux-Dames）。在教士勒贝克的朗弗朗（Lanfranc du Bec）的帮助下，他得到了教会的扶持。他摧毁了没有得到公爵许可而建立的城堡，铲除了理查派。他入侵并夺去了曼恩伯国的控制权，牵制了布列塔尼公国、安茹伯国和法兰西国王。1051年，他的表亲、最后一位盎格鲁-撒克逊国王忏悔者爱德华（Édouard le Confesseur）将他选为继承人，但遭到英国和丹麦贵族的强烈反对，虽然其中一位首领哈罗德似乎对此表示接受。此时威廉的威望如日中天，加上两位同母异父的兄弟巴约主教奥德（Eudes）和莫尔坦伯爵罗贝尔的协助，他已经做好了准备。然而，忏悔者爱德华去世之后（1066年1月），哈罗德却被加冕为国王。

远征英格兰是征服者威廉的人生巅峰时刻，珍贵的巴约挂毯记录了这一事件。威廉得到了改革派教皇亚历山大二世[①]的支持，并获赠一面圣十字旗。他打造了一支庞大的海军，招募的骑士来自法国四面八方，他的军队人数不逊于哈罗德。1066年的整个夏天，威廉的军队都被肆虐的海风挡在诺曼底海岸，9月底，军队终于渡过芒什海峡（即英吉利海峡）。哈罗德并没有静候威廉登陆，因为他被迫赶赴北方，迎战大军压境的挪威国王哈罗德·哈德拉达（Harold Hardrada），最终挪威国王在斯坦福桥（Stamfordbrige）战役中丧命。10月14日，哈罗德率领的盎格鲁-撒克逊军队与威廉的诺曼底军队在黑斯廷斯一决胜负。胜利最终属于诺曼底人，他们在战场上奋勇冲锋，击垮了英国步兵，哈罗德阵亡，盎格鲁-撒克逊军队一败涂地。威廉向伦敦进发，英格兰精英贵族趋之若鹜。当年圣诞节，他在威斯敏斯特大教堂加冕为英王。但是双方互不信任的情形依旧存在，教堂外的诺曼底士兵听到民众按照惯例喝彩时，以为发生了骚乱，便放火烧了城镇的房屋。

威廉试图利用盎格鲁-撒克逊精英贵族进行统治，但无休止的叛乱让他放弃了这项政策。威廉发动了几次可怕的战役，焦土政策、大屠杀和人口流放导致北方一片荒芜。建有塔楼和瞭望塔的城堡将国土划分为不同区域，这些城堡

[①] 1059年，勒贝克的朗弗朗在诺曼底建立了一所讲授自由艺术的修道院学校，吸引的学生中有沙特尔的伊夫（Yves de Chartre），即未来的教皇亚历山大二世。

是诺曼底人善用的武器，例如用来保护和控制城市而修建的伦敦塔（Tour de Londres）。他建立了一套严格的封建体制来管束和调动战争贵族。主要的贵族支持者直接依附于国王，他们能够获得大片封地；作为回报，他们要为国王提供骑士服务，骑士们则从他们手中获得维持生活所必需的封地。如无例外情况，这些封地都是四处分散的。英国的统治阶层发生了彻底变化。征服者威廉去世时，95%的领主土地权掌握在诺曼底人或法国人手中，教会中也都是他们的身影，例如被任命为坎特伯雷大主教的朗弗朗。然而，征服者威廉自称忏悔者爱德华的继任者，他保留了英国的机构、郡县制度、宫廷和治安官，他捍卫英国法律和共同和平。英国逐渐恢复和平，《末日审判书》（*Domesday Book*）对每个村庄进行调查的结果可以证明这一点。

1072年之后，威廉主要居住在英国，但是他面临的困难主要来自法国。法王腓力一世（Philippe Ier）、安茹伯国、布列塔尼公国和弗兰德伯国对他发起猛烈的进攻，他的长子罗贝尔·柯索斯（Robert Courteheuse）发动两次叛乱。1087年，他在芒特（Mantes）落马受伤，不久后去世。这位"私生子"之所以能够成为"征服者"，主要由于他永不衰竭的精力和必要的务实精神，这是他建立一个足够持久的帝国、彻底改变英国命运的基础。（J.-P.G.）

坎特伯雷的圣安瑟伦

（Saint Anselme de Cantorbéry，约 1033—1109 年）

坎特伯雷的（或贝克的）安瑟伦是中世纪重要的学者，他在西方文化史上扮演了不可忽视的角色。他因关于上帝存在的本体论证明而为人所知，从笛卡尔到莱布尼茨和黑格尔再到卡尔·巴特[①]（Karl Barth）的整个现代哲学传统都讨论过他。

安瑟伦出生在伦巴第地区的贵族家庭。亚平宁半岛北部贵族家庭的子弟，例如沃尔皮亚诺的纪尧姆（Guillaume de Volpiano）、奥克塞尔的埃尔德里克（Heldric d'Auxerre）、朗弗朗等，纷纷被法国南部和诺曼底地区兴盛的修道生活所吸引，他也不例外。安瑟伦离家之后，踏上了一条寻求智慧的道路，先后来到克吕尼（？）、巴黎和勒贝克卢埃安（Le Bec-Hellouin），他最后在勒贝克卢埃安定居下来，与他为伴的是讲授自由艺术的大师帕维亚的朗弗朗（或勒贝克的朗弗朗）。安瑟伦在与图尔的贝朗热（Béranger de Tours）的辩论中一举成名，他们辩论的主题是贝朗热和"贝朗热派"提出的圣体问题和对宗教象征体系的阐释。1060 年，安瑟伦听从鲁昂大主教的建议，选择了勒贝克修道院生活，三年之后，他接替朗弗朗，成为副院长和学校教师。1079 年，修道院院长埃卢安（Herluin）去世之后，修道院僧侣们将安瑟伦选为新院长。安瑟伦的传记作者厄德麦（Eadmer）把勒贝克修道院及其修道院学校视为当时的灵修和思想生活的灯塔。

1066 年，征服者威廉率领诺曼底王公贵族征服了英格兰，1093 年，安瑟伦从诺曼底来到这里。英王红脸威廉（Guillaume le Roux，即威廉二世，1087—1100 年在位）任命他为坎特伯雷大主教。安瑟伦的人生进入了一个充满斗争和

[①] 卡尔·巴特（1886—1968 年），瑞士人，基督新教 20 世纪最伟大的神学家，代表作有《教会教义学》。

流亡的阶段，他为了教会的自由不断与红脸威廉及其继任者亨利一世（Henri I[er] Beauclerc，1100—1135年在位）作斗争。这位英国新首席主教支持教皇乌尔班二世（Urbain II，1088—1099年在位）的极端改革措施，反对王室插手教会事务的政策。他因主教叙任权与英王发生争执，他认为不同领域应当区分开来。与国王的冲突导致他两次离开英国（1097年和1103年），但1107年教皇与英王达成协议之后，安瑟伦被召回英国继任大主教。两年后，安瑟伦去世。

在西方拉丁世界的思想史上，安瑟伦是推动自由艺术和辩证法（逻辑学）迅速发展的重要人物，他把怀疑的方法论当作信仰寻求理解（*fides quaerens intellectum*）的证明手段。前有拉丁神父（以奥古斯丁为首），后有即将到来的大师（托马斯·阿奎那），安瑟伦仍凭借独特的思想和方法在思想史上占据了一席之地。他的著作涉及了所有基督教义，包括三位一体的上帝的存在（《独白》（*Monologion*）、《宣讲》（*Proslogion*）），上帝道成肉身之必要性（《上帝何以化身为人》（*Cur Deus homo*）），真理的神性和本体论（《论真理》（*De veritate*）），意志、自由选择和恩典（《论选择的自由》（*De libertate arbitrii*）、《论上帝的预知、预见、恩典同自由意志的和谐》（*De Concordia Praescientiae et Praedestinationis Gratiae Dei cum Libero Arbiiro*））等。他的著作在哲学与神学边界的三个主要方向对西方思想史发展产生深刻影响。

安瑟伦的第一个重要贡献与语言有关。他继承了奥古斯丁（《论三位一体》（*De trinitate*））的动态思想及其关于符号的理论，他在《独白》中思考了语言与现实之间的关系，造物主的圣言（Verbe）蕴含了造物主和一切物体的本质，这不由得让人把创世（Création）视为从一开始就存在于造物主思想中的范本（*exemplar*）和形式（*forma*）之间的关系。正是通过这些"自然的言语"、预先存在的普遍概念，人类才能了解，至少是大概了解，范本和形式之间产生相似性的方式。在《论真理》中，他强调被表述的内容的真理具有本体论基础，为此，他反对艺术领域（他批评艺术是"辩证法的异端"）刚刚诞生的唯名论（nominalisme）：唯名论者认为，普遍概念只是为了语言的便利，是"一种空洞的声音"（*flatus vocis*）。在安瑟伦看来，不经过思维或者不依赖普遍概念，是不可能接触思想客体的。安瑟伦的作品中另一个重要贡献在于证明上帝存在和道成肉身之必要性方面。他在《独白》中阐释了上帝的不可比性（incommensurabilité），将上帝定义为"一个不可想象比他更伟大的最伟大者"，人们只能由果溯因，才能找到最重要的原因，即上帝的本质是如何被表述和定义的。《上帝何以化身为人》是中世纪西方第一部使不同宗教进行对话的论著，安瑟伦在寻找"理性"证据的过程中，重新思考了世界所必需的秩序，使其符合造物主的意图，例如原罪对秩序和至高和谐的损害，回归秩序的不可能性（善良的上帝不想施加的折磨，超越人所能之偿付），来自真正的上帝（为了意志与力量）和真正的人（为了补偿）的神圣行为之必要性。

安瑟伦在《论三位一体》中的伦理思考核心是有罪之人的依赖性。他把一切人类所固有的意志批判为致命的傲慢（*hybris*），使自由成为道德之善的一部分。只有善良之人才能通过圣恩获得自由，圣恩能够让有道德缺陷的罪人寻回失去的善。对这位沉浸于静修的思想大师而言，救赎的道路涉及人的内心、意图以及由内及外、趋于完美的倾向。安瑟伦的道德伦理观对个人主义的发展产生了深刻影响，个人主义为12世纪特有的内省（intériorisation）打上了深刻烙印，在这个至关重要的世纪里，模仿奥古斯丁《忏悔录》的文学形式再次兴起，例如诺让的吉伯特（Guibert de Nogent）（1055—1125年）的自传《挽歌》（*Monodiae*）。（D.I.-P.）

"骁将"熙德

（Cid Campeador，1043—1099年）

罗德里高·迪亚兹·德·维瓦尔（Rodrigo Díaz de Vivar）是西班牙收复失地运动中的代表人物。他在真实生活中的形象比官方历史塑造的反抗穆斯林的基督教英雄形象更复杂、更真实。中世纪西班牙是一个战争不断、错综复杂的大舞台，穆斯林和基督徒在这里互相攻伐，基督徒内部也斗争频繁，某种程度上，穆斯林内部也是冲突不断。熙德是从小贵族成为大贵族的基督教战士的楷模，他们不断地用自己的宝剑为某位基督徒君王服务，偶尔也为穆斯林效力。熙德并非无欲无求，在中世纪西班牙这个宗教与政治盘根错节的大环境中，他同样努力为自己争取一方领土。从这个角度来看，他代表了西班牙甚至欧洲范围内社会地位上升的小贵族。

罗德里高·迪亚兹出生在维瓦尔这座距离布尔戈斯（Burgos）不远的卡斯蒂利亚小城，他是一位属于普通贵族阶层的骑士，有时为卡斯蒂利亚国王效力，有时为穆斯林埃米尔[①]（émir）卖命，后来成为瓦伦西亚的领主。他在一次基督教君王的混战中登上历史舞台：他为莱昂王国和卡斯蒂利亚王国的国王阿方索六世效力，与纳瓦拉王国的国王作战，后来不幸失宠，惨遭流放。于是他投靠萨拉戈萨（Saragosse）的穆斯林国王穆克塔迪尔（Muqtadir），与巴塞罗那伯爵、阿拉贡兼纳瓦拉国王这两位基督徒作战。1084年左右，罗德里高·迪亚兹获得了"熙德"这个源自阿拉伯语 *sayyid* 的外号，这是对男子的尊称。他与阿方索六世握手言和之后，英勇抵抗来自北非马格里布地区的阿尔摩拉维德人（Almoravides）的入侵。他先效力于穆斯林君主，后与阿方索六世联盟，但他最终突破了他人的控制，于1094年占领瓦伦西亚，在伊斯兰教地区成立了

[①] 埃米尔是伊斯兰国家对王公贵族、酋长或地方长官的称谓，阿拉伯语原意为"统帅""长官"等。

Cronica del muy esforçado cauallero el Cid ruy diaz campeador.

第一个基督教国家。然而，1102 年，也就是熙德去世三年后，他的孀妻西蒙娜（Chimène）不得不放弃这片土地，将其拱手让给摩尔人。熙德将两个女儿分别嫁给了纳瓦拉国王和巴塞罗那伯爵。德尼·芒若对熙德的形容很贴切：这是一位"突破边界的冒险家，他垂涎于骑士的功绩和战利品，为基督教和穆斯林君王服务，战争确保了他社会地位的提升，女儿的婚姻使其更加稳固"。在人生晚年，他凭借自己的功勋成了一位神秘的英雄。一首名为《沙场骁将之歌》（*Carmen Campidoctoris*）的拉丁语诗歌便是为他而作，也为他赢得了第二个外号"骁将"。

熙德及妻子西蒙娜去世之后都被葬于布尔戈斯的卡德纳（Cardeña）修道院，那里的本笃会僧侣们细心维护他们的荣耀和圣洁之名。1110—1140 年，有匿名作者用卡斯蒂利亚语创作了一部史诗《熙德之歌》（*Cantar de mio Cid*），把他完全描绘为一位基督教英雄。13 世纪中期，一位拉丁语编年史作者也为他撰写了一部《罗德里高之历史》（*Historia Roderici*）。1272 年，卡斯蒂利亚国王"智者"阿方索十世来到熙德的墓前朝圣。1541 年，僧侣们打开了熙德的墓穴，据说里面散发出一股圣洁的气味。但罗马教会并未举行封圣仪式。

熙德的名声一直延续到 16 世纪，尤其是 1512 年，布尔戈斯地区出版了一部《骁将熙德·罗德里高·迪亚兹之骑士编年史》（*Crónica del famoso cavallero De Cid Ruy Díaz Campeador*），该书曾在 1552 年和 1593 年两次再版。17 世纪，在圭连·德·卡斯特罗（Guillén de Castro）的戏剧《熙德的青年时代》中，熙德成为了一位在夫妻之爱和尊重父亲之间纠结折磨的戏剧人物。这出戏剧立刻为高乃依（Corneille）提供灵感而创作出著名的法语悲喜剧《熙德》（*Le Cid*）（1636 年）。20 世纪，雷蒙·曼南德兹·皮德尔（Ramón Menendez Pidal）于

在基督教徒向穆斯林发起的收复失地运动时期的西班牙，雇佣兵和英雄时常改变阵营
《强壮有力的骑士罗德里高·迪亚兹，勇士熙德之编年史》（*Le Chevalier castillan Rodrigo Diaz de Vivar dit le Cid représenté sur le frontispice de Cronica*）封面所描绘的卡斯蒂利亚骑士罗德里高·迪亚兹·德·维瓦尔，又名熙德，11 世纪，马德里，西班牙国家图书馆

1929年出版的《熙德的西班牙》(*La España del Cid*)深度挖掘和转变了熙德的形象，使他成为战争英雄和多情骑士。随后，电影和戏剧放大了被神化的熙德的荣耀，罗德里高的神话与一位年轻男演员的传奇联系在了一起，即杰拉尔·菲利普（Gérard Philipe），他是法国战后最著名的演员之一，活跃在电影和戏剧两个领域。20世纪50年代初，导演让·维拉尔（Jean Vilar）曾邀请他出演高乃依的《熙德》，这出戏在巴黎和阿维尼翁取得了巨大成功。

因此，熙德是一位由传说、文学和戏剧共同缔造的历史英雄的代表，他身上聚集了人民的记忆、诗歌、戏剧、某些艺术家的精彩演绎等各方面的因素，这一切都使他成为想象中的英雄。(J.L.G.)

阿布里赛尔的罗贝尔与蒙索罗的赫森德

（Robert d'Arbrissel et Hersende de Montsoreau，11 世纪中叶到 1116 年？；—约 1110 年）

"阿布里赛尔的罗贝尔，丰特弗洛修道院的创建者。"这句话看起来很简单，但有两个错误需要更正，一个与这个男人有关，另一个与修道院创建有关。

11 世纪中叶，罗贝尔出生在雷恩教区的阿布里赛尔（Arbrissel）。与先辈一样，他的父亲也是教士。罗贝尔很可能成为了阿布里赛尔的本堂神甫，之后娶妻。他一度云游四方，随后来到巴黎学习。1089 年，雷恩主教拉盖尔什的西尔维斯特（Sylvestre de La Guerche）要求他协助教区改革，他以总本堂神甫的身份，反对教士结婚同居（他对禁止教士结婚的命令从反对转为支持）和买卖圣职（世俗者对教会的操控）。1093 年，西尔维斯特去世后，罗贝尔成为同僚报复的目标，被迫逃离。他在昂热（Angers）重拾学业，1095 年离开此地，在安茹和布列塔尼边境的克拉昂（Craon）森林中隐居。他在这片森林中进行各种苦修，与此同时，他的名望也与日俱增。他向那些前来寻找他的人宣扬忏悔和皈依基督。由此，拉罗埃（La Roë）修道院中形成了一个隐修团。1096 年 2 月 11 日，乌尔班二世路过昂热，罗贝尔在教皇面前做了一场精彩的布道，教皇深受感动，批准拉罗埃修道院成为正式修会。

教皇将一份"讲道职务"委任于罗贝尔，罗贝尔由此在 1098 年左右彻底离开拉罗埃修道院，再次踏上旅途，四处讲道。很快他身边就聚集了一大批男女信徒，并引起诸多议论。昂热和雷恩的主教对罗贝尔提出严厉批评，尤其针对男女混居的情况。1101 年，罗贝尔将追随者安顿在卢瓦尔河附近的丰特弗洛山谷中，那里是安茹伯国和普瓦捷教区的交汇地。

如今的丰特弗洛是法国最大的修道院建筑群，但并没有得到国王或伯爵的资金支持。最早的捐赠者是附近城堡的领主及其附庸。最初，罗贝尔的弟子们

在数量众多的修道院中，丰特弗洛修道院因男女混居而成为独一无二的成功案例

《阿布里赛尔的罗贝尔之墓》(*Tombeau de Robert d'Arbrissel*)，1862 年，描摹画，巴黎，法兰西国家图书馆

居住在茅草屋中，很快，一座小礼拜堂和一些砖石建筑建造起来。他的男弟子主要是教士和世俗者，女弟子主要是贞洁少女和"皈依女子"，即经历过世俗生活，有过丈夫，随后皈依宗教生活的女子；丰特弗洛也收容男女麻风病人。为了继续讲道，罗贝尔任命了一位"女助手兼女院长"，他选择了一位名叫香槟的赫森德（Hersende de Champagne）的女子，她来自一个安茹贵族家庭，是距离丰特弗洛最近的城堡领主蒙索罗的纪尧姆（Guillaume de Montsoreau）的遗孀。

丈夫死后，赫森德成为罗贝尔的得力助手。她很可能为罗贝尔及其追随者在丰特弗洛定居做出了重要贡献，她成为后来建成的修道院中的修女。1103年起，她成为"代理院长"，40份文件中都有她的痕迹。其中一份文件把"赫森德嬷嬷"称为"丰特弗洛教会的创建者"。在某种程度上，这种表述是正确的。赫森德是当地领主派到罗贝尔身边的代表，他们为修道院的建立提供了"资金"。1106年，旺多姆的杰弗里（Geoffroy de Vendôme）在一封信中批评罗贝尔为了证明自己抵制欲望的能力而与修女同床共枕，随后，修道院开始制定一些章程。同年，普瓦捷主教承认了丰特弗洛修会，并且在教皇帕斯加尔二世（Pascal Ⅱ）的许可下，为该修会提供庇护。修道院开始获得安茹伯爵家族的大量捐赠，赫森德很可能在其中发挥了重要作用，她的出身有利于修道院获得捐赠，她也参与了修会的组织规划。根据修道院的忌辰记录簿的记载，被尊为"诸善之首"的赫森德在1109年或1112/1113年的11月30日去世。在萨维尼的维塔尔（Vital de Savigny）所写的死者卷轴①（le rouleau mortuaire）中，丰特弗洛的修女们分别把罗贝尔和赫森德尊称为"父亲"和"母亲"。

罗贝尔为赫森德安排了一位助理，即有着相同出身的舍米耶的佩特鲁尼耶（Pétronille de Chemillé）。赫森德去世后，佩特鲁尼耶成为代理院长。1115年10月28日，罗贝尔感觉自己时日无多，于是将佩特鲁尼耶选为修道院院长，由她管理修道院的世俗和灵修生活。此时的丰特弗洛修道院实行严格的集中化管理，拥有大量附属建筑，修士和修女共同居住于修道院中，但分属不同空间。

---

① 在中世纪，死者卷轴或葬礼卷轴（拉丁语为 *rotulae mortuorum*）是一些在修道院之间互相传递的羊皮纸卷轴。某所修道院中有修士去世时，卷轴就会传到那里，相关人士在羊皮纸上写下几行关于去世修士的信息。

佩特鲁尼耶完成了修道院的章程，编纂各种文件，与此同时，罗贝尔最后一次踏上巡回讲道之旅。1116 年 2 月 25 日，他在贝里地区去世。佩特鲁尼耶将他的遗体运回丰特弗洛，3 月 7 日，他被葬在修道院中。佩特鲁尼耶此后一直担任修道院院长直到 1149 年去世，她完成了赫森德所开创的事业。

最近的史学研究对赫森德进行了分析，认为她是爱洛漪丝的母亲，罗贝尔是爱洛漪丝的父亲。无论人们对这种假设持何种态度，丰特弗洛修道院和圣灵隐修院（le Paraclet）在灵修和制度方面都有明显的延续性。彼得·阿伯拉尔在《通信集》（*Correspondance*）的第八封信中制定了圣灵隐修院的理论规则，爱洛漪丝则在 1142—1147 年撰写了真正的《戒规》（*Institutions*）。

在人生的最后 15 年里，阿布里赛尔的罗贝尔在丰特弗洛过着喧哗的生活，他时常离开此地，因为他的身份并不仅仅是这家修道院的创建者，而且他也不是唯一的创建者。他代表了格里高利改革时期教士和僧侣所经历的问题和变化。

（J.D.）

卡诺萨的玛蒂尔达

（Mathilde de Canossa，1045/1046—1115 年）

在意大利以外的其他地区，卡诺萨的玛蒂尔达的名声主要源自她在主教叙任权之争中所扮演的角色。在 11 和 12 世纪，教皇与德意志皇帝之间出现了关于主教任命的长期冲突。实际上，在这场冲突最具戏剧性的阶段中，玛蒂尔达是教皇最强大的盟友。神圣罗马帝国皇帝亨利四世被教皇格里高利七世开除教籍之后，被迫委曲求全，祈求教皇的原谅。皇帝与教皇会面的地点就是位于卡诺萨的玛蒂尔达的家族城堡。皇帝在冰天雪地里赤脚站在城堡下三天三夜的名场面也发生在这里，这座城堡位于勒佐艾米利亚（Reggio Emilia）南部地区的亚平宁山脉之中。

这个中世纪欧洲历史上最有名的事件之一发生在 1077 年 1 月底。当时的玛蒂尔达是一个 31 岁或 32 岁的年轻女子。她六七岁时失去了父亲，1069 年嫁给了继父的儿子上洛塔林公爵"驼子"戈德福瓦（Godefroid le Bossu duc de Haute-Lotharingie），母亲去世后，她成为唯一的领地继承人，这片从波河平原到托斯卡纳地区的广阔领地使她成为意大利王国最有权势的领主。她在这片领地上拥有庞大的地产，几十座城堡，享受各种各样的权利，她所支配的财富或许

中世纪封建制度允许位高权重的贵妇与大领主平起平坐
《卡诺萨的玛蒂尔达的宫廷》(*Cour de Mathilde de Canossa*)，13 世纪，细密画，选自《卡诺萨的玛蒂尔达传》(*Vita Mathildis de Donizone de Canossa*)，卢卡，市政图书馆

超过了教皇和神圣罗马帝国皇帝。财富之外,玛蒂尔达还继承了父亲卜尼法斯(Boniface)的头衔,这些头衔保证了她的威望,但也带来了沉重的责任,尤其是在司法领域。她是摩德纳(Modène)、勒佐、曼托瓦、布雷西亚和费拉拉等多座城市的女伯爵,也是托斯卡纳女侯爵(这是她如今最著名的头衔)。她了解这些头衔带来的责任和权力,所以她愿意扮演几乎与神圣罗马帝国皇帝相同的角色。在周围的某些学者的鼓励下,她毫不犹豫地将某些权力的符号和象征据为己有。

玛蒂尔达是一个雄心勃勃的女人,她的性格也必然不同寻常,仰慕者对她钦佩有加,诋毁者恨不得把她踩在脚下,把最卑劣的恶行栽赃于她。由于她对

丈夫的感觉只有强烈的厌恶，所以某些人就怀疑她曾经买凶杀夫，还有一些人认为这夫妇二人的关系紧张，是因为丈夫与德意志皇帝关系密切，始终不赞同妻子支持教皇的政策。

我们应当摆脱圣徒传记的窠臼，认识到玛蒂尔达作为皇帝的封臣，如果支持改革派的教皇，那么她失去的远远多于能够得到的。她的确是一个极为虔诚、重视宗教改革理想的女人，但她首先是一个大权在握的女子，即便她忠于教皇的改革事业，但也不至于忘记管理自己的领地和捍卫自己的利益。玛蒂尔达从未停止过出访，她在马背上的时间毫无疑问比她在曼托瓦的宫殿或亚平宁山地城堡中的时间更多。她的执政风格是与臣民直接接触，而且并不局限于与她关系最亲近的封臣。她不知疲倦地沿着亚平宁山脉走遍了庞大的领地，此外，她也曾多次在洛林和罗马停留。行使司法权似乎是她最热衷的事情之一，她亲手签署的许多司法文件保存至今。她也毫不畏惧战争，虽然她不太可能与骑士们并肩冲锋陷阵，但她的部队在她的指挥下，参与了许多战役，虽然最终结果并非总是如她所愿。

玛蒂尔达会读书和写作，就当时的妇女而言这绝对罕见。在关于她的传记作品中，最常见的一句话是"她会说条顿人和法兰克人的语言"，另外，她喜欢身边围绕着有文化素养的教士，这些人也将许多作品敬献给她。这些或许不足以让玛蒂尔达成为一个真正的女学者，但她的开放思想、性格力量和永不枯竭的战斗力令某些"性别史"（gender history）的研究者视其为女性主义运动的先驱。此外，第一次婚姻失败后，她又等了二十年才再婚，而且这么做的唯一目的是保证后继有人。但她的计划没有成功，因为第二任丈夫比她小 21 岁，而且性无能，她自己也年龄太大，无法生育。这位同时代人口中的伟大的女伯爵在 1115 年去世，没有后代。（J.-C.M.-V.）

面对教权的贵妇
《托斯卡纳的玛蒂尔达女伯爵会见摩德纳主教》（*La Comtesse Mathilde de Toscane rencontre l'évêque de Modène*）（局部），12 世纪，细密画，选自《圣吉米亚诺的教会新事记》（*Relatio de innovatione ecclesie Sancti Geminiani*），摩德纳，教会档案馆

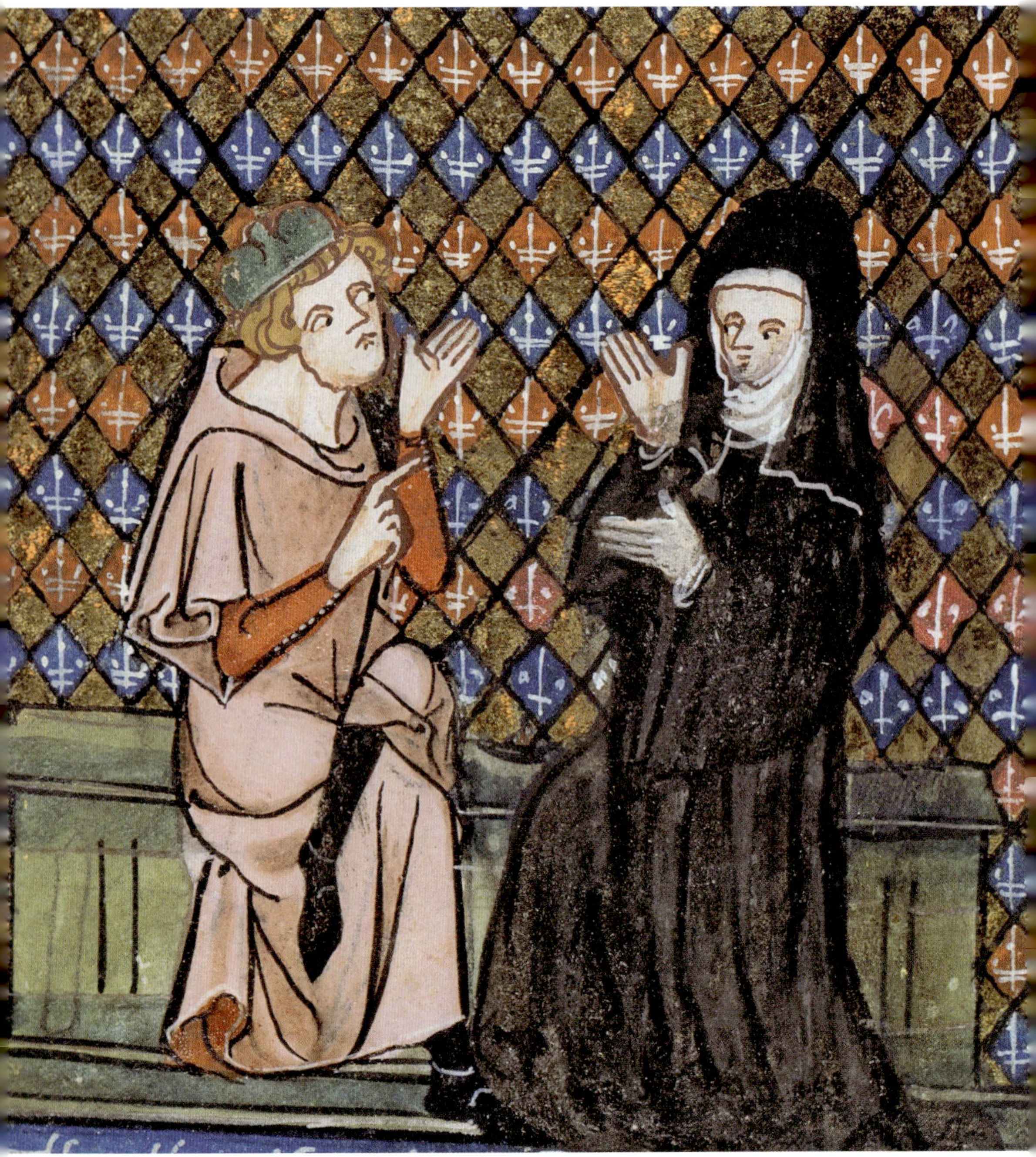

阿伯拉尔与爱洛漪丝

（Abélard et Héloïse，约 1079—1142 年；约 1100—1164 年）

阿伯拉尔和爱洛漪丝的故事始于 12 世纪的巴黎。在这个被称为"12 世纪文艺复兴"的时期，他们的故事不仅代表了浪漫的意象，也象征了精神世界的奔涌。彼得·阿伯拉尔（Pierre Abélard）大约于 1079 年出生在距离南特东南部 20 公里的巴莱小镇（Pallet），他是当地普通领主的长子，注定要成为骑士和父亲的继承人，但他很早就放弃了戎马生涯，投身学业。虽然放弃了真刀真枪，他仍然争强好胜，他如饥似渴地学习辩证法，使其成为自己的新武器。根据让·若利维（Jean Jolivet）所述，中世纪的辩证法比亚里士多德的辩证法更加丰富，代表了知识领域的进步。阿伯拉尔最初在卢瓦尔河地区的城市中学习，随后来到正在成为王国政治首都、知识革新之都的巴黎。阿伯拉尔对老师香浦的纪尧姆（Guillaume de Champeaux）心有不服，便离开他，先后在默伦（Melun）和科贝伊（Corbeilles）成立了自己的学校。1110—1112 年，他来到巴黎讲课，完成在当时的神学中心拉昂（Laon）进修之后，他来到巴黎圣母院的教堂学校教书。他后来在自传中写道："我当时有名、年轻又帅气。"他自负于相貌英俊的结果之一就是引诱了一位年轻的女大学生。1115 年年底或 1116 年年初，时年 36 或 37 岁的阿伯拉尔颇受欢迎，一位议事司铎选他担任侄女的家庭教师。这位年轻的女孩只有 16 或 17 岁，曾发誓要专攻学业，但她难以抵御这位英俊教师的诱惑，二人成为恋人。这桩丑闻很快传播开来，女孩的

最早的现代爱情

《阿伯拉尔与爱洛漪丝》(Abélard et Héloïse)，1460 年，选自让·德·摩恩的《玫瑰传奇》(Roman de la rose)，尚蒂伊，孔代博物馆

叔父辞退了阿伯拉尔，但阿伯拉尔却将怀孕的女孩带回了家，并向她求婚。叔父大发雷霆，雇用一些暴徒绑架了阿伯拉尔并将其阉割。巴黎主教建议阿伯拉尔不要让外界得知自己经受的奇耻大辱，让他在一座修道院中静心忏悔。1118年，圣德尼修道院收容了阿伯拉尔，但他很快就与修道院院长及其僧侣们产生矛盾，他揭露修道院中缺乏戒律，学术作品中存在欺诈行为。1121年，在苏瓦松大公会议上，他因为在圣德尼修道院中所写的《至善之神学》（*Théologoie du bien suprême*）而遭到批判。敌人对他群起而攻之，尤其是新创立的西多会修士克莱沃的贝尔纳（又译明谷的贝尔纳）[①]。他以前的老师罗瑟兰（Roscelin）在信中写道："他们割了你的生殖器，很快也会割掉你的舌头。"在圣德尼修道院院长絮热（Suger）的调解之下，阿伯拉尔留在了香槟地区，成立了一所隐修院，并取名为"圣灵隐修院"，挑衅意味十足。后来他被迫远离此地，流亡至布列塔尼的圣吉尔达德吕伊（Saint-Gildas de Rhuis）。他毫不掩饰自己对当地僧侣的看法，认为他们缺乏文化素养，粗俗野蛮。这些僧侣试图将他囚禁起来。离开圣吉尔达会后，他返回圣灵隐修院作短暂停留，爱洛漪丝已成为那里的女院长。他们彼此长期保持通信，他们对彼此的爱与对上帝的爱融为一体。1131—1132年，阿伯拉尔撰写了《我的苦难史》（*Histoire de mes malheurs*），这部自传渗透着中世纪非常罕见的真诚。1135年左右，他回到巴黎，在圣热讷维耶沃山继续讲学，并大获成功。1140年左右，西多会修道院院长圣蒂耶里的纪尧姆（Guillaume de Saint-Thierry）被克莱沃的贝尔纳所操控，对阿伯拉尔的观点提出指控，于是一场新的大公会议在桑斯召开。教皇负责对阿伯拉尔的审判，但贝尔纳派遣密使从教皇那里得到一份谕旨，强迫阿伯拉尔"永远保持沉默"。

浪漫主义重新将这对具有现代特征的情侣树立为楷模
阿伯拉尔与爱洛漪丝之墓（*Tombeau d'Abélard et d'Héloïse*），1707年，巴黎，拉雪兹神父公墓

[①] "克莱沃"是 Clairvaux 一词的音译，Clair 为"光明的"，vaux 意为"山谷"，因此也有学者译为"明谷的贝尔纳"。

基督教世界实力最强大的克吕尼修会的会长尊者彼得（Pierre le Vénérable）满怀善良与仁慈之心接纳了这位犯人，将他安顿在索恩河畔沙隆（Chalon-sur-Saône）的圣马塞尔克吕尼修道院中，1142年4月21日，阿伯拉尔在这里平静地离开人世。

二十年后的1164年，爱洛漪丝在圣灵隐修院去世。自从1142年她从尊者彼得的来信中得知挚爱去世的消息之后，就从未停止过对爱人的祈祷，对于中世纪而言，这是基督教宽容和慈爱的特殊典范。一生经历坎坷的阿伯拉尔被视为当时最重要的学者之一，如同让·若利维所述，阿伯拉尔是一位辩证学家、逻辑学家、语言哲学家，他所写的《是与否》（*Sic et non*）将神学论述及其相反内容进行对比，创立了一种基于文献的历史伦理学。阿伯拉尔在他的伦理学说中提出了一种以意图为基础的原罪理念。他还创作了一部令人震惊的《对话

录》，对话者是一个哲学家、一个犹太人和一个基督徒，这部作品可以被视为第一部跨文化对话体散文。

　　阿伯拉尔是第一位现代学者，也是最有魅力的教师之一，他以言语为武器，总是以文献和理性作为支撑，他把研究、个人反思与教学结合在一起。同样，阿伯拉尔和爱洛漪丝的爱情也是最早的现代爱情的典范。爱洛漪丝对阿伯拉尔爱得痴狂，但她却拒绝了阿伯拉尔的求婚，因为婚姻会阻碍阿伯拉尔的学术之路。19世纪，浪漫主义者将这一对情侣共同葬在巴黎的拉雪兹神父公墓，如今我们仍可以读到15世纪的弗朗索瓦·维雍（François Villon）所写的诗句：

　　　　聪慧的爱洛漪丝身在何处
　　　　她的恋人彼得·阿伯拉尔
　　　　为了她被阉割，成为圣德尼僧侣
　　　　为了这份爱，他经历如此磨难
　　　　[……]
　　　　过去的雪如今又在何处？

（J.L.G.）

絮热

（Suger，1081—1151 年）

絮热的出身之普通曾让他受尽嘲讽，但他证明了在 12 世纪，出身卑微的人凭借两大王牌也可以成为极具影响力的人物。第一张王牌是重要的神职地位，第二张是为正在形成的君主制提供真知灼见。1091 年，絮热被父母送进圣德尼修道院的本笃修会，他曾在卢瓦尔河畔圣本笃修会学习，后有机会在圣德尼皇家修道院结识了未来的法王胖子路易六世（Louis VI le Gros）。1107 年，他在莅临卢瓦尔河畔的慈善院（Charité-sur-Loire）的教皇帕斯加尔二世面前做了一场精彩的讲道，辩论天赋展露无遗。凭借出色的管理才能和口才，他逐渐跻身教会和正在成形的国家的上层，这证明了在中世纪，出身平凡的神职人员，只要拥有天赋，也有可能做出一番事业。圣德尼的修道院院长亚当（Adam）把诺曼底两个支持克吕尼教派的地区的修道院院长职务交给了他。1108 年继位成为国王的胖子路易六世也对他委以重任，派他出使罗马教廷，与不同的教皇会面。1122 年，亚当去世之后，絮热继任位高权重的圣德尼皇家修道院院长。他对这个重要的宗教和政治中心的管理卓有成效，令人赞叹，与此同时，他也继续巩固自己在国王身边的位置，1124 年，国王如此评价他："这位令人尊敬的修道院院长是忠诚的友人，我们同意他出席我们的会议"。1099 年，他列席了王子腓力的加冕仪式，这位王子在 1131 年意外离世。1137 年，他陪同太子路易前往波尔多，迎娶阿基坦的埃莉诺。1137 年，路易六世去世后，他对年轻的新王进行政治启蒙教育，介绍了国王应尽的义务，但圣贝尔纳（saint Bernard）批评他侍奉恺撒多过上帝，要求他吸取历史教训。絮热的行为如同政客一般，他为胖子路易六世撰写了一部传记，这部传记为儒安维尔所写的圣路易传记《回忆录》（*Mémoires*）提供了灵感，但他的文采不如后者。

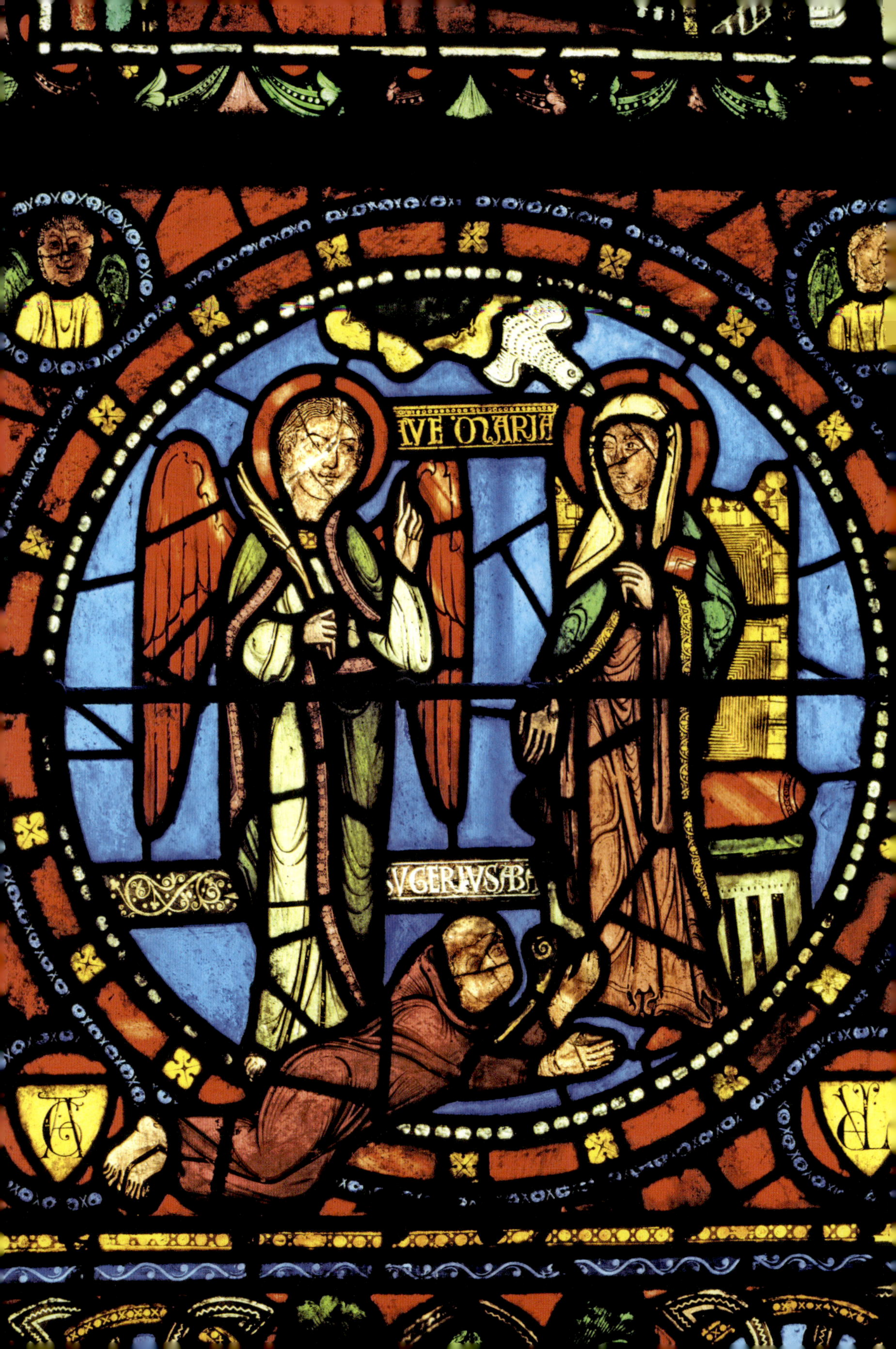
VE MARIA
VGERIVS

晚年的絮热完成了一部关于管理圣德尼修道院的论著，这是中世纪修道院管理的重要文献。他也撰写了一部关于修道院新教堂祝圣仪式的回忆录以及自己的遗嘱。所有在他身边仔细聆听过的人都认为他是一位无可比拟的叙述者。1151年，絮热去世，抛下了生活才刚开始的路易七世。在那个官僚君主制逐渐确立的时代，身兼圣德尼修道院院长与两位法王的重要顾问的絮热，即便仅以这两个身份，已然在法兰西历史上占据了重要地位。而他在第三个领域中的作为更使他成为整个中世纪基督教历史上首屈一指之人：他创造了哥特艺术。

12世纪的圣德尼修道院已经拥有悠久的历史和显赫的声望。它地处巴黎近郊的一个神话与传说交织的地区，那里的勒朗迪（le Lendit）集市也是多年以来法兰西王国最重要的集市之一。周围发达的农业使修道院积累了巨额财富。圣德尼修道院拥有很强的吸引力，它虽未建在重要城市，但却毗邻王国首都，而且财力雄厚，这都成为它推动新风格蓬勃发展的主要条件，这种新风格就是后来所称的哥特式艺术。圣德尼修道院与王权建立了密切联系，达戈贝尔的墓位于此处，法兰西君主们受到启发，决定将王室寝陵设在圣德尼大教堂中。圣德尼修道

中世纪最有创新意识的人物之一向圣母玛利亚献上自己的成就：光与色彩的神学（彩绘玻璃艺术），建筑中的光（哥特艺术），受教堂（圣德尼）启发的王室政治
《修道院院长絮热向领报的圣母脚下跪拜》（*L'Annonciation avec l'abbé Suger aux pieds de la Vierge*），12世纪，彩绘玻璃，圣德尼，圣德尼大教堂（左图）

以赛亚所预言的耶西（大卫之父）之树（《以赛亚书》，XI）为中世纪封建社会带来了"家谱"这个意象
《耶西之树旁边的絮热神父》（*L'Abbé Suger près de l'arbre de Jessé*）（局部），12世纪，彩绘玻璃窗，圣德尼大教堂，圣德尼

院中收藏了许多令人艳羡的宝物，例如据说查理曼率领的法兰克军队使用过的黄金火焰军旗（oriflamme），士兵们挥舞着这面旗帜，呼喊着那句能唤起民族情感的著名战斗口号："蒙茹瓦圣德尼！"（Montjoie Saint-Denis!）。絮热重建的圣德尼大教堂拥有新颖独特的祭坛和美轮美奂的门廊。从结构和技术的角度来看，大教堂中出现了交叉穹拱，这种形式很快就普及开来，随着时代发展，12世纪后半叶，尤其是13世纪修建的哥特式大教堂将这种构造发展到巅峰。设计师絮热和他的建筑师们（身份未知）对光线特别重视。罗曼式教堂能够使人在半明半暗的氛围中感受信仰带来的欢乐，圣德尼教堂开创的哥特式艺术追求的却是在光线中体会信仰带来的欢乐，由此，无论是从书面著作还是艺术指导来看，絮热都可以被称为光的神学家[1]。（J.L.G.）

---

[1] 光的神学（la théologie de la lumière）是一种体现在哥特式建筑中的神学，其原型就是絮热设计的圣德尼大教堂。13世纪的学者维泰罗（Vitellion）把光分为神圣的光（la lumière divine）（上帝）和物理的光（上帝的表现）。在光的神学中，光有一种象征力量。教堂的彩绘玻璃描绘的是《旧约》《新约》或使徒生平，它们如同插图版的教理学习书籍。在文盲率极高的中世纪，这是让民众学习的一种方式。天空的光线穿过彩绘玻璃时，它就象征性地具有了神性。彩绘玻璃就将物理的光转变成了神圣的光，也就是让上帝来到了教堂中。

布雷西亚的阿尔诺

（Arnaud de Brescia，约 1090—1152 年）

在历史上留名的布雷西亚的阿尔诺有两个身份，一个是致力于揭露教会堕落行为的布道者，另一个是鼓励甚至怂恿罗马人反抗教廷的政治煽动者。事实上，我们所掌握的关于这位历史人物的史料都不完整，甚至极为片面，意大利中世纪学者 A. 弗鲁戈尼（A.Frugoni）在一本如今被视为意大利史学研究经典的书中指出，这些史料并不能揭示出多少关于此人及其著作的信息。

阿尔诺出生在 1090 年左右，是布雷西亚一座教堂的议事司铎或修道院院长，他热衷于推动神职人员改革，并积极参与这座城市的公共生活。和伦巴第地区的其他城市一样，布雷西亚的信徒们渴望一种更符合福音书训诫的宗教生活，民众的政治诉求则是摆脱主教的控制，这两股思潮融合在了一起。受到教皇的胁迫，阿尔诺被迫远离布雷西亚，1139 年或 1140 年定居巴黎。阿尔诺与阿伯拉尔的联系以及反对教会等级的布道和教导使他遭到圣贝尔纳的严厉斥责。圣贝尔纳说服法王亨利七世下了一道驱逐令，阿尔诺被迫逃亡瑞士，然后转道返回意大利。回国后，他先来到维泰博（Viterbe），得到教皇的赦免，之后于 1145 年来到罗马。

随后的七年间（一直到 1152 年），阿尔诺都居住在罗马。想要了解为什么阿尔诺被塑造成为中世纪反叛者的典型之一，或者煽动愤怒的民众反抗教权或任何非源自人民的权力的布道者，就必须从这七年追根溯源。阿尔诺来到罗马之后的几年里，年轻的城市公社巩固了对城市的控制权，削弱了教廷的力量，但没有证据表明阿尔诺在这些年里参与了罗马人的活动。事实上，与阿尔诺在罗马居住期间有关的任何文献的可信度都不高。把他塑造成反对任何现有权力（无论是教皇还是皇帝）的布道者，是编年史作者把教会改革的支持者与新政治秩序的拥护者混为一谈的结果。这些捏造事实的编年史作者中最著名的一位莫过于神圣罗马帝国皇帝红胡子腓特烈一世的叔叔弗莱辛的奥托。

1152年,阿尔诺逃离罗马时被捕,随后被某位教会高级官员下令绞死。为了避免他成为民众崇拜的对象,他的尸体被焚烧,骨灰被撒进台伯河中。(J.-C. M.-V.)

克莱沃的圣贝尔纳

（Saint Bernard de Clairvaux，1090—1153 年）

克莱沃的贝尔纳在 1174 年，也就是仅仅去世 21 年之后，就被封为圣人，1830 年（旧制度宗教修会复辟时期）被教会奉为圣师。他是中世纪修道制度的代表人物，这种修道制度的影响力延续至今。他代表了西多会推动的圣本笃修道制度的复兴、僧侣为教会服务的承诺、十字军东征的精神、朴素的苦修生活和迅猛发展的神秘主义的力量。

丰塔纳的贝尔纳（Bernard de Fontaine）出生在丰塔纳莱第戎（Fontaines-lès-Dijon），这位未来的克莱沃修道院院长是丰塔纳领主泰瑟兰（Tescelin le Roux）和久负盛名的蒙巴尔家族的阿勒特（Aleth）的第七子。注定要成为神职人员的贝尔纳在塞纳河畔沙蒂永（Châtillon-sur-Seine）跟随修道院的议事司铎学习文学。母亲的去世带给青少年贝尔纳严重的创伤，他一度过着贵族子弟的凡俗生活，1112 年（或 1113 年）他决定接受修道生活，与三十多位同伴、兄弟和亲人一同来到第戎南部的西多会修道院。1098 年，莫莱姆的罗贝尔（Robert de Molesme）创立了西多会，12 世纪初该修会仍处于起步阶段，它聚集的是一些寻求苦修、严格尊重圣本笃会规的修士。正是秉承着这种思想，贝尔纳后来极其反对克吕尼派教堂的奢华。1115 年 6 月，他和十二位修士（恰如十二使徒）在克莱沃（即 Clairvaux 的音译，意为"明谷"）成立了一座新修道院，这是一个距离奥博河畔巴尔（Bar-sur-Aube）十几公里的"明亮的山谷"（claire vallée），修道院使用的是香槟的于格伯爵送给他们的土地。以这里为起点，他们开始了向整个拉丁基督教世界的扩张。1153 年贝尔纳去世时，西多会已经拥有 345 座独立的修道院，其中一大半都源自克莱沃分支。

贝尔纳推崇简朴、安静的修道院隐居生活，但他却在 12 世纪的历史中有着举足轻重的地位。他能够理解那些严守教义者所经历过的折磨，他们就像福音意象中那道不为人所知的光，或者平地拔起的高山。在 11—12 世纪的教会改革中，罗马教廷求助于那些最坚定的严守教义者，使基督教对社会的影响更进一步。贝尔纳事事都要参与，他坦承："上帝的任何事物都与我有关"（第 20 封信），例如领主之间的冲突；圣殿骑士团得到罗马教廷支持（1129—1130 年）；备受争议的主教选举（1137—1138 年的朗格勒选举；1140—1147 年的约克郡选举）；基督教大分裂（1130—1138 年）（贝尔纳支持最终获胜的教皇英诺森二世）；反对"学术异端"（阿伯拉尔，1140 年；拉波雷的吉尔伯特（Gilbert de la Porrée），1148 年）或朗格多克地区的摩尼教异端（1145 年）；在维泽莱（Vézelay）为第二次十字军东征讲道（1146 年）；捍卫莱茵河谷犹太社群的权利，反对强制受洗（1148 年）等。贝尔纳有时称自己是"12 世纪的喀迈拉[①]"（第 250 封信），他完美诠释了韦伯式的"入世修道生活"（monachisme intra mondain），成为"罗马僧侣政治"（hiérocratie romaine）的一部分，这是一种由教会机构来管理社会的模式。

贝尔纳留下了数量丰富的通信，这些信件与他的各种活动密切相关。他的著作主要是修会中的讲道，内容有着极高的学术价值，并非只是单纯把西多会修道制度所推崇的简朴模式写成了文字。贝尔纳最重要的代表作是《关于雅歌的讲道》（*Sermons sur le Cantique des cantiques*），他不知疲倦地对上帝的神语进行注解，寻求一种能够使精神升华的道德和象征意义。正是在《雅歌》的注解的过程中，他构建了神秘神学体系，他认为隐居生活有助于沉思，了解自己，摆脱"差异"，借由纯粹的爱所带来的喜悦，与上帝合而为一。贝尔纳作品中与教会相关的内容常常被忽略，但它有助于我们了解为何贝尔纳参与 12 世纪的众多事务。在贝尔纳看来，只有信徒群体（修道院或教会）"统一"，僧侣或神秘主义者才能获得"统一的灵魂"。在献给出身西多会的教皇尤金三世（Eugène

《圣贝尔纳入葬》（*Mise de saint Bernard au tombeau*），12 世纪，巴黎，阿森纳图书馆

---

① 古希腊神话中狮头、羊身、龙尾的吐火怪物，被用来指代"不现实的想法、计划"等。

de aduentu dñi · 7 sex consta...

eius
mo
mul
cipi

odie
celebr
aduen
dñi in
sic ro
tariū
lemp
tū no
decel
sanc
tū mi
s; rati

minis forte ira. Infelices enī fil
omissis ueris 7 salutarib; studijs
ca pot r transitoria qui. Q b; assir
bum hoies onationis bonā attach

Ⅲ）的《论思考》(De la considération) 中，贝尔纳阐释了一种教皇精神权力理论，对中世纪西方和其他地区的权力理论产生了深远影响。对贝尔纳而言，教皇是教会的精神领袖，不是君士坦丁或查士丁尼的继承者，他继承的是圣彼得的衣钵，是"上帝的代言人"。尤金三世应当以前所未有的方式"行使"教皇的威严，"拥有帝王的头衔"，但又要像教士一样服从福音书的要求。因此，头衔和人必须区分开，教皇依旧是人，他无法拥有教会的神圣性。教廷并非统治机构，而是服务机构。拥有教皇头衔的人并不是主宰者，而是一位"管家"，一位以爱德之力管理教堂的管家。(D.I.-P.）

尊者彼得

（Pierre le Vénérable，1092/1094—1156 年）

蒙布瓦西耶的彼得（Pierre de Montboissier），是克吕尼修道院第九任院长（1122—1156 年），从 12 世纪末开始，他被称为"尊者彼得"。彼得出生于 1092 年或 1094 年，父母是蒙布瓦西耶的莫里斯三世（Maurice III de Montboissier）和莱茵嘉德（Raingarde），他们常为索克西朗热（Sauxillanges）（奥弗涅）的克吕尼修道院慷慨捐赠。彼得在基督教经院（schola）完成学业之后，来到克吕尼总修道院，成为那里的修士。他的经历是典型的克吕尼教会职务升迁之路：从克吕尼祭坛僧侣，到维泽莱的教区督学，再到多梅纳（Domènes）的院长。他正是在格朗德查尔特（Grande-Chartreuse）附近的多梅纳修道院中发现了居伊一世（Guigues Ier）在《惯例》（Coutumes）中所写的集体隐修模式，此后他长期致力于这种模式的推广。

梅尔格伊的彭斯（Pons de Melgueil）给克吕尼修道院带来一场严重危机，随后引咎辞职，彼得被选为克吕尼修道院新院长。他重新恢复了总修道院内部和周围属地的秩序，抵抗修会制度改革者，例如西多会的攻击。他用一系列章程来补充甚至修改了克吕尼修道院的旧惯例，使修道院教堂的行事方式更加朴素，因为克吕尼修道院奢华铺张的风格和兴师动众的礼拜仪式经常受人诟病。在温彻斯特的亨利（Henri de Winchester）的帮助下，彼得试图重新调整修道院过于依靠捐赠的经济模式，使其更加合理、直接地利用自己的地产。

和所有克吕尼修道院院长一样，尊者彼得热衷参与 12 世纪的事务，推动教会改革，当时罗马教皇的势力不断增强，基督教成为西方社会的整体构架。他认为僧侣是"沉默的讲道者"，因此他用一部分时间撰书立著来捍卫教会，他的作品主要是书信、神迹合集和大量的教义专著。书信集包括一些偶然所写的文章和若干真正的短篇论著，例如写给隐居者吉尔伯特（Gilbert）的第 20 封信，

O mater sc̄e spes et via unica p[er] p[ro]le eccl[esi]a fili tuu[m]

他在信中赞扬了隐居生活；写给克莱沃的贝尔纳的第 28 封和第 111 封信是对克吕尼修道模式的辩护。神迹合集（《论神迹》（*De miraculis*））融合了感化故事和神学或教会的教导。彼得在这部作品中把克吕尼修道院描写成一个小罗马，一个普世性教会，它既是世俗者（生者与逝者）的避难所，也是各种神职人员（教士、主教、枢机主教、教皇；僧侣、隐修士、苦修者以及卢瓦尔河畔马西尼（Marcigny-sur-Loire）的隐居修女；彼得的母亲莱茵嘉德正是在卢瓦尔河畔马西尼去世）的聚集地。

彼得撰写了三部重要的教义专著，针对教会三大敌人：布吕伊的彼得派异端（《驳布吕伊的彼得派异端》(*Contra petrobrusianos*))、犹太人（《反犹太人》(*Adversus judaeos*)）和撒拉逊人（《论可憎的撒拉逊异端派》(*Liber contra sectam sive haeresim Sarracenorum*)）。这些论战型专著的编写思想和方式都属于新生的经院哲学，其代表人物是阿伯拉尔，他人生最后一段时光是在彼得的克吕尼修道院中度过的。彼得为了反击对手而阅读了他们的著作，例如犹太人的《塔木德》(Talmud）和犹太教领袖的作品，他还将伊斯兰教的《古兰经》翻译为最早的拉丁语版本。他确定了辩论的范围，明确了一套公理体系。在辩论时，他将权威论据（如果对手们承认这些论据的权威性）与充分理性融合，这是当时经院辩论中流行的辩论逻辑。他的反驳具有相当的深度和精准度，但言语的生硬是硬伤。他把基督教的敌人不加区分地视为一个整体，与这些敌人的斗争反映出他所认为的"普遍存在的异端"，这种异端明确了基督教社会内部的构成特征。对布吕伊的彼得（Pierre de Bruis）及其弟子表示反对的专著指出依据基督而构建的社会的主要运行特征，这个庞大的社会所依靠的"爱德"能够使生者与生者（洗礼、婚礼）之间、生者与逝者之间产生联系。他坚定地捍卫由砖石建造的教堂，上帝的行踪虽然无法确定，但他在这些教堂中出现的频率

圣母玛利亚崇拜：规模最大的修会（克吕尼）的领导者跪在圣母玛利亚与圣童耶稣脚旁
《向圣母玛利亚祈祷的尊者彼得》(*Pierre le vénérable en prière devant la Vierge*)，1189 年之后，关于克吕尼的礼拜仪式和历史文集中的插图，巴黎，法兰西国家图书馆

更高。这也证明了以教堂指代教会的合理性①。教堂是基督的血和肉转化为圣餐的场所，在那个时代，圣体圣事的唯理论不断夸大这个场所的功能。反对犹太人和撒拉逊人的专著在中世纪广为流传，一直持续到宗教改革时期。反对犹太人的专著揭露了遵守《塔木德》的犹太人及其"野兽般残忍的"异常行为，这部著作和当时流传的犹太人在仪式中屠杀基督教儿童的传说共同掀起了反犹太人的浪潮。反撒拉逊人的专著明确阐述了长期存在的劝导穆斯林皈依基督教的迷思，以及涉及"伪先知"穆罕默德②、真主"乐园"中的性爱欢愉等根深蒂固的刻板印象。（D.I.-P.）

---

① 法语中 église 小写时指"教堂"，首字母大写（Église）指教会。
② 1141—1143 年，尊者彼得来到西班牙托莱多，召集一批熟知拉丁语和阿拉伯语的学者，将阿拉伯经典文献翻译成拉丁语，进而抨击伊斯兰教信仰，其中凯顿的罗贝尔（Robert de Ketton）翻译的《古兰经》成为欧洲中世纪甚至现代早期影响最深远的《古兰经》西方语言译本，该译本名为《伪先知穆罕默德的宗教》（*Lex Mahumet pseudoprophete*）。

宾根的希尔德加德

（Hildegarde de Bingen，约 1098—1179 年）

在教会男子占据主导地位的中世纪拉丁文化中，女修道院院长希尔德加德占据了特殊的地位，她的文字著作数量之大、种类之多令人赞叹。她出生在一个为斯皮尔主教（Spire）服务的骑士家族，在 5 岁之前就已经拥有"灵视"，后来进入迪斯伯登堡（Disibodenberg）的本笃会女修道院学习，掌管这所修道院的院长是斯庞海姆的尤塔（Jutta de Sponheim）。1136 年，她接替尤塔担任修道院院长，1150 年，她在鲁伯斯堡（Rupertsberg）建立了自己的修道院。1141 年，希尔德加德受到上帝感召，命令她将自己灵视的内容写下来，起初她犹豫

灵视与科学
《接受神启的希尔德加德在僧侣福尔马的注视下抄写灵视内容》（*Hildegarde de Bingen recevant l'inspiration divine pour l'une de ses visions et la transcrivant sous les yeux du moine Volmar*），约 1180 年，细密画，选自《鲁伯斯堡的手抄本》（*Codex de Ruperstberg*），个人收藏

双页图：
《圣希尔德加德（右下）的天上的耶路撒冷之灵视》（*La vision de la Jérusalem Céleste par sainte Hildegarde, représentée en bas à droite*），约 1230—1240 年，选自《圣希尔德加德的神启》（*Sanctae Hildegardis Revelationes*），卢卡，政府图书馆

人类在大地上栽种植物和树木，星球对其施以风和雨
《圣希尔德加德（左下）描述的星体对世界的影响》（*L'Influence des astres sur le monde décrite par Sainte Hildegarde qui est représentée en bas à gauche*），约 1230—1240 年，选自《圣希尔德加德的神启》，卢卡，政府图书馆

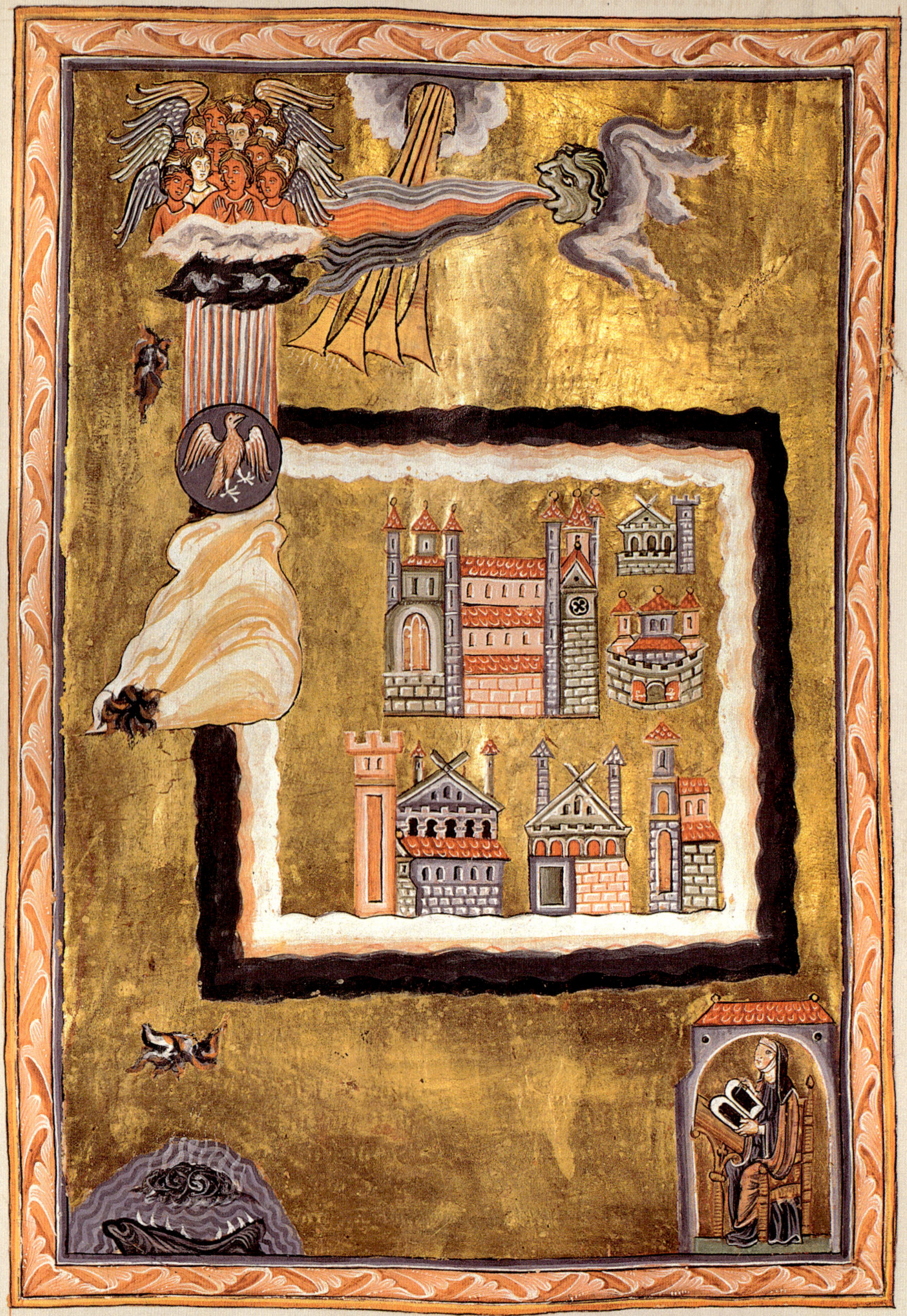

VIIII

不决，直到 1147—1148 年，西多会修道院院长克莱沃的贝尔纳和教皇尤金三世允许她动笔写作。虽然与灵视有关的记录和意象在她的作品中占了很大比重，但并非全部。1150 年左右，她完成了《认识主道》（Liber Scivias），书中描绘了受圣约翰的《启示录》启发的主要宇宙幻象，还有根据上帝的声音记录下来的神学评论，手抄本完成之后还配上了插图。1163 年左右，她写完了《生之功德书》（Liber vitae meritorum），1170 年左右，她完成了《神之功业书》（Liber divinorum operum），13 世纪的卢卡①（Lucques）抄写本也配有大量细密画插图。

凭借广博的百科知识和医学知识，希尔德加德撰写了内容极为丰富的《自然巧妙百用之书》（Liber subtilitatum dieversarum naturarum creaturarum），这部书流传后世时分为两部：《自然界》（Physica）和《病因与疗法》（Causae et Curae）。她的创作还包括一本由 700 个生词组成的词典《秘名语》（Lingua ignota），以及一些创建修道院的圣人传记等。她在迪斯伯登堡和鲁伯斯堡时与很多人保持通信（大约有 300 封），通信者包括克莱沃的贝尔纳、让布卢的西热贝尔（希尔德加德的传记作者）和红胡子腓特烈一世。希尔德加德非常关心修道院的宗教礼仪，她还创作了一部由 22 首歌曲组成的《上天启示的和谐旋律》（Symphonia armonie celestium revelationum），可谓格里高利圣咏的杰出作品。

希尔德加德的作品如此丰富，既涉及灵视神学，也包括医学和自然科学，她延续了悠久的末世论传统，但也与那些痴狂的人物（例如同时代的西多会修女舍瑙的伊丽莎白（Élisabeth de Schönau））以及 14 世纪遍布莱茵河谷的神秘主义者截然不同。她的先知言论为她赢得了"莱茵河的女预言家"（Sibylle du Rhin）的称号。1233 年和 1243 年，罗马教廷两次为她开启封圣程序，但都没有完成。1324 年，对希尔德加德的崇拜在当地得到许可；15 世纪末，教会机构允许人们在鲁伯斯堡朝拜她的圣骨。如今她的名望，尤其在另类灵修和非传统医学的信徒之中的名望，与教会不愿承认这位女圣人同时也是一位女学者的保守态度形成鲜明对比。（J.-C.S.）

---

① 卢卡，意大利托斯卡纳地区的一座小城，拥有大量历史文化古迹，尤其是教堂。

彼得·隆巴德

（Pierre Lombard，约 1095/1100—1160 年）

彼得·隆巴德出生在诺瓦拉（Novare，伦巴第）附近的卢美罗格诺（Lumellogno），出身低微的他致力于教会事业和学习研究。他最初经常出入意大利尤其是卢卡地区的学校，然后前往法国继续研读神学。彼得在法国的第一站是兰斯大教堂学校（约 1134—1136 年），该学校的教师都是拉昂的安瑟伦（Anselme de Laon）的学生；随后他前往巴黎。在跟随圣维克多（Saint-Victor）司铎学校的于格（Hugues）学习一段时间之后，他成为圣母院教务会的一员。1145 年左右，他成为圣母院教务会的议事司铎、教堂学校的教师和主教代理。1159 年 6 月，他被选为巴黎主教，直至 1160 年 7 月 20 日去世。他留给世人的印象是一位权威的神学大师。

他的著作通过数量众多的抄写本保存下来，包括 36 部讲道以及"评注"（grande glose）和《箴言集》（Livre des sentences）。评注和《箴言集》是他直接源自研究和教学的成果。

从加洛林时期开始，评注成为中世纪圣经注释的重要工具，作者们从教会著名神父的评论中选取解释圣经文本的主要内容，用系统的方式将其整合在一起，抄写在圣经页面的空白处和字里行间，以便于理解。12 世纪初，安瑟伦和学生们在拉昂学校中重新开始这项工作，对整部《圣经》进行了非常完备的注解（《普通评注》(glose ordinaire)）。彼得·隆巴德继续对圣诗和圣保罗的书信进行注解，极大地丰富了拉昂学校的评注，最终用真正的小篇幅的独立论著取代了此前简单的页面空白注释体系。从此以后，学校使用的《圣经》几乎都是"经过评注"的版本，对于研究《圣经》的人而言，《圣经》文本和评注已经成为一个整体，隆巴德对圣诗和圣保罗的评注取代了拉昂学校的评注，成为中世纪广为流传的两部作品。

《箴言集》在基督教神学历史上的地位更加重要。这部作品在很长时间里被历史学家视为一部平庸的合集，如今它的声誉得以恢复。诚然，这种文学形式并非彼得·隆巴德的原创。从 12 世纪初开始，卢卡的奥顿（Othon de Lucques）和拉昂与巴黎的教师们已经编纂了一些"箴言"合集，即以主题的形式，精选教会著名神父的言论，将其组合在一起，使得基督教的神启以一种逻辑严密的教义形式呈现出来。有时，一句简单的神父语录便已足够，但有时候编纂者必须收集许多条有分歧的语录，在这种情况下，编纂者必须解决这些表面的难题，于是形成了一种个人观点。关于《箴言集》的内容和方法，彼得·隆巴德从以前的著作中寻找灵感，例如卢卡的奥顿所著的《箴言大全》（Summa sententiarum）、阿伯拉尔的《是与非》、默伦的罗贝尔（Robert de Melun）的《箴言》（Sentences）和圣维克多的于格的《论圣事》（De sacramentis）等，但他的《箴言集》是自己教学的结晶，直到晚年才构思成熟，很快就被视为该类型中最清晰、最完整的作品。

《箴言集》共有四卷，这四卷又细分为 182 个"类别"和 933 个章节。第一卷论及上帝，即三位一体和其他神性；第二卷讨论造物、堕落和原罪；第三卷介绍了基督和基督教生活；第四卷分析了圣事礼仪及其最终目的。这个大纲系统呈现了基督教义的全貌，后世的所有神学概论都以其为参照。从 13 世纪 30 年代起，《箴言集》成为大学基础教材，中世纪所有神学大师都对其做了评述；直到 16 世纪，研读这部作品都是必修课程。但这并不意味着《箴言集》缺乏原创性。道成肉身等某些主题导致某些保留意见的出现，这些意见直到拉特兰第四次大公会议（1215 年）才被消除。

作为 12 世纪学校发展的标志人物，彼得·隆巴德既是中世纪早期的并不注重逻辑和哲学的神父评注传统的继承者，也是时代的见证者（他将关于圣事的 233 章中的 87 章归为一类，引发诸多争议），更是以理性和权威为基础的经院哲学的创始人，他用逻辑严密的视角，把基督教信仰扩展到上帝、造物和人类生活等维度。（J.V.）

圣托马斯·贝克特

（Saint Thomas Becket，1117—1170 年）

托马斯·贝克特是政治家，也是圣人，他是一个集所有矛盾于一身的人物。他对同时代的人有着强大的吸引力，在他殉道后的 15 年里，出现了十几本关于他的传记，并流传至今。1117 年，托马斯·贝克特出生在伦敦，父亲是一位诺曼底骑士，后成为伦敦的商人和治安官。他少年时代在莫顿（Merton）小修道院中接受教育，后来在巴黎度过一年时光。父亲破产、家道中落之后，聪明又富有魅力的托马斯轻而易举便咸鱼翻身。他有一位朋友名叫奥斯本·于德涅（Osbern Huitdeniers），是商人和银行家，这位朋友将他雇为代理人。后来，他成为坎特伯雷大主教西奥巴尔德（Théobald）的文员，西奥巴尔德是处于内战中的英格兰的关键人物。托马斯很快就成为大主教的得力助手，并从中获益颇多，成为坎特伯雷的主教代理。他还远赴博洛尼亚进修法律，拜访罗马教廷，结识了一些重要的朋友。

金雀花王朝的亨利二世（Henri II）继位之后，忠于坎特伯雷大主教的托马斯加入新国王的阵营。亨利的财政情况非常糟糕，心生盘剥教会财富的想法和计划。此时已是国王好友兼大法官的托马斯是一位出色的执政者、外交官，甚至战争领袖，可以不择手段地剥削教会，被国王视为这项计划的最佳执行者。

主教在祭坛前被谋杀：中世纪最可怕的谋杀
《1170 年 12 月 29 日，圣托马斯·贝克特在坎特伯雷大教堂被谋杀，目击者爱德华·格林的手臂因为试图保护圣人而受伤，被鲜血染红》(Le Meurtre de saint Thomas Becket, dans la cathédrale de Cantobéry, le 29 décembre 1170, sous les yeux du clerc, Edouard Grimm dont le bras rougi de sang voulait protéger le saint)，约 1215—1225 年，彩绘玻璃窗"圣托马斯·贝克特生平"（局部），沙特尔圣母大教堂

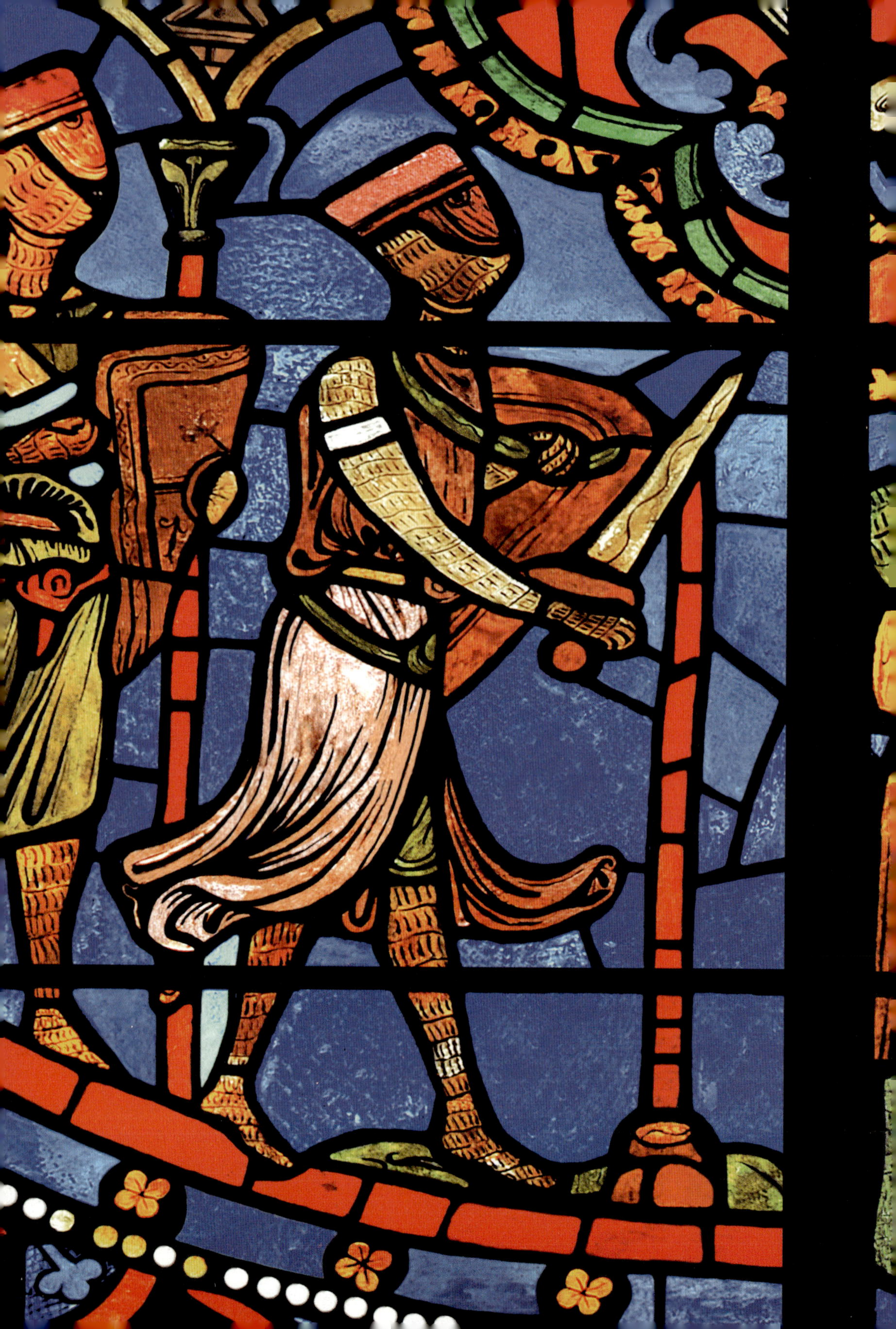

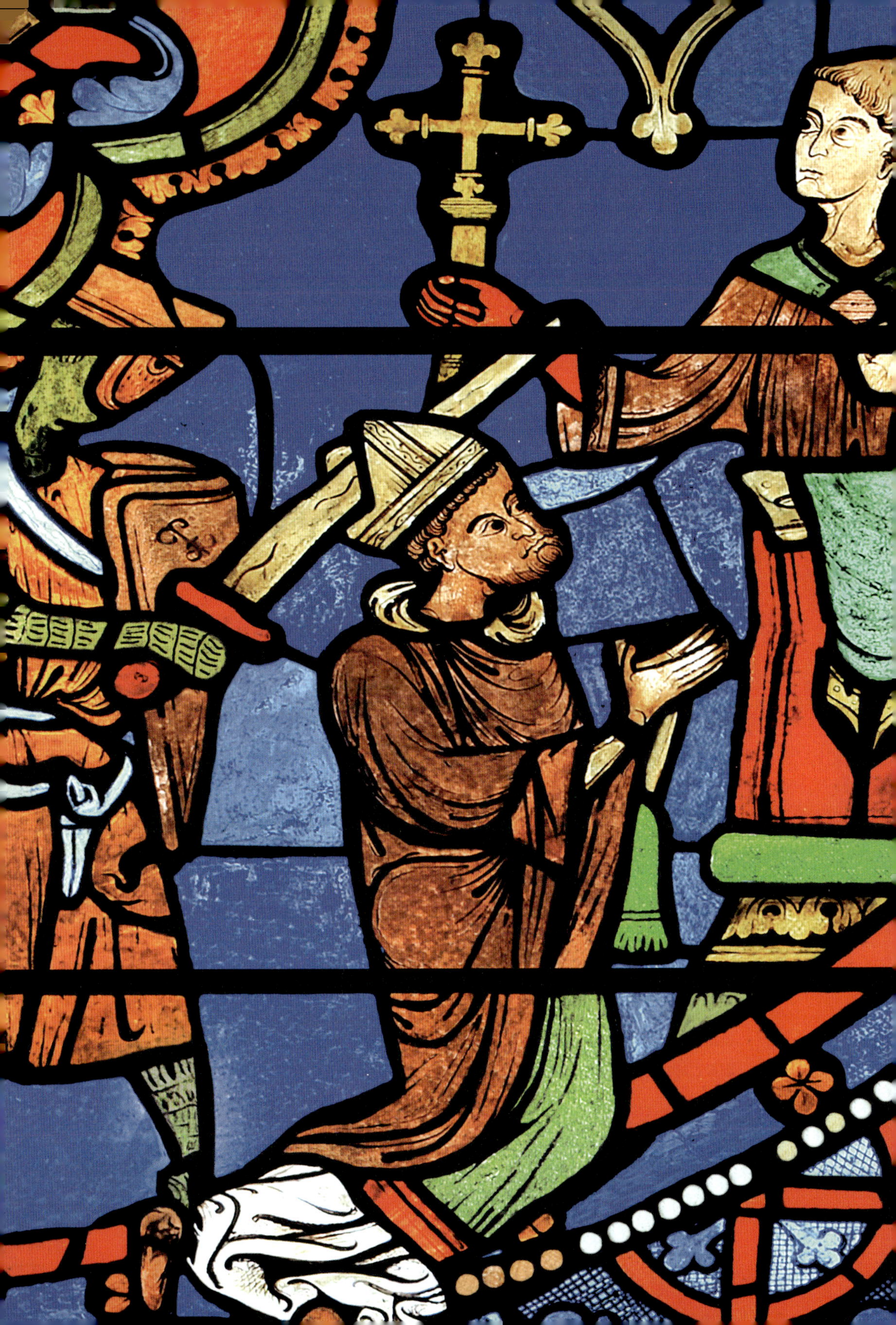

西奥巴尔德去世之时，亨利正准备对有罪的神职人员进行审判，而且他不顾这些人的身份，将自己的法庭而非教会法庭作为审判场所，得知大主教去世的消息后，亨利决定使自己的大法官当选为坎特伯雷大主教。

虽然托马斯犹豫不决，但他依然被授予神品，被加冕为大主教（1162年6月）。对托马斯·贝克特而言，这是名副其实的皈依宗教的仪式，他的态度发生了彻底转变。这位雄心勃勃的世俗朝臣成了一位严厉的神职人员，他要求王室成员把私吞的土地退还教会，反对国王的暴政、过分的财政企图及其对神职地位的威胁。贝克特与亨利之间的深刻友谊被困惑不解、怀疑和苦涩所取代。在克拉伦登（Clarendon）主教会议上，二者之间的矛盾激化。1164年11月，担心生命受到威胁的贝克特和顾问（其中包括索尔兹伯里的约翰①（Jean de Salisbury），即著名的《波利克拉替库斯》（Policraticus）的作者）逃到法国，得到法王路易七世和教皇亚历山大三世（Alexandre Ⅲ）的庇护。

托马斯·贝克特先后在蓬蒂尼（Pontigny）和桑斯的西多会修道院中避难，但他并未妥协，甚至要求教会废除亨利二世的教籍，将英格兰从基督教世界排除出去。然而，英国的主教们对此并不支持，他们甚至允许约克大主教为亨利二世的

埃斯皮诺斯尔瓦斯画师，《圣托马斯·贝克特殉道》（Le Martyre de saint Thomas Becket）（半圆形后殿局部），13世纪，塔拉萨，圣母玛利亚教堂

---

① 索尔兹伯里的约翰（1115—1180年），英国基督教教士、哲学家、拉丁语学者，曾任坎特伯雷大主教托马斯·贝克特的秘书，并目睹其被谋杀，他的代表作《波利克拉替库斯》是关于法院和教会外交的专著。

儿子小亨利举行加冕仪式,公然藐视坎特伯雷大教堂的特权。教皇则忙于和红胡子腓特烈一世支持的伪教皇争斗,不愿与亨利二世断绝关系。在这种情况下,贝克特无法拒绝在弗雷特瓦勒(Fréteval)举行的正式和谈,当时英法两位国王均在场,亨利二世承诺尊重教会的特权。

托马斯对国王的意图没有任何怀疑,在侵犯了坎特伯雷大教堂之特权的英格兰主教被停职之后,他于1170年11月30日返回英国。回国之后,他立刻向教皇和路易七世抗议亨利二世对信仰不虔诚。亨利二世得知后,意图阻止托马斯,甚至喊出了这句话:"我宫廷里养的简直都是些可悲的懒汉和叛贼,没有人能帮我摆脱这个麻烦的神父吗?"国王手下的四位骑士心领神会,立刻骑马前往坎特伯雷。12月29日,他们走进教堂,企图逮捕在那里避难的托马斯,托马斯拒绝逃跑,拼死抵抗,最终被这四名骑士砍死。

让托马斯成为圣人的并非他的生平,而是他的殉道。1173年2月21日,教皇亚历山大三世封托马斯为圣人,随后强迫亨利二世忏悔。作为因捍卫教会而牺牲的殉道者,托马斯成为民众崇拜的对象,许多神迹也被认为是他所为。来到他的墓前朝圣成为信众的热衷之举(亨利二世是最早的朝圣者之一),这位暴政的受害者也成为最受欢迎的英国圣人。圣路易和圣托马斯·贝克特这两个对比鲜明的人物最能体现法国与英国之间的差别。但对他的崇拜传播到欧洲时(他的传记被译成了一部冰岛史诗),他被欧洲民众视为一个捍卫教权国家之特权的殉道者。(J.-P.G.)

旺塔杜尔的贝尔纳

（Bernard de Ventadour，约 1150—1200 年）

旺塔杜尔的贝尔纳，这个名字代表了用奥克语创作抒情诗的吟游诗人的荣耀。这是极为重要的文化记忆，但这份记忆中既有事实真相，也有虚构的回忆。旺塔杜尔的贝尔纳的身份似乎经历了解构和重构，无论我们的眼睛还是耳朵，都无法辨认这个滤镜重重的身影。关于他的传记文献令人生疑，他的话语是否真实也值得思索。旺塔杜尔的贝尔纳是 12 世纪抒情诗创作者，即吟游诗人（le troubadour）的代表人物。他的作品包括 41 首爱情诗（cansos）和 3 首辩论诗（tensos），这些都是用奥克语创作的极为优美的作品。雅致的诗歌和音乐使法国南部宫廷成为"典雅爱情"（fin'amour）的发源地。

文献中提到的吟游诗人出身各异，成为整个社会的缩影，他们有的是大领主，例如布拉依（Blaye）王子若弗雷·吕戴尔（Jaufré Rudel），有的是小贵族，或者身为城堡奴仆之子的穷诗人。此外，还有一些是基本还俗的教士、商人或艺人。他们的地位总是与一些庇护者、资助人甚至贵妇情人有密切联系。旺塔杜尔的贝尔纳的名声也与法国南部阿基坦的埃莉诺宫廷中的大人物有关。

我们在《传记》（Vida）这部中世纪作品中可以发现旺塔杜尔的贝尔纳的基本形象和生活经历，这是一部以真实的地理环境和时间线索为基础的传记，讲述了这位诗人的普通出身、备受仰慕的创作生涯、四处流亡和归隐修道院的坎坷经历等。但这也是一部虚构的传记，它以独特的方式，根据当时社会对旺塔杜尔的贝尔纳的理解，重建了这位诗人的生活，力图展现贝尔纳的内心及其从出生到死亡的独特经历。《传记》似乎是理解贝尔纳诗歌作品的序言，但其实不然，它是一枚硕果，证明了古奥克语作为文学语言在意大利、加泰罗尼亚甚至整个欧洲所绽放的光芒。

这种吟游诗人传记或许包含许多真实内容，但它们主要是为了配合歌曲本

一位伟大的吟游诗人

《段首字母Q与吟游诗人旺塔杜尔的贝尔纳》(*Lettrine «Q» avec le troubadour Bernard de Ventadour*),1273年之后,法兰西国家图书馆

身传达的内容，它们源自诗人的声音①，作品能够构建生活。这些传记在诗人去世后完成，用奥克语撰写，常配有诗歌评论介绍（*Razos*）。这些传记的内容表明公众对吟游诗人充满好奇，它们把诗歌创作与公共事件紧密联系起来，详细讲述了诗人对庇护者的忠诚、对情人的爱。圣希尔克的于克（Uc de Saint-Circ）为旺塔杜尔的贝尔纳所写的《传记》就是最佳代表。

贝尔纳出身卑微，父亲是城堡中的面包师。贝尔纳为人谦虚，知书达理，很早就表现出歌唱和作诗天赋。他的庇护者旺塔杜尔的埃伯勒二世（Ebles II de Ventadour）被贝尔纳称为"歌唱者"（le Cantador），或许是埃伯勒二世教会了贝尔纳如何创作抒情诗并赢得了荣誉。贝尔纳与埃伯勒二世的儿媳陷入爱河，这对年轻男女的秘密恋情持续了很久，但最终被发现，贝尔纳被赶走，埃伯勒二世的儿媳被囚禁起来，最终被离弃。贝尔纳随后来到诺曼底公爵夫人埃莉诺的宫廷中，埃莉诺对贝尔纳的诗赞赏有加。他们彼此相爱，这又是一段地下恋情，也是许多精彩诗作的灵感之源。埃莉诺嫁给金雀花王朝的国王亨利二世之后，前往英国。心情沉重的贝尔纳前往图卢兹伯爵雷蒙五世（Raymond V）的宫廷中，1194 年，伯爵去世之后，贝尔纳成为多尔多涅（Dordogne）的达隆修道院（abbaye de Dalon）的西多会修士。贝尔纳的传记作者圣希尔克的于克来自罗卡马杜尔（Rocamadour）附近的盖尔西（Quercy），是一个贫穷小贵族之子。他没有创作多少歌曲，也没有爱上过任何女人，他让贝尔纳以一个颠沛流离的诗人形象留在了历史之中。某些歌曲集（Cancioneros）中有一些贝尔纳的肖像画，段首字母装饰画中可以看到这位诗人的小小身影。

诗人的声音的真实性同样值得怀疑。他的声音中是否存在真情实感？吟游诗人们掌握着复杂的诗歌规则，例如明白易懂、易学易唱的简易风格（*trobar*

---

① 奥克语抒情诗歌的创作、表演和流传是典型的口头和书写混合模式，在开创初期，则以口头模式为主。口头文学依仗的是记忆与理解，不是文字记录，尤其是记忆更决定了奥克语抒情诗歌的存在形式。大多数诗歌都有许多不同版本，诗歌的流传和表演远比诗歌字句的完整不变更为重要，每次诗歌的演出，演唱者的声音也混入于诗人的声音，反映了口头文学的特色。引自《欧洲诗歌的新开始——古噢西坦抒情诗歌（上）》，国外文学，2005（1）：21—38，李耀宗。

eu），或用词艰涩、专业人士才能欣赏的封闭式风格①（*trobar clus*）。贝尔纳的声音属于第一种风格，他演唱的是自己的痛苦、希望、面对大自然复苏时的赞叹："我看到云雀因喜悦而跃动，它展开双翅，逆光飞翔，须臾消失不见，只在我内心留下温柔。啊，我所见到的恋人们啊，他们的爱情带给我如此强烈的愿望！我是如此惊讶，充满渴望的心就此消融"（《聆听美妙的歌声》（*La doussa votz ai auzida*）音乐抄本，BnF ms. fr. 22543 ou fr. 200050, P. Bec Anthologie）。

巧妙的遣词造句让诗歌满溢精致美感，春天的快乐与世间的愉悦交织在一起："我的心中充满爱意，如此多的快乐与温柔，与我而言，寒冰如同鲜花，白雪亦如翠绿。"诗人只穿一件衬衣，抵御着寒冷的北风，为倾慕的贵妇忍受着折磨，特里斯丹（Tristan）为伊瑟（Iseut）所受的苦也比不过这位诗人的煎熬。他沉醉在贵妇的双眸中，"如同俊美的纳西索斯②（Narcisse）注视着泉中倒影"。贝尔纳的真实性存在于这些潜在的声音、精彩的诗句以及想象中的聆听环境中，例如追求美感的听众围在他身边。我们的文化记忆让旺塔杜尔的贝尔纳具有了生命力，他那精湛的作品中有着婉转又复杂的情感，快乐与痛苦交织，"甜美的痛苦"和"痛苦的欢愉"并存。

1352年，彼得拉克在《爱的胜利》（*Triomphe d'Amour*）中提到了一位可以确定身份的名人。名望代表着欺骗随之而来。在16世纪，普罗旺斯的历史学家诺查丹玛斯（Jehan de Nostredame）撰写了一部《普罗旺斯诗人列传》（*Les vies des plus célèbres et anciens poètes provensaux qui ont floury du temps des comtes de Provence*），书中杜撰的内容把一些名门望族的起源追溯至一位著名的吟游诗人，这不过是为了满足这些大家族的虚荣。随后不久，乔万尼·马里奥·克雷西姆贝尼（Giovanni Mario Crescimbeni）的译本将这股风潮带到了意大利。博学的文献学家拉加尔纳·德·贝拉叶（La Curne de Sainte-Palaye）却反对这种

---

① 某些诗人–音乐家极尽学究与晦涩之能事，他们把自己写作的体裁类型称为trobar clus，意为"封闭"诗歌，即一种对于缺乏经验的人而言是大门紧闭的艺术。参见［美］保罗·亨利·朗著，顾连理、张洪岛、杨燕迪、汤亚汀译，《西方文明中的音乐》，贵州人民出版社，2000年。
② 纳西索斯是希腊神话中最英俊的男子人物，他爱上了自己的倒影，却不知那是自己，最终死去，化为水仙。

"因为庸俗的献媚"而伪造的形象,他在《吟游诗人传》(*La Vie des troubadours*)(1774年)中赞美了旺塔杜尔的贝尔纳生动而美妙的诗歌意象、新生的激情和真实经历过的风险。如今,旅游营销策略也没有忘记这位吟游诗人,他的名字被用来命名某些学校机构,成为真实记忆的摇篮。在小说《旺塔杜尔的贝尔纳或欲望游戏》(*Bernard de Ventadour ou les Jeux du désir*)(2007年)的作者卢克·德·古斯丁(Luc de Goustine)的支持下,包括旺塔杜尔(Ventadour)在内的许多地区发起了一些值得关注的倡议,努力让这位诗人和奥克语文化重回人们的视线中。(D.B.)

阿基坦的埃莉诺

（Aliénor d'Aquitaine，1124—1204 年）

没有任何人可以忽视阿基坦的埃莉诺的存在，她是中世纪王后中最有名、最受爱戴也是最遭厌恶的一位。她在世时，作家们要么颂扬她，要么污蔑她。有些人赞美她的美貌、她的虔诚或对文艺事业的资助，另一些人则把她视为色情狂，指责她放荡、乱伦。20 世纪依然有一些严肃的中世纪学者认为她"堪比

两位被葬在丰特弗洛修道院的王后，该修道院所处的安茹地区当时归英国所有
《被丈夫金雀花王朝的亨利二世投入监狱的阿基坦的埃莉诺与女儿让娜、儿子理查（狮心王）和失地王约翰告别》(*Le Départ en captivité d'Aliénor d'Aquitaine, faite prisonnière par son propre époux Henri II Plantagenêt, entourée de sa fille Jeanne et ses fils Richard (Coeur de Lion) et Jean sans Terre*)，12 世纪末，壁画，希农，圣拉德贡德修道院

娼妇，只因为她纵情于权力与性欲"，"名副其实的贪恋权力的母狼"，甚至类似"历史留给我们的记忆中最恶毒、最无耻的女人之一"的诋毁言论不胜枚举。男人厌恶拥有权势的女人，从这个角度来看，后人的这些侮辱至少证明了埃莉诺精通权术、拥有权力并参与了当时的争斗。

1137年，时年13岁的埃莉诺的父亲阿基坦公爵纪尧姆十世（Guillaume X）去世。她成了西方最受欢迎的女继承人，因为阿基坦公国的地域广阔，包括普瓦图（Poitou）、加斯科涅、利穆赞、下贝里（Bas-Berry）和奥弗涅等。替病重的法王路易六世（Louis VI）掌管法兰西王国的修道院院长絮热借封建监护之名，将这位备受追捧的孤女许配给了未来的路易七世（Louis VII）。加冕之后的埃莉诺对丈夫的政治产生了重要影响。一方面，1141年，她鼓励丈夫对图卢兹伯国发动进攻，那里一直是阿基坦公国的扩张目标；另一方面，她把妹妹佩特鲁妮尔（Pétrounille）嫁给了地方大法官[①]维曼多瓦的拉乌尔（Raoul de Vermandois）。这桩婚事是为了阻止她妹妹要求分割阿基坦公国的遗产，但前提是拉乌尔必须抛弃原配妻子；他的原配是布鲁瓦和香槟伯爵的妹妹。一场反对路易七世的战争由此随即爆发。王室军队占领香槟之后，袭击了维特里城（Vitry），军队在教堂内放了一把大火，烧死了所有在里面避难的人，双方随即偃旗息鼓，暂时结束战争。

1147年，路易七世动身参加第二次十字军东征，试图洗刷自己的罪行。埃莉诺被迫随行，编年史作者们记录了"国王以非常幼稚的方式疯狂地爱着王后"。这些神职人员常年禁欲，内心平静，在他们看来，如此"热烈的"激情不会带来好结果。在抵达圣地后的一次悲惨的远征中，事态果然反转。埃莉诺支持叔叔安条克公国的国王雷蒙德（Raimond）的政策，主张占领阿勒颇，反对

阿基坦的埃莉诺之卧像（*Gisant d'Aliénor d'Aquitaine*），13世纪，彩色石灰石，丰特弗洛，皇家修道院

[①] 地方大法官在北方称"巴伊"（bailli），西部和南部称"赛内夏尔"（sénéchal）。

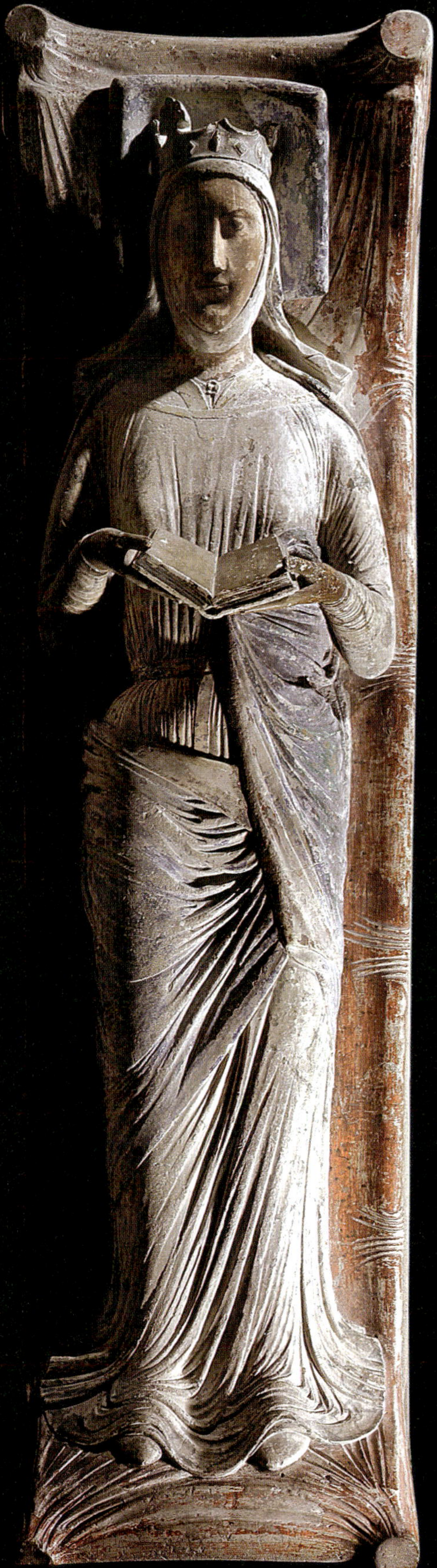

路易七世围攻大马士革的计划，因为这座城市一直对拉丁民族非常友好。这场纠纷透露出王后左右军事决定的意愿，但这是属于男人的领域。宫廷里很快就出现了风言风语，揣测她的意图，认为她与叔叔暗通款曲。回到法国之后，有人甚至指责她与安茹公爵"美男子"杰弗里（Geoffroi le Bel）通奸，但后来她嫁给了这位公爵的儿子亨利二世。这些嚼舌根的闲言碎语没有任何依据，不过是对一个企图干政的女人的诋毁。王后来自民风自由的阿基坦，她的祖父纪尧姆九世（Guillaume Ⅸ）是一位以妻妾成群著称的公爵和第一位行吟诗人，他所作的诗歌常常略显轻浮。埃莉诺被最成功的行吟诗人旺塔杜尔的贝尔纳所赞美，她也保留了自己对文学的喜好。她只为路易七世生下两个女儿，王位继承成了最大问题，于是国王以"近亲结婚"为借口，在1152年召开的博让西（Beaugency）大公会议上与埃莉诺离婚。

埃莉诺闪电般改嫁安茹公爵和阿基坦公爵亨利二世，她的第二任丈夫在1154年被加冕为英格兰国王。埃莉诺为亨利二世生下六个儿子和三个女儿，她不能生育的谎言不攻自破。接连怀孕限制了她在王室政治中施展拳脚。1167年，幼子失地王约翰出生之后，局面发生改变。四十多岁的埃莉诺想要和自己宠爱的儿子狮心王理查一起，直接掌管阿基坦公国，远离独断专行的丈夫。另外两个儿子幼王亨利（Henri le Jeune）和布列塔尼公爵杰弗里（Geoffroi de Bretagne）也要求享有更多的权力和财富。1173年，埃莉诺煽动儿子们共同起兵反抗父亲亨利二世，圣米歇尔山修道院院长玩了一个蹩脚的文字游戏，他认为埃莉诺"怂恿"[1]儿子们与国王作对。造反以失败告终，王后被亨利二世囚禁起来，直到1189年国王突然去世。

从此以后，埃莉诺拥有了空前的权力。她把纳瓦拉的贝朗热尔（Bérengère de Navarre）选为儿媳，将其嫁给已经成为国王的狮心王理查。从此以后，她的亲家、贝朗热尔的父亲桑什六世（Sanche Ⅵ）不断打击加斯科涅贵族的叛乱。理查参加十字军东征而且被神圣罗马帝国皇帝俘虏期间，她反对失地王约翰与宿敌法王腓力·奥古斯都勾结，她最终支付了赎金，使理查重获自由。1199年，

---

[1] "怂恿"法语为aliéna，这个动词与埃莉诺的法语名字Aliénor的发音很像。

狮心王理查去世时，埃莉诺支持失地王约翰登上王位，反对孙子布列塔尼的亚瑟（Arthur de Bretagne），1202 年，她还在普瓦图附近与亚瑟战斗，保护自己居住的城市米勒波（Mirebeau）。两年后，80 岁高龄的埃莉诺去世。她离世之时，恰逢腓力·奥古斯都征服诺曼底和安茹，她曾经付出无数心血的金雀花王朝土崩瓦解。埃莉诺被葬在丰特弗洛的皇家修道院，她此前曾在这里断断续续住过十几年，并且将安茹家族的英王墓地设在此处。（M.A.）

红胡子[①] 腓特烈一世

（Frédéric Ier Barberousse，约 1122—1190 年）

腓特烈是霍亨斯陶芬王朝（Staufen）的施瓦本公爵（Souabe）与巴伐利亚韦尔夫家族的公主所生之子，1152 年，他继承了叔父康拉德三世（Conrad III）的王位，成为罗马人的国王，日耳曼尼亚、勃艮第和意大利的国王，拥有波希米亚的君主权；1155 年，他在罗马加冕，被教皇册封为神圣罗马帝国皇帝。和所有德国国王一样，南下前往意大利既是考验也是挑战，他必须向日耳曼尼亚的大领主们做出保证，才能确保他在意大利停留期间日耳曼尼亚不会后院起火。即便在意大利，皇帝也必须巩固自己在北部地区的地位，镇压伦巴第和托斯卡纳不断反抗的富人和骚动的城市，抵御东罗马帝国和诺曼人对南部地区和西西里岛的进攻，还要提防对世俗权力虎视眈眈的教皇。红胡子腓特烈一世不得不把更多的精力放在亚平宁半岛上，这里有着层出不穷的矛盾冲突，例如军事战役（1162 年攻陷米兰）、无法解决的教会大分裂（两个教皇争夺圣彼得大教堂宝座）、北部地区不断出现的城邦同盟等。他在意大利的时间比在德国还多，但直到 1177 年的《威尼斯合约》和 1183 年的《康斯

一个皇室家庭

《红胡子腓特烈一世和儿子亨利六世、长子施瓦本的腓特烈五世（1167—1191 年）》（*Frédéric Ier Barberousse avec ses fils, Henri VI et Frédéric V de Souabe, son fils ainé (1167—1191)*），出自《教皇派编年史》（*Chronique des Guelfes*），约 1179—1191 年，细密画，富尔达，黑森州立图书馆

---

① Barberousse 意译为"红胡子"，也可音译为"巴巴罗萨"。

坦茨合约》签订之后，半岛才恢复和平状态。可以说，从此以后，神圣罗马帝国内部的德国和意大利的命运合二为一，在基督教世界的世俗政权彼此争斗时，教皇国获得了更大的独立，其影响至少持续到 15 世纪的大公会议。被意大利耗去无数精力的腓特烈一世试图以德国为核心，确立各个王国的秩序，他采取的措施主要是控制封地，强制地区和平，但他无法阻止德国的王公贵族们宣示自己的权力，损害皇帝的特权。

意大利的军事行动结束之时，腓特烈一世与堂弟撒克逊和巴伐利亚公爵狮子亨利（Henri le Lion）之间的矛盾最能证明皇帝与贵族之间的冲突。1179—1180 年的一桩引起轰动的封建审判结束了他们之间的对抗，狮子亨利的财产被没收，领地被分给其他贵族。腓特烈一世的这场胜利似乎巩固了他的权力，但实际上表明了他对实力强大的王公贵族的依赖，在和狮子亨利争斗期间，他不得不买通这些人；与此同时，他的亲属和近臣在教会中的地位为他赢得了教会的支持，例如美因茨的克里斯蒂安（Christian de Mayence）、达瑟尔的雷纳尔德（Rainald de Dassel）和弗莱辛的奥托（皇帝未来的史官）等。他对教会的依赖程度越来越深，因为教会在意大利的地位不断稳固，成为抵抗世俗帝国权力、保证精神独立的后盾，教会也与法兰西国王和西西里国王结成联盟。从这个角度来看，在 1184 年召开的美因茨主教大会上，腓特烈一世以前所未有的骑士和封建皇帝形象出现，他的德国特征越来越明显。从某种程度上来讲，为了恢复普世威严，赢得各王国的领主贵族对他的崇敬，他在 1188 年参加了十字军东征，决心与萨拉丁一较高下。红胡子腓特烈一世并未见到萨拉丁，1190 年，他在骑马渡过安纳托利亚（Anatolie）的萨列法河（le Saleph）时，坠河溺亡。

无论王室权威还是王室象征，腓特烈一世的统治都毁誉参半：他没有完成十字军东征；千辛万苦才维持了皇帝在罗马和德国的主导地位（他于 1165 年任命了一位伪教皇为查理曼封圣，但因为不合规定，而被教会否认）；神圣罗马帝国周围的法兰西王国、英格兰王国、西西里王国（1186 年腓特烈一世的儿子，即未来的国王和皇帝亨利六世与诺曼王位继承人奥特威尔的康斯坦丝（Constance de Hauteville）成婚，西西里王国由此被保留在帝国版图内）、波希米亚（1198 年成为王国）的实力不断增强；城市居民的力量不断增长；罗马法、教会法、城市法和王室法加上帝国法同时出现。这一切都解释了为何从 13 世纪开始一直到 19 和 20 世纪，人们对腓特烈一世统治的评判总是互相矛盾的，腓特烈一世代表了霍亨斯陶芬王朝最后的辉煌，他是为了意大利而牺牲德国利益的"卖国贼"，也是在欧洲实现征服梦想的第一个严格意义上的德国君王。浪漫主义时期和民族主义时期的德国为这位大胡子皇帝建造了一座屈夫霍伊泽纪念碑（Kyffhäuser），人们认为他的苏醒将带来德意志民族的永福，1941 年纳粹德国发起的侵苏行动的代号就是"巴巴罗萨"（Barberousse）。（P.M.）

《神圣罗马帝国的红胡子腓特烈一世的儿子和继承人亨利六世大获全胜，战败的莱切伯爵坦克雷德撤回帕勒莫宫殿》（*Triomphe de Henri VI du Saint Empire, fils et successeur de Frédéric I*er *Barberousse. Taucrède de Lecce vaincu et retiré dans son palais de Palerme*），约 1190 年，选自埃伯利的彼得（Pierre d'Eboli）的《赞颂皇帝荣耀或关于西西里事件之书》（*Liber ad honorum Augusti sive de rebus Siculis*），伯尔尼市立图书馆

Catabellot
Serenissim' imperator henr' fabaria ueniens
nuncios ab urbe panor' recepit
Nuncii panorm'
Tristis uxor tancredi
Cu' popa nobili et triupho glo[rio]so augustus ingreditur panormu'

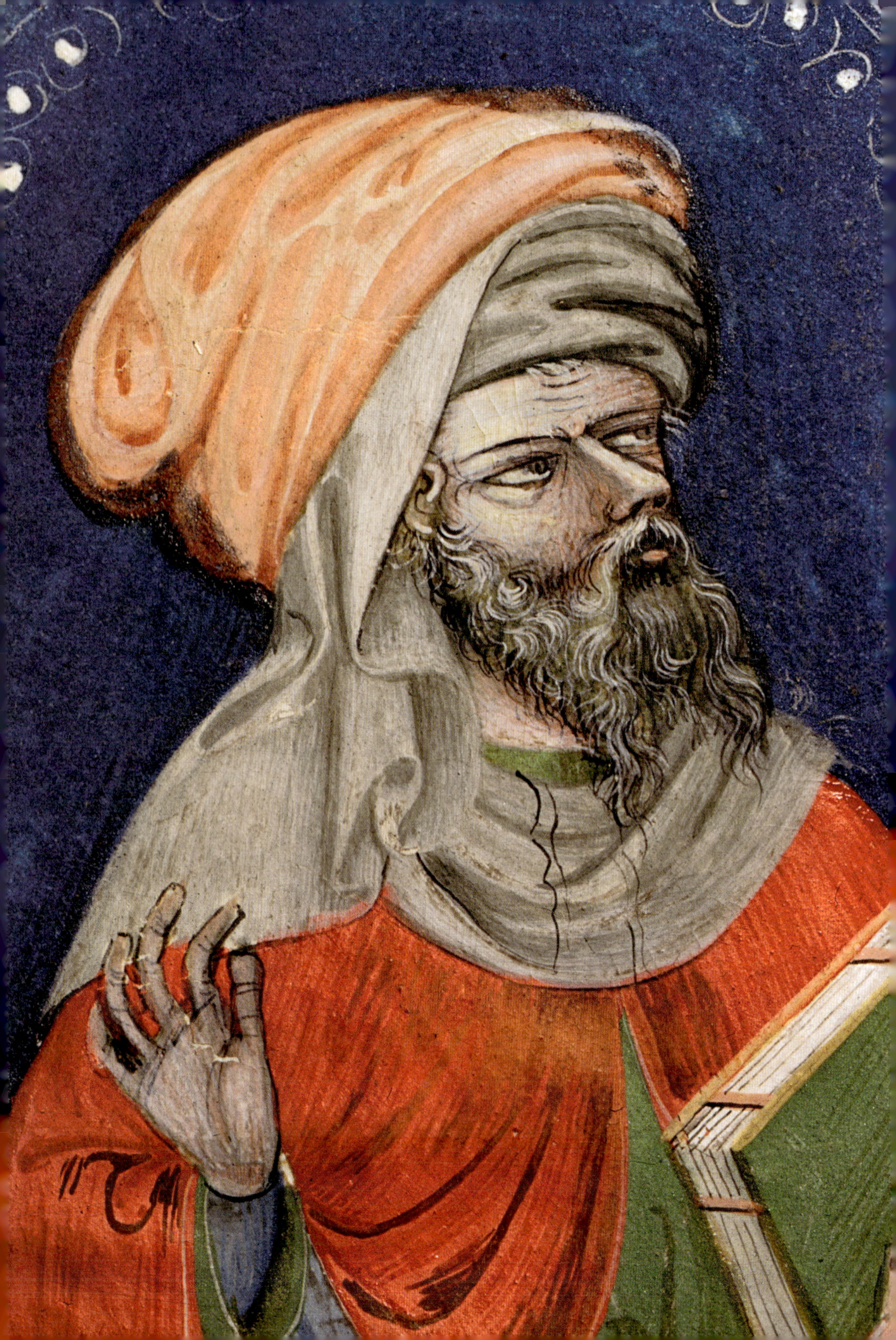

阿威罗伊

（Averroès，1126—1198 年）

如同阿兰·德·利贝拉（Alain de Libera）所强调的，阿卜勒瓦利德·穆罕默德·伊本·艾哈迈德·伊本·鲁世德（Abu-l-walid Mohammed ibn Ahmed ibn Rushd）或阿威罗伊是"欧洲的精神之父"。他是安达卢西亚的医生、法官和哲学家，他对巩固延续至今的理性主义传统起到了决定性作用。他出生在科尔多瓦（Cordoue）的法官世家，父亲和祖父都是法官，他也子承父业，曾在科尔多瓦和格拉纳达担任法官。阿威罗伊是"逻辑学之友"、亚里士多德的评注者，他撰写过许多颇具新意的著作，例如《关键的论文》(Discours décisif)、《宗教信仰中例证方法揭示》(Dévoilement des méthodes de preuve en religion)等，他也为亚里士多德的著作做了许多注释。对他而言，这位古希腊哲学家是"天赋性的标准，是天赋性被表达得淋漓尽致的典范"(《〈论灵魂〉评注》第三卷，(Commentaire sur le De anima, L.III))。

阿威罗伊在阅读亚里士多德的作品和穆斯林传统宗教经典（《古兰经》和《圣训》等）的过程中，试图让被揭示的感知与思维形式保持一致。这种一致表现为方法论的和谐。因此，当阿威罗伊读到《古兰经》的经文"你应凭借智慧和善言而劝人遵循主道，你应当以最优秀的态度与人辩论"(《古兰经》，第 16 章，第 125 节，《关键的论文》第 17 节引用)时，他将其与亚里士多德的逻辑学相提并论。这里的"智慧"等同于"论证"，"善言"是一种说服他人的修辞

与中世纪重要的经院哲学家们对话的伟大的穆斯林哲学家
配有阿威罗伊肖像的词典扉页（Lettrine avec le portrait de Averroès）(局部)，14 世纪，细密画，切塞纳，马拉特斯塔图书馆

形式,"辩论"则是辩证法。论证、修辞与辩证法是亚里士多德传播知识的三种形式。

在阿威罗伊看来,宗教经典是可以通篇理解的,虽然彻底的理解只有"懂得论证的人"才能做到,这些人懂得思考宗教意象和比喻以及随机的事物。另一些试图论证的人将辩证方法引入宗教中,最终将宗教贬低为迷信。他们无法区分经文蕴含的究竟是单一含义还是另有深意。不同流派的神学家都精通这种区分方法。

"沙利亚"(la Charia)可以被译为"神圣法规",在阿威罗伊的文本中也可以译为"宗教",它并不是一种实证法。"沙利亚"在《古兰经》中的意思是"常道",而非"法规"(参考《古兰经》第 45 章,第 18 节:"我使你遵循关于此事的常道。你应当遵守那常道"),从该词出现的情形来看,"沙利亚"是一种神圣法规,它能够引导和促使人类使用理解力。它所对应的是上帝创立的宇宙的普遍秩序,因此它也具有宇宙学特征。经常被阿威罗伊所使用的"沙利亚"一词的含义是广义的宗教。因此,他在讨论穆斯林的宗教时,提到伊斯兰教的"沙利亚",与此同时,他也论及基督教中耶稣的"沙利亚"(阿威罗伊,《矛盾的矛盾》(Incohérence de l'incohérence),贝鲁特,布伊格出版社,1992 年,第 583 页)。

我们仅对理解力这个概念略作讨论。阿威罗伊提到的理解力不是笛卡尔(Descartes)的自然之光[①](la lumière naturelle),也不是具有主观性的现代哲学。理解力能够使人思考,但是按照人的努力程度,他可以拥有或者无法拥有理解力。因此,在阿威罗伊看来,理解力并不是人类灵魂的力量之一,但在后来的圣托马斯看来,理解力是"灵魂的某种东西"(托马斯·阿奎那,《反异教大全》(Somme contre les gentils),第二卷,76)。对阿威罗伊而言,人类的灵魂在死亡时便会消失,所有使其为人的东西(想象力、情感)都会中断。这是一种严格的亚里士多德的立场。然而,《古兰经》不也说过人在死后能够第二次被创造

---

① 笛卡尔认为,自然之光是上帝赋予人的一种正确做判断和辨别真假的理性认识能力,是人最基本的思维活动。

吗？在拉丁中世纪，人们认为阿威罗伊是"双重真理"理论（double vérité）的奠基者，一种是信仰的真理，另一种是理性的真理。然而，承认这种双重性却会削弱真理。任何真理都能够自证，因此它是唯一的、连贯的。因此，"双重真理"是一种自相矛盾。在《关键的论文》中，阿威罗伊写道："真理不会与真理相悖，它会与其保持一致，证明自己"（18）。生活在真理的体制之下，促进论证的发展，这是一种哲学家的生活方式，也是阿威罗伊的生活方式。（A.B.）

弗洛拉的约阿西姆

（Joachim de Flore，约 1135—1202 年）

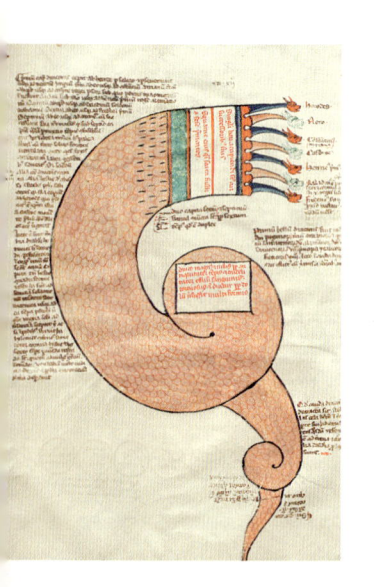

弗洛拉的约阿西姆是中世纪最重要的先知之一，他创立的历史哲学产生的影响一直持续到中世纪末期和现代时期。约阿西姆来自意大利的卡拉布里亚地区（Calabre），他曾经是圣地的隐修士，1177 年回到克拉佐（Corazzo）修道院后，加入西多会。1186 年，他离开修道院，和几位同伴在拉西拉（la Sila）的山地高原地区归隐。1188 年，他在那里建立了圣焦万尼因菲奥雷（San Giovanni in Fiore）修道院。西多会的教务总会谴责约阿西姆违背了关于稳定的誓愿，教皇克雷芒三世（Clément III）的介入使他免受惩罚。1196 年，教皇批准了以苦修生活著称的弗洛拉修会。1202 年，约阿西姆去世后被葬在圣焦万尼因菲奥雷修道院，对他的崇拜很快就以其墓地为中心发展起来。但罗马教会并不承认他的神圣性，或许是因为在 1215 年第四次拉特兰大公会议上，他的某些关于三位一体的观点受到批评。

中世纪末日论超现实主义
意大利学派，《末世之龙》（*Un Dragon apocalyptique*），13 世纪，选自弗洛拉的约阿西姆的《图像之书》（*Liber Figurarum*），佩鲁贾，圣皮埃特罗·德·卡西尼西修道院

人类生活的中世纪象征之树（耶西之树）
《圣灵来临之前的创造人类历史的大树》（*L'Arbre de l'histoire humaine de la création de l'homme jusqu'à la venue du Saint Esprit*），14—15 世纪，选自弗洛拉的约阿西姆的《图像之书》抄写本，勒佐艾米利亚，大主教修道院

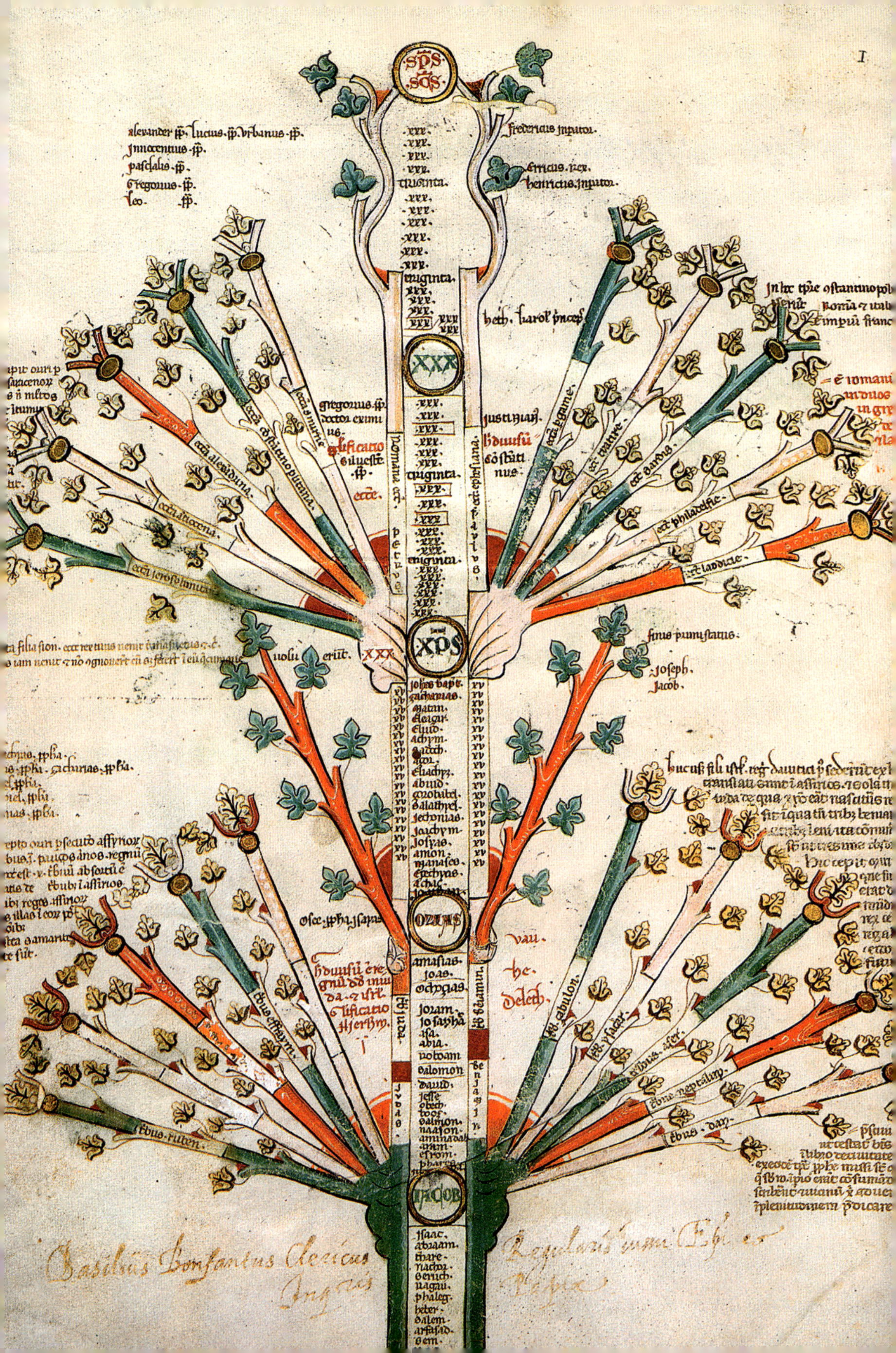

SPS SCS
alexander pp. lucius pp. urbanus pp.
Innocentius pp.
pascalis pp.
Gregorius pp.
leo pp.
Fredericus inperator
Erricus rex
henricus inperator
XXX
XPS
finis primi status
Joseph
Jacob
OZIAS
IACOB

弗洛拉的约阿西姆并不认为自己是先知，但他承认上帝赋予自己阐释《圣经》的天赋。他的著作中有两个主要的直觉或预感，一个是《旧约》和《新约》的相符性，前者的所有事件和人物在后者中都要对应，反之亦然；另一个是《启示录》的现实意义，约阿西姆从中发现了一个参照标准，可以用来解释历史上的诸多事件。同时代的大部分人都确信世界在逐渐衰老，走向没落，约阿西姆与他们的想法不同，他认为教会将会经历一次大发展，在此之前，它必须对抗邪恶力量，这些邪恶力量的代表是各种"神秘的反基督者"，例如希律王、尼禄、异端者、萨拉丁等，每种邪恶力量都是魔鬼的化身，都是最可怕的"反基督"（即撒旦）的先行者，"千年统治"结束之时，撒旦将会现身。

这种与永恒救赎相关的论点与约阿西姆的神学理念有密切联系，他特别强调三位一体内部位格的区分以及基督神启的渐进特征。实际上，在他看来，在人性的演变过程中，接受神的启示的人对该启示的理解越来越清晰、越来越深刻。因此，他划分出圣父时代（从亚当到基督的第一位先祖），随后是圣子时代（对应的是道成肉身和福音传道时期），根据《旧约》中不同的预言文本进行复杂推算之后，圣子时代已经临近结束，在"反基督"造成的可怕危机之后，1260年左右，圣灵时代即将开始，这是人类历史发展的高峰。圣彼得的教会及其神职人员、神职机构和法律将让位于圣约翰的教会，该教会将由"智者"和穷人组成的精英主导。这将是"永恒福音"的时代，所有基督徒必定在精神上经历这个时代。乍看之下，约阿西姆的教义没有任何反动之处，因此最初也没有遭到批判。然而，他认为完美的基督教将在未来实现，这意味着他对当时的教皇为了建立完美的基督教世界而做出的努力提出质疑。从"物质的"教会向精神的教会的转变过程中充满了痛苦折磨，这些痛苦结束之后，教会机构将受到新思想的引导，进而发生变化。这一变化首先从罗马教廷开始，一位天使教皇将会主导教会的命运。约阿西姆去世之后，弟子们进一步阐释他的信息，利用综合概括的方式重新理解他的思想，通过《图像之书》（*Liber figurarum*）中的图表来具体诠释。约阿西姆本人真正的著作和后人认为由他所写的作品对中世纪最优秀的学者产生了深刻影响（例如但丁在《神曲》中对弗洛拉的约阿西姆大加赞扬），并成为一种对现实社会不满的预言流派的源头，人们称之为"约阿西姆主义"。（A.V.）

特鲁瓦的克里蒂安

（Chrétien de Troyes，约 1140—约 1190 年）

特鲁瓦的克里蒂安或许是中世纪第一位也是最重要的小说家。小说这种文学体裁随他而生，但我们对他本人却知之甚少。与中世纪许多艺术家相比，他的生平更不为人所知，为数不多的可靠细节是他创作某部小说时留下的。但他选择的名字最能表达这一时期人们根深蒂固的特性，即对宗教的归属感。我们不了解他的出生地，但他很可能在特鲁瓦地区生活过。他选择"特鲁瓦的克里蒂安"这个名字或许有两个原因，第一个原因是他与位于香槟地区的宫廷长时间保持密切联系，包括他的文学创作时期。第二个原因是这座城市在 12 世纪是一个璀璨的文化中心，法国人或许是为了让人们回想起古代著名城市特洛伊（Troie）才将其命名为特鲁瓦（Troyes）。无论如何，我们可以确定的是他得到了两个重要的封建宫廷的帮助，一个是香槟伯国，另一个是弗兰德伯国。在伯爵宽容的亨利（Henri le Libéral，1152—1181 年）和妻子玛丽[①]（1145—1198 年）统治时期，香槟伯国有着数量众多、颇受欢迎的集市。弗兰德的腓力（Philippe de Flandres，1157—1191 年）统治时期的弗兰德伯国则是他晚年居住的地方。

同样可以确定的是，克里蒂安是一位很早就投身文学的神职人员，他极大地推动了两种文学新现象的发展，一个是法国诗人对源自英格兰的大不列颠素材的兴趣，另一个是诗体小说的诞生，这种 12 世纪的书面文学新形式取代了史诗武功歌，采用八音节诗句而非十音节诗句。从社会和文化角度来看，在 12 世纪的基督教新社会，即追求礼仪的社会中，特鲁瓦的克里蒂安的作品占有重要位置。在普遍追求风月的风气中，他仍保留了自己的个人特性，特别需要提到的是，虽然当时许多作品中出现了未婚甚至通奸的贵妇与骑士所组成的情侣，

---

① 玛丽是路易七世和阿基坦的埃莉诺的女儿。

他却是婚姻的捍卫者。香槟伯爵夫人的廷臣安德雷阿斯·卡佩拉努斯（André le Chapelain）在1184年左右撰写了一部《论爱情》（*De amore*），书中认为一切过分的行为都是允许的，但特鲁瓦的克里蒂安对此并不认同。受过拉丁语文学教育的他首先是奥维德[①]（Ovide）的门徒。他把奥维德的一些作品改编为诗体，自己也创作爱情诗歌，但在1160—1170年，他似乎找到了自己的爱好所在。虽然诗体小说并非由他创造，但他却令这种以法兰西岛方言撰写的诗体小说广受欢迎。这种文学形式的人物、灵感、情节都有创新之处，它创造的一些情侣形象与"特里斯丹和伊瑟"（Tristan et Iseult）形成了鲜明对比。克里蒂安是否写过一部《英格兰的威廉》（*Guillaume d'Angleterre*）无法确定，但下列五部作品绝对由他所作：《埃瑞克与埃妮德》（*Éric et Énide*，约1169—1170年）、《克里热》（*Cligès*，1176—1177年）、《伊凡或狮子骑士》（*Yvain ou le Chevalier au lion*）和《兰斯洛特或马车骑士》（*Lancelot ou le Chevalier à la charrette*）（1176—1181年）以及最后的《珀西瓦尔传奇或圣杯故事》（*Perceval ou le Conte du Graal*）（开始于1181—1190年，未完成）。克里蒂安认为小说是一种具有艺术性的文学建筑，并称其为"结合之物"（conjointure），这一点对于理解他的作品至关重要。在某种意义上，他所指的是故事的情节与发展的有机融合。特鲁瓦的克里蒂安的这个概念与同时代的教堂建造者非常相似。

《埃瑞克与埃妮德》讲的是狩猎神奇白鹿的故事，这个主题在民间故事和野史中频繁可见。在这次狩猎中，埃瑞克遇到了埃妮德，将她带回亚瑟王的宫廷中，并娶她为妻，随后卷入一系列考验与战斗中。两人经历重重试炼之后，迎来圆满结局，亚瑟王亲自为他们二人戴上王冠。《埃瑞克与埃妮德》为文学和想象世界创造了一个骑士精神典范，一方面，它的主角是一对已婚夫妇，另一方面，它建立在王权之上，保证了高尚的价值观和公平正义。

《克里热》这部小说首先讲述了君士坦丁堡皇帝的儿子亚历山大的爱情故事，他居住在亚瑟王的宫廷中，在那里遇到了索热达默尔（Soredamor），并娶其为妻，随后这对夫妇生下了克里热。为了夺回被叔父篡夺的王位，长大后的

[①] 奥维德，古罗马诗人，与贺拉斯、卡图卢斯、维吉尔齐名，代表作有《变形记》《爱的艺术》等。

克里热踏上了险象环生又充满神奇的征途。《克里热》带领读者从亚瑟王生活的不列颠前往神秘的东方世界，赞美了充满理性的激情，小说中的情侣仍然走入了婚姻殿堂。

《狮子骑士》讲述的是伊凡的故事。他在一次骑士比武中获胜，迎娶罗迪娜（Laudine）为妻。他的婚姻生活非常幸福，但骑士高文（Gauvain）却鼓动他踏上历险旅程。他没有在向妻子承诺的期限内返回，因而被妻子赶出家门。发疯之后的伊凡成了野人，只得生活在森林中。虽然特鲁瓦的克里蒂安是一个生活在城堡和城市中的小说家，但他描写的这个段落给人留下深刻印象。笔者与彼得·尼达尔-纳盖（Pierre Vidal-Naquet）仔细研究了这个情节，从中找到了献给克洛德·列维-斯特劳斯（Claude Lévi-Strauss）的文章《布劳塞良德森林中的列维-斯特劳斯》（Lévi-Strauss en Brocéliande, 1973）中所提到的涉及人类学的神奇元素的来源。伊凡的身边始终陪伴着一头狮子（12世纪，狮子取代熊，成为国王的象征），他从一栋城堡中解救了三百名妇女，她们在城堡主人的逼迫下做着令人筋疲力尽的纺丝劳动。最终，伊凡得到了罗迪娜的原谅，在小说的结尾，两人幸福地生活在一起。

《马车骑士》出现了特鲁瓦的克里蒂安和中世纪传奇文学中的重要人物兰斯洛特。《马车骑士》在某种程度上展现的是婚外风月之情。高文在路上遇到乘坐一辆破马车的兰斯洛特，车夫是个侏儒。他们便一同出发寻找亚瑟王并不忠贞的妻子格妮维亚（Guenièvre）。经历了无数次战斗和爱情的冒险之后，兰斯洛特救回了格妮维亚，重新成为她的情人。

最后，《圣杯故事》中出现的角色并非人类，而是一件神奇的物品，从这部著作开始，这件物品的光环在中世纪想象甚至如今的欧洲想象中被无限放大。小说的新主角是珀西瓦尔。渴望冒险的珀西瓦尔加入一个奇怪的骑士队伍，遇

最能象征基督教灵修的最神奇的元素进入欧洲的文化与想象之中
《圣杯降临》（L'Arrivée du Saint-Graal），1350年，细密画，选自特鲁瓦的克里蒂安的《珀西瓦尔传奇》，巴黎，法兰西国家图书馆

al. Et apres venoient homes qui

nulle riens ne aresnoient
ne al qui mot ne lor sonnoient

portoient une biere ⁊ une espe

Et durement se merueille
lors se pense ⁊ lor sanz dou
que cest le graal et la lance

到了看守着奇怪的仪式花瓶（圣杯）的渔夫王[①]（Roi pêcheur）。小说对圣杯的描述犹抱琵琶半遮面，圣杯的真实样貌并不比特鲁瓦的克里蒂安本人清晰多少，克里蒂安未写完这部小说便去世了。

特鲁瓦的克里蒂安所生活的社会限制且控制神圣之物，排斥魔法之物，但对介于二者之间的神奇之物却倍加赞扬，他或许是这个社会中最善于鼓动人们去寻找和享受神奇之物的人。他为12世纪下半叶的诗体小说带来了与冒险、神奇、情侣有关的人物和主题，它们在13世纪取得了惊人的成功，12世纪末和13世纪初的散文体小说将这些诗体小说的情节和主要人物（尤其是兰斯洛特和珀西瓦尔）进一步扩展开来。莫城（Meaux）地区的一批小说家完成的《兰斯洛特的圣杯》（*Lancelot Graal*）就是最令人赞叹的成果，它体现了散文的一切优点，在特鲁瓦的克里蒂安的基础之上，大大推动了小说的发展。

从中世纪到20世纪之前，由于身份不为人熟知，与现代社会又太过遥远，特鲁瓦的克里蒂安逐渐被人遗忘，但他在20世纪强势回到公共视野之中。首先在文化史领域，重要的中世纪文学史学家让·弗拉比耶（Jean Frappier）恢复了特鲁瓦的克里蒂安应有的地位，认为这位伟大的小说家在中世纪文学和文化中扮演了具有创新意义的重要角色。特鲁瓦的克里蒂安的精神思想、人物角色、故事情节多少都影响着20世纪最具原创性的小说家，尤其是意大利的安伯托·艾柯[②]（Umberto Eco）和伊塔洛·卡尔维诺[③]（Italo Calvino）。更值得一提的是，他是"中世纪奇幻文学"（*Medieval Fantasy*）这个20世纪最成功的小说类型的灵感来源之一，其代表是当代最著名的畅销书之一，托尔金（Tolkien）的《魔戒》（*Le Seigneur des anneaux*）（又译《指环王》）。（J.L.G.）

[①] 亚瑟王传奇中的圣杯看守人，又称"负伤的王"（Roi blessé），他常以残疾之躯出现，行动不便，只能在城堡附近的河里乘船钓鱼，等待着能够治愈他伤势的英雄。

[②] 安伯托·艾柯（1932—2016年），20世纪后半期最重要的意大利小说家、哲学家、符号学家、历史学家、文学批评家。

[③] 伊塔洛·卡尔维诺（1923—1985年），意大利当代作家，主要作品有小说《树上的男爵》《不存在的骑士》等。

萨拉丁

（Saladin，约 1137—1198 年）

萨拉丁是一个非常特别的历史人物，堪称中世纪绝无仅有的人物。身为穆斯林的他在基督徒与穆斯林的冲突中扮演了至关重要的角色，他在世时就已成为一位偶像、骑士的楷模、伟大的战士和政治领袖，死后他的威名有增无减，无论穆斯林（除了什叶派）还是基督徒都对他崇敬有加。

萨拉丁是出生在今伊拉克北部的提克里特（Takrît）的库尔德人，父亲阿尤卜（Ayyûb）被塞尔柱突厥人（les Seldjoukides）封为这座城市的总督。当时的穆斯林世界被两大哈里发所分割，一个是巴格达的阿巴斯哈里发王朝（le califat abbasside），属于逊尼派，另一个是开罗的法蒂玛哈里发王朝（le califat fatimide），属于什叶派。

不同种族和不同语言的所有穆斯林在语言和文化方面或多或少都被阿拉伯化了。萨拉丁出生后不久，父亲阿尤卜和叔父什尔科（Shîrkûh）投奔统治着摩苏尔（Mossoul）和阿勒颇（Alep）的赞吉王朝（Zengi）。阿巴斯哈里发王朝与塞尔柱苏丹之间的敌对和冲突从未间断。法蒂玛王朝控制下的什叶派埃及也遭遇了严重的内部冲突。最后，基督教徒建立耶路撒冷王国，该王国后来也四分五裂，但他们来到巴勒斯坦，尤其是被穆斯林和基督徒同时视为圣城的耶路撒冷后，整个穆斯林世界都燃起了怒火。

典型的穆斯林骑士，他的武器并非宝剑
《手持弯刀的萨拉丁》(Saladin tenant un cimeterre)，1490 年，装饰画，选自《世界的六个阶段》(Six Âges du monde)，伦敦，大英图书馆

童年时的萨拉丁由父亲阿尤卜和叔叔什尔科轮流照料,后者在阿勒颇将萨拉丁引荐给赞吉的儿子努尔丁苏丹(Nûr al-Dîn)。年轻的萨拉丁接受了严格而深入的军事教育,马球和狩猎也包括在内,他也接受了文学和宗教教育。他从幼年开始便可以用阿拉伯语阅读和写作。阿勒颇的一位著名的法学家为他撰写了一部包括伊斯兰教信仰主要原则的小册子。

萨拉丁真正的历程开始于1164年,他跟随叔父什尔科出征埃及。1169年,

两位敌对阵营的勇敢骑士公平比拼:基督教国王和穆斯林苏丹,后者被描绘为黑人,邪恶的象征

《萨拉丁与狮心王理查的战斗》(*Combat entre Saladin et Richard Coeur de Lion*),约1300—1340年,装饰画,伦敦,大英图书馆

他被法蒂玛王朝的哈里发任命为开罗大臣，这个职位在某种意义上是哈里发政权的宰相。1174 年，努尔丁死后，他成为开罗的苏丹，建立了阿尤布王朝，结束了什叶派法蒂玛王朝哈里发两百多年的统治。在统治期间，萨拉丁不断发动战争，扩张自己的政权范围，从西奈半岛到美索不达米亚平原上游地区，从也门到叙利亚北部都是他的疆土。萨拉丁多次击败法兰克人，也就是来到巴勒斯坦的基督教十字军；在穆斯林眼中，他最大的荣耀是在 1187 年收复耶路撒冷。但他无法将所有法兰克人从巴勒斯坦地区彻底赶走。然而，对穆斯林而言（什叶派除外），他仍然是对基督徒发动圣战的宗教骑士典范，也是一位公正而智慧的君王楷模。在穆斯林的传统中，萨拉丁在随后的几个世纪里都是解放者的形象，然而更令人震惊、更值得注意的是从他在世到今天，在基督徒中一直享有近乎神话的威望。

在基督徒中，或者说在西方世界里，萨拉丁被视为一个理想的君主，虽然他的信仰不同，但他是完美骑士的化身，是君王宝鉴所定义的好国王。对基督徒而言，萨拉丁首先是"上帝派来惩罚他们不够虔诚的灾祸"（安娜-玛丽·埃戴（Anne-Marie Eddé）），但他的形象很快就成了一个宽宏大量的理想骑士，其祖辈是法兰克人，甚至还皈依了基督教。萨拉丁更被骑士小说和武功歌视为英雄，成为当时流行的男性楷模。在随后的多个世纪里，萨拉丁在西方一直拥有这种神秘的威望。但丁将萨拉丁安排在炼狱中，与其做伴的是阿维瑟纳（Avicenne）、苏格拉底和柏拉图。薄伽丘（Boccace）在《十日谈》（*Décaméron*）中提到了萨拉丁，德国启蒙运动时期最重要的作家和文艺理论家之一莱辛（Lessing）在《智者纳旦》（*Nathan le Sage*）中将萨拉丁描述成一位宽容的君主，对三大主要的一神教充满尊重。伏尔泰表示很少有基督教君主拥有萨拉丁的宽容和伟大。在莱德利·斯科特（Ridley Scott）执导的好莱坞电影《天国王朝》（*Kingdom of Heaven*）中，如同安娜-玛丽·埃戴所强调的，萨拉丁被描绘成一个"言出必行、对基督教持宽容态度、值得尊敬的苏丹，他甚至捡起了教堂废墟中的十字架"。在穆斯林世界中，萨拉丁被视为一个伟大的英雄则更加理所应当，许多人试图将自己与萨拉丁靠拢，例如埃及前总统贾迈勒·阿卜杜勒·纳赛尔（Gamal Abdel Nasser）、叙利亚前总统哈菲兹·阿萨德（Hafez al-Assad）和萨达姆·侯赛因（Saddam Hussein）。文学、电影和电视始终在赞颂身为阿拉伯穆斯林世界解放者和统一者的萨拉丁。（J.L.G.）

狮心王理查

（Richard Coeur de Lion，1157—1199年）

很少有国王能够承载如此之多的骑士美德。狮心王理查短暂的一生都在战争中度过。他是英格兰国王亨利二世的次子，1157年出生在牛津，从小生活在一个纠纷不断的家庭之中。理查很快就接触到了权力。母亲埃莉诺在阿基坦公国的宫廷中将他抚养长大。1172年6月，15岁的理查在普瓦捷的圣伊莱尔教堂（l'église Saint-Hilaire）参加庄严的受封仪式，被赐予神圣的长枪和军旗，这是公爵职位的象征[①]。他在利摩日接受了圣瓦莱利（sainte Valérie）的指环，圣瓦莱利是阿基坦公国的主保圣人，该地区的殉道者。在他的新臣民看来，这些仪式表明从此以后，理查在母亲的庇护下成为阿基坦公国真正的主人。然而，这并非一份游山玩水的闲差，公国境内的贵族们试图保持各自领地的独立，拒绝公爵树立权威的一切举措。年轻的理查毫不留情地打压这些贵族。法王路易七世刚刚为理查举行授甲礼[②]（adoubement）不久，理查效仿这些贵族的反叛，在1173年起兵反抗自己的父亲。亨利二世在去世之前，与自己的儿子、兄弟之间矛盾不断，父子反目、兄弟阋墙、争斗又和好的情况接连不断，对权力和遗产的争夺为家庭纠纷火上浇油。

1189年，父亲亨利二世去世之后，几乎没有在英国生活过的阿基坦公爵理查来到威斯敏斯特大教堂（Westminster）接受加冕。他很快就离开英国，前往圣地，企图夺回刚刚被萨拉丁占领的耶路撒冷。在东进途中，理查从东罗马帝国手中夺取了塞浦路斯岛（Chypre），参与了对阿卡城的围攻，最终取得阿苏夫（Arsûf）会战的胜利，收复雅法（Jaffa），他在这场以少胜多的战役中表现出了令人赞叹的勇猛。这场胜利之后，理查在巴勒斯坦沿海地区重新设立了

[①] 理查是亨利二世的次子，获得的是母亲阿基坦的埃莉诺的遗产，即阿基坦公国。
[②] 授予骑士称号、兵器和盔甲的仪式，象征着进入成年骑士阶层。

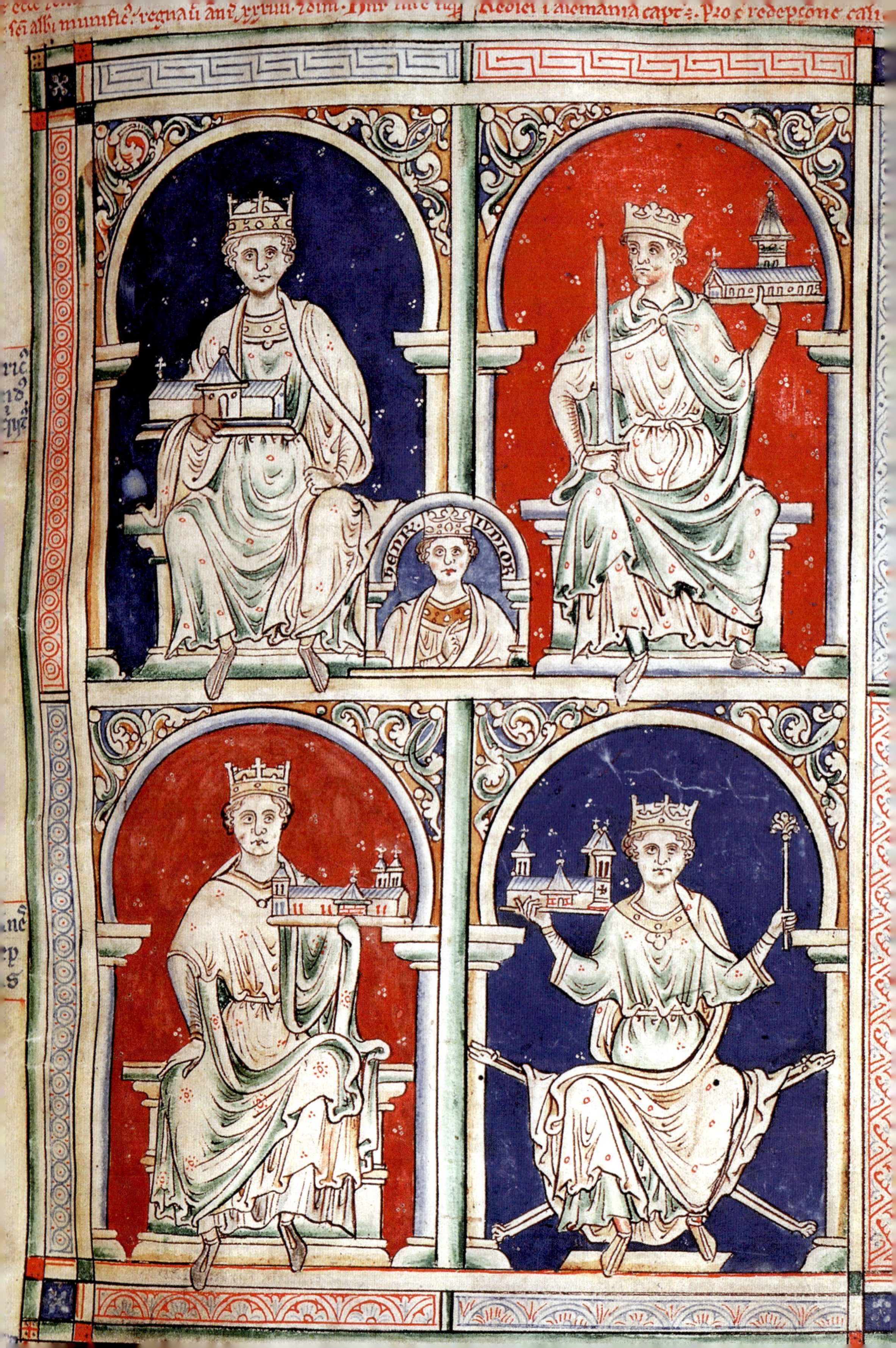
HENR. IVNIOR

擅长攻围战的国王在一场攻围战中去世

富威尔画师（Maître de Fauvel）与提尔的威廉（Guillaume de Tyr），《狮心王理查来到贝特努巴》（Arrivée de Richard Coeur de Lion à Beît Nûbâ），1337年，选自《布永的戈弗雷之传奇》（Roman de Godefroi de Bouillon），巴黎，法兰西国家图书馆

英格兰历史是一部国王保护教堂的王室历史（左图）

《英格兰国王：上为亨利二世和狮心王理查、下为失地王约翰和亨利三世》（Les Rois d'Angleterre, avec en haut Henri II et Richard Coeur de Lion et en bas Jean sans Terre et Henri III），约1255年，细密画，选自马修·帕里斯（Matthieu Paris）的《英格兰史》（Histoire de l'Angleterre），伦敦，大英图书馆

一系列筑有防御工事的港口。在凯旋途中，理查成为神圣罗马帝国皇帝亨利六世（Henri VI）的阶下囚，必须支付巨额赎金才能重获自由。1194年4月，理查最终回到英国，赦免了弟弟失地王约翰（Jean sans Terre），因为约翰在其兄被俘期间，与法王腓力·奥古斯都达成协议，密谋发动叛乱，夺取王位。1194年和1195年，理查分别在弗雷特瓦尔（Fréteval）和伊苏丹（Issoudun）击败腓力·奥古斯都。与过去一样，他强力镇压阿基坦地区的叛乱。在一次镇压叛乱的过程中，他在围攻利穆赞的沙露堡（Châlus）时，不幸中箭。1199年4月6日，41岁的理查因伤身亡。由于他的妻子纳瓦拉的贝朗热尔没有生育子嗣，他的英格兰王冠和欧洲大陆的属地就传给了弟弟失地王约翰。

编年史作者科格斯霍尔的拉乌尔（Raoul de Coggeshall）将理查称为"尚武之王"（le roi belliqueux），因为他与同时代的贵族一样，对军事和冒险充满热情。萨拉丁也曾评价过理查："这位国王勇猛无畏，但他冲锋陷阵时却如此疯狂！虽然我是位高权重的君主，但相比无畏和无度，我更想拥有审慎有度的慷慨和评判。"理查的外号"狮心王"源自一个传说：他曾赤手空拳杀死一头狮子，掏出它的心脏。他的鲁莽使自己命丧沙露堡，他大意轻敌，未穿锁子甲（cotte de mailles）①，一个弓箭手朝他射箭，他却鼓掌表示赞赏，结果未能避开这支角镞箭。

理查非常重视骑士准则，但在领导战争时，他也融合了最新的作战技巧和作战策略。为了攻克那些被认为固若金汤的堡垒，他一方面调动能工巧匠，制造攻破城墙的器械，另一方面派遣工兵，挖掘地道，攻入堡垒内部。理查被人们视为擅长攻围战的政治高手。去世前不久，他利用自己攻城略地的经验，下令在诺曼底的要塞修建盖扬城堡（Château-Gaillard），这是前所未有的最令人震撼的防御工事之一。理查同样懂得金钱是战争的命脉。他利用金钱使军队"职业化"，征召了无数雇佣兵，与领主贵族骑士相比，这些雇佣兵杀敌更加无畏，更服从他的命令。他在英国到处征收"萨拉丁什一税"，虽然导致民怨沸腾，却

---

① 锁子甲是中国古代和欧洲中世纪战争中使用的一种金属铠甲，一般由铁丝或铁环套扣缀合成衣状，如同网锁，普通弓箭不能射入。

让他拥有充足的资本，租赁了一支强大的十字军舰队。最后，经验丰富的他非常清楚骑士比武对战争有利，因此骑士比武这项传统重新回到英国。理查热爱战争，也对文学充满兴趣，他能够熟练使用拉丁语，用奥克语和奥依语[①]创作歌曲。(M.A.)

---

① 通俗拉丁语传播到高卢地区之后，逐渐演变成高卢罗曼语，北方的高卢罗曼语受日耳曼语影响较深，演变为奥依语，南方受日耳曼语影响较小，演变为奥克语。奥依语又被称为古法语，是卢瓦尔河以北地区不同方言的集合，其中的法兰西岛地区（巴黎地区）的方言随着历史发展和君主势力的强大，地位逐渐上升，逐渐演变为如今的法语。

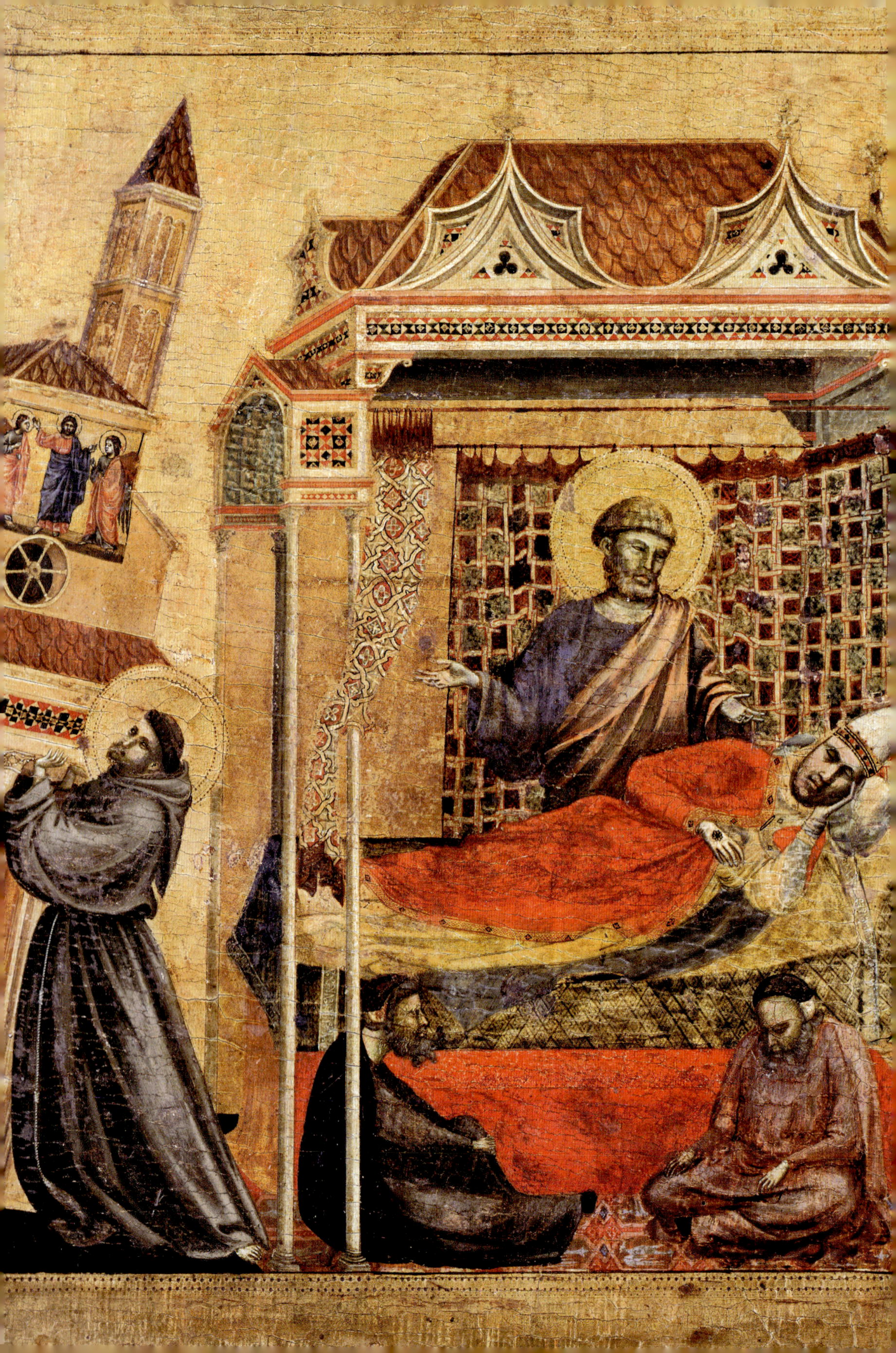

英诺森三世

（Innocent Ⅲ，1160/1161—1216 年）

英诺森三世（洛塔里奥·德·塞格尼（Lothaire de Segni））是中世纪最重要的教皇之一。他出身拉提姆（Latium）的伯爵家庭，曾在罗马和巴黎学习，他在神学、《圣经》注解和道德领域接受了巴黎的柯贝依的彼得（Pierre de Corbeil）和唱诗者彼得（Pierre le Chantre）的教导。受重要的教规学者休古西奥（Huguccio）的影响，他颁布了一系列意义重大的教皇谕旨，但他是否曾在博洛尼亚（Bologne）学习过法律仍然存疑。他天生聪慧，学识广博而且思维敏捷，很快就在罗马教廷闯出一片天地，他1189年担任枢机主教，1198年被选为教皇，此时年方37岁的他不知疲倦地参与政治和教会领域的各种活动。承袭格里高利七世的改革思想，他认为教皇应当在教会内享有至高无上的权力，尤其是任命和废黜主教、从教会的收益中征税、征收什一税来支持天主教世界的十字军东征等权力。他是第一个拥有"基督代言人"头衔的教皇，此前的教皇仅称自己为圣彼得的代言人。人们视他为神权政治的奠基人，这或许有些夸张，因为从原则上讲，他从未正式质疑过他控制范围内的世俗权力的自主性。但是他非常强调教会和基督教世界的身份以及罗马教廷在基督教社会中的领导者角色，因此，世俗君主的行为方式违背道德和法律时，他"以原罪为借口"插手

为拯救教会，罗马教廷需要帮助，但教皇却是人类社会的统治者
乔托·迪·邦多纳（Giotto di Bondone），《英诺森三世的梦：教皇在梦中看到拉特兰大教堂倒塌，圣方济各以教义独撑整栋建筑》(*Le Pape voit en rêve la basilique du Latran s'écrouler. Saint François, dont la doctrine devait soutenir l'Église, maintient à lui seul tout l'édifice*)，约1295—1300年，祭坛装饰屏绘画《阿西西的圣方济各接受圣痕》(*Saint François d'Assise recevant les stigmates*) 局部，木板油画，巴黎，卢浮宫

政治。他花费很多时间和精力处理神圣罗马帝国的事务，1211 年，当神圣罗马帝国皇帝奥托四世企图将权威扩展到西西里王国时，他毫不犹豫地革除了这位皇帝的教籍。无独有偶，英诺森三世同样与英格兰国王失地王约翰多次发生冲突，他不仅革除约翰教籍，还在 1208 年将英格兰排除出基督教区，但是当约翰承认自己是罗马教廷的封臣时，英诺森三世又帮助他镇压反叛贵族，并在 1215 年宣布《大宪章》（la Grande Charte）无效。

英诺森三世始终致力于巩固罗马教廷的独立，他将教皇国的领土扩张到了翁布里亚和边境地区，并巩固了教皇国地区的宗教法庭。他同样支持针对东方的第四次十字军东征，这次东征最终在 1204 年攻占了君士坦丁堡，建立了拉丁帝国，他看到了让希腊教士屈服于罗马权威、重新统一基督教会的机会。然而，英诺森三世最深刻的影响在于教会和宗教领域，他重组了罗马教廷，尤其是机密档案室，该档案室中的机密文件最早可追溯至英诺森三世担任教皇期间。他于 1208 年发起阿尔比十字军，武力镇压法国南部阿尔比地区的异端教派；1212 年，他说服神圣罗马帝国皇帝腓特烈二世（Frédéric Ⅱ）批准了判处异端者死刑的法令。与此同时，他对标榜贫穷和云游讲道的宗教生活和传教新形式持开放包容的态度。1201 年，英诺森三世为伦巴第的谦逊派修会（des Humiliés）颁布会规，此前不到 20 年，该修会尚且被视为异端而遭批判。他鼓励多明我（Dominique）在朗格多克（Languedoc）地区继续传教。1209 年或 1210 年，他口头认同了阿西西的方济各及其同伴的生活方式，允许他们布道。在社会援助方面，他承认圣灵乐施修会（Ordre hospitalier du Saint-Esprit）和圣三一修会（Ordre des Trinitaires），以便赎回在伊斯兰地区被俘的基督教徒。晚年的英诺森三世把所有精力放在了第四次拉特兰大公会议上，这次会议的改革派政令对整个 13 世纪西方世界的宗教生活产生了重大影响，例如教会公理（doctrine

乔托·迪·邦多纳，《教皇英诺森三世》（Le Pape Innocent Ⅲ），《教皇英诺森三世批准阿西西的圣方济各的会规》（局部）（Saint François d'Assise recevant l'approbation de la première règle par le Pape Innocent Ⅲ），1297—1299 年，阿西西，圣方济各大教堂

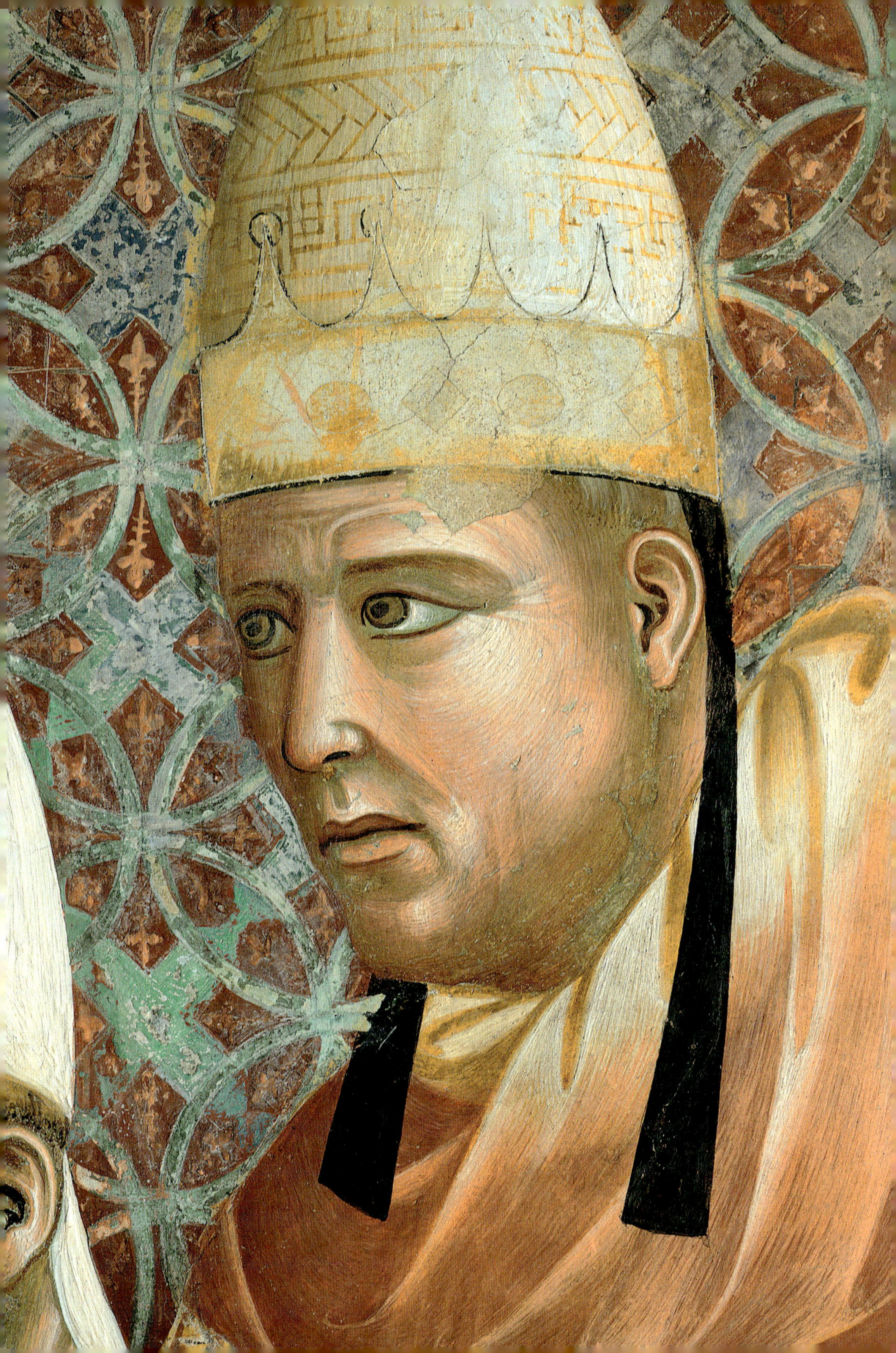

chrétienne）再次对异端进行了明确界定；信徒必须参加宗教仪式，尤其是忏悔和领圣体，所有信徒每年至少应当参加一次领圣体仪式；教会审判过程中禁止使用神意裁判[①]；教会采取措施提高神职人员的神学教育和文化水平等；最后，会议还计划发起一次新的十字军东征，解放耶路撒冷和圣地。但不久之后，曾经领导基督教世界、撰写过《论人类处境之悲惨》（*Sur la misère de la condition humaine*）的英诺森三世在佩鲁贾去世，他身上的装饰品被一抢而空，遗体惨遭遗弃，这是主教和未来的枢机主教维特里的雅克（Jacques de Vitry）亲眼所见。（A.V.）

---

① 中世纪条顿族等施行的裁判法，例如令被告将手插入烈火或沸水中，若不受伤，便定无罪。

腓力二世·奥古斯都

（Philippe II Auguste，1165—1223 年）

腓力是卡佩直系王朝的第七位国王，他最早的外号是"天赐者"（Dieudonné）。卡佩家族在 10 世纪末夺取法兰西王座之后，连续七代国王都有男性继承人，国王临终为继承人敷圣油的礼仪保证了王位的世袭传承。但腓力的父亲路易七世却不得不结婚三次，等了许多年才终于生下一个儿子。1165 年腓力出生时，整个巴黎都沉浸在欢乐的氛围中，到处都是排场奢华的庆祝仪式。王室的史官里格尔（Rigord）于是称腓力为"天赐者"。1179 年，腓力在父亲去世之前接受了敷圣油礼。腓力参加第三次十字军东征时，仅过了一年就返回法国。1223 年，他在筹备第四次十字军东征时去世，他在死前没有给儿子举行敷圣油礼。路易八世（Louis VIII）直到父亲的葬礼之后才被敷圣油，这表明卡佩王朝从此认为自己能够依靠血统光明正大地继承法兰西王位，没有任何人可以提出质疑。

1191 年，腓力二世依靠巧妙联姻，征服了亚眠、维曼多瓦和阿图瓦等领地，王室领地因此扩张了 70%。在里格尔的记载中，这一成就为腓力二世赢得了"奥古斯都"（Augustus）的称号。与罗马皇帝的关联能够巩固他的神圣权威，但是这个头衔来得有点太早，因为此时的腓力二世需要面对的是强大的对手，尤其是身兼英格兰国王、诺曼底公爵和阿基坦公爵、安茹伯爵的亨利二世，他的领地和附庸将法王的领地三面围住。腓力二世匆匆放弃第三次十字军东征返回国内后，便对亨利二世的继承人狮心王理查发动进攻，但由于理查作战勇猛、附庸极为忠诚，腓力二世没能捞到多少好处。然而，1198 年，理查突然去世，英格兰的命运落入其弟失地王约翰手中，这位新国王向来有不可靠和不懂战事的声名在外。腓力与他谈判，并签署和约，认可了约翰继承的王位，但条件是约翰必须承认腓力对英国在欧洲大陆的领地的宗主权。约翰犹豫不决之际，

法兰西的法庭宣布约翰没有履行封臣义务，腓力转而发动进攻。依靠着稳固的财政支持、有效的沟通途径和一点点运气，腓力的军队很快就在1204年征服了诺曼底，1206年，约翰的军队被逼退到卢瓦尔河以南地区。成功打压实力强大的敌手之后，法国王室领地几乎翻倍。

虽然"奥古斯都"这个词语与时代不符，但必须承认的是腓力·奥古斯都是一个优秀的执政者。实际上，1191年，在动身参加十字军东征之前，他就颁布了一项政令，该政令预示着卡佩王朝君主制组织形式的出现。以前的行政官吏的职务得以确定，他们主要负责王室领地的税收。他还设立了"巴伊"，一

法国国王继承了查理大帝的威严：王冠、王位、权杖、圆球和十字架（百合花是卡佩王朝的"标志"）。书面文件成为权力工具，国玺成为王室权力的象征物

国王腓力二世·奥古斯都的国玺（*Sceau du roi Philippe II Auguste*），13世纪，石膏，巴黎，国家档案馆

种新的司法官员，他们被国王委派到各个辖区，负责管理司法事务和监督官员。行政官吏和巴伊每三年都会被召集到巴黎的中央财政机构，汇报他们的活动和财政情况。巴黎周围建造了坚实的城墙，修建了宽阔的马路和铺石广场，设立了新的集市，从此，它成为法兰西王国固定的首都。各种档案很快都被集中到巴黎，掌玺大臣公署开始制定登记簿，收集对管理国家有用的信息。腓力所创立的法院和行政机构中使用的都是忠心耿耿的年轻人，他们的工作效率高，工资报酬也很优厚。虽然这一切要素都只是雏形，但它们为君主制机构奠定了基础。

在接下来的十年间，失去领地的英格兰国王约翰试图与其他势力结成联盟，夺回土地，北上包围卡佩王朝的国都。北方的弗兰德伯爵和布洛涅伯爵以及约翰的外甥、神圣罗马帝国皇帝不伦瑞克的奥托（Otton de Brunswick）所控制的所有英国军队都磨刀霍霍，准备发动叛乱。约翰本人也在法国南部登陆，与卢瓦尔河地区的封臣和盟友会合。他在拉罗什奥穆瓦纳（La Roche-aux-Moines）遭遇法国太子路易，他拒绝作战，队伍溃不成军，但无论如何，他成功分散了卡佩王朝的兵力。腓力在里尔附近的布汶（Bouvines）迎战奥托及其盟军，虽然他的兵力有所削弱，但他主要从法国北部招募的骑士却创造了奇迹。1214年7月27日，腓力的军队大获全胜，德国皇帝被迫逃跑，叛乱的伯爵也被俘虏。巴黎的庆祝仪式比腓力诞生时还要盛大。

腓力二世在位末期，新史官布列塔尼人纪尧姆（Guillaume le Breton）修改了形容国王的词语，腓力·奥古斯都成了腓力"大帝"（le Magnanime），很明显这源自比罗马帝国更早的亚历山大大帝（Alexandre le Grand）。"奥古斯都"所承载的罗马含义更适合德国皇帝，腓力则是能够比肩亚历山大的征服者。腓

十字军东征的图像，权力和虔诚的表现：骑士佩戴柱形尖顶头盔，手持百合花盾牌，士兵身穿锁子甲、头盔，手持盾牌、长矛、战戟和宝剑；大海上有巨型帆船。
《第三次十字军东征：1191年11月20日法兰西国王腓力二世·奥古斯都来到圣地》（*Troisième Croisade: le roi de France Philippe II Auguste débarque en Terre Sainte, le 20 septembre 1191*），14世纪，细密画，选自《法兰西大编年史》，伦敦，大英图书馆

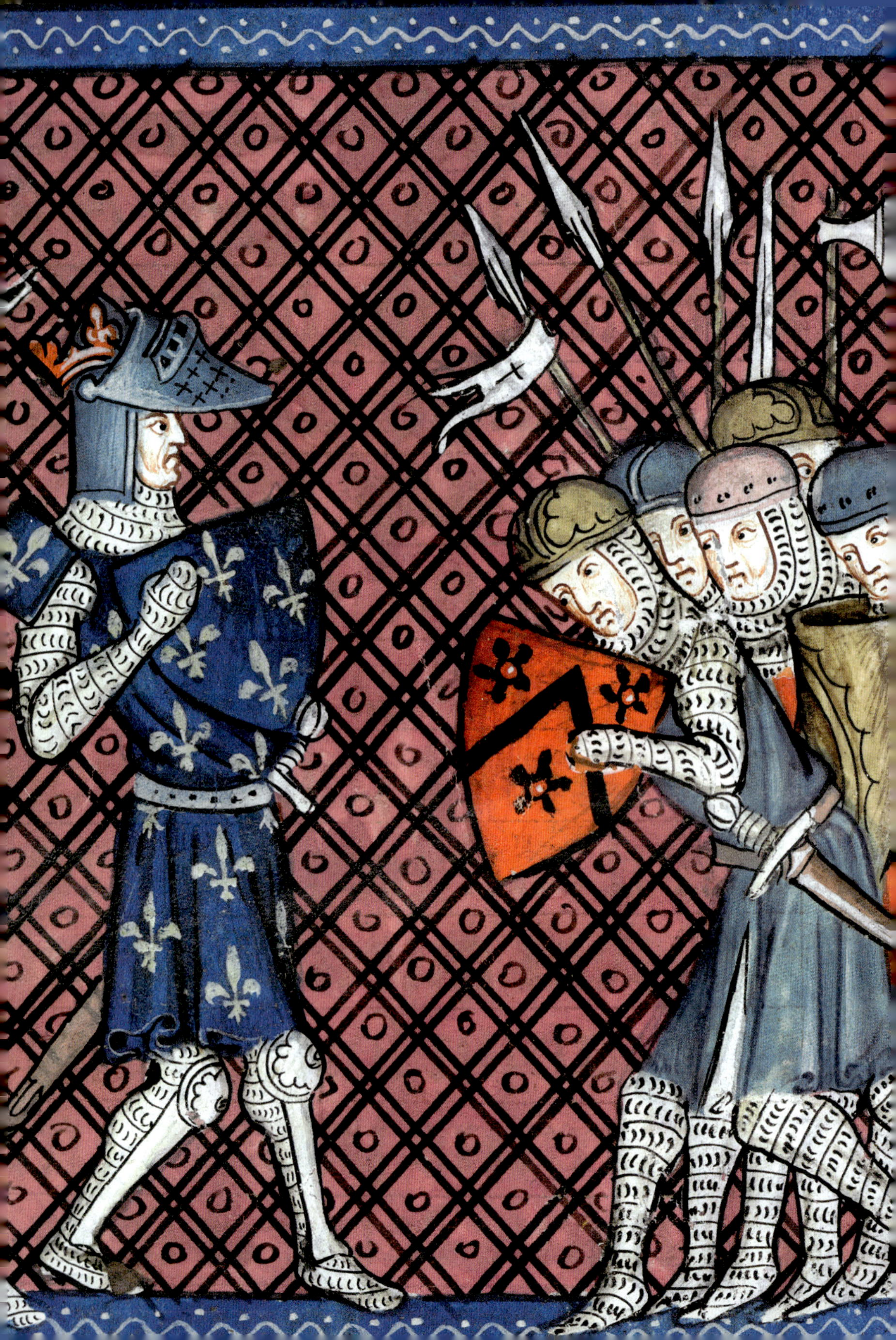

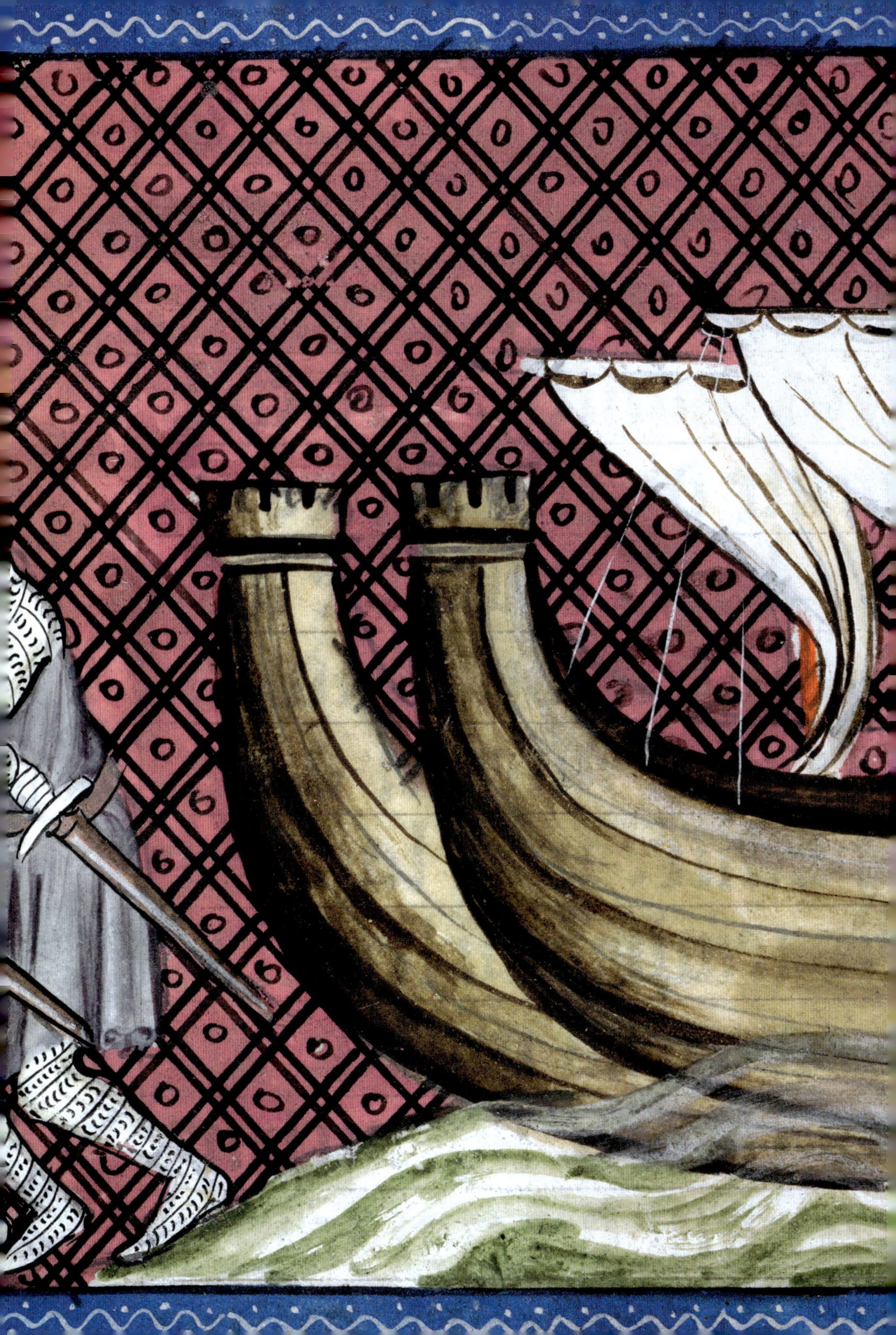

力和这位马其顿国王一样，拥有惊人的财富和慷慨的本性。1203 年，征服诺曼底之前，法兰西王国的收入约为 10 万巴黎利弗尔，1221 年，王国收入增加了一倍。此外，腓力的开支不超过收入的三分之二，因此王室国库中有着巨额盈余（79 万巴黎利弗尔），这笔财富一直支撑到他的孙子路易九世（Louis IX）统治时期。腓力二世留给继承者的不仅是领土有所扩张的王国和高效的行政体系，也有坚实的财政基础，这也是为何路易九世能够花费大笔钱财去修建教堂、购买圣物、四处布施，发动雄心勃勃的十字军东征的原因。得益于腓力·奥古斯都的成功，法兰西王国才承担得起路易九世的无度挥霍。（J.B.）

圣多明我

（Saint Dominique，约 1172—1221 年）

多明我出生在卡斯蒂利亚王国的卡莱鲁埃加（Caleruega）的贵族家庭，他曾在巴伦西亚（Palencia）求学，后进入修会。领受圣职之后，他在 1196 年成为亚斯马（Osma）大教堂教务会的议事司铎，1201 年成为其修道院副院长。1203—1205 年，多明我陪同主教狄亚谷（Diègue）前往北欧，他发现那里的库曼人（les Cumans）部落仍烧杀掳掠，便心生劝其皈依基督教的想法。在回国途中穿越法国西南部时，他注意到该地区的宗教争议，基督教会称其为"阿尔比异端"。1206 年，他在朗格多克地区和一些西多会僧侣共同参加一次布道活动，但以失败告终，于是他在法国南部的普鲁叶（Prouille）创建了一所修道院，接纳他所感化的妇女。在狄亚谷的支持下，他决定留在该地区，宣讲《福音书》和对教会的忠诚，并以个人名义托钵行乞。他在一些公开辩论中与伏多瓦派（les Vaudois）和清洁派（les Cathares）舌战，例如 1207—1214 年在蒙特亚尔（Montréal）和方若（Fanjeaux）举行的辩论。1215 年，在西蒙·德·蒙德福特[①]（Simon de Montfort）的支持下，他创建了一个修会，该修会按照奥古斯丁的规训生活，致力于传播基督教，图卢兹主教允许该修会的修士在他的主管教区内传教。同年，他参加了拉特兰第四次大公会议，他可能在会议上遇到了阿西西的方济各（但我们没有确切证据）。1216—1219 年，教皇洪诺留三世（Honorius Ⅲ）将他们的传教范围扩大到整个基督教世界，并批准成立了一个布道修士修会，随后被称为多明我会（les Dominicains）。

1217 年，针对清洁教派的十字军征伐导致朗格多克地区的政治局势动荡，

[①] 第六代莱切斯特伯爵，法国裔英国贵族，他在第二次男爵战争（1263—1264 年）中率领贵族反抗亨利三世的统治，成为英格兰的实际统治者。他在统治期间召开了一次直接选举产生的议会，因此他被视为现代议会制的创始人之一。

多明我前往巴黎、博洛尼亚和西班牙成立了一些修道院。他把一些修士派往有大学的城市,他们在大学生和教师之中招募了许多新成员,尤其是奥尔良的里吉纳尔(Réginald),身在巴黎的萨克森的茹尔丹(Jourdain de Saxe)和博洛尼亚的克雷莫纳(Crémone)等,因此新成立的多明我会具有非常明显的学术特征。1220年,多明我会第一次教务会议在博洛尼亚召开,此次会议将乞讨的做法推广到整个修会,并颁布了会规,确定了修会的特性,强调其"传教"和"托钵"的誓愿。修会不应当有固定收入或土地财产,它应当依靠捐献维持生活,以朴素的建筑为住所。传教修士传播上帝的言语,作为交换,从听众那里获得能够满足自己和修会需求的物质。修士们定居于城市,与他们服务的社会群体有密切的依赖关系。1221年,多明我召开大会,将修会分为不同省区,他还在罗马建成了圣西斯特(Saint-Sixte)女子修道院以及阿文蒂诺山(Aventin)上的圣萨宾(Sainte-Sabine)男子修道院。随后,他来到伦巴第的乡间布道。同年8月6日,操劳过度的多明我去世,被葬在博洛尼亚修道院中。

多明我去世之时,修会已经拥有几百个小修会、25所修道院和5个省区,虽然修会非常低调,但它涉及的地区已经很广。一些女性团体也加入多明我会,例如安达洛的戴安娜(Diane d'Andalo)领导的博洛尼亚的圣阿涅斯(Sainte-Agnès)修会。1234年,多明我被教皇格里高利九世封圣,教皇与多明我有私交,他借此之际对故友的圣洁和修会大加赞扬。在教皇看来,多明我会恰好能够满足当时基督教会的需求,组成修会的是一些虔诚的教士,他们在教义方面受过良好教育,并且依靠教廷的指令行事。

多明我在世时并不是宗教法官,但他被封圣之后不久,教皇决意由多明我会设立宗教裁判所(l'Inquisition,1233年),因为多明我会的修士们拥有与异端者对抗的经验。多明我会的修道院中始终有多明我的形象出现,对他的崇拜也藉由这些修道院和后来的世俗慈善团体传播到了整个基督教世界。(A.V.)

多明我会修士既乐善好施,又与异端作斗争,如同银币和书的两面。
《圣多明我主持的火刑:异端书籍和正统书籍经历烈火考验》(*Autodafé présidé par saint Dominique, épreuve du feu du livre hérétique et du livre orthodoxe*),15世纪,细密画,选自博韦的樊尚(Vincent de Beauvais)的《历史之镜》(*Miroir historial*),尚蒂伊,孔代博物馆

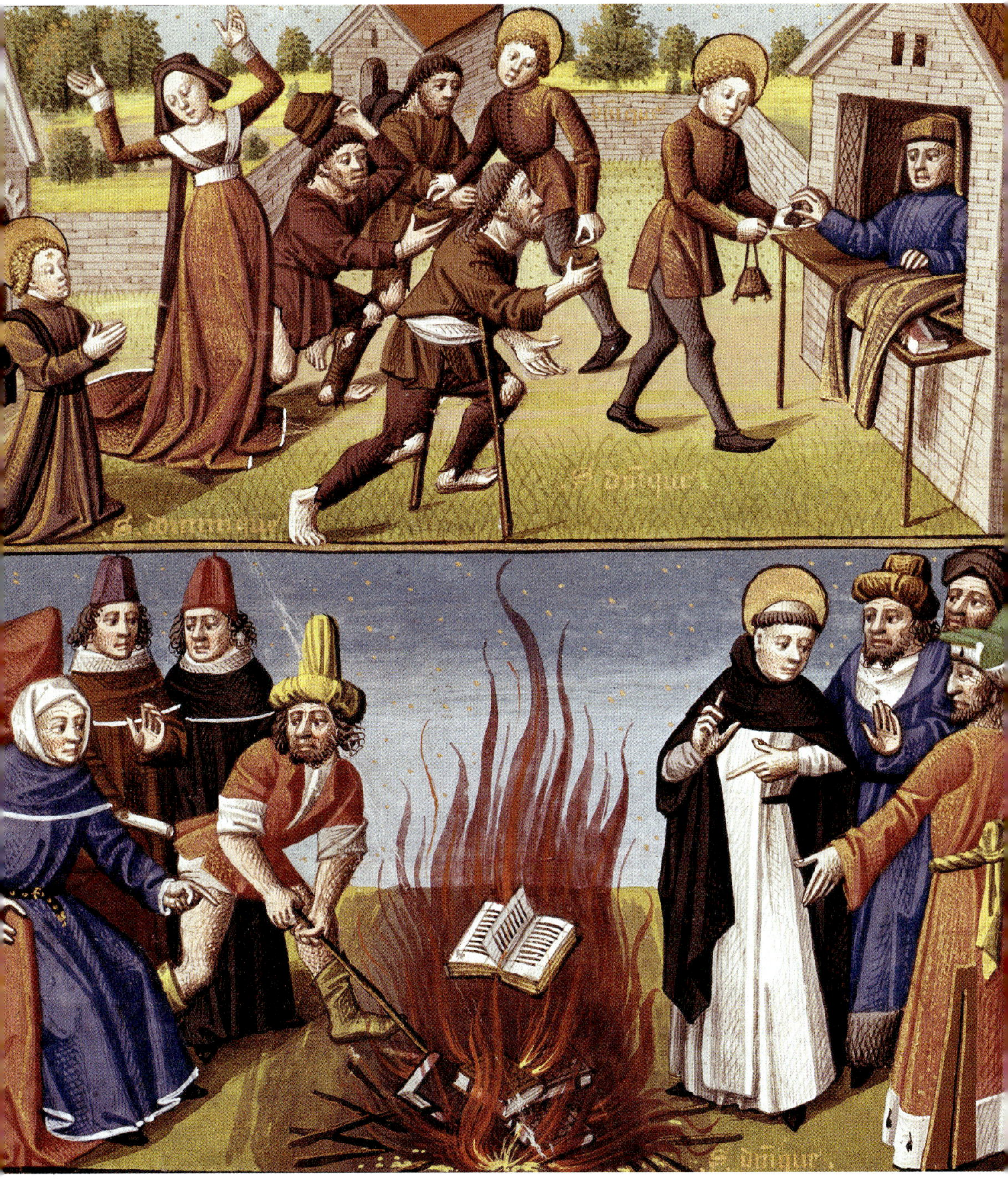

西里西亚的圣海德薇（雅德维加）

（Sainte Hedwige de Silésie (Jadwiga)，1174—1243 年）

圣海德薇（或雅德维加）[①]是西里西亚[②]（Silésie）公爵夫人，出生于1174年。1186年，她嫁给了西里西亚公爵大胡子亨利（Henri le Barbu），并在切布尼察[③]（Trzebnica）建立了一座西多会女子修道院，过着节俭朴素的生活。海德薇与方济各会的关系密切，但她的生活方式更接近于苦修，例如她赤脚行走，只喝水等。然而，与其他托钵修会，尤其是方济各会的修士一样，她对穷人充满仁爱之心。她在世期间，完成了许多具有传统特征的神迹，例如治愈病人，使自缢者复活，把水变成葡萄酒，把葡萄酒变成水等。1267年，她被教皇克雷芒四世（Clément Ⅳ）封圣，随后被波兰人选为主保圣人，因为西里西亚在当时属于波兰人。她很早就成为基督教艺术家的灵感之源，1363年完成的拉丁语版《圣海德薇传》（*Vie de sainte Hedwige*）描述了她生前和死后的许多神迹。1243年，海德薇在弗罗茨瓦夫[④]（Wrocław）的圣芭布（Sainte-Barbe）教堂去世，从14世纪开始，该教堂的许多壁画都以她为主要人物。18世纪，普鲁士征服西里西亚之后，普鲁士天主教徒重新开始崇拜圣海德薇，并以她的名字命名柏林的天主教堂，这座教堂是仿照罗马的万神殿而建。圣海德薇最常见的形象要么是手捧鞋履，这是为了表现她赤脚行走的习惯；要么是手托她在切布尼察创建的教堂的微缩模型。她既是中东欧传统的虔诚天主教徒的典范，也是这个地区（尤其是波兰和德国之间）的政治和宗教局势变迁的体现。（J.L.G.）

[①] 不要与波兰女王雅德维加（1370—1399年）弄混，这位波兰女王的丈夫是立陶宛大公和波兰国王瓦迪斯瓦夫·雅盖沃（Ladislas Jagellon），她也是第一个统一了波兰和立陶宛的女王。——原注
[②] 西里西亚是中欧的历史地域名称，绝大部分地区属于波兰，小部分属于捷克和德国。
[③] 切布尼察，位于波兰西南部下西里西亚省的城市。
[④] 弗罗茨瓦夫，位于波兰西南部的奥德河畔，是下西里西亚省的省会，波兰第四大城市。

史诺里·史特卢森

(Snorri Sturluson, 1179—1241年)

我们对史诺里·史特卢森的了解源自他所著的冰岛史诗。这些史诗是创作于12和13世纪的散文故事,讲述了北欧主要王朝的历史以及冰岛被发现的过程。9世纪末,维京人开始在这座面积10万平方千米的庞大岛屿上定居。史诺里·史特卢森既是史诗人物之一,也是这种文学形式的主要创作者之一。

史诺里·史特卢森出生时,冰岛已经被发现了三百年,岛上居民皈依基督教也已有两百年。在很多人看来,他成长的社会与当时的欧洲格格不入。当地的首领不承认任何国王的权威,他们每年召开一次议会,解决他们的争端,他们同样在议会上投票通过管理国家生活的法律。冰岛拥有几十万来自附近各个国家的水手,它不需要军队,因此,这里没有形成过任何政府机构。冰岛与挪威的关系非常密切,对冰岛人而言,挪威宫廷是一个提高社会地位的机会,有时他们能够以诗人或吟唱诗人的身份出入宫廷,他们吟唱的诗歌赞颂君主或战士的重要事迹,使用极其复杂的节奏韵律,语言则要求特定的词汇,诗中的委婉表达通常涉及北方古老的异教神话。

史诺里生平中的重要事件都被记录在一部史诗中,这部史诗讲述了12世纪末到13世纪最后三十年期间冰岛的主要历史事件。他的父亲与冰岛议会的法律

冰岛学派,《骑士》(Cavalier),18世纪,史诺里·史特卢森的《埃达》(Edda)中的插图(局部)
雷克雅未克,阿尔尼·马格努松(Árni Magnússon)学院

北欧万神殿偏爱的神

冰岛学派,《奥丁》(Odin),18 世纪,细密画,选自史诺里·史特卢森的《埃达》,雷克雅未克,阿尔尼·马格努松学院

冰岛学派,《海姆达尔在诸神的黄昏到来时吹响号角》(Heimdal soufflant dans sa corne devant Ragnarok),18 世纪,细密画,选自史诺里·史特卢森的《埃达》,雷克雅未克,阿尔尼·马格努松学院

长老约恩·洛夫松（Jón Loptsson）发生分歧和冲突。作为双方修好的担保，史诺里 3 岁时被送到洛夫松家中，成为其养子。

约恩·洛夫松是挪威国王的外孙，也是冰岛文学的奠基人之一、博学者山姆德尔（Saemundr le savant）的儿子，他们的家族领地奥迪（Oddi）是冰岛的学术中心之一，史诺里就在那里长大。我们可以推测，他从小接受的教育就是像大领主一样生活和思考，而且他也要学习兵器、诗歌和法律。20 岁时，史诺里娶了冰岛西部的一位富有的女继承人为妻。几年之内，他就积累了权力和财富，成为著名的法学家、诗人和政治战略家。35 岁时，他成为"法律的朗诵者"（diseur des lois），这是当时冰岛极少数光荣的职位之一，该职位要做的是管理每年召开一次的议会中的立法事宜。

史诺里将一些赞美诗送到挪威统治者那里，后来他受邀赴挪威宫廷。接待他的是尚未成年的年轻国王哈康（Haakon）和摄政公爵施库里（Skule），后者将他册封为挪威王国的男爵，他是第一个获此封号的冰岛人。返回冰岛之后，他致力于使冰岛臣服于挪威王室。在随后的 15 年间，史诺里施展谋略，积累权力，但他的任务进展似乎并不顺利。在挪威，年轻的国王哈康四世与摄政公爵之间的关系逐渐恶化。史诺里站在了摄政公爵一边，他的侄子也是他的主要竞争对手之一的斯图拉·西弗瓦特松（Sturla Sighvatsson）选择了哈康四世。在挪威国王的强力支持下，斯图拉入侵叔父的领地，史诺里被迫逃亡至挪威，摄政公爵正在酝酿起兵反抗国王。斯图拉死后，史诺里回到冰岛，不顾挪威国王的禁令，夺回自己的领地。哈康四世镇压了谋反的公爵之后，往冰岛下了多封诏书，要求史诺里回到挪威宫廷。如果史诺里拒不服从，只有死路一条，他没有任何选择。1241 年 9 月 23 日深夜，史诺里在雷克霍特（Reykholt）的住处遭遇突袭，当场被杀。在他跌宕起伏的一生中，史诺里创作了至少两部日耳曼中世纪文学的代表作即《埃达》（*Edda*）和《海姆斯克林拉》（*Heimskringla*，又称《挪威列王传》）。《埃达》[①] 是一部为想要接受吟唱艺术启蒙的人所撰写的诗歌

[①] 这部作品通常被称为散文体《新埃达》，是对创作于 9—13 世纪之间的诗体《旧埃达》的诠释著作。

论著，第一部分讲述的是《圣经》传说和北欧神话的主要事件，例如《欺骗吉尔菲》(*La Mystification de Gylfi*) 是一个以挪威古代信仰为基础讲述世界起源的故事，后两部分是关于吟唱诗歌语言的论著，并附上了一首诗来阐释该文学体裁中不同的韵律。《海姆斯克林拉》是一部史诗合集，讲述的是从神话起源开始的挪威王朝的历史。这部作品参考了各种文献材料，以现实主义的方式描写了王国内部的权力关系，并对那些与国王发生冲突的地方大领主带有一定的同情。史诺里也有可能是另一部重要作品的作者，即诗体史诗《埃吉尔》(Egill)。这部作品生动描写了一个冰岛家族与挪威王室的冲突。虽然这部作品的故事背景是10世纪，但它反映了13世纪冰岛领主面对影响力与日俱增的挪威国王时的矛盾情感。

史诺里·史特卢森是冰岛历史重要转折点中的关键人物，也是一位历史学家、诗人和文学开拓者，他创作出了一部无与伦比的著作，保存了大量与北欧神话和文化有关的珍贵文献和信息，为整个北欧文化打上了深刻而持久的烙印。（T.T.）

阿西西的圣方济各和圣克莱尔

（Saint François d'Assise et sainte Claire，1182—1226 年；约 1193—1253 年）

阿西西的圣方济各和圣克莱尔两人出现在 12 世纪和 13 世纪之交，恰好是中世纪社会大发展的时期。所谓的大发展首先表现为经济迅猛发展，与伊斯兰地区的商贸往来愈加频繁，农业不断进步，农业收益不断增加，手工业取得发展，充满活力、热闹喧哗的集市开始出现等，其中香槟地区的集市最负盛名。这种发展催生了一种新型社会，虽然农村经济依旧占据主导，但城市前所未有地成为推动社会繁荣和权力集中的动力源泉，除了传统的封建贵族以外，新的权贵、富人、商人和市民也纷纷出现。正是因为早年过度沉迷于金钱，圣方济各后来才成为一位改革家和圣人。

方济各出生在翁布里亚地区的阿西西（Assise），这是一座规模虽小但充满活力的城市。他的父亲是一位商人，经常为了做生意长途跋涉，尤其要前往法国，当时的贸易仍处于这种阶段。金钱之外，法语是另一件令方济各痴迷的事物，这种痴迷是积极向上的。他出生时，父亲身在法国，他被取名为乔万尼（Giovanni）（1182 年），但后来他换掉了这个传统名字，改成了方济各（Francesco）这个令当时的人们费解的新名字，或许"方济各"源自他对法国、法国的语言和文化的向往，但他从未踏足这片土地。根据他的一位传记作家所述，"当他对圣灵充满炽热之情时，便用法语高声讲话，在树林中用法语歌唱"。年少时的方济各在阿西西过着富家子弟的幸福生活，与所有贵族阶层的年轻人一样，他渴望成为一名战士。

1202 年，阿西西和佩鲁贾的居民之间爆发了一场小型冲突，方济各被俘之后，被迫在佩鲁贾用一年时间赎罪。恢复自由身之后，他放弃了军事幻想。回到阿西西，他震惊于大街小巷随处可见的贫穷。一部分人发财致富导致的不平等

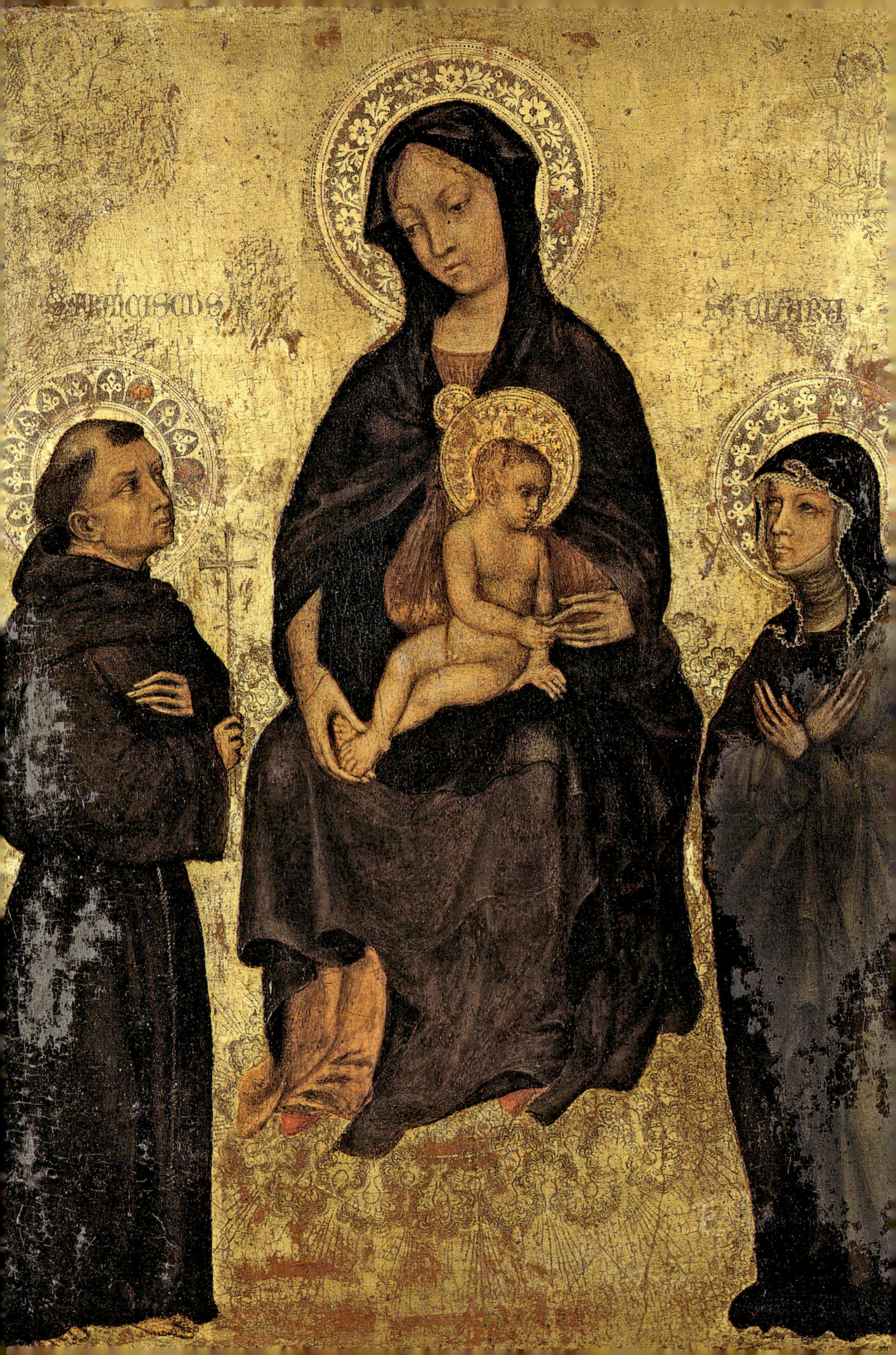

不断加剧，这些穷人却要为此付出代价。城市中的圣达米亚诺（San Damiano）教堂之破败也出乎他的意料，负责管理这座教堂的教士没有足够的钱财对其进行维护。他从父亲的商铺中拿了一匹布料，骑马来到佛里格诺（Foligno）将布料卖掉，然后徒步返回阿西西，将卖布料的钱捐给圣达米亚诺教堂那位贫穷的教士。他的父亲大发雷霆，用烂泥和石子砸他，还将他绑起来，关在家中的禁闭室里。被母亲偷偷释放之后，他逃到主教那里，在公共广场上号召阿西西的百姓放弃自己所有财产，脱去所有衣物，表明自己要加入当时的"愤怒者"的行列，他的口号是"赤身裸体，追随裸身基督"。他来到阿西西城外的宝尊堂（Porziuncola）的小礼拜堂中祈祷时，听到教士在朗读《马太福音》（Évangile de Matthieu）第十章："随走随传，说'天国近了'！腰带里不要带金银铜钱。行路不要带口袋，不要带两件褂子，也不要带鞋和拐杖。哪一城哪一村都要去。"

方济各找到了自己的命运，他脱去鞋子，扔掉拐杖，只留一件长衣，用一条绳子做腰带，这就是后来人们把方济各会修士称为绳索腰带修士（les Cordeliers）的原因。1209年到1210年的冬天，十一位同伴来到宝尊堂，加入他的行列，这样他们刚好十二人，如同十二使徒一样。主教对方济各心生怀疑，遭到威胁的方济各和同伴前往罗马，寻求教皇的支持。英诺森三世最初颇为震惊，后来他在梦中看到拉特兰大教堂即将坍塌，一个身材矮小、面容丑陋的教士赶来用他的背支撑住将倾的教堂，这个教士恰好就是方济各。教皇随即批准了方济各呈上的那句用来作为讲道主题的经文（或许就是上文引用的福音书经文），但他要求方济各的团体必须服从他，只能以讲道作为唯一活动。罗马人，尤其是某些教廷成员的丑恶行为令方济各非常反感，于是他回到翁布里亚。当他来到贝瓦尼亚（Bevagna）时，他对鸟类讲道，这些鸟并不是后世传说中的美

圣母为13世纪的新托钵修会赐福

詹蒂莱·达·法布里亚诺（Gentile da Fabriano），《怀抱圣子耶稣的万福圣母玛利亚与圣方济各和圣克莱尔》（Vierge à l'enfant en gloire avec saint François d'Assise et sainte Claire），约1390—1395年，木板蛋彩画，帕维亚，马拉斯皮纳（Malaspina）美术馆

丽小鸟,他号召那些有攻击性的鸟,猛禽、乌鸦等所有拥有巨喙的鸟类去攻击那些滥用权力、侮辱基督信仰的神职人员。从 1210 年底开始,方济各常常从宝尊堂出发,前往阿西西、意大利北部和中部,甚至北部的拉维纳山(la Verna)讲道,后来一位领主把拉维纳山送给了方济各。

1212 年,方济各招募了一个非常重要的伙伴。一个名叫克莱尔(Claire)的阿西西贵族少女深受方济各讲道的鼓舞,她和一个朋友一起离家出走,来到宝尊堂。方济各剪去了她们的长发,让她们穿上棕色粗呢修道服,然后把她们带到俯瞰阿西西城的苏巴西奥山(Subasio)上的本笃会女子修道院中。主教把圣达米亚诺礼拜堂交给了克莱尔和那些"贫穷女士们"(pauvres dames)(即后来的圣克莱尔会修女),这样方济各的修会就出现了一个女性分会。从此以后,方济各与克莱尔共同传教,并承诺像兄弟一样关照她。方济各施展了许多

一位近乎隐士和巡回布道者的圣人。这必定是他尚在世时,他人为他所作的第一幅画,画中没有圣痕和光环

圣方济各画师,《阿西西的圣方济各》(Saint François d'Assise),约 1228 年,壁画,苏比亚科,圣本笃圣殿,圣格里高利礼拜堂

神迹，例如在古比奥（Gubbio）喂一只凶狠的恶狼[1]；多次前往圣地觐见苏丹，但他并未成功使其皈依基督教，回国之后，他坚信必须用话语而非武器使其改宗。1220 年，五个方济各会修士在摩洛哥惨遭杀害，他们是最早的一批殉道者。方济各会成员之间的纷争严重破坏了修会的团结，方济各费了很大心力才将其平息下来。争论的主题包括大学教育（他只允许帕多瓦的安东尼（Antoine de Padoue）一人在大学进修）、托钵乞讨（他更倾向于手工劳作）以及拒绝服从不符合条件的圣礼等。1221 年，他制定了一份非常严格的会规，但被罗马教廷驳回。1223 年 9 月，教皇洪诺留三世接受了他深度修改后的会规。方济各曾一度想要反抗教会，但很快便打消了念头。他一直保持着世俗的生活作风。1226 年

美貌与神圣
西蒙涅·马尔蒂尼（Simone Martini），《圣克莱尔》（*Sainte Claire*），约 1332 年，壁画，阿西西，圣方济各大教堂

---

[1] 古比奥城的居民被一只残忍饥饿的狼困扰很久，圣方济各得知之后，便亲自去城外山坡寻找这只狼。面对这只恶狼，圣方济各用树枝做了一根十字架似的棍杖，然后手持十字杖指向饿狼，让它靠近，要求它从此不再伤人。奇迹发生了，恶狼突然被感化，驯服地扑倒在圣方济各脚下。

10月2日，经历漫长的病痛折磨之后，身着苦衣[①]的方济各在宝尊堂去世。

方济各为后人留下了几部著作（这些作品最近有不错的新版问世），其中的《太阳颂》(Cantique de frère Soleil)被视为普世文学的经典诗歌之一，这首诗表现了方济各对万物的热爱，字里行间充满着如今所称的环保理念。

方济各会内部仍存在着争论，特别是与圣方济各的真正思想有关的论题。1260年，方济各会的会长圣波拿文都拉（saint Bonaventure）决定撰写一部圣方济各的官方传记，在此之前他人所写的相关传记被悉数销毁。这个令人难以相信的审查举动如今仍是一个"方济各会疑问"。至于克莱尔，她在方济各去世后继续活了近三十年，她的虔诚美名传遍了整个基督教世界。1247年，她拒绝了教皇英诺森四世（Innocent Ⅳ）为修女们制定的会规，她是第一个拥有如此勇气和智慧的女子。她随后亲自制定了一部会规，1253年8月9日，也就是她去世前两天，这部会规被教皇批准。罗马教廷想要结束与方济各和克莱尔有关的讨论，于是决定转移目标，而非打压舆论：1228年，即方济各去世两年后，教会将其封为圣人；1255年，即克莱尔去世两年后，教会也将其封圣。方济各不同于其之前和之后的基督教传统，直到今天，他仍是一位安贫、崇尚自然、生性乐观的伟大使徒，他是一位具有现代气息的圣人。（J.L.G.）

---

① 苦衣（或苦行服）是苦行者所穿的粗毛衬衣。

大阿尔伯特（埃尔伯图斯·麦格努斯）

（Albert le Grand，约 1193 到 1200—1280 年）

大阿尔伯特是 13 世纪重要的知识统筹者（organisateur du savoir）。这项任务的规模庞大，却并非官方指派，还充满了各种斗争，大阿尔伯特倾其丰富而多样的一生才将其完成。在讲述他这一生的重要时刻之前，我们必须抛弃一些阻碍理解的固有观念。

实际上，大阿尔伯特对神秘学充满兴趣，这使人误以为他撰写了许多关于魔法实践的书籍，这也是为何长久以来他的形象总是模糊不清。也有某些人指责他引入过多科学内容，破坏了神学研究。另一个真实存在、倾向性较弱的方面掩盖了他自己的独创性，这个方面主要与他对托马斯·阿奎那的教导有关。的确，托马斯·阿奎那早年在多明我会中度过，后在巴黎（1245—1248 年）和科隆（1248—1252 年）求学，并与大阿尔伯特长期保持着忠诚的友谊。1277 年，年迈的阿尔伯特专程来到巴黎，为托马斯（1274 年去世）那篇受到主教唐比埃（Tempier）批判的论文辩护。然而，这两位多明我会的重要人物截然不同。阿尔伯特对具体事物和对形而上学的兴趣不及托马斯。阿尔伯特更为入世，从 1254 年到 1257 年，他曾任多明我会的条顿尼亚（Teutonie）教省长官，1260 年被教皇任命为雷根斯堡主教，1263 年，他要求卸去该职，但继续为十字军东征

13 世纪重要的经院哲学学者
托马索·巴里西尼·达·摩迪纳（Tommaso Barisini da Modena），《圣人大阿尔伯特》（*Saint Albert le Grand*）（局部），1352 年，特雷维索，圣尼科洛教堂，多明我会教务会会议室

tunc calor nidi noctis pluuiis q̃ solidant in
aere ubi. Alia aũ alia pilosa domos hñt ad
q̃ sugiunt tpe frigoris traĥitur. qui aũ sere
nuꝰ ē liberum aperiunt aerem eo q̃ corpa pi
losa cõpta aeri insleuma putudinē giũt·
sic supius dcm̃ ubi assignauim̃ cãm cou
tuer capilloꝛ. Prudentie aũ op̃ q̃dam eoꝛ
pticipant sine omi premeditatione futuroꝛ
sz îsc îstinctu q̃ aggregant nõ q̃redurant
futurū tp̃is de ẽ ei· sz ex auiditate cibi pluitas
ꝓ q̃r t q̃dam alia sit apes plus multo aggregnt
q̃ sufficiat ad nutritū pūa hyeme tñ fa
ciunt ut dcm̃ est ex cibi p̃scutis auiditate·
sine futurū p̃ducatione· ¶ Incipit lib nonꝰ
de alibꝰ qui ē de ꝑnciȷpꝭ ⁊ origine gñatois
toꝰ· Tractatus pmꝰ· de origie q̃ expe c̃ ma
tur spmatis· c· 1· de signis pubtatis qñ pu
mū incipit descendere semen ad Iusticiā

autem reuter
tes ad principi
um gñatonis
hominis sicut
supius pmisim̃
dicemus de pñ
cipio gñonis eÿ
cu m matre ⁊
mulieꝛe ⁊ de
principio eiꝰ
nutrimō sz tempꝰis h̃ est qñ potest spregnari
mulier ⁊ spregnare uir· ⁊ usꝙ ad qua eta
te p secul h̃ uirtus sc̃is· Dicem̃ e de omibꝰ re
bꝫ ticulabꝫ q minuut hois gñoni siue ĩ se siue
t loco ⁊ m ꝑ causa gñonis accidunt· Supꝫ aũ
tam dẽm dẽã sunt de distãtia maris ⁊ sr̃e ⁊ de
ouilitate membroꝛ puenenm̃ ad gñonē· aũ
mas ē gñans ⁊ alia sue spei ex semine p̃o
sormante ⁊ distinguente creaturã· Femina
aũt ē gñans mse ex virtute sc̃is manens cui

// Diascoride // alberto .m.

学者：人体解剖

《分娩与多胎妊娠》（Accouchement et grossesses multiples），13 世纪，页面空白和段首字母，选自大阿尔伯特的论著《论动物》（Des animaux），巴黎，法兰西国家图书馆

知名学者中的大阿尔伯特

乔万尼·卡达莫斯托·达·洛蒂（Giovanni Cadamosto da Lodi），《著名医生之大阿尔伯特》（Médecins célèbres: Albert le Grand）（局部），1471 年？，选自《植物和果实之书》（Libro de componere herbe et fructi），巴黎，法兰西国家图书馆

布道。阿尔伯特的生活一直在教学和教会职务之间转换，直到去世。

阿尔伯特·德·波勒斯塔特（Albert de Bollstaedt）出生在施瓦本地区的多瑙河畔劳英根（Lauingen an der Donau）的骑士家庭。1223 年，他在帕多瓦完成了艺术和医学（至少是入门阶段）学业之后，加入该地的多明我会。修会会长萨克森的茹尔丹派阿尔伯特前往科隆学习神学。从 1228 年开始，他在科隆、希尔德斯海姆（Hildesheim）、弗莱堡（Fribourg-en-Brisgau）、雷根斯堡和斯特拉斯堡的研修班担任讲师。1241 年，他在圣雅克大街（rue Saint-Jacques）的多明我会学校（studium）担任讲师，1245 年，他在巴黎大学获得教职。1248 年，他成为新成立的科隆大学校（Studium generale）第一位教师，并邀请托马斯·阿奎那来此任职。

阿尔伯特留下了一部内容浩繁的著作，它成为所有经院哲学思想的灵感源泉。他的主要观点是将知识的两个领域区分开，让它们单独发展，但又不使其彼此对立或等级分化。虽然他的观点可以被大致定义为新柏拉图派，但他认为科学知识的主要来源在亚里士多德的作品中。他比任何人都想要证明这种科学与基督教是相容的。从他的职业生涯开始，他就立下壮志，要为亚里士多德的所有已知著作做评注。不仅如此，他还研究了阿拉伯哲学（阿尔-肯迪（al-Kindi）、阿尔-海什木（al-Hazen）、阿尔-法拉比（al-Farabi）、阿威罗伊）和犹太哲学。这并不是为了摆出一副博学的姿态，对他而言，为了找到"哲学生活"的基础，必须了解希腊哲学和阿拉伯哲学的各个方面。

他的自然科学论著的构思以亚里士多德为模板，浓缩了阿拉伯人评注和补充过的希腊语和拉丁语文献，尤其是天文学、数学和医学领域。阿尔伯特增加了自己的批评和观察，必要时也毫不犹豫地提出反对亚里士多德的意见。他推崇经验，亲自去拜访专家。从这个角度来看，他是一位不知疲倦的百科全书派学者，直接从各领域的专家那里寻找信息。

他在 1270 年完成的著作《论动物》（*Des animaux*）中有 19 卷内容引证古代文献，还有 7 卷内容是他自己的观察以及向猎人、驯鹰人和捕鲸者进行调查的成果。

阿尔伯特所涉及的另一个知识领域与《圣经》的启示有关，他对彼得·隆巴德的《箴言集》的注释对托马斯·阿奎那和波拿文都拉有着深刻影响。阿尔伯特曾多次尝试对《圣经》做细致的注解，因为他的作品中对神学的探索并不多。无论如何，他比任何人都更好地诠释了经院哲学推崇的好奇这一美德。（A.B.）

腓特烈二世

（Frédéric Ⅱ，1194—1250 年）

"维吉尔描绘了未来世界君主的肖像。"这是 1927 年，恩斯特·康托洛维茨（Ernst Kantorowicz）所写的关于腓特烈二世传记的开篇之词，这部传记成为希特勒最喜欢的作品之一。康托洛维茨是一位出生在波兹南（Poznań）的犹太学者，他虽支持德国民族保守主义，仍于 1934 年被逐出法兰克福大学。无论是对于康托洛维茨这位研究中世纪的学者还是对于 13 世纪的人们而言，这位"阿普利亚的孩子"（enfant d'Apulie）是一位将罗马帝国和日耳曼思想与预言和弥赛

驯鹰人，狩猎大师
《腓特烈二世》(*Frédéric Ⅱ*)，13 世纪，细密画，选自一部驯鹰著作，巴黎，法兰西国家图书馆

亚故事融合在一起的英雄。腓特烈-罗杰①（Frédéric-Roger）出生于1194年，是皇后西西里的康斯坦斯（Constance de Sicile）与霍亨斯陶芬王朝的皇帝亨利六世（Henri Ⅵ）的儿子，红胡子腓特烈一世的孙子，他在2岁时被选为罗马人的国王，4岁成为孤儿，5岁成为西西里国王，在意大利南部被教皇、诺曼和德国贵族抚养长大，支持他的人称其为"震惊世界者"，反对他的人称其为"反基督者"。

大量文学作品描写过腓特烈二世漫长的统治期间的一切成功和失败，数量众多的小册子对他进行抨击或宣扬或许也并不新奇，因为这位皇帝实在难以归类，他可以是教士国王和皇帝、战争领袖、诗人、哲学家、译者、业余天文学家和解剖学家、建筑师，他甚至还写过一本关于驯鹰狩猎的书。他是德国和罗马人的国王，神圣罗马帝国皇帝，西西里国王和耶路撒冷国王，两位德国国王、三位西西里国王和一位撒丁国王的父亲，他的一生绝对堪称传奇。

1197年，亨利六世英年早逝，这不仅破坏了霍亨斯陶芬王朝让年幼的腓特烈-罗杰统治德国和西西里王国的计划，也在德国和意大利掀起了一场冲突，冲突双方分别是霍亨斯陶芬王朝的皇帝派支持者和萨克森的教皇派支持者，最终导致1198年出现两次选举，并选出了两位皇帝：一个是亨利六世的弟弟、年幼的腓特烈的叔叔施瓦本公爵腓力（Philippe de Souabe），另一个是奥托四世（Otton Ⅳ）。这种局面不仅让教皇英诺森三世成了裁判，也让年幼的腓特烈彻底失去了有朝一日夺回皇帝宝座的机会。然而，1208年施瓦本公爵腓力遇刺，1212年奥托四世被教皇开除教籍（他在1209年加冕），1214年7月27日，支持奥托四世的英王失地王约翰在布汶战役中输给法王腓力·奥古斯都，这一切都让腓特烈时来运转，他在1211年已经被加冕为日耳曼国王，1212年和1215年又分别再次加冕。这些发生在德国的皇帝选举和反选举事件不仅证明了德国贵族的影响力，也表明教皇在神圣罗马帝国事务的控制力逐渐增强。腓特烈最初遵守了承诺，令神圣罗马帝国与西西里王国分离，让教皇摆脱了被左右夹击

---

① "腓特烈-罗杰"这个名字是为了纪念他的祖父腓特烈一世（神圣罗马帝国皇帝）和外祖父罗杰二世（阿普利亚、卡拉布里亚和西西里公爵，1130年加冕为西西里国王）。

玫瑰，宫廷爱情的象征之花
腓特烈的画师，《腓特烈二世将玫瑰献给妻子英格兰的伊莎贝拉公主》（*Frédéric II offre la rose à sa femme la princesse Isabelle d'Angleterre*）（局部），1239 年，壁画，巴萨诺-德尔格拉帕（Bassano del Grappa），芬科宫（Finco）

的处境。1220 年，腓特烈在罗马被加冕为神圣罗马帝国皇帝。不久之后，他重拾恢复帝国荣耀的雄心壮志：一方面，他采取积极而严厉的政策，重新掌控西西里王国（1220 年卡普亚（Capoue）法庭逐渐扩大王室特权，1231 年颁布麦尔菲宪法，1224 年成立那不勒斯大学）；另一方面，他努力巩固在德国的王权（儿子亨利七世（Henri Ⅶ）被选为国王），1220 年和 1231 年将特许权分别赋予教会诸侯和世俗诸侯，1226 年，向条顿骑士团颁发特权诏书"里米尼诏书"（bulle de Rimini）。因此，腓特烈与教皇国之间的矛盾日益激化，他曾在 1215 年许诺参加十字军东征解放圣地，并在 1225 年与耶路撒冷的国王的女儿订婚时再次起誓。教皇国指责他违背了这诺言。但腓特烈二世忙于重组意大利和德国的政治局面，导致十字军东征被推迟，1227 年，腓特烈二世被开除教籍，他必须前往圣地才能解除这项处罚。1228—1229 年，腓特烈二世与埃及苏丹卡米勒（Al-Kamil）谈判，要求基督徒的地位得到承认，据说腓特烈二世对阿拉伯文化的了解给卡米勒留下了深刻印象。腓特烈带着收复圣地的荣誉，回到了西方，但在教会、意大利和西西里王国的事务方面，他再次遇到新教皇英诺森四世的阻挠。1239 年，教皇第二次将他开除教籍；1245 年，里昂大公会议对腓特烈二世进行审判并处以绝罚；1246 年和 1247 年，在教皇的怂恿下，德国相继出现两个敌对国王。腓特烈执政末期的最大特征是两大敌对政权的拼死搏斗（刺杀、下毒、极刑、背叛），各个王国、公国、宗教骑士团和大学都被卷入其中，一直持续到他 1250 年去世（他被葬在巴勒莫）。（P.M.）

哈康四世，老哈康

（Haakon Ⅳ Haakonsson l'Ancien，1204—1263 年）

1247 年 7 月 29 日，圣奥拉夫日，哈康四世（1217 年被王国议会选举为君主）被正式加冕为挪威国王，在场的有红衣主教萨宾的纪尧姆（Guillaume de Sabine）和教皇英诺森四世的使节。史诗编年史作者借此之机，赞颂了哈康统治时期的荣耀和重大事件，例如盛大的节日，民众的支持，最重要的是教皇使节承认国王是基督教君主的楷模。地处遥远的欧洲北部的挪威从此正式成为基督教世界的一部分。

哈康出生时的情况却完全不同，他是国王哈康三世（Haakon Ⅲ）的私生子，1204 年父亲死后六个月才出生。当时的挪威王国处于分裂状态，英奇二世（Inge Ⅱ Bardsson）掌控挪威北部和西部。哈康的合法性一直遭到质疑，但 1217 年英奇二世去世后，他仍被选为国王，这或许是因为他的祖父斯维尔国王（Sverre）的缘故，老国王的支持者在挪威仍有一定的影响力。然而，哈康还有一个强劲的对手，即大领主（jarl）施库里·巴德森公爵（Skuli Bardsson），他是英奇二世同父异母的兄弟，也是哈康统治初期的摄政公爵。哈康逐渐在全国树立了自己的权威。镇压施库里公爵的叛乱后（1239—1240 年），哈康终于成为挪威唯一的主人，可以全心投入其他事务。

哈康四世修订了法律（他的儿子马格努斯六世（Magnus Ⅵ，1263—1280 年）在位期间完成修订），巩固了王室司法权力。他向许多外国君主（包括神圣罗马帝国皇帝腓特烈二世和摩洛哥苏丹）派去密使，把女儿嫁给卡斯蒂利亚国王的儿子。他向内部四分五裂的丹麦出兵，增加了自己在北欧地区的影响力。他把格陵兰岛（1261 年）和冰岛（1262 年）并入王国版图，在挪威北部地区同时进行殖民和传教活动。哈康是第一个建造砖石住宅、大量修建教堂的挪威国王。他还命人将法国骑士书籍和《圣经》节选翻译成古挪威语，并支持用通用语撰写历史和教学著作。1263年，为了夺取曼岛（Man）和赫布里群岛（les Hébrides），他对苏格兰发动进攻，最终战败病死在越冬营地。

我们对哈康四世统治的了解源自他的史诗，这部史诗是在他死后不久，由冰岛族长斯图拉·索达森（Sturla Thordarson）在1264—1265年编纂而成。虽然诗中有大量细节描写，但国王的形象仍然非常模糊，所以现代对哈康四世的理解非常多样化。有些人认为哈康备受民众欢迎在很大程度上是虚构的。但无论如何质疑，如果没有高超的政治能力，他绝对无法完成那些业绩。他的主要优点似乎是耐心、谨慎以及卓越的外交天赋。仅仅凭借大多数贵族和民众的支持，他就可以击败施库里，随后循序渐进、有条不紊地在国内外扩大自己的影响和威望。

史诗同样记录了他对文学的兴趣。临死之前，哈康四世命人为他朗读拉丁语书籍。由于他的身体极为虚弱，难以理解这门艰深的语言，他便要求为他朗读挪威语书籍，首先是一些圣人故事，然后是从远古到祖父斯维尔国王统治时期的史诗。"午夜时分，'斯维尔史诗'已经读完。不久之后，万能的主召唤国王哈康，他就此离开人间。"虔诚的文人国王形象（1247年教皇特使在国王加冕时对此大加赞扬）证明了他接受的教育和至死不渝的虔诚。祖父的史诗朗读完毕之时，他魂归天国，这个场景极具象征意义，将他塑造为一个君主楷模。（S.B.—法文由德尼-阿尔曼·卡纳尔（Denis-Armand Canal）译自英文）

匈牙利的圣伊丽莎白

（Sainte Élisabeth de Hongrie，1207—1231 年）

1225 年左右，匈牙利伯爵想要把伊丽莎白公主从图林根带回匈牙利宫廷时，一边感叹，一边在胸前划了一个十字架："我从来没有见过国王的女儿纺羊毛！"此时的伊丽莎白已经失去了丈夫图林根伯爵路易，成为寡妇。根据她的女仆所述，使团找到她时，她正在纺羊毛。在这位公主的生活和对她的崇拜中，她已经成为方济各会安贫的最佳代表。

伊丽莎白是匈牙利国王安德烈二世（André Ⅱ）和梅伦的格特鲁德（Gertrude de Meran）的女儿。她 4 岁时被送到图林根伯爵赫尔曼一世（Hermann Ier）的宫廷中，成为伯爵长子的未婚妻。图林根在当时成为新崛起的德国行吟诗人文化中心之一，瓦尔特·冯·德尔·弗格尔瓦伊德[1]（Walther von der Vogelweide）和沃尔夫拉姆·冯·埃申巴赫[2]（Wolfram von Eschenbach）都曾来到这里。伊丽莎白在这种自由轻松的氛围中长大，14 岁时嫁给路易，她在德国被方济各会早期的传教士之一罗杰（Rodeger）劝导皈依基督，后来她选择另一位热衷于宗教新思想的布道者马尔堡的康拉德（Conrad de Marburg）作为精神导师。

检查尿液是中世纪医学的重要做法
《医生检查匈牙利的圣伊丽莎白的尿液，以确定她是否怀孕》（*L'Examen des urines de sainte Élisabeth de Hongrie afin de savoir si elle est enceinte*），15 世纪，细密画，选自《约翰二十二世的圣经》（*Bible dite de Jean XXII*），蒙彼利埃，阿特热博物馆

---

[1] 瓦尔特·冯·德尔·弗格尔瓦伊德（约 1170—约 1230 年），德国中世纪最伟大的抒情诗人。
[2] 沃尔夫拉姆·冯·埃申巴赫（约 1170—1220 年），德国中世纪最杰出的史诗作家之一。

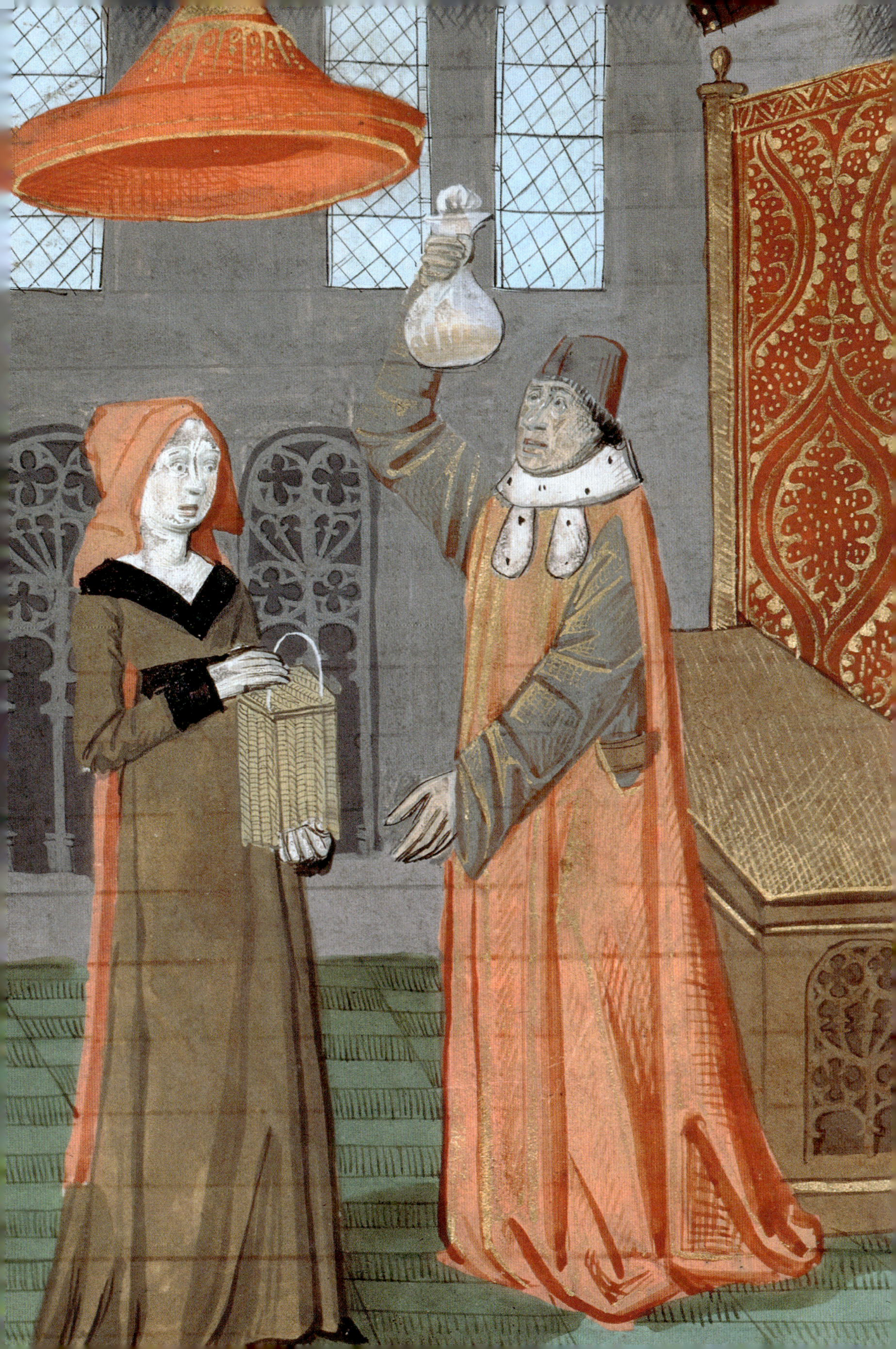

基督教的影响让伊丽莎白公主和周围人的生活发生了深刻变化。伊丽莎白采取了一种不加掩饰的做法，例如她拒绝自己的身份地位，和穷人一起走在宗教游行队伍中，穿着破烂的乞丐服装出现在女仆面前。在节庆宴会上，她也要吵闹一番，拒绝一切来源"不公"（对穷人或教会财产的剥削）的食物。她劝导宫廷贵妇们放弃时髦的服装和有伤风化的舞蹈，对不久之前在中欧流传开来的宫廷文化提出批评。与此同时，她开始行善，其力度令人震惊，例如她准备在饥荒来临时，发放伯爵储存的粮食，还将她的沃特堡宫殿（Wartburg）改成医院。1227 年，参加十字军东征的丈夫路易在途中去世，她离开宫廷，在马尔堡（Marburg）建立了一所献给刚刚封圣的圣方济各的麻风病医院。

她细心照料病人，最终在简陋的环境中去世。在托钵修会倡导的新福音主义大发展时期，伊丽莎白的范例取得了最令人叹为观止的成功：一位国王的女儿放弃自己的身份地位，为了信仰而安于贫困，致力于为穷人提供帮助，这一切都使民众对她的崇拜立刻涌现并普及开来。1235 年，伊丽莎白被封为圣人。

伊丽莎白的魅力和吸引力不仅在于她彻底抛弃了自己的地位、奢华的宫廷和世间的财物，"将其视为垃圾和粪土"，还在于她以柔和的方式向丈夫和周围的人普及自己的态度。她拥有谨慎而敏锐的反抗精神，她的行动将信仰贯彻到底，她对病人的照料无微不至，丈夫死后，她将所有财产用于自己的事业，即帮助穷人、治愈疾病、修复世间不公，这一切足以令她的敌人自惭形秽。正因为如此，她才成为社会福利机构在中世纪的象征、医院和慈善的主保圣人。

伊丽莎白的第二个特点或许更加引人瞩目，她与以前发愿苦修的女圣人截然不同。她眷恋着自己的丈夫，为他生育了三个孩子，他们在婚姻中尊重彼此的意愿和喜好。这位年轻的寡妇在接受为捍卫圣地而牺牲的丈夫的遗骨时，曾说过一番令人动容的话，明确表达了她对丈夫的挚爱之情。与反对贵族奢靡之风相比，伊丽莎白在这一方面所树立的楷模同样令人耳目一新。婚姻能够在中世纪思想中恢复神圣地位，伊丽莎白做出了重要贡献。

对圣伊丽莎白的崇拜之所以能够迅速获得意料之外的成功，也得益于有亲缘关系的王朝的大力支持，她为这些王朝增添了威望，例如匈牙利的阿帕德王朝（les Arpadiens）、图林根的路德维希王朝（les Ludowing）、法兰西的卡佩

金叶饰画师（Maître aux rinceaux d'or），《匈牙利的圣伊丽莎白和圣马尔特》(*Sainte Élisabeth de Hongrie et sainte Marthe*)，1430？—1450年？，选自《罗马日课经》(*Heures à l'usage de Rome*)，巴黎，法兰西国家图书馆

王朝和那不勒斯的安茹王朝（les Angevins）。此外，伊丽莎白的典范不仅"值得敬仰"，也"可以效仿"，它在这些欧洲宫廷内掀起了一波名副其实的宗教运动，一大批王室公主都效仿伊丽莎白，例如波希米亚的阿涅斯（Agnès de Bohême）、西里西亚的海德薇、匈牙利的玛格丽特（Marguerite de Hongrie）、克拉科夫的库内贡德（Cunégonde de Cracovie）、托斯的伊丽莎白（Élisabeth de Töss）、法兰西的伊莎贝拉（Isabelle de France）、马约卡的桑什（Sanche de Maiorca）、葡萄牙的伊莎贝拉（Isabelle de Portugal）等。从教会政治角度来看，这波"运动"也意味着托钵修士影响力的胜利，他们不仅是这些公主的精神导师，很快也成为当时大部分国王和王后的忏悔神父和精神顾问。

对圣伊丽莎白的崇拜聚集了一系列代表女性圣洁的楷模。它综合了地中海地区的方济各会思想、德国神秘主义和中欧王朝之神圣特性。这位女圣人是宫廷和城市的圣人，也是公主和穷人的圣人；她如同儿童和处女一样圣洁，敢于批评周围的风气，同时保留了婚姻中的温柔之爱。她把初生的儿子抱在怀中时，堪比圣母玛利亚；她是一位被视为典范的寡妇，在某种意义上也是信仰的殉道者，这位国王的女儿一直在照料麻风病人，直到24岁去世。她可以称得上一位出类拔萃的女性。（G.K.）

杜塞丽娜

（Douceline，约 1214—约 1274 年）

杜塞丽娜出生在耶尔（Hyères）的一个商人家庭，她是迪涅的于格（Hugues de Digne，卒于 1256 年）的妹妹，也是 13 世纪中期方济各会的重要人物之一，普罗旺斯地区的约阿西姆流派的主要代表之一。在约阿西姆的影响下，杜塞丽娜在耶尔成立了一个贝居因修会，该修会的成员都是不发愿的世俗女子，她们生活在贫穷之中，需要劳动和祈祷，以"鲁波女子"[①]（Dames de Roubaud）为名，她们后来逐渐移居马赛和埃克斯。1297 年，杜塞丽娜的一位弟子波瑟莱的菲利比娜（Philippine de Porcelet）撰写了一部《杜塞丽娜传》(Vie de Douceline)，并在 1315 年增补完成。这部传记的一大特点是用了很大篇幅来详细描写神秘现象，例如狂喜、悬浮、身体在神游时刻失去知觉、四肢僵硬等，这些都让杜塞丽娜在世之时就赢得了神圣的美名。1274 年，杜塞丽娜在马赛突然去世，随后出现了集体癫狂的场面，人们试图抢夺杜塞丽娜的衣物或者遗体上可以被夺走的一切。1275 年，她的遗体被转移到马赛方济各会教堂，她被安葬在哥哥于格身边。对杜塞丽娜的崇拜始终局限在普罗旺斯地区，她成立的修会消失之后，对她的崇拜也随之结束。1320 年左右，教皇约翰二十二世（Jean XXII）采取了一些措施，镇压被怀疑为异端的贝居因修会。到 15 世纪，贝居因修会已经彻底消失不见。（A.V.）

[①] 鲁波，地名，法国南部的一个小城。

圣路易（路易九世）和卡斯蒂利亚的布兰卡

（Saint Louis (Louis IX) et Blanche de Castille，1214—1270 年；1188—1252 年）

与路易九世（后称圣路易）联系在一起的，通常是他的母亲卡斯蒂利亚的布兰卡，而非他的妻子普罗旺斯的玛格丽特（Marguerite de Provence，1221—1295 年）。对路易九世充满敬仰的茹安维尔（Joinville）批评国王对母亲的感情过于浓厚，却相对忽视了为他生下 12 个孩子的王后。实际上，虽然路易九世对母亲的感情深厚，并允许她对王权有一定影响力，他仍是政策和决议的制定者。1200 年，腓力·奥古斯都的长子，即未来的路易八世与卡斯蒂利亚国王的女儿布兰卡的婚姻得到了英格兰王后埃莉诺和法兰西国王的支持，这是基督教世界主要力量想要实现势力平衡的结果。1223 年，腓力·奥古斯都去世后，路易八世成为国王，1226 年他去世时，1214 年出生的长子路易尚未成年。路易八世在死

王室加冕扩及王后
《路易八世的加冕和卡斯蒂利亚的布兰卡加冕》（Sacre de Louis VIII et Blanche de Castille），13 世纪，细密画，图卢兹，市政图书馆

前任命王后卡斯蒂利亚的布兰卡为摄政王太后，直到幼王路易成年。按照卡佩王朝的惯例，成年年龄为 14 岁。布兰卡是一个能力卓越但独断专行的女人，但她却难以镇压以香槟伯爵兼纳瓦拉国王的提波四世（Thibault Ⅳ）为首的法国大领主的叛乱或对王位的企图，她费尽辛苦才让一切恢复秩序。某些编年史作者认为布兰卡能够做到这一点，是因为她做了提波四世的情妇，但这种可能性极低，没有任何严肃的史料可以证实。路易九世始终记得，年少的他和母亲被叛乱的领主们包围在蒙莱里（Montlhéry）。他非常重视司法公正，但也是一位专制的君主。这位历史人物有着与众不同的特点，其中之一在于他的优点兼具复杂性与互补性。他是身兼三职的国王，这三职是 11 世纪的拉昂主教阿达尔贝隆（Adalbéron）在思考印欧哲学时所提出的，即教士与信徒（oratores）的国王、战士（bellatores）的国王和劳动者（laboratores）的国王。路易九世以虔诚著称，根据 13 世纪的标准，他也是一位优秀的骑士，一位推动君主制发展的活跃的官僚主义者。

1229 年，路易九世结束了因为反对卡斯蒂利亚的布兰卡的政策而发生的巴黎大学师生罢课运动，这是他独立执政的第一个举措。他的统治主要受三种思想的影响。第一种是日益衰落的传统思想，即参加十字军东征、重新征服耶路撒冷的耶稣圣墓的意愿。第二种思想是保护穷人。从这个角度来看，他是典型的 13 世纪国王。这一时期托钵修会的慈善活动逐渐发展起来，路易九世为托钵修士提供许多便利，某些人甚至批评他是"修士的国王"。最后，他致力于让法兰西王国成为王国典范，甚至成为主导整个基督教世界的王国。为了实现这一目标，他使用了各种各样的方法。和先人一样，路易九世渴望证明国王对诸侯甚至外国君主的无上权力，他曾毫不犹豫地发动对英格兰国王的战争，并在法国西部的塔耶堡（Taillebourg）和桑特（Saintes）（1242 年）战胜英国军队。1242—1243 年他打败了图卢兹伯爵雷蒙七世（Raymond Ⅶ）和该地区的其他诸侯，巩固了法兰西王国对南部地区或朗格多克地区的统治，并在尼姆-博凯尔（Nîmes-Beaucaire）和贝济耶-卡尔卡松（Béziers-Carcassonne）设立了司法总管辖区。1240—1241 年，他战胜了贝济耶子爵雷蒙·特朗卡维尔（Raymond Trencavel）。为了达到目的，他同时使用战争和和平两种手段。路易九世在欧洲有着巨大影响力，曾多次担任他国内部冲突的仲裁者，例如英格兰国王与贵族之间的冲突。他使用的最后一种手段是购买圣物，尤其是基督圣物，这既能巩固他虔诚的名望，又有利于他在基督教世界树立和平而具有象征意义的统治地位。路易九世花费巨资从威尼斯人手中购买了荆棘王冠，它本是君士坦丁堡国王的抵押之物。他命人为这顶王冠建造了美轮美奂的圣礼拜堂（la Sainte-Chapelle），工程在1248年动工，此后不久，他便启程参加他的第一次十字军东征。

然而，路易九世并非总是选择和平手段，有时也会使用武力镇压。1244年，他在巴黎隆重举行《塔木德》（Talmud）焚烧仪式，命令军队攻占南部地区清洁教派的蒙塞居尔（Montségur）城堡。此外，他支持并在法国普及1233年罗马教廷设立的宗教裁判所。1248年，他第一次参加十字军东征，将王国留给王太后摄政。路易九世命人在地中海沿岸的艾格莫尔特（Aigues-Mortes）修建了一座人工港口，他的舰队就从这里出发。他首先到达塞浦路斯，随后在埃及登陆，并占领了达米埃塔港（Damiette）。1250年4月，他在曼苏拉（Mansourah）遭遇溃败，沦为穆斯林的阶下囚。王后很快支付了赎金，5月，路易九世重获自由。然而，身在法国的王太后遇到了难题，尤其是一波由年轻男子（牧童）发起的运动[①]。未能夺回耶路撒冷的路易九世决定留在巴勒斯坦，巩固仍由基督徒占领的地区，抵抗穆斯林的进攻。法国国内社会动荡的消息很晚才传到他耳中，

《圣路易生平：出生、路易九世学习阅读、路易九世与麻风病僧侣、路易九世与穷人、路易九世捡拾骸骨、路易九世忏悔》（*Vie de Saint Louis: naissance, Louis IX apprenant à lire, Louis IX et le moine lépreux, Louis IX et les pauvres, Louis IX ramassant des ossements, pénitence de Louis IX*），约1375—1380年，选自《查理五世的法兰西大编年史》，巴黎，法兰西国家图书馆

[①] 1251年，一个名叫匈牙利的雅克（Jacques de Hongrie）的男子开始在皮卡迪地区布道，声称要召集出身低微之人去解放圣地和被俘的国王。他很快就召集了几千个年轻农夫和牧童。这支军队从亚眠出发，前往巴黎。王太后卡斯蒂利亚的布兰卡希望这些年轻人能够收复圣地。然而，这支军队离开巴黎后，开始夺取宗教权力，无情地迫害教士，教堂被烧毁，僧侣遭到羞辱。最终雅克的军队被彻底消灭。

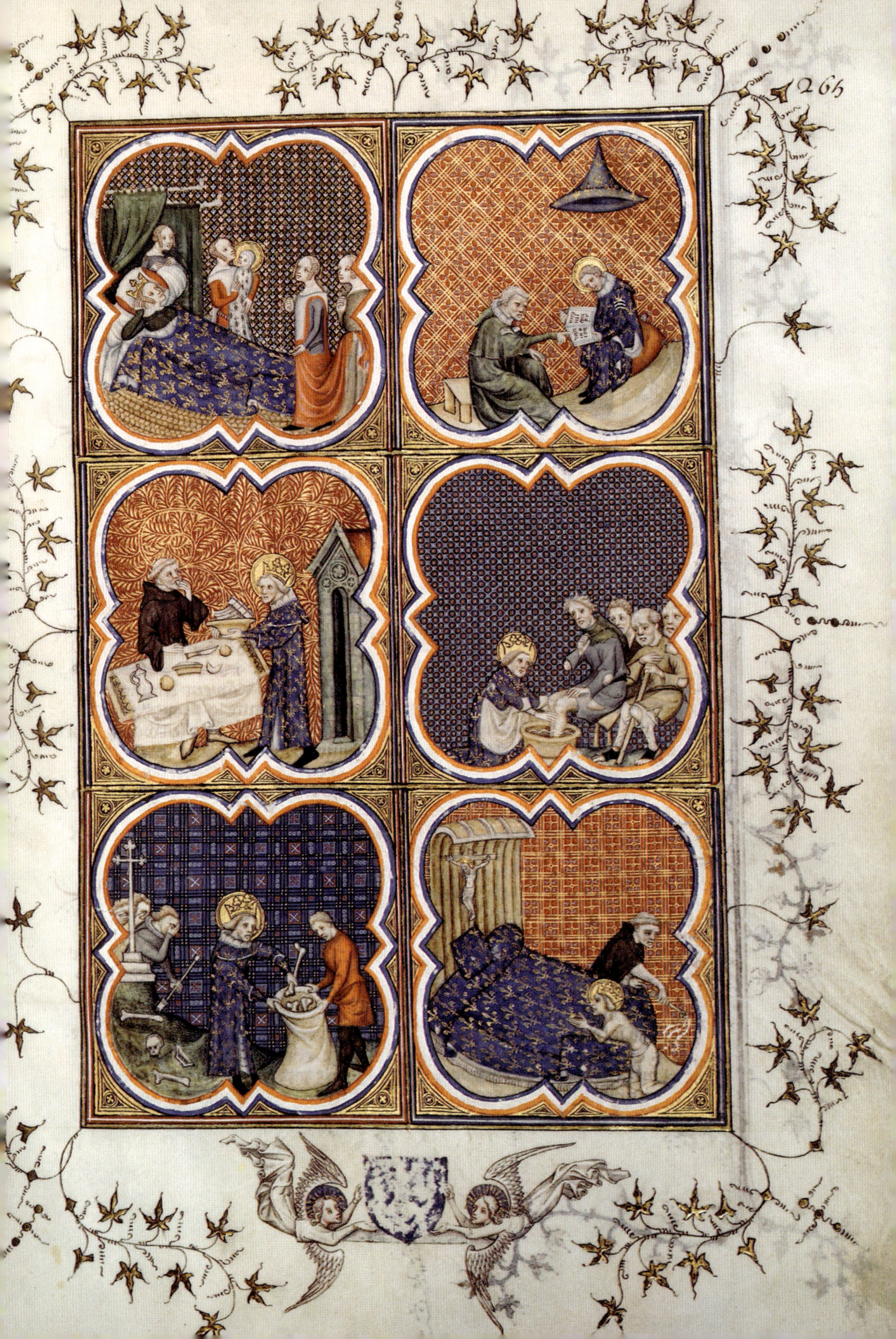

加上 1252 年 11 月王太后去世，路易九世决定班师回国，此前他准备与蒙古人结盟对抗穆斯林的计划也未能成功。回国之后，为了完成第三个使命，他颁布了一条重要的改革法令，力图确保王权得到服从同时实现司法公正并稳定秩序，尤其是道德秩序。1260 年，儿子和继承人路易的去世让他深受打击。在统治末期，他为一些重要的政府机构和大学制定了规章制度，还捐赠了一些房舍，由议事司铎罗贝尔·德·索邦（Robert de Sorbon）为 12 位贫穷的神学专业大学生成立了一所学院（未来的索邦神学院）。他试图整治不断发展的货币经济，建立统一货币体系，但未能成功，不过他利用巴黎市市长艾迪安·布瓦罗（Étienne Boileau）的《行业志》（Livre des métiers），成功地为蓬勃发展的手工业建立了管理体制。

在长期抵抗来自教会的压力之后，他最终在 1269 年强迫犹太人的服装上必须配有圆形标记物。1270 年 7 月，他率军启程，第二次参加十字军东征。他认为从突尼斯登陆然后经由陆路前往巴勒斯坦更快、更安全。在围攻突尼斯期间他染上了黄热病，1270 年 8 月 20 日死在了突尼斯。他的内脏经过处理之后，交给了他的弟弟西西里国王，之后存放在蒙雷阿莱（Monreale）皇家大教堂，他的遗骨辗转从意大利回到法国，于 1271 年葬入圣德尼大教堂。

1297 年，圣路易被教皇卜尼法斯八世（Boniface Ⅷ）封为圣人。据传，36 个神迹与圣路易有关，大部分都涉及他的坟墓。除此以外，教皇还强调了圣路易的公正、谦逊、虔诚、十字军东征、修建教堂和慷慨布施。路易九世经常忏悔，睡在一张木制行军床上。除了他在十字军东征中扮演的重要角色外，教皇还强调了圣路易令人赞叹的特点，因为在那个强调耶稣被钉在十字架上牺牲自我而非死而复生的时代，圣路易的谦逊和经历的苦难更值得尊敬。

路易九世的孙子美男子腓力四世（Philippe le Bel）命人将祖父的部分遗骨从圣德尼大教堂移到了圣礼拜堂，但这些遗骨在大革命时期惨遭破坏。他的内脏在欧洲几经辗转之后，被前往非洲的传教士葬在了突尼斯的迦太基天主教堂。国王的心脏下落不明。圣路易是最后一个被封圣的基督教国王。（J.L.G.）

圣波拿文都拉

（Saint Bonaventure，约 1217—1274 年）

乔万尼·迪·费旦扎（Giovanni di Fidanza）加入方济各会后改名为波拿文都拉（Bonaventure），他来自托斯卡纳地区的巴尼奥雷焦（Bagnoregio）。1236 年，他前往巴黎学习，师从两位刚刚加入方济各会的大师阿莱斯的亚历山大（Alexandre de Halès）和奥德·里戈（Eudes Rigaud），他自己则在 1243 年入会。他随后完成了所有大学课程，于 1253 年成为神学教师。波拿文都拉撰写过一些针对圣经文本和彼得·隆巴德的《箴言集》的评论，1257 年，他完成了《简言》（*Breviloquium*），他从上帝这个最重要的要素出发，解释了基督教义，从而证明《圣经》的真理源自于上帝，也将引导信徒归于上帝。在拉维纳山隐居一段时间之后，在 1259 年撰写的《心灵进入上帝之旅程》（*Itinerarium mentis ad Deum*）中，他选择了一条相反的思考路径，从创世追溯到造物主，从上帝在人间行事所留下的迹象，延伸至上帝的神秘本质。他的最后一部神学著作《论天主六天创世汇集》（*Collationes in Hexaemeron*，1273 年）聚焦上帝的人类形象以及意志对智慧的影响力，他依靠圣奥古斯丁的学说，批评巴黎大学的某些博士，例如多明我会的托马斯·阿奎那，对亚里士多德哲学的态度过于宽容。

如果说把他视为一位神秘主义者有些过分，我们可以根据信仰将其定义为一位神学家，他认为神学是对信仰的理解和深化，不是一种科学。得益于学术天赋和教义领域的平衡立场，他在 1257 年被任命为方济各会总会长，直到 1274 年去世。某些方济各会修士受到约阿西姆主义的影响，毫不犹豫地宣布精神教会即将到来，圣方济各的弟子们将扮演至关重要的角色，他们这种冒进立场招致巴黎大学的教师和教区神甫的抗议。为了平息愤怒，波拿文都拉对上述思想的推广者波戈圣多尼诺的杰拉尔（Gérard de Borgo San Donnino）和前任总会长

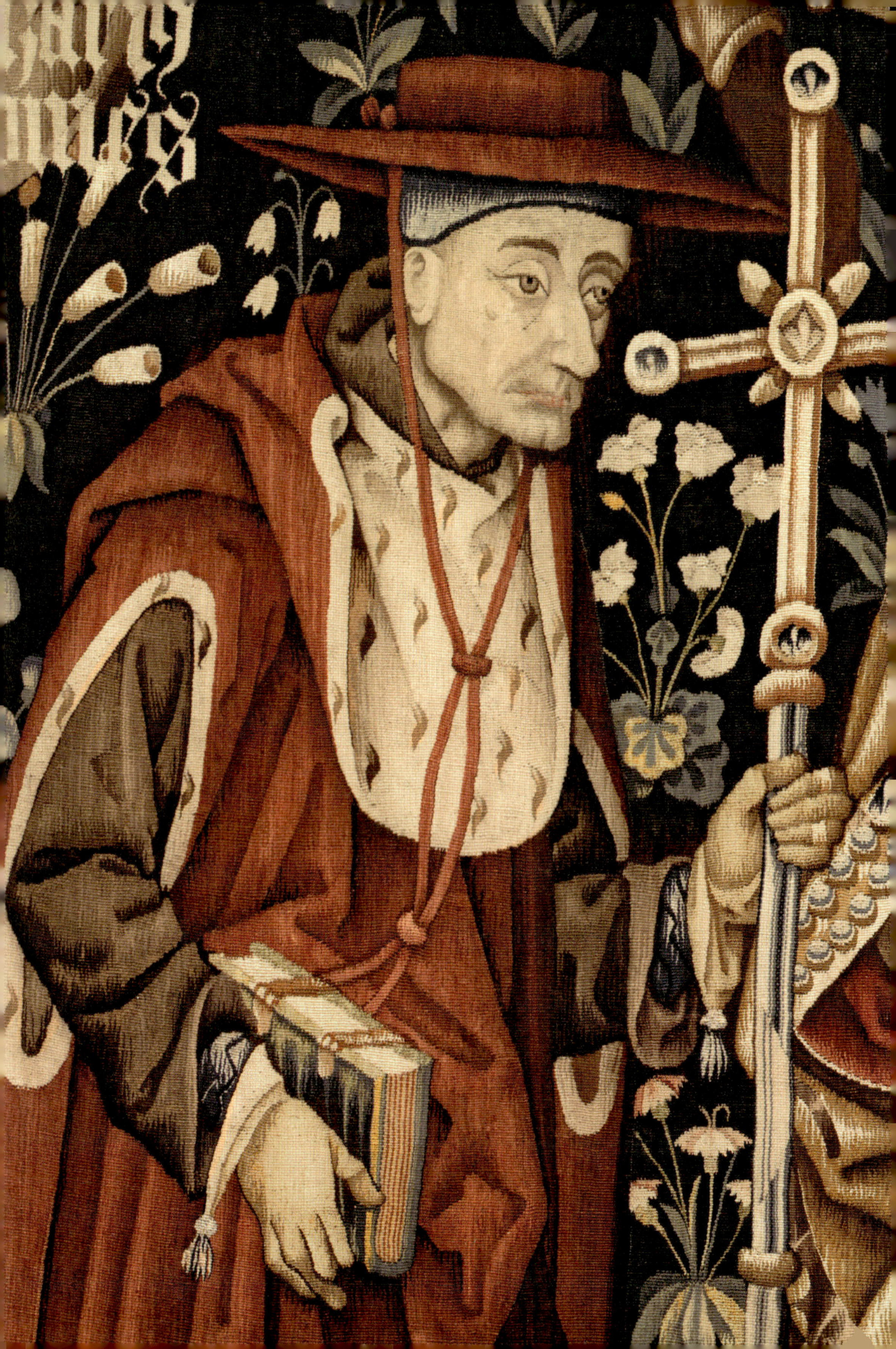

帕尔马的约翰（Jean de Parme）处以严厉的惩罚，后者在审判后被流放至格列乔（Greccio）。为了打击那些诋毁托钵修会之人，尤其是对修会的贫困提出质疑、斥责修会虚伪的巴黎教师圣阿穆尔的纪尧姆（Guillaume de Saint-Amour）和阿贝维尔的杰拉尔（Gérard d'Abbeville），他撰写了《论福音的完美》（*Sur la perfection évangélique*）和《为穷人辩护》（*Apologie des pauvres*），改善托钵修会的舆论形象。波拿文都拉的所有努力都是为了让方济各会修士进一步融入教会及其部门，因此他在修会内部鼓励神学研究，鼓励修士接受主教或宗教裁判所法官等职务，但他本人却拒绝了教皇克雷芒四世授予他的约克大主教一职。1260 年，在纳尔榜召开的总教务会上，他主导通过了新章程，允许方济各会针对教会和社会的变化进行调整。

波拿文都拉负责为圣方济各撰写一部新传记《大传奇》（*Legenda major*），后来他以此为基础，编写了一部用于礼拜仪式的《小传奇》（*Legenda minor*）。在这部作品中，波拿文都拉将阿西西的方济各描绘成一个命运独一无二（因而难以效仿）之人，他出发寻找基督，寻得之后，基督在他身上留下了圣痕，这也使他成为"另一个基督"。波拿文都拉对圣痕的重视远超以前的文献，他认为上帝以此来证实圣方济各接受的神启，圣方济各正是依靠此神启让弟子们在灵魂救赎的历史上扮演了至关重要的角色。1266 年，《大传奇》成为修会内部批准的唯一一部圣方济各传记，所有以前的传记都被销毁。

1273 年，波拿文都拉晋升为红衣主教，教皇格里高利十世（Grégoire X）命他筹备里昂第二次大公会议（1274 年）。他在这次大公会议上，为方济各会和多明我会的行为做辩护，反驳许多主教的攻击，这次会议的通谕（*Religionum diversitatem*）在很大程度上要归功于他的努力，这两个修会也因此逃脱了被取消的命运（其他多个修会被取缔）。波拿文都拉在大公会议结束之前去世，被庄

红衣主教手持圣方济各官方传记，战胜方济各会修士，以前的所有传记都被销毁
弗拉芒学派，《圣波拿文都拉》（*Saint Bonaventure*）（局部），1479 年，挂毯，阿西西，圣方济各博物馆

严葬入里昂方济各会修道院。14世纪初，某些"灵修派"方济各会修士对他提出批评，指责他背叛了圣方济各对贫穷的严格界定，他一直到1482年才被方济各会教皇西斯科图四世（Sixte Ⅳ）封为圣人。（A.V.）

被加工成艺术品的圣人的身体部位是最重要的圣物
《圣波拿文都拉的手臂圣物》（*Bras reliquaire de saint Bonaventure*），1491年，材质为金和银，巴尼奥雷焦（Bagnoregio）大教堂

布鲁奈陀·拉蒂尼

（Brunetto Latini，约 1220—约 1294 年）

布鲁奈陀·拉蒂尼是佛罗伦萨重要的学者，在政治领域有着极高的影响力，他至少有两重身份。如果算上但丁·阿利基耶里（Dante Alighieri）在《神曲》（*La Divine Comédie*）中描述的场景，布鲁奈陀甚至有三重身份。布鲁奈陀是但丁的辩论、道德和政治老师，但丁在《神曲》中表达了对这位无人可及的老师的敬意，但他也丝毫没有掩饰自己为何让布鲁奈陀在《地狱篇》的第七狱第三层受尽永恒之火的折磨。在佛罗伦萨整整一代人眼中，布鲁奈陀是文学和思想大师，但他是同性恋，或者按当时的说法，"鸡奸爱好者"。但丁承认老师的性取向，但这并没有消除他对老师的尊重。长久以来，《神曲》的评论者都对此表示费解，他们设想了种种理由来否认这种令人难以忍受的异常举动。直到有一天，人们发现了布鲁奈陀写给一个年轻男子的爱情诗彻底回答了这个问题，那位年轻人用歌曲《我的爱人，他何时想起我》（*Amor, quando mi membra...*）作为回应。布鲁奈陀是同性恋没错，但是在那个许多男人的情感生活和性生活主要存在于婚姻之外的时代，性取向并没有阻止布鲁奈陀结婚、生育三个孩子并受到同胞爱戴。至少在 13 世纪末，佛罗伦萨人看待鸡奸的态度与教会不同。

布鲁奈陀的政治生涯开始于 13 世纪中期，支持他的是民众集团（le Popolo），其中汇集了反对贵族主导城市公社的所有阶层，领导者是以商人为主的市民。布鲁奈陀对教皇派抱有同情，因此当蒙塔佩蒂战役（Montaperti）(1260 年）后皇帝派夺取政权，他被迫逃亡。他在法国度过数年，主要活动地点在巴黎，他利用公证人的身份为定居在巴黎的佛罗伦萨商人团体服务。当教皇派重新掌权之后，他返回佛罗伦萨，并在 1267 年到去世这段时间，履行两份职责。作为城市公社的高层，他从 1272 年起成为司法部门的负责人，这是城市公社机构中最重要的部门之一。与此同时，他也受到邀请，成为许多议会和委员会的成员，他这样既是优秀的演说家，又是精明的政客的人物提出的建议自然备受重视。因此，布鲁奈陀是当时佛罗伦萨最有影响力的政治人物之一，而且他的城市正逐渐成为整个西方世界最富有的城市，也是意大利最强大的势力之一。这是但丁在《地狱》第 15 章中向老师致敬的另一个原因。布鲁奈陀在法国停留期间，并没有满足于吟诗作赋。或许由于他经常出入法兰西王国首都藏书最丰富的图书馆，他在许多领域都积累了丰富的学识，在返回佛罗伦萨之前，他撰写了三部著作，并立刻风靡整个欧洲。第一部是关于演讲艺术的论著，另外两部是当时特别流行的体裁，一部是教育文学，另一部是道德文学。与其他许多中世纪作家一样，布鲁奈陀毫不犹豫地整段摘抄或复述了以前的著作中的内容。但他对历史著作的选择也充分揭示出他最关注的内容，即执政之道。布鲁奈陀从亚里士多德的作品中获得了丰富的灵感，西塞罗对他的启发更大，但他也在作品中阐述了自己全新的思考，这些思考与意大利城市公社的政治体制的要求完全相符，该体制建立在民众对城邦管理的参与之上。在布鲁奈陀看来，在这样的体制中，优秀的执政之道与精确的说话之道密不可分，执政者要懂得思考、辩论、说服尽可能多的人支持自己。这就是但丁想要赞美的老师，一位向学生讲授说话之道和执政之道的老师。(J.-C.M.-V.)

13 世纪是百科全书的世纪，奥依语是那个时代的英语
《描绘艺术和科学的 21 个场景，画面上方头戴王冠的人物双手各持一座城堡》(*Vingt-et-une scènes représentant les arts et les sciences, en haut une figure couronnée tient un château dans chaque main*)，13 世纪下半叶，选自布鲁奈陀·拉蒂尼的《宝藏之书》(*Livre du trésor*)，伦敦，大英图书馆

logique	astrolomie	NIGROMANCE
decres	musique	argemie
fisique	geometrie	guaaignerie
lois	arismetique	changerie
harperie	rectorih	teillerie
escriture	dialetike	charpenterie
peinterie	gramatique	forgerie

托马斯·阿奎那

（Thomas d'Aquin，约 1225—1274 年）

我们必须首先将托马斯·阿奎那描述为"中世纪人"，因为他的著作太负盛名，导致人们常常忘记其作者。多个世纪以来，他已经成为天主教最重要的圣师之一。作为神学家，他同样拥有扎实而严谨的哲学基础。当然，他的贡献绝对不能被低估。继老师大阿尔伯特之后，他同样懂得将亚里士多德的遗产与基督教义相结合。他细致研究了物质和形式的关系，将身体重新引入基督教义之中。他能够克服基督教义中逻辑不通之处，而且并非依靠形式上的忽略，而是真正地深入探索。他捍卫人类理性的力量。他的著作具有包罗万象的特征，我们在《神学大全》（*Somme de théologie*）中可以发现这一点，他的著作类型也非常多样，包括对《圣经》、彼得·隆巴德的《箴言集》、亚里士多德和其他作者的著作的评论，关于真理与邪恶等有争议的问题，诗歌选集，综合著作，论战型著作等。总而言之，他是一位不可思议的思想家。但他也有着丰富的生活经历。三部论著与他生活中的重要事件有密切联系，例如加入多明我会，与家族修会[①]的关系破裂，在巴黎大学讲学，提出"共同善"（bien commun）的思想等。托马斯从 5 岁开始进入卡西诺山本笃会修道院学习，1244 年 4 月，19 岁的

伟大的经院神学家的多明我会服装、白鸽和书。百合是某些权贵的象征（例如卡佩家族），也是圣母玛利亚、纯洁、忠诚和权力的象征
安德烈亚·迪·巴托罗，《圣托马斯·阿奎那》（*Saint Thomas d'Aquin*），约 1410 年，木板蛋彩画，斯图加特，州立绘画馆

[①] 阿奎那的叔父是卡西诺山本笃会修道院院长，家族希望阿奎那能够继承叔业，但他最终加入了多明我会。阿奎那的家族对此颇为不满。

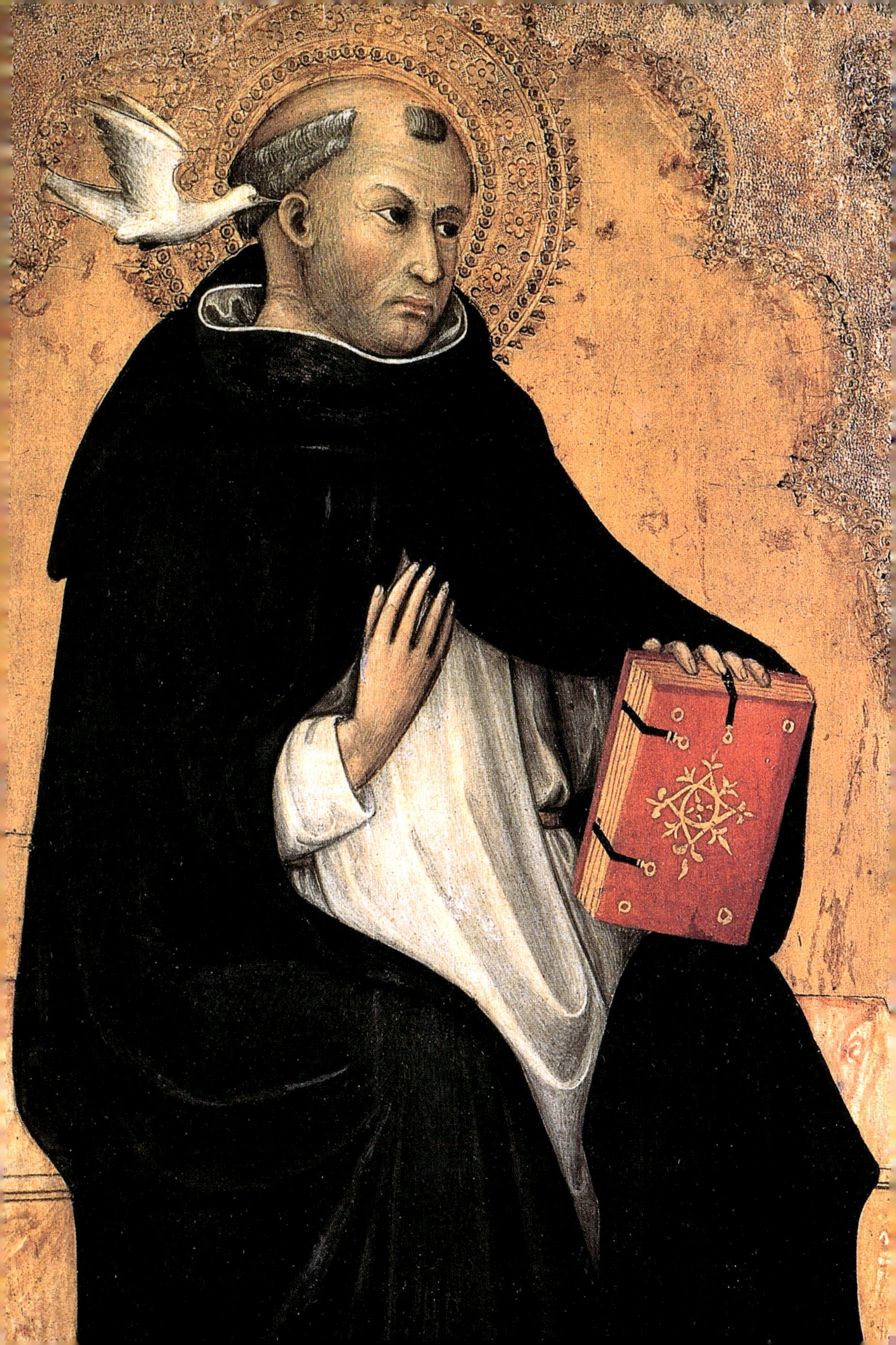

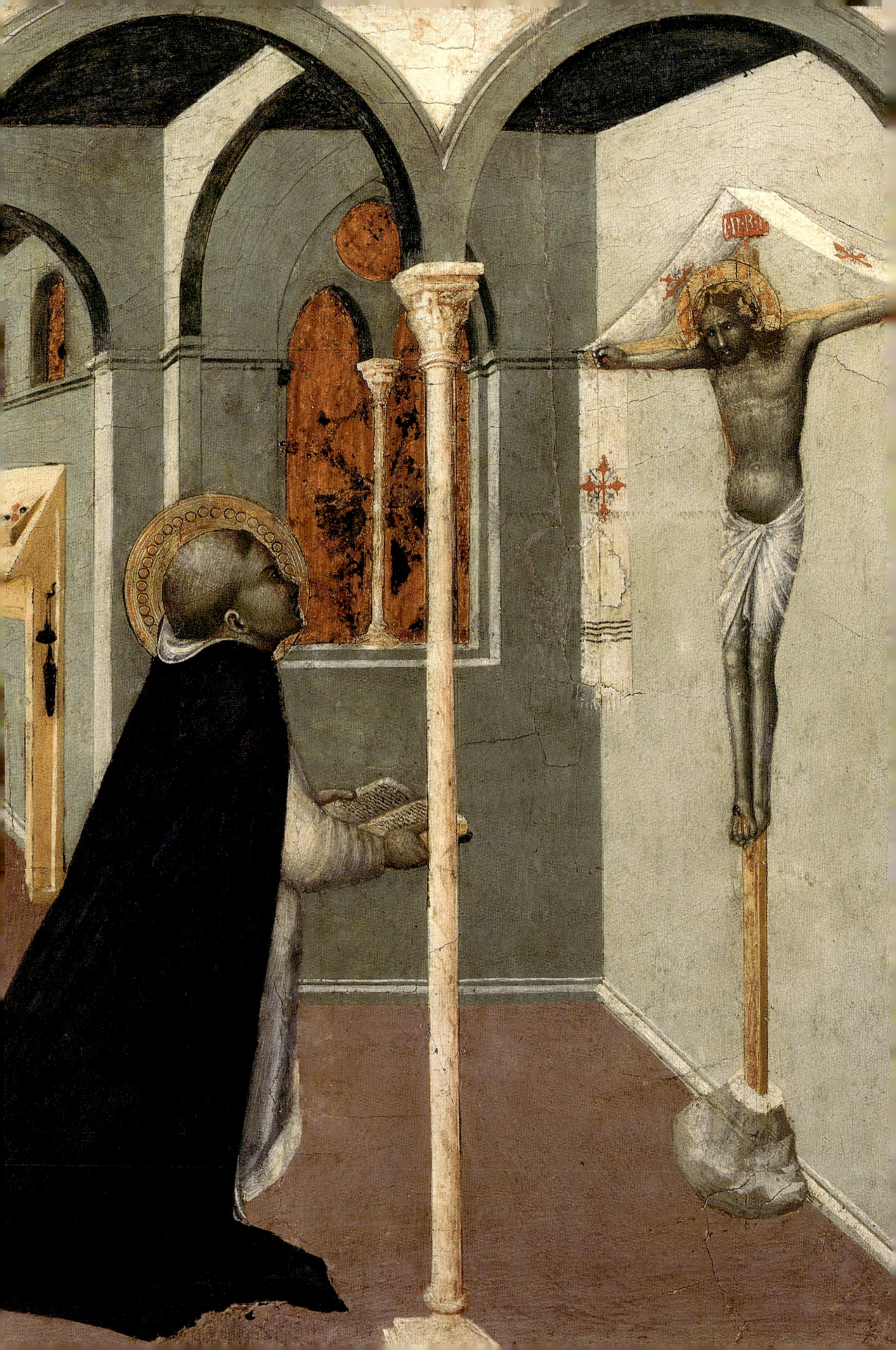

他却穿上了多明我会的会服。父母对此表示强烈反对，他本应当成为卡西诺山修道院院长，这是一座有着重要战略意义的修道院。母亲泰奥多拉（Théodora）追随他来到那不勒斯和罗马，但每次都扑空：她刚一到，托马斯就已离开。他与多明我会总会长萨克森的茹尔丹离开罗马，前往博洛尼亚，因为1244年，多明我会的教务大会在那里召开。泰奥多拉与腓特烈二世共谋，派人在途中绑架了托马斯。参与绑架的有皇帝的副手、著名的彼得罗·德·拉维涅（Pierre de La Vigne）以及托马斯的亲哥哥雷吉纳德（Réginald），当时他是腓特烈二世的骑士。托马斯被囚禁在罗卡塞卡（Roccasecca）的家族城堡中将近一年。或许多明我会认为托马斯的母亲这种疯狂的行为可能造成丑闻，因此他们放弃对托马斯的父母提起诉讼。托马斯必定感受到了某种苦涩，这可以解释他为何坚持为司法公正的重要性辩护。托马斯的独特经历或许也是13世纪司法诉讼需求不断增加过程中的案例之一。

这段经历中有一个问题：托马斯是本笃会修士吗？如果是，他的立场可能不会那么坚定。泰奥多拉可能会利用儿子的一个过错，让他放弃发下的修道院誓愿。虽然13世纪的一封讣告将他列为本笃会僧侣，但历史学家们无法确定青春期的他是否确认了本笃会誓愿，进入修道院学习并不意味他发下了宗教誓愿。男孩的青春期被确定为14岁，托马斯在1239年左右达到这个年龄，但此时的他离开了卡西诺山修道院。

摆脱了家族修会的沉重束缚之后，托马斯成了一个四处漂泊的流浪者，服务于整个欧洲范围内的教学事业。他在巴黎渡过了三个人生阶段：1245—1248年，他是大学生；1252—1259年和1268—1272年，他是教师。1248—1252年，他前往科隆进修；1261—1265年，他为在俗修士提供培训；1265—1268年，他在罗马讲学；1272—1273年，他前往那不勒斯讲学。他每次出行都承诺为多明我会服务，同时也遭到圣阿穆尔的纪尧姆及其后继者、布拉邦的西热（Siger de

萨塞塔，《圣托马斯·阿奎那的灵视》（*Vision de Saint Thomas d'Aquin*），1423年，木板蛋彩画，梵蒂冈美术馆

Brabant)等"阿威罗伊派"思想家的威胁。

最后,修会和基督教世界享有"共同善"的思想使得修会积极推广托马斯的教义,这在历史上是绝无仅有的。托马斯得到许多修会秘书的帮助,他们对其作品的逻辑脉络有着清晰的了解,在托马斯去世后,《神学大全》未完成的部分甚至也是由他们补充完整的。修会的友爱之德为这部作品做出了巨大贡献。(A.B.)

瓦拉泽的雅各布斯

（Jacques de Voragine，1228/1229—1298 年）

瓦拉泽的雅各布斯撰写了一本畅销书《金色传奇》(*La Légende dorée*)，该书保存至今的中世纪抄写本的数量仅次于《圣经》。瓦拉泽的雅各布斯（意大利语为 Iacopo da Varazze（雅各布·达·瓦拉泽））的出生地很可能在热那亚，而非瓦拉泽（Varraze）这个利古里亚小镇。他的生平与热那亚有着密切联系，这座城市的某些特别的环境令中世纪的他受益匪浅，也使他声名远扬，如今他又再次回到当代社会的记忆中。13 世纪下半叶，从基督教世界北部到近东地区，热那亚或许是对外开放程度最高的城市。瓦拉泽的雅各布斯在青春年少时加入新成立的多明我会。该修会在 13 世纪初成立时就以城市为主要据点，它与方济各会在灵修领域获得了特殊的影响力，对城市社会的行为也产生了普遍影响。无论贸易、经院神学还是阅读和写作的发展，13 世纪下半叶或许都是中世纪的鼎盛时期。这也是一个言语发挥力量的世纪，官方名称为布道兄弟会（Frères prêcheurs）的多明我会更是走在时代前列。瓦拉泽的雅各布斯最后成为了多明我会势力最强大的教省——即位于意大利北部，从阿尔卑斯山延伸至威尼斯的伦巴第教省——的修道院院长。他因多明我会修士的身份成名，余生最后几年成为热那亚大主教，这是仅次于教皇的最重要的俗间教职。最后，他还留下了一部著作，使他跻身中世纪第一流的思想家和作家之列。

瓦拉泽的雅各布斯的早年生活不太为人所知，我们知道他因为将两件重要圣物运到热那亚而得到热那亚人的认可和敬仰，这两件圣物分别是他从威尼斯的多明我会修道院圣物中挑选的圣腓力（saint Philippe）的手指、与圣乌苏拉（sainte Ursule）在科隆共同殉道的一位圣女的头颅。

1292 年，他被教皇尼古拉四世（Nicolas Ⅳ）任命为热那亚大主教，他一直担任此职务直到 1298 年去世。1293 年，他在热那亚大教堂中召开主教会议，城市主要公民都前来参会。在会议过程中，热那亚的主保圣人圣西罗（saint Siro）的遗骨被承认为圣物。瓦拉泽的雅各布斯担任大主教期间的政治活动非常活跃。1295 年，他成功地使热那亚的教皇派和皇帝派暂时握手言和，随后他前往罗马，在教皇卜尼法斯八世的支持下，让热那亚和威尼斯续签停战协议。然而，1295 年年底，热那亚各派之间的和平局面被打破，随后出现大规模的暴力行为，圣洛伦佐（San Lorenzo）大教堂被焚毁。为了重建这座教堂，瓦拉泽的雅各布斯不得不向教皇寻求财政支持。

1298 年，瓦拉泽的雅各布斯被葬在圣多明我大教堂，18 世纪末，他的遗骨被转移到另一座多明我会教堂，即卡斯泰洛的圣母玛利亚大教堂（Santa Maria di Castello）。1816 年，他被教皇庇护七世（Pie Ⅶ）列入真福品[①]。他所著的《金色传奇》是一部传播范围极广、影响力巨大的鸿篇巨制。他还有三部讲道合集、一部献给圣母玛利亚的作品和一部《热那亚城邦编年史》（*Chronique de la cité de Gênes*），这部编年史被视为城市编年史类的杰作，它重点突出了中世纪的城市大发展。此外，他还有五部篇幅较短的作品，包括一部圣西罗传记，一部圣让-巴蒂斯特之圣物（大约在 1099 年最终来到热那亚）所经历的磨难史，一部关于热那亚的圣腓力与雅克修道院之圣物的历史作品，一部关于圣弗洛朗（saint Florent）圣物所施展之神迹的论著，以及应伊莫拉大主教（Imola）要求撰写的圣卡西安（saint Cassien）受难记，大主教用这位圣人的名字命名新建的大教堂。《金色传奇》是他的作品中最重要、篇幅最长的一部。长久以来，这部作品一直被视为一份圣徒传记文献，但它也可以被理解为一部上帝赋予人类的神圣时代的简介。这个时代包括三个阶段。第一个是原罪产生之后的偏离时期（*déviation*），原罪导致上帝赋予人类的时代失去了神圣特征。第二个阶段是恢复时期（*restauration*），耶稣道成肉身，化身为人，让时代恢复了上帝最初所赋予的主要神圣特征。第三个阶段是耶稣复活和升天之后的流浪时期（*pérégrination*），人类成为地上的朝圣者，始终承载着原罪，但可以期待被

[①] 真福是对天主教殉道者或虔诚者的一种称谓，它是封圣的第三个阶位，成为可敬者之后，经过宣福礼，就可以享有真福品或真福者的称号，其位阶仅次于圣人。

上帝选中，在最终审判之后去往天国。这个"返魅"①（réenchanté）的时代主要围绕三个具体的时序类型展开。第一种是世俗生活时序（temporal），它是以礼仪年（l'année liturgique）为单位的周期时间，起点是耶稣诞生日。第二种是礼拜仪式时序（sanctoral），它是由一定数量的圣徒生平所组成的象征性的线性时间。瓦拉泽的雅各布斯记录了153位圣人，根据《福音书》所述，这是西蒙、彼得和同伴们在太巴列湖（le lac de Tibériade）中捕获的鱼的数量②，打鱼结束之后，耶稣对他们说："我要叫你们得人如得鱼一样。"③这两种时序都恢复了神性，但仍属于世间，它们被上帝牵引着走向最后审判和永恒，这就涉及以上帝为唯一主宰的第三种时序，末世时序（eschatologique）。上帝没有指出这个时序要持续多久，与瓦拉泽的雅各布斯同时代的许多基督徒在期待着下一个世界末日，但他并不同意这种观点。《金色传奇》被视为《福音书》之后最重要的著作之一，帮助许多人走上通往永福的道路，但它和中世纪大部分著作一样，在文艺复兴时期和启蒙运动时期被人遗忘，然而从一个更加尊重历史的长视角来看，这部著作正在再次成为中世纪基督教思想的重要文献之一。（J.L.G.）

---

① 返魅或复魅与祛魅是后现代哲学思潮著作中常见的概念，但目前还没有公认一致的定义，所谓"祛魅"是指剥去附着在事物表面上的那层虚假的东西；返魅或复魅是主张返回事物的自然状态，恢复事物的本来面貌。
② 《约翰福音》21:11："西蒙、彼得就去把网拉到岸上，那网满了大鱼，共一百五十三条。鱼虽这样多，网却没有破。"
③ 《马太福音》4:18："耶稣在加利利海边行走，看见兄弟二人，就是那称呼彼得的西门和他兄弟安得烈，在海里撒网；他们本是打鱼的。"4:19："耶稣对他们说：'来，跟从我！我要叫你们得人如得鱼一样'。"

拉蒙·鲁尔

（Raymond Lulle，1232—1315 年）

拉蒙·鲁尔是加泰罗尼亚地区的诗人、神学家和传教士，著有一部规模宏大、形式多样的作品，在如今的人看来，他对伊斯兰教也保持着极为开放的态度。然而，这种"宽容"的态度并不是因为他能够与他人求同存异，而是他敏锐地察觉到了语言在不同宗教之间的关系中所起的作用。无论将他者的语言视为了解共同真理的障碍或方法，还是将"四艺"中的代数语言及其组合技巧视为超越言语界限的工具，鲁尔的一生都在思考符号在构建和谐社会空间（对他而言，是基督教社会）中的作用，他这一生或许无人可及。

他的思考与他的三个人生阶段密切相关：选择传道（这一选择被描述为遵从神的指令）、决定学习阿拉伯语、将"艺术"作为手段。实际上，这三个阶段有着密切联系：他为了使撒拉逊人改宗而学习阿拉伯语，但他只能藉由一本"史上最优秀的书"来纠正他们的错误。这本书是他耗时九年构思出来的《广艺》（Art général），他在随后的几十年间不断对其进行充实，例如 1274 年的《鸿篇》（Ars compendiosa inveniendi veritatem），1308 年的《简艺》（Ars brevis）和《最终广艺》（Ars generalis ultima）。

语言是为了与他人对话，"艺术"是为了说服他人，这两个不可分割的要素构成了鲁尔思想的新颖之处。他终生捍卫的两个愿望（创建语言学校和承认他的"艺术"）也源于此。从这两个方面来看，鲁尔如同一位以极其新颖的方式与阿拉伯文化进行对话的创造者。

鲁尔出生在马约卡（Marjorque），一个基督徒与穆斯林混居的城市。他就是在这座城市中构思了"利用理性，而非武力"来劝导异教徒皈依的计划。或许他不是第一个走上这条路的人，譬如把哲学家的评论与选自《圣经》的论据融为一体的雷蒙·马尔蒂（Ramon Marti）。与马尔蒂不同的是，鲁尔只想按照

深受阿拉伯人影响的拉蒙·鲁尔使用刻度尺来表现其神学和哲学思想的复杂性
《拉蒙·鲁尔：左边九位哲学家象征了可能出现在刻度尺上的九种普遍情境中的九种疑惑》（Raymond Lulle. Neuf philosophes, représentés sur la gauche, symbolisent les neuf doutes pouvant apparaître dans neuf contextes universels énumérés sur l'échelle），14 世纪，细密画，选自抄写本《简言》（Breviculum），卡尔斯鲁厄（Karlsruhe），巴登州立图书馆

穆斯林的凯拉姆学[①]（*Kalâm*）的要求，使用"必不可少的理性"。这就是他的"艺术"的功能，他撰写的许多作品源自于此。

79岁的鲁尔在他后期的一篇文章中如此总结了一生：

> 我结过婚，生育过子女，我曾足够富裕，体会过世人眼中的欢愉［这指的是他人生前三十年］。然而，我选择离开，心含喜悦地放弃这一切，尽我所能，颂天主之荣耀，求公众之善，赞神圣信仰。我学过阿拉伯语，多次向撒拉逊人讲道［他曾三次前往北非］。为了信仰，我曾经被俘、入狱、遭受鞭打、虐待。我用三十五年时间来感动教会首脑和基督教君王，只求使基督教世界获得公共善（le bien public）。[②]

受环境影响，号召进行十字军东征也是推动对东方语言研究的方式之一。然而，军事力量只是权宜之计，鲁尔更推崇使徒感化异教徒的方式。实际上，使徒们效仿基督，从未向迫害他们的人施以暴力。他们并非不以战斗的方式来寻求"肉身和平"（paix sensuelle），相反，他们只是不与那些对自己发起"肉身战争"（guerre sensuelle）的人战斗而已。很明显，使徒的道路意味着殉教，这是一条为了证明真实信仰而满是"眼泪、叹息和鲜血"的道路。在鲁尔的计划中，这条道路与讲阿拉伯语密不可分，因此，无论是对死亡的接受，还是通过语言了解他者，他都采取了同样的态度。推崇讲话，就意味着拒绝暴力，让自己暴露在死亡风险之中。

鲁尔称自己为 *Christianus arabicus*，这并非字面的"阿拉伯基督徒"之意，

[①] 凯拉姆学，伊斯兰教的宗教学科之一，即用逻辑推理和理性思辨的原则阐述伊斯兰教基本信仰而产生的教义学理论。"凯拉姆"是阿拉伯语音译，本义为"言论""对话"，引申为"辩论""辩证"。该学科是伊斯兰教各流派在有关信仰教义、哲学理论等诸多问题的激烈争论中产生、发展起来的，因此在伊斯兰教内是"辩证派哲学"的专称。

[②] 鲁尔，《驳彼得与雷蒙，或幻想》（*Disputatio Petri et Raimundi ou Phantasticus*, 1311）；17世纪的法语版译者匿名，《幻想，或驳教士彼得与幻想者雷蒙》（*Le Fantastique, ou Dispute de Pierre le Clerc et de Raymond le fantastique,* in *Philosophie*），Paris, Beauchesne, 1991，第28页（译文有修改）。——原注

它指的是接受过穆斯林文学思想形式教育的基督徒。他能用加泰罗尼亚语、拉丁语和阿拉伯语写作（不幸的是，用阿拉伯语创作的文献已失传），他从最具创造力的语言中汲取营养，使其服务于自己热切的统一愿景。在这种"疯狂的爱"的驱使下，他用最多样化的形式来捍卫自己的"艺术"，用它来证明信仰的真理。鲁尔把信仰带来的启示与理智带来的信心结合在一起，这的确令人困惑，再加上他永不疲惫的热情，这就是为何他常常遭到正统观念和不同等级的反对的原因。（M.S.）

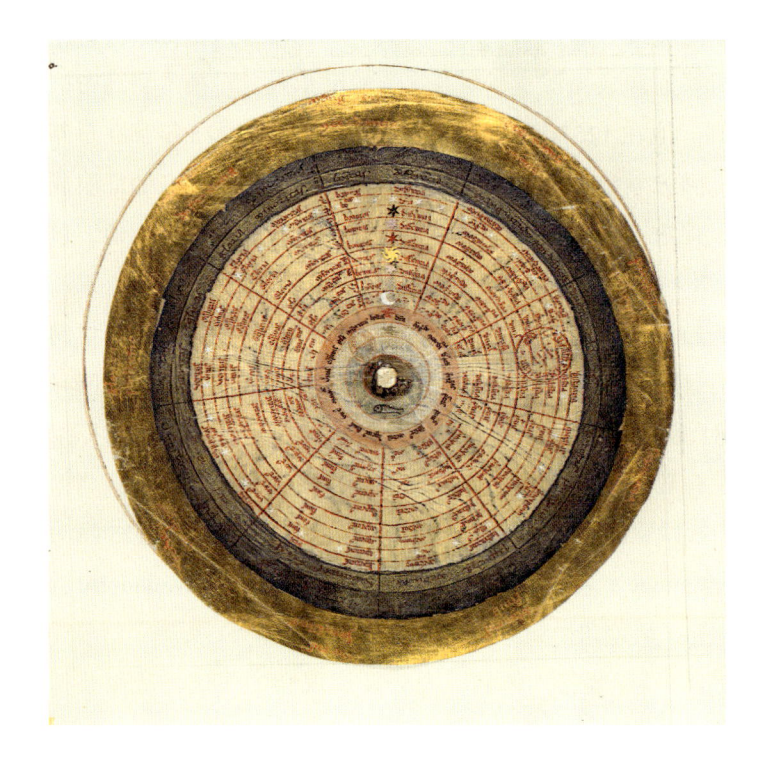

《普遍之广艺》（*Grand Art universel*），1325 年，选自拉蒙·鲁尔与托马斯·勒米埃济耶（Thomas Le Myésier）的《选集》（*Electorium magnum*），巴黎，法兰西国家图书馆

智者阿方索十世

（Alphonse X le Sage，1221—1284 年）

阿方索十世是卡斯蒂利亚王国国王、莱昂王国国王（1252—1284 年在位），是费尔南多三世（Ferdinand Ⅲ）和霍亨斯陶芬家族施瓦本的贝阿特丽丝[①]（Béatrice de Souabe）的长子。他的政治作为、文化成就和对文艺事业的支持都使他成为中世纪最重要的王室人物之一。

阿方索十世的母亲是罗马人的国王（1198—1208 年在位）、施瓦本公爵腓力之女，因此他凭借母系血脉成为霍亨斯陶芬家族的继承人，对神圣罗马帝国皇帝的宝座有合法权利。他在 1257 年被选为皇帝，但一直到 1275 年都在不停斗争，始终未被加冕。阿方索十世继续推进收复失地运动，巩固父亲的征服成果。他加大垦荒力度，促进人口增长，捍卫和充分利用所有王国内的土地，包括刚刚收复的穆尔西亚（Murcie）和安达卢西亚（Andalousie）。

阿方索十世以西哥特国王的遗产和个人的智慧作为自己的权力基础，他的君主统治呈现出专制特征。他自诩为上帝在人间的代言人，法律的源泉、阐释者和担保人，享有绝对统治权（*imperium*）。身为教会的保护者、信仰的捍卫者，他意识到自己不仅有义务像所罗门王（Salomon）一样管理子民，也应当保证他们的教育，使他们摆脱蒙昧无知的状态，因为无知也是一种原罪。1254 年，他授予萨拉曼卡（Salamanque）大学相应的地位，在巴拉多利德（Valladolid）、塞维利亚和穆尔西亚建立了研修班。

阿方索十世发展完善了行政管理体制，充分发挥议会的作用，从而获得了新的管理手段。他确立了多样化的税收体系，以解决由于停止收复失地运动而导致的经济困难，满足为获得皇帝宝座和捍卫国土而不断增加的财政需求。

[①] 接受洗礼后改名为伊丽莎白（Elisabeth）。

从 12 世纪起，游戏在中世纪文化中占据了最重要的位置之一。阿方索十世不仅整合了中世纪各种各样的知识，也撰写过一本关于游戏的论著

《玩填字游戏的国王智者阿方索十世》（*Le Roi Alphonse X le sage assisté d'un scribe*）（局部），细密画，选自《智者阿方索十世的游戏之书》（*Livre des jeux d'Alphonse X le Sage*），1282 年，马德里，埃斯科里亚尔修道院皇家图书馆

C. hua donzela rogaua a sca m. q lle mostrasse co q se guardase do demo
C. S. M. pareceu aa donzela e lli disse q dissesse sempre aue m.
C. un crerigo se namorou da donzela e lle pediu seu amor.
C. o crerigo fez un cerco e conjurou os diaabos q lli fezesse a donzela.
C. os diaboos ueer aa donzela e uir S. M. estar cõ ela e fugiron.

Cun dia lle ueu un tar a donzela q lle fez eleucer a oraçon da uirge.	Co padre ss matar a donzela e o crerigo lla sacou das maos.
Ctespsarō o crerigo e a donzela per sse ello e cō aiuda do demo	C. S. M. pareceu ao crerigo e lli disse que no casasse cō a sa donzela
Como S. M. pareceu aa donzela e lli disse que non casasse.	C o bispo con fijs os meteu a unhos en ordē viuer.

阿方索十世将一部由咏唱诗歌（罗曼语）和细密画组成的艺术品献给圣母玛利亚，这是中世纪最完整的一幅艺术珍品（双页图）

《智者阿方索十世所写的430首诗歌合集，分为不同的抄写本，配有细密画以及作曲旋律》（ Collection de 430 poèmes écrit par Alphonse X le sage, divisés en codex illustrés de miniatures et où se trouve la mélodie de la composition ）（局部），约1280年，马德里，埃斯科里亚尔修道院皇家图书馆

基督教出现之初，游戏被怀疑是从东方穆斯林那里传来的危险的消遣

《两个在帐篷里下象棋的摩尔人》（ Deux Maures jouant aux échecs sous une tente ），1283年，细密画，选自《智者阿方索十世的游戏之书》，马德里，埃斯科里亚尔修道院皇家图书馆

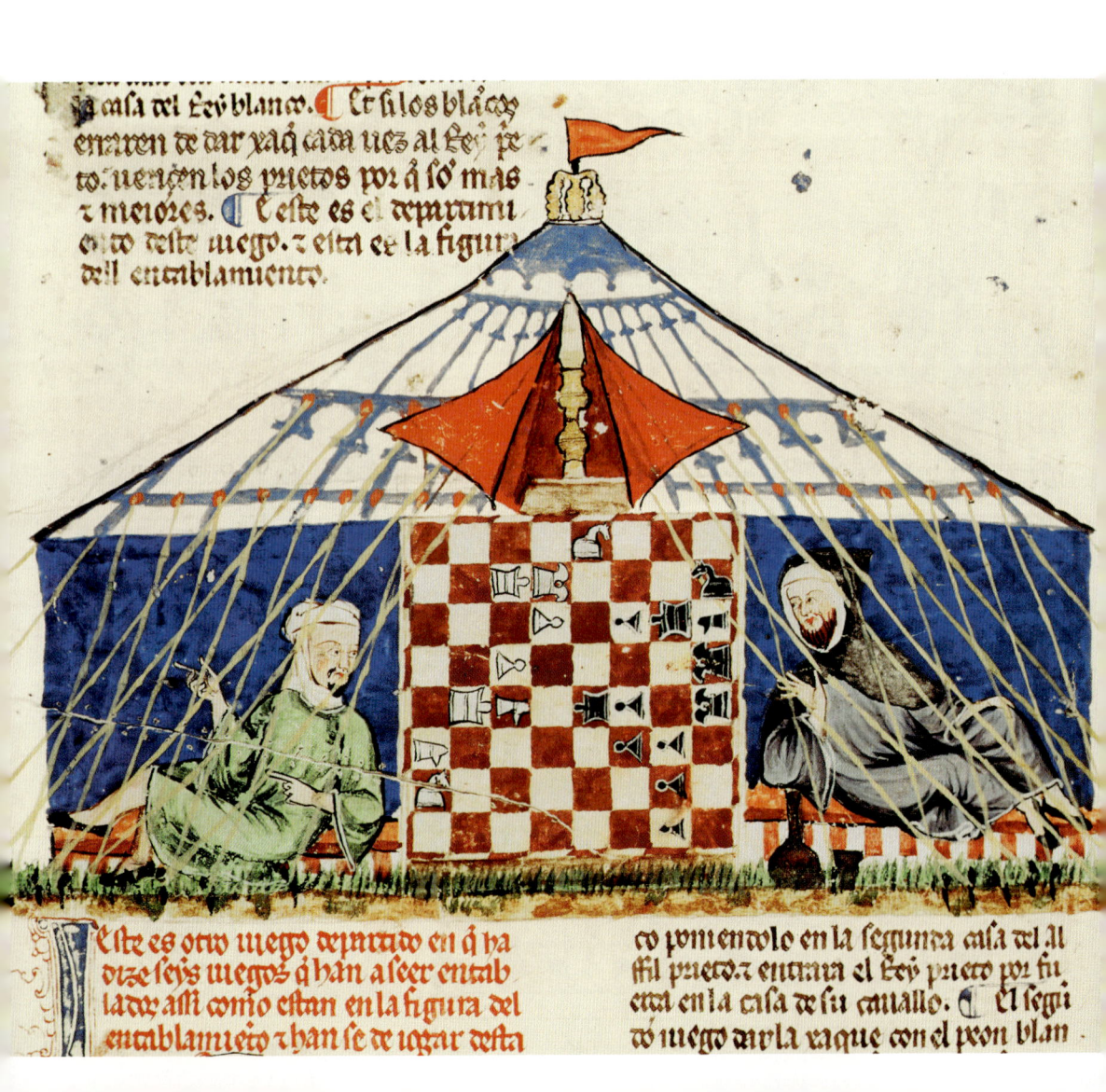

1268年，他对所有出口货物强制征收10%的从价税，即什一税（*diezmo*）。从1269年开始，他征收一些直接摊派的捐税。1276年，他对放牧的牲口征收一年一次的牲口税（*servicio*）。他还保留了托雷多和其他重新收复的南部地区在穆斯林统治时期的所有税收，称其为"商品贸易税"（*almojarifazgo*）。

阿方索十世所采取的经济政策包括国内贸易自由化、禁止出口一系列仅供国内市场的产品，固定了卡斯蒂利亚王国与莱昂王国的夏季牧场和安达卢西亚与穆尔西亚的冬季牧场之间的牲口运输道路，1273年将牲口养殖协会（即牧主公会（Mesta））制度化，租借数量众多的集市，试图统一度量衡体制和手工业组织模式。

阿方索十世在司法领域也卓有贡献，为了在王国内确立王室法律体系，他命人使用通俗语，以罗马法为基础，制定了一整套数量惊人的法律文本库，包括《诉讼法》（*Espéculo*）、《王室法典》（*Fuero Real*）、《七步律》（*Setenario*）和《七法全书》（*Siete Partidas*）等，其中《七法全书》是继查士丁尼的法典之后，中世纪基督教世界最重要的法律百科全书。七部法律每部都以国王名字中的字母作为索引，第一部=A，自然法、教会法和礼仪法；第二部=L，西班牙政治法；第三、四、五、六部=FONS，市民法和私法；第七部=O，刑法。

为了解释西班牙人与世界存在的缘由及其未来，巩固其君主制规划，阿方索十世命人用通俗语编纂了两部重要著作，一部是关于本地历史的《西班牙史》（*Histoire d'Espagne*），另一部是关于世界历史的《世界通史》（*Grande et Générale Histoire*），旨在编纂全世界的历史，但未能完成。

阿方索十世为许多其他文化事业提供赞助，并亲自参与其中某些项目。三大宗教的学者聚集在这位国王身旁，翻译、编撰和制定了数量众多的天文学和星相学著作，他们收集的文献来自阿拉伯、希腊、印度和波斯，例如《天文学知识之书》（*Libros del saber de Astronomía*）和《十字之书》（*Libro de las cruces*）（有人甚至把天文常数表归功于此书）。此外，学者们的创作还包括一些狩猎论著，一部关于象棋的著作，一部关于各类宝石特性的魔法药物著作，一部关于自然之谜的著作，一本故事合集（*Calila e dimna*）等。出于宗教原因，他对诗歌也充满兴趣，他效仿创作了《雅歌》的所罗门王，用加利西亚语创作了长诗《圣母玛利亚赞歌集》(*Cantigas de Santa María*)。

  他确立君主专制制度，强制推行新税收体制的意愿引起了强烈的反抗，1265年、1270年和1277年货币接连贬值，这一切都成为1271—1274年爆发的大规模贵族叛乱、严重的王位继承危机和统治结束的源头。阿方索十世继承了父亲的遗产，为卡斯蒂利亚王国称霸伊比利亚半岛奠定了基础。从13世纪20年代开始，司法部门抛弃拉丁语，使用卡斯蒂利亚语，这种语言也成为国王支持的文化事业的共同特征，这是阿方索十世为所有子民建立文化共同体的方式，为促进"民族情感"的诞生做出了巨大贡献。（D.M.）

奇马布埃

（Cimabue，约 1240—1302 年）

奇马布埃是一位伟大的画家，文献记载了他 1272—1302 年的活动。1301 年的一份契约文本提到"画师奇马布埃的父亲已经去世，其名为贝比（Pepi）或贝波（Pepo）"，而奇马布埃也是一位不幸的画家，原因有多个。首先，关于他的生平和作品的文献资料很少，而且大部分均已佚失。他在作画时大量使用铅白，随着时间流逝，这种材料逐渐被氧化，颜色变暗，因此阿西西圣方济各上教堂的祭坛和耳堂的壁画变得几乎无法辨识。这大片的壁画如果能以更好的状态保存至今，或许能提高这位画家在艺术批评史上的知名度。由于灰泥层的剥落和风化，以及铅白化学成分的变化，这些壁画如今看起来如同损坏的相片底片。如果像以前冲洗照片胶卷一样，用电脑为这些壁画重新上色，我们至少能够恢复壁画的轮廓和构图情况，虽然许多细节会被破坏，鲜艳的色彩会被一层难以区分的淡褐色所掩盖但我们仍可以欣赏人物的表现力和现实主义特征，它们仍然能够向观者传达强烈的情绪和情感。

但丁认为乔托的水平高于奇马布埃（"奇马布埃曾以为在画坛上能独领风骚，如今则是乔托名声大噪，这就使此人的声誉顿失光芒"，《炼狱》，第十一首）。从某种程度来讲，与乔托作对比令奇马布埃的画作被更多的评论家看到，"但是为了作比较"，而非因为其自身价值。

天不遂人愿，更糟糕的是，1966 年，佛罗伦萨的洪水严重损坏了保存在圣十字（Santa Croce）教堂中的带耶稣像的十字架[①]，这是奇马布埃在 1275 年创作的精美绝伦的艺术品，他完美呈现了柔和的肉色和耶稣腰间半透明的布料。最后，

---

① 这个十字架与常见的十字架不同，奇马布埃在十字形木架的表面贴了一层布料，然后在上面绘制了耶稣受难图。1966 年 11 月的洪水冲进教堂，这件珍贵的文物被浸泡了好几个小时，致其严重损毁。

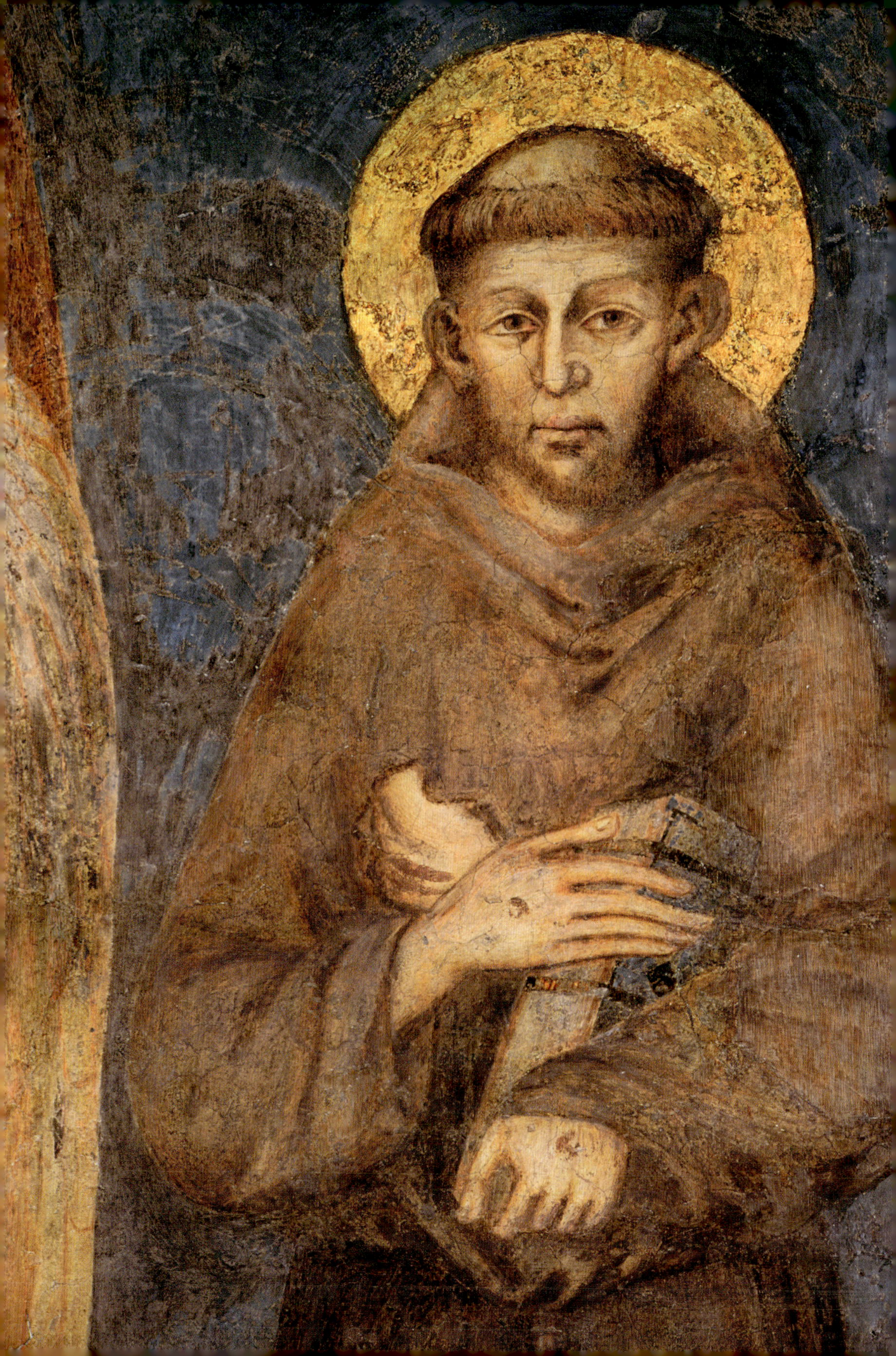

1997 年的地震也令阿西西圣方济各上部教堂受损，奇马布埃在拱顶绘制的四位福音传教士，其中马太（Matthieu）部分不幸坍塌。（必须指出的是，在马可（Marc）那幅拱顶壁画中，一看就可以确定上面描绘的是罗马，画中的建筑属于1277—1280 年的罗马风格，恰好是奥西尼家族的尼古拉三世的教皇任期，其家族纹章被绘在了元老宫上，很可能指的是教皇及其在罗马担任参议员的两名家族成员。）

奇马布埃最初受到拜占庭绘画的影响，保存在阿雷佐主教堂（Duomo d'Arezzo）中的耶稣像十字架（1265—1268 年）可以证明这一点，强烈又富有表现力的风格完美呈现了酷刑带来的痛苦。后来，他的绘画更加注重身体在空间中的立体感，并采用了新的透视方法，1290—1295 年，他为比萨的圣方济各大教堂的祭坛所绘的《天使环绕的圣母》(*Madone en Majesté entourée d'anges*) 对此有所呈现，如今这幅画保存在卢浮宫中。画中的衣物褶皱和精准的色彩颗粒度同样值得我们赞叹（这一点在保存于佛罗伦萨乌菲齐美术馆的《圣特立尼塔的圣母像》(*Majesté* de Santa Trinità，1285—1286 年）中已经非常明显）。

1301—1302 年，奇马布埃在比萨主教堂的半圆形后殿绘制镶嵌画，被完整保存下来的福音传教士约翰的形象无疑就是他的作品。还是在 1301 年，他为比萨的圣基亚拉（Santa Chiara）医院的祭坛绘制装饰画，这幅作品虽已消失不见，但我们可以从保存至今的契约上发现它的重要性。契约规定它必须包含一组祭坛附饰人像组画，这在当时属于新生事物，也是该类型的第一件作品。在中世纪，在契约中提出要求的通常是赞助人，例如应当绘制的人物，甚至使用的色彩等，但在这份契约中，除了赞助人以外，我们的画师也拥有同样的权力。契约规定，在祭坛后部的装饰屏上，除了圣母玛利亚、使徒和天使之外，还包括"根据上述画师（奇马布埃）或另一位上述医院的合法负责人所喜爱或认为合适的"其他人物。毫无疑问，这是对奇马布埃这位具有创造力的天才的敬意。（C.F.）

早于乔托的第一位真正的伟大画家与最精美的圣方济各肖像
奇马布埃，《阿西西的圣方济各》(*Saint François d'Assise*)，13 世纪，壁画，阿西西，圣方济各大教堂

乔托·迪·邦多纳

（Giotto di Bondone，1267—1337年）

根据传统记载，1267年，乔托出生在穆杰洛地区（Mugello）的维斯皮亚诺（Vespignano），1337年在佛罗伦萨去世。公证人费拉拉的里科巴勒多（Riccobaldo de Ferrare）在《编年史》（*Compilatio cronologica*）（约1313年）中将乔托描述为"技艺出众的画师"（pictor eximius）："（乔托在）阿西西、里米尼（Rimini）和帕多瓦的圣方济各教堂中的作品、公社宫和帕多瓦阿雷纳礼拜堂（又称斯克罗韦尼礼拜堂）中绘制的作品能够证明他的艺术有多么伟大。"里科巴勒多所指的不仅仅是单幅作品（乔托完成的耶稣十字像和其他画作），也包括整组的壁画。他的介绍证明了乔托与他人共同创作时的统筹能力。（乔托也在佛罗伦萨的圣十字大教堂的多个地方绘制了多组壁画，例如保存完好的巴迪礼拜堂壁画和佩鲁齐礼拜堂壁画。他在那不勒斯的圣基亚拉（Santa Chiara）教堂和新堡（Castel Nuovo）中的作品已经消失不见）。

乔托是这些大型作品的整体设计者，而非一百多平方米的壁画的绘制者。人们认为他参与了某些细节、纠正和最后的修正工作。即便如此，他能够使助手们的风格保持一致，所以他的作品的构图和视觉效果能够达到惊人的统一，这实在令人叹为观止，我们在参观帕多瓦的斯克罗韦尼礼拜堂的壁画（1303—1305年）时可以深刻体会到这一点。乔托不仅是一名独立的艺术家，也是名副其实的画社领导者，所以他把签名（*opus Jocti Florentini*）留在了巨幅油画《圣方济各受圣痕》（*Les Stigmates de saint François*，约1300年）

乔托是第一位留在历史记忆中的伟大的中世纪绘画艺术家
意大利学派，《乔托·迪·邦多纳》（局部），16世纪，木板油画，巴黎，卢浮宫

GIOTTO

之上，这幅画如今保存在卢浮宫。某些历史学家认为这个签名是一种"产品标记"，并非作品是真迹的保证。正是因为乔托拥有"现代经理人"的优点，他才成为一位备受追捧、极为富有的艺术家。同时代的人也记得乔托的文化、讽刺和意外的嘲弄。

15世纪初的画家切尼诺·切尼尼（Cennino Cennini）对乔托这位绘画天才的描述最为准确："他把希腊绘画艺术改变成拉丁绘画艺术，然后使其现代化。"乔托摆脱了庄严呆板、注重形式的拜占庭绘画传统，转而采用一种新形式作画，他在罗马长期停留期间，发现了古典艺术及其自然主义。事实上，他发现古典艺术无处不在，只要有古代雕塑和壁画遗迹的地方，就可以发现它，例如帕多瓦的恩里克·斯克罗韦尼宫殿和礼拜堂就是在古罗马圆形剧场上修建的。乔托深受古典艺术的影响，但并没有满足于简单模仿、抄袭某些风格要素。他吸收古典艺术的特点，增强了自己油画的表现力。他把古典艺术带到了他的时代，使其变得"现代"，所以他在描绘身体和面部时，使用了现实主义而非象征主义手法，突出了身体与面部所处空间的立体感，而且受透视法规则所限，它们的比例常常被缩短。

斯克罗韦尼礼拜堂中描绘基督之死的壁画便是其中范例。除了拿着香料瓶的尼科德姆（Nicodème）和手拿葬礼所需条带的亚利马太的约瑟夫（Joseph d'Arimathie），这个场景中没有其他任何与福音书有关的细节。蹲在地上的妇女体现的是佛罗伦萨的葬礼习俗，尸体被放在低矮的草垫上，周围的妇女席地而坐，参加哀悼仪式。壁画上有几个妇女背对观者，她们的布局构成了一个典型的圆圈，观者会感到一种吸引力，仿佛自己就是正在哭泣的众人之一。乔托用灵光一笔，向我们展现了一个托起基督头颅的妇女，她的容貌被沉重的头巾彻底遮挡，但又有一种若隐若现之感，观者在无意之间就投入了更多的情感。圣约翰的手臂向后，似乎想要最后一次抓紧基督。这是一个充满新意、令人难忘的人物，其灵感来自墨勒阿革洛斯[①]（Méléagre）式的古代石棺。乔托后来用干画法加长了抹大拉的玛利亚的头发（此前他的学生描绘的是短发），他这么做

[①] 希腊神话的著名英雄之一，曾随同伊阿宋一起寻找金羊毛。

是为了保证这位美丽女子的热情性格与形象保持一致,实际上,在哭泣的女人中,只有她身穿红色长袍[1]和绿色夹衣,红色长袍还从肩膀滑落。在人生的最后一段时光里,乔托化身为一名出色的建筑师:他设计了佛罗伦萨主教堂的钟楼,并指挥了初期施工;1336年,他设计了佛罗伦萨的卡瑞拉大桥(Ponte alla Carraia)并最终见证了桥梁竣工。(C.F.)

---

[1] 抹大拉的玛利亚在绘画中常常被描绘为身穿红衣的形象。

Das ist der edel Ritter Marcho polo von Venedig der groſs lanndtfarer der vns beſchreibt die groſſen wunder der welt die er ſelbſt geſehenn hat Von dem auffgang bis zu dem nydergäg der ſunnē der gleychē vor nicht meer gehört ſeyn

马可·波罗

（Marco Polo，1254—1324 年）

马可·波罗的《寰宇记》（Le Devisement du monde）或许是最著名的游记，它向西方人揭示了此前一直属于"梦幻景象"的世界，讲述了类似于"歌革和玛各"[①]（Gog et Magog）这样的神秘民族的真实情况。

马可·波罗出身于定居地中海东部地区（克罗地亚）的威尼斯商人家庭。1254—1268 年，马可·波罗的父亲与叔父曾到东方经商，来到疆域自太平洋一直延伸至俄罗斯南部草原的蒙古帝国。他们觐见了蒙古帝国的忽必烈大汗（Kubilaï），并带回大汗给罗马教皇的信函。十几年后，马可·波罗在父亲与叔父的陪同下，再次长途跋涉，从地中海东部地区来到汗八里（Khanbaliq[②]，即元大都），履行向忽必烈许下的承诺，带给他罗马教皇的回信。他们的身份是商人，还是教皇的使者？无论如何，马可·波罗一家于 1269 年离开阿亚斯港，之后的 1275—1291 年，他们留在大汗宫中供职。马可·波罗在书中讲述的就是这段旅程：首先是 1269—1275 年穿越亚洲，然后是 1275—1291 年在中国停留，最后是 1291—1295 年返回威尼斯，整个旅程险象环生，充满波折。

自印刷术大发展和纽伦堡德语译本问世以来，马可·波罗的远东游记是少有的堪比《圣经》的畅销书
《威尼斯探险家马可·波罗肖像画》（Portrait de l'explorateur vénitien Marco Polo），1477 年，《寰宇记》初版扉画，纽伦堡，私人收藏

---

① 歌革和玛各是《圣经》中人类反抗基督的领袖、拥有黑暗力量的统治者，中世纪某些学者声称中国的北部是歌革和玛各之地。
② 蒙古文称元大都为"汗八里"。

这部作品的撰写值得我们关注。它成书于马可·波罗在热那亚入狱期间，书写语言是奥依语（香槟和皮卡迪方言）。马可·波罗返回威尼斯不久，卷入了威尼斯与热那亚争夺地中海霸权的斗争，被捕入狱。16世纪的地理学家拉姆齐奥（Ramusio）为马可·波罗游记《百万》（Il Milione）作序时提到，马可·波罗在1298年的科尔丘拉（Curzola）海战中被捕。与马可·波罗同时代的雅各布·达奎（Jacopo d'Acqui）则认为马可·波罗是在1296年，即返回威尼斯之后一年，在阿亚斯港的一次海盗活动中被热那亚人逮捕的。他在热那亚的监狱中遇到了比萨的鲁斯蒂凯洛（Pisan Rustichello），这位狱友是一位骑士小说作家。

随后，两人合作完成了《寰宇记》，最初概述的语言是奥依语，具体来说是13世纪的贸易重地香槟地区的方言。一方面，马可·波罗在热那亚可以获取自己从中国带回的文献资料，另一方面，鲁斯蒂凯洛有足够的时间翻译马可提供的笔记或者口述的内容。这部著作的最初手稿已经佚失，但马可·波罗赠送给蒂博·德·塞普瓦（Thiébaut de Cépoy）的手抄本被保留下来，后者是美男子腓力四世的弟弟瓦卢瓦的查理派驻威尼斯的代表。这部题为《百万》的作品很快被译为托斯卡纳方言和威尼斯方言版本。长久以来，尤其是拉姆齐奥作序之后，人们都认为《百万》这个书名影射的是波罗家族在中国积累的财富。实际上，这个标题或许只是维格里奥尼家族姓氏（Viglioni）的变形：波罗家族返回意大利不久，购买了维格里奥尼家族在离威尼斯里亚托桥（le Rialto）不远处的地产。此书也被译为拉丁语，因而得以在神职人员之间流传，雅各布·达奎便是例证。

《寰宇记》中讲述的旅行在当时绝对是特殊情况。其他旅行者（让·德·柏朗嘉宾（Jean de Plan Carpin）、纪尧姆·德·鲁布鲁克（Guillaume de Rubrouck）、西蒙·德·圣康坦（Simon de Saint-Quentin）等）已经到过蒙古地区，但主要是为了使罗马教廷与蒙古人建立联系，教皇们在寻找同盟，保护仍被法兰克人掌控的圣地领土。教廷不希望它们被并入蒙古帝国的版图。波罗家族则对庞大的蒙古帝国进行了名副其实的探索与发现，马可向西方人介绍了他在那里见到的奇迹。这是否意味着教皇鼓励他们前往东方？不管怎样，这部著作出版之后，

一些意大利、威尼斯和热那亚的商人以及相关人士毫不犹豫地踏上了前往中国的道路，有的甚至在那里定居。他们在"蒙古和平"（paix mongole）的大背景下，让西方人获得了马可·波罗所描绘的大量财富（丝绸和香料），创造了一种超前的全球化。

马可·波罗有着精准的叙事天赋和记述风格，他或许曾经在大汗宫廷中

西方与远东之间的大规模旅行开始出现
布锡考特元帅的画师（Maître du maréchal de Bouciacaut），《忽必烈大汗向波罗兄弟发放通行证》（Kublai Khan donnant aux frères Polo leurs passeports），15 世纪，细密画，选自《马可·波罗的奇迹之书》（Livre des Merveilles de Marco Polo），巴黎，卢浮宫

加泰罗尼亚是中世纪地图绘制发达的地区之一，当时的地图绘制与细密画有着紧密联系
加泰罗尼亚画坊，《马可·波罗与骆驼商队》（Marco Polo avec une caravane），约 1375 年，细密画，巴黎，法兰西国家图书馆

cafcar

fingur

nichion

los munts de sabur
on naix lo gran
Fluuy Eufrati

cuiacha?

finguy

Piacuy

carauana es partida del ynperi
ra panar al catayo

fobur

fuegatup

担任高官，可以肯定的是，他揭开了西方人所梦想的世界的面纱，其他人也步他的后尘，试图重新感受那些有些虚构色彩的旅行。有人批评他讲的内容不太可信，甚至抄袭其他旅行者的逸事。然而，马可·波罗的探索之旅结束不久，另一位旅行家鄂多立克·达·波代诺内（Odorico da Pordenone）前往中国，他在各个方面都证实了马可·波罗描述的内容。歌革和玛各的国度不再只存在于传说之中，它们成了现实。马可·波罗时代的地图绘制者都把耶路撒冷（Jérusalem）视为世界的中心，亚洲和印度洋都被简略带过，到了14世纪，他们不得不重新考虑地图的绘制，把中国和印度洋甚至太平洋添加进去。由此，

西方人才开始发现，穿过大西洋向西航行，避开漫长而凶险的陆地，也有可能到达远东地区。1484 年，克里斯多夫·哥伦布（Christophe Colomb）阅读了在安特卫普（Anvers）印刷的拉丁语版马可·波罗游记之后，制定了向西航行，前往吉潘各（Cipango，即日本）的计划。

教会的关注对象是蒙古帝国境内的各个民族的命运，随着欧洲人逐渐进入亚洲大陆，教会也试图使这些民族皈依基督教。马可·波罗曾多次遇到聂斯托利派教徒，他也曾经听闻祭司王约翰（le Prêtre Jean）的传说，他最初认为祭司王约翰是成吉思汗（Gengis Khan）的手下败将。在讲述归途的内容中，他确定了东非的地理位置。这样的传说必然会激励西方人一探究竟。在托钵修会的帮助下，蒙古帝国和印度出现了一些基督教团体，但由于缺少足够的管理者，这些团体并没有存在太久。

拉姆齐奥所述内容多少有些传奇色彩，我们并不知道波罗家族从东方带回了多少财富。马可被释放之后，继续经商，但并未成为威尼斯商界举足轻重之人。在父亲和叔父的建议下，他与一个出身威尼斯大家族的女子成婚。他育有三个女儿，她们后来也都嫁给了威尼斯贵族豪门。或许他也有权利被列入贵族之中，从 1297 年威尼斯制定的《塞拉塔法》中获益。马可·波罗去世之后，"波罗"这个姓氏便销声匿迹了，因为他的父亲、叔父和他都没有其他男性继承人。然而，他仍将一位出类拔萃的旅行者和记录者的回忆留给了后世。（P.R.）

威尼斯，长途旅行的起点
《威尼斯探险家马可·波罗与父亲和叔父离开威尼斯城，取道丝绸之路，前往远东》（*L'explorateur vénitien Marco Polo quitte la ville de Venise avec son père et son oncle : il se dirige vers l'extrême Orient et empruntera la Route de la Soie*），选自一份 15 世纪手抄本的细密画，牛津，博德利图书馆

约翰尼斯·埃克哈特

（Johannes Eckhart，1260—1328年）

埃克哈特·德·霍赫海姆（Eckhart de Hochheim）出生在歌塔（Gotha）附近的坦巴赫（Tambach），距离埃尔福特（Erfurt）不远，他通常被称为埃克哈特大师（Maître Eckhart），是思想史上一位复杂的人物，一位成果丰富的哲学家。如今，他被视为14世纪最重要的哲学和神学思想家之一。他的拉丁语著作（《圣经》注释、《专论》、《讲道集》）与中世纪经院哲学类似；他的德语著作（《专论》《讲道集》）传达的是同样的哲学和神学教导，但选择的方式更适合于文化程度不高、没学过拉丁语的群体；拉丁语通行于14世纪的高等学府之中（托钵修会和大学的普通研修班）。

自从19世纪下半叶德国人对埃克哈特用中古德语所写的作品进行科学分析之后，他就与"神秘主义"这个形容词联系在了一起。这种"神秘主义"一部分与19和20世纪德国的民族主义有关，埃克哈特大师被视为北欧精神领袖，他的作品在新教徒中的传播很早便预示着路德宗教改革的到来。埃克哈特的拉丁语作品被发现的时间晚于他用中古德语所写的作品，这些拉丁语著作揭开了神秘主义的面纱，让埃克哈特重新回归他真正的文化世界中，即14世纪初德国研修班和巴黎大学。

然而，埃克哈特生前并未享有这些盛名。1328年，他在阿维尼翁受审期间去世。1325年8月到1326年9月之间，两位多明我会修士以异端之名向科隆大主教控告埃克哈特，1327年，案件被移交阿维尼翁教廷，按照多明我会的规定及其对贫困的要求，埃克哈特步行前往阿维尼翁，此时他已年近七旬。他在教皇宫的神学家委员会前为自己辩护。但在审判结束之前，即1328年1月8日之前，他便已去世。埃克哈特死后，教皇约翰二十二世（Jean XXII）在1329年3月27日的训谕《在主的田野上》（*In agro dominico*）中谴责他的28个论点。训谕开篇便以非常严厉的方式对埃克哈特的思想定性："在主的田野上"，一个居心叵测之人散播了野草，"魔鬼的播种"。与埃克哈特最亲近的学生陶勒（Tauler）和苏索（Suso）被禁止从事任何学术活动。15 世纪，红衣主教库萨的尼古拉（Nicolas de Cues）的双重态度证明了埃克哈特的作品引起的分歧，他阅读了埃克哈特的作品并为其做注解，但他并不推荐向公众传播。

埃克哈特属于 13 世纪中期受到大阿尔伯特启蒙的德国多明我会知识分子之一。他和阿尔伯特、狄特里希·德·弗里伯格（Dietrich de Freiberg）一样，属于德国知识分子精英阶层，在巴黎大学神学院占据一席之地，毫无疑问，这在当时是最受瞩目的学术职位。埃克哈特两次来到巴黎大学。1292—1294 年，他在巴黎大学研读神学，并在埃尔福特担任修道院院长；1302—1303 年，他在巴黎大学担任讲师，并在这里撰写了《巴黎问题集》（*Premières Questions parisiennes*，Ⅰ—Ⅲ卷），他还规划了一套由三部分组成的全集（*Oeuvre tripartite*），但最终没有完成。这套全集涉及一切知识的哲学根本论题（《命题集》（*Oeuvre des propositions*））、这些论题引出的哲学和神学问题（《问题集》（*Oeuvre des questions*））以及对圣经的解读（《注解集》（*Oeuvre des exégèses*））。13 世纪 90 年代首批著作出版之后，埃克哈特的写作计划呈现出综合特征，不再区分神学与哲学。1303 年，埃克哈特被召回埃尔福特，此后他一直在条顿尼亚省（*Teutonia*）担任修道院院长。1311—1313 年，他再次来到巴黎大学担任神学讲师，并撰写了《巴黎问题集》第Ⅳ和第Ⅴ卷，随后前往斯特拉斯堡和科隆，在多明我会中担任不同的高级职务，直到 1327 年前往阿维尼翁。

在为《约翰福音》做注释之初，埃克哈特表示想要"通过哲学家的天赋理性来解释《旧约》和《新约》中关于神圣基督信仰的论述"。这条纲领贯穿了他的整部作品。不同于托马斯·阿奎那，埃克哈特认为可以通过天赋理性来解释三位一体、道成肉身和赎罪论。他没有从文字表面解释《圣经》，他的虔诚不拘泥于教义。在他的拉丁语著作和针对世俗公众的德语版《讲道集》中，埃克哈特用寓言式和选择式的方法评论《圣经》。在他看来，完美的阐释者具有高超的领悟能力，了解人类灵魂的永存本质，圣子便诞生于此。人的神圣化理论（*homo divinus*）是埃克哈特思想的核心，但他的同侪们却无法参透，许多人反对他的学说。在阿维尼翁审判期间，甚至连教皇最顽强的对手都被传讯，他们为了否认指控，对埃克哈特的思想大加指责。方济各会的会长切塞纳的米夏埃尔（Michel de Césène）是贫穷教义的拥护者，也公开反对教皇约翰二十二世，这位会长把埃克哈特定性为异端。奥卡姆的威廉（Guillaume d'Ockham）则详细审查了埃克哈特的论题，得出的结论是埃克哈特精神错乱。（C.K.-P.）

贝尔纳·居伊

（Bernard Gui，约 1261—1331 年）

贝尔纳·居伊出身利穆赞的小贵族家庭，14 岁时进入多明我会，1279 年正式成为修会修士。他后来对故乡表现出极为深沉的眷恋，在各种作品中赞扬故乡的神圣，他对自己最初所在的修道院也有着极深的感情，死后葬在了那里。

经过十年修行与学习之后，贝尔纳成为多明我会的领导者之一。他先后在阿勒比（Albi）、加尔加松（Carcassonne）、卡斯特（Castres）和利摩日的修道院中担任二品修士和代理院长（1292—1307 年），他在教省的管理工作中发挥了重要作用。1307 年他成为图卢兹宗教裁判所法官；1316—1319 年，他在阿维尼翁教廷担任多明我会财务主管，此外还以教廷特使的身份出访意大利北部和弗兰德地区；1323 年，他被教皇约翰二十二世提拔为主教。他先在西班牙加利西亚（Galice）的图伊（Tuy）担任主教，1324 年被调往洛代夫（Lodève）任职，直到 1331 年 12 月 30 日去世。贝尔纳·居伊在多明我会中扮演着不可忽视的角色。他是办事效率极高的实际管理者之一，帮助教会克服了当时的许多困难。他没有任何有影响力的家族背景，完全凭借自己的聪明才智和管理能力。

如今的文学作品和电影把《宗教裁判实践》（*Pratique de l'Inquisition*）的作者贝尔纳·居伊描绘成一个狂热的宗教裁判所法官，现实也无法为他开脱。他出生在奥克语地区，因此他的语言能力能够让他对南部的异端分子进行更为深入的审问，虽然他以威胁入狱迫使招供，提倡适当使用酷刑，但以绝对不能损害事实真相为前提。他在对捏造指控的嫌疑人的惩罚上绝不心慈手软，但也曾多次减免刑罚。他是一位沉着冷静的法官，对忏悔和惩罚都非常重视。他认为自己的使命是让犯人迷途知返，但重新归附异端之人和冥顽不化的异端分子排除在外。

身为行动派的贝尔纳·居伊在 1295—1330 年完成了 34 部著作。在一系列献给多明我会的作品中,他讲述了该修会在图卢兹教省生根、发芽、成长的过程。这些论著不仅记录了作者的回忆,也强调了多明我会修士的天选特征,表明了参与上帝规划的修会所具有的持续性、发展性和集体神圣性。在贝尔纳看来,历史事实是上帝对人类的规划的落实,因此,书写历史是完成一项宗教行为。他想要撰写一部名为"编年史之精粹"(*Les Fleurs des chroniques*)的世界史,编制教皇、皇帝和法兰西国王的名录,同时构思一部名为"圣人宝鉴"(*Miroir des saints*)的使徒作品,以地区为单位对修道院进行梳理,记录普遍崇拜和地区崇拜。

这些著作呈现出一种宏观的、百科全书式的构思,让 13 世纪的历史具有了现代性。它们以先前的"权威著作"为基础,抛弃了不可靠的传统、可信度不高的叙述以及与主题无关的信息。此外,贝尔纳·居伊多次前往图书馆和档案馆,研究官方文件来弥补文学性文献的不足,纠正其自相矛盾之处。他编写历史作品,就像宗教裁判所的法官在进行调查,这两项工作都需要搜寻证据、确立事实、详细指出事件的时间和地点。他精益求精,力求确定事件的准确日期。此外,他对历史保持开放的态度,必要时对作品进行增添和修改。他的著作源于不断完善的渊博学识,立足于批判反思精神,标志着历史研究的巨大进步。

这些著作让贝尔纳·居伊不至于被人遗忘,但我们对他的个性和私人情感知之甚少。据他的亲友所述,这是一位无忧无虑的乐天派。从著作来看,贝尔纳·居伊是信念坚定之人,坚持权威和服从的原则,非常重视信仰和教会的统一,对异端者及其问题缺乏理解。他同样非常尊重君主政权,在教皇卜尼法斯八世与美男子腓力四世发生冲突时,他保持沉默。总而言之,贝尔纳·居伊这位修士充分代表了他的修会和他的时代以及它们的进步和局限,他为此留下了重要的文字记录,这一点是他的功劳所在。(J.-L.B.)

但丁·阿利基耶里

（Dante Alighieri，1265—1321 年）

我们经常把但丁视为中世纪的标志，在某种意义上，他就像中世纪的化身。集体想象（imaginaire commun）逐渐把他的形象简化为一个贫穷的流亡者，或者不可替代的人类原罪之审判者。然而，他也有大量令人意外的形象蕴含在自己的作品中，例如充满好奇和爱恋的孩子，刻苦用功、喜爱幻想的年轻人，对赞美和讽刺非常敏感的朋友，卓越的伟人和多情的浪子，大胆参与政治的公民，描绘乌托邦之路的神学家，灵感迸发的诗人，执拗又骄傲的犯人。他眷恋着自己的城市，但他在《飨宴》（*Convivio*）中写道："世界对于我来说就是祖国，像大海对于鱼儿来说一样"。

此外，中世纪是一个跨度极广、不断变化的时代，这位佛罗伦萨诗人身处一个宗教机构和世俗政权经历严重危机的时期，一个在时刻发生变化的时期，因此，他拥有极其敏锐的视角。他在作品中具体呈现了中世纪世界的转变，例如《神曲》的《炼狱》，雅克·勒高夫曾分析过这部作品漫长而复杂的诞生过程[1]：但丁凭借诗歌的创造力，将这个"中间地带"的概念具象化，充分探索了这一创新所包含的具有象征意义的可能性以及从"二"（天堂-地狱）到"三"（天堂-炼狱-地狱）、个体从被动受罚到主动获得救赎的过渡。

但丁一生中的兴趣之广泛、形象之多样令人震惊。他的第一部作品《新生》（*Vita nuova*）讲述了爱情和因爱而生的变化，例如与爱人贝阿特丽丝的初次相遇（"她出现在我面前时刚刚 9 岁，我见到她时 9 岁即将结束"）、经历的考验、爱人的远离、爱人的死亡和形象变化。但丁曾在佛罗伦萨和博洛尼亚求学，后逐渐介入佛罗伦萨共和国的政治生活。1289 年，他参加了佛罗伦萨与阿雷佐和

---

[1] 即勒高夫于 1991 年出版的《炼狱的诞生》（*La Naissance du Purgatoire*），中译本由周莽译，商务印书馆 2021 年 3 月出版。

LASCIATE OGNI
SPERANZA VOI
CH'INTRATE

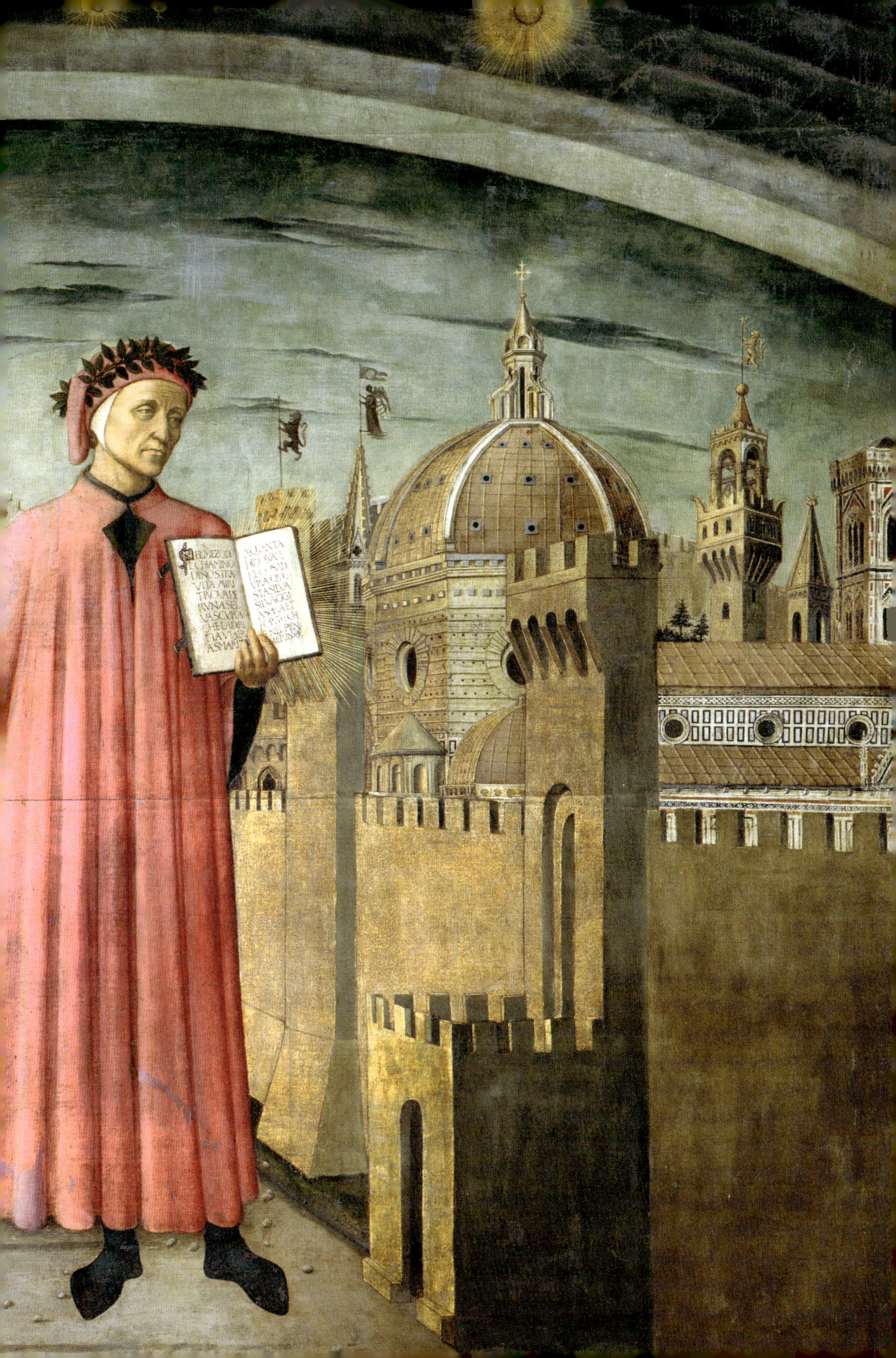
DINOSTRA
VITA MIRI
VASCVRA
STASILVA
SILVAGGI

站在佛罗伦萨和《神曲》三个场所（地狱深渊、炼狱山与天堂）之间的但丁

多梅尼科·迪·米切利诺（Domenico di Michelino），《手持〈神曲〉的但丁肖像，两边是地狱和佛罗伦萨，远处是炼狱和天堂》（*Portrait de Dante tenant à la main la* Divine Comédie, *près de lui, l'enfer et la ville de Florence, au fond le purgatoire et le paradis*），壁画，佛罗伦萨，花之圣母大教堂

比萨的战争。1295 年，30 岁的但丁带着坚决的态度步入政坛。此时的佛罗伦萨拥有强大的实力，它的银行家是整个欧洲的银行家，1250 年创立的货币弗洛林（florin）成为许多国家的货币参考标准。教皇派支持人民政府，皇帝派代表了大贵族溃败之后的反动势力。在佛罗伦萨占主导地位的教皇派也逐渐分化：黑党（les guelfes noirs）支持教皇统治托斯卡纳，白党（les guelfes blancs）支持托斯卡纳和佛罗伦萨的一切自由，但丁是白党的中坚力量。他直接参与了佛罗伦萨最超前的政治试验。在短暂的政治生涯中，他是各种委员会的成员，1300 年成为佛罗伦萨的执政官，1301 年他率领代表团觐见教皇卜尼法斯八世，试图说服教皇放弃对托斯卡纳的控制。但很快，黑党重新掌权。1302 年，但丁遭到放逐，一旦他回到佛罗伦萨，任何士兵都可以将其处死。

此时的但丁已经远离佛罗伦萨，终生流亡，这让他感到自己如同"一只没有帆没有舵的船"（《飨宴》，I，Ⅲ，4），他也了解到"沿着他人的台阶上下是多么困难"（《炼狱》，XVII，60）。1315 年，佛罗伦萨的执政者提出只要他在法官面前低头认错，便可回到佛罗伦萨，他的回应非常激烈，带着他独有的桀骜不驯的骄傲，于是，佛罗伦萨的执政者再次判处他和儿子被活活烧死。他暂时中断了《论俗语》（*De vulgari eloquentia*）的写作，这是一部讲述用俗语进行写作之必要性的理论性论著，后来的鸿篇巨制《神曲》就是用俗语写就，但丁被称为"意大利语之父"也源于此。实际上，他把拉丁语的传统语言概念应用于俗语，对作为民族语言的意大利语的诞生起到了决定性作用。他用《神曲》将语言固定了下来，创造和探索了一种新语言，他称其为"有香无迹的豹子"，"各个场所都可以闻到，但从不见其踪影"的"光辉的俗语"（《论俗语》，I，XVI）。

《神曲》这部鸿篇巨制同时涉及政治、宗教，甚至具有预言特征。因此，但

丁在《天堂》（*Paradis*）中表示："对于我所要写的材料，我不得不专心致志"（《天堂》，X，26—27）。他所说的"材料"是上帝为他准备的经历。将上帝的声音记录下来并加以阐释，如此疯狂的雄心壮志仿佛是受到上帝的启示。《神曲》的地位堪比第三部《圣经》，或某种伪福音书。然而，《神曲》中的政治色彩并未消失，它甚至是书中的核心内容，从《地狱》的第一首开始，出现了"猎犬"（*Il Veltro*）这个神秘的角色，它拯救了意大利，恢复了人间的秩序与和平，因此也代表了"世界帝国"（monarchie universelle）的梦想。但丁在《论世界帝国》（*De monarchia*）中再次描述了这个梦想，但对那个时代而言，这部著作实在太过大胆，因而遭到教会焚烧。"世界帝国"不仅是一个梦想，也是涉及权力分立的明确的政治原则。教皇负责人类在天国的幸福，皇帝负责人类在地上的幸福；他们之间不存在等级之分。他们是"两个太阳"（《炼狱》，XVI，107）。

但丁在这部论著中展现了领先于时代的思想。我们可以认为但丁有两种属性，或两种延续性。一方面是但丁与古代的关系，这一点无须赘述。对他而言，维吉尔、奥维德、荷马（Homère）、亚里士多德等人既熟悉又不可或缺。另一方面，文艺复兴的人文主义学者从但丁那里找到了研究的重点，即"对知识的爱"以及"人的尊严"（l'humaine dignité）这个概念。在洛伦佐·德·美第奇[①]（Laurent de Médicis）和马奇里奥·斐奇诺[②]（Marsile Ficin）的城市（即佛罗伦萨）中，名副其实的但丁崇拜出现并发展起来。列奥纳多·达·芬奇（Léonard de Vinci）在圣十字广场上阅读并评论了《神曲》；米开朗基罗（Michel-Ange）计划为但丁修建一座陵墓，佛罗伦萨已经赦免了这位诗人；波提切利（Botticelli）用十年时间独自为《神曲》制作了近百张插图。此外，《神曲》中最令人迷惑的形象尤利西斯（Ulysse）证明了这部作品的人文主义色彩。根据一个不知名的传说，或许是由作者杜撰的，《地狱》中的尤利西斯没有回到

[①] 洛伦佐·德·美第奇（意大利语为 Lorenzo di Piero de'Medici, 1492—1519 年），美第奇家族成员，1513 年起成为佛罗伦萨的实际统治者。
[②] 马奇里奥·斐奇诺（意大利语为 Marsilio Ficino, 1433—1499 年），文艺复兴时期意大利哲学家、美学家，佛罗伦萨柏拉图学派最著名的代表。

故乡伊萨卡（Ithaque），他无视为人类而定的法律，穿过了海格力斯（Hercule）划定的界标，来到一片未知的海洋，最后遭遇沉船而亡。尤利西斯体现出的英勇无畏正是文艺复兴时期的英雄们的主要特征。

《神曲》中的诗歌魅力至今令人惊叹，《神曲》的美不仅扣人心弦，甚至还具有现代特征，在七百年后的今天，它仍然使信教或不信教的读者们震撼不已。它的诗歌语言拥有着如今的伟大诗人们所寻找的极限体验以及描绘无法言说之内容的能力。（J.R.）

地狱：怪物的制造地和巢穴

《维吉尔向但丁介绍看守地狱的可怕怪兽，右边有两个人正在怪兽身上攀爬》（*Virgile montre à Dante l'enfer gardé par une bête démoniaque terrifiante, sur la droite, on voit les deux personnages escalader la créature*），1370 年，细密画，选自但丁的《神曲》，伦敦，大英图书馆

动乱与变迁
（1300—1500 年）

根据可以追溯至17世纪的惯例，人们通常所称的中世纪晚期包括14世纪和15世纪，这段时期既没有前一时期相对稳定的局面，也没有前一时期的大发展。人们通常视其为一个充满危机的时期，虽然一个世界的内部特征发生了深刻变化，但外在的面貌却并未经历太多改变，例如中世纪晚期，在这种情况下，我们最好称之为一个正在经历变动或缓慢变化的时期，但这些变化很明显受到了不同程度的动乱的影响。

第一种动乱源自经济领域，或者说货币领域。这是前一时期货币经济发展的结果，但货币的生产和使用却不具备相应的统一特征。在中央权力，尤其是君主权力得以巩固的同时，君主们试图解决这些导致混乱的货币问题，但接连失败。君主随意改变货币价值，即所谓的货币波动，导致经济动荡，民众购买力受到影响，并且经常导致政治混乱。14世纪初，腓力四世执政时期的法国，尤其是首都巴黎就是这类情形和事件的范例。

第二种严重的动乱来自领导基督教世界的罗马教廷，它认为罗马已经不再安全，便迁往教廷飞地之一维特桑伯爵领地（Comtat Venaissin）。教皇被困在阿维尼翁长达一个多世纪，这影响了各国教会的正常运转，因为这需要修建新路，将通往罗马的道路改为通往阿维尼翁并非易事。1378年，拥有教皇选举权的枢机主教团无法达成一致，基督教世界出现了两个教皇，分驻罗马和阿维尼翁，后来甚至又选出了第三个教皇。基督教世界的宗教局面一片混乱，直到康斯坦茨大公会议（1414—1418年）、巴塞尔改革主教会议（1431—1437年）、费拉拉（1437—1439年）和佛罗伦萨（1439—1442年）的合一主教会议，最后在罗马主教会议（1443年）之后，教会才重新统一，教皇重新回到罗马。在此期间，罗拉德派运动（14—15世纪）等异端运动进一步加剧了基督教世界的宗教混乱，它们预示着16世纪宗教改革的到来。

随着手工业和市民阶层的发展，平民阶层与贵族阶层的关系出现危机，平民阶层内部也矛盾重重，随之而来的是带有革命性质的社会运动，例如1358年发生在巴黎的市民暴动，巴黎市长艾蒂安·马塞尔成为代表人物，还有 1415 年屠夫西蒙·卡波什（Simon Caboche）领导的暴动。1378 年，佛罗伦萨的富有市民与纺织业的羊毛工（Ciompi）发生了暴力冲突。1381 年，伦敦也出现了瓦特·泰勒（Wat Tyler）领导的农民或劳工起义。与此同时，法国的博韦地区和法兰西岛地区也爆发了扎克雷农民起义。

第四种动乱源自不断加剧的战争。在意大利，教皇不在罗马导致教皇派国家时常遭到攻击；在西班牙，特玛斯塔玛拉王朝经常与对手发生冲突；在 15 世纪的英国，兰卡斯特家族和约克家族之间爆发了玫瑰战争，但所有这些战争都是时断时续的，范围也有限。英国与法国之间却爆发了一场漫长的百年战争，期间有停战阶段，但影响更深的是一些重大的军事和政治事件，例如法国军队 1346 年在克雷西、1356 年在普瓦捷、1415 年在阿让库尔（Azincourt）分别遭遇惨败。但 1430 年，圣女贞德（Jeanne d'Arc）在奥尔良击退英军之后，法国最终获得胜利。1436 年，查理七世回到巴黎。1475 年，两国签订《皮基奎涅条约》(le traité de Picquigny)，英国不再干涉法国内部事务。

第五种动乱源自可怕的传染病。第一次是 1317—1318 年的大饥荒，1348 年来自东方的腺鼠疫（la peste bubonique）更严重，波及欧洲大部分地区，而且反复出现（直到 1720 年才最终消失），法兰西王国受到沉重打击，人口至少减少一半。

然而，从 15 世纪中期开始，各种动乱导致的百业凋敝也意味着百业待兴，社会重建很快为基督教世界带来了新的经济增长点，各国的实力得到巩固，建立国家军队，有条不紊地设立岗位。法国文坛出现了第一位女性文人，即原籍意大利的克里斯蒂娜·德·皮桑（Christine de Pisan）（约 1363—约 1430 年）。艺术朝着优雅的方向发展，预示着文艺复兴即将到来，例如法国的富盖（Fouquet），弗兰德地区出现了油画和架上油画（peinture sur chevalet），意大利则证明了自己在艺术领域的领导地位，例如伟大的艺术家莱昂·巴蒂斯塔·阿尔伯蒂（Leon Battista Alberti）（热那亚，1404 年—罗马，1472 年），他既是建筑理论家，也是建筑师。这一时期的意大利建筑代表作是布鲁内列斯基（Brunelleschi）于 1420—1436 年完成的佛罗伦萨花之圣母大教堂的穹隆顶。14 世纪出现的新艺术（ars nova）对音乐进行革新。以古罗马为榜样的哲学和文学在法国，尤其是意大利取得了巨大发展，人们称之为人文主义（l'humanisme）。1519 年，神圣罗马帝国皇帝查理五世（Charles Quint）登基，他同时也是荷兰、西班牙和西西里的国王，他似乎标志着重新找回中世纪的荣耀的基督教世界的政治巅峰。

实际上，我们可以认为，既然"复兴"（renaissance）这个词语适用于艺术和文学领域，那么"文艺复兴"就只适用于艺术领域，它把加洛林复兴和 12 世纪的复兴的核心内容进一步发扬光大了。发现美洲新大陆和土耳其人攻占君士坦丁堡没有从根本上改变中世纪欧洲的特点。甚至连宗教改革仍是中世纪的宗教异端思想的延续，17 世纪初在阿姆斯特丹成立的证券交易所也并未成为中世纪欧洲彻底被现代欧洲取代的标志。17 世纪的英国革命不过是中世纪政策的意外情况，一直到 18 世纪《百科全书》问世，英国经历了科学和工业的大发展，亚当·斯密所强调的资本主义诞生，法国大革命对政治造成天翻地覆的影响之后，漫长的中世纪才宣告结束，但在本书中，我仍采用传统的无争议的划分方式，将中世纪确定为 4—15 世纪，以免引起莫名的惊诧。（J.L.G.）

美男子腓力四世

（Philippe Ⅳ le Bel，1268—1314 年）

腓力四世1285年登上王位，46岁去世，这位卡佩王朝的国王有着风度翩翩的外号，他在一切领域的领导风格和行事方式都与声名显赫的祖辈们截然不同。腓力四世的曾曾祖父腓力二世（卒于1223年）被称为"奥古斯都"，因为他大幅增加了王室领地的面积和王国的收入，在行政、司法和财政领域的权威与日俱增，并采取了新的管理方式。然而，王公贵族和地方领主的传统势力太过强大，神职人员的特权稳如磐石，城市特权多如牛毛。腓力四世的祖父路易九世（卒于1270年）表现出了真正的国家首领的特质，巩固了君主制中央集权机构，这是一位典型的封建制度下恪守言行的国王，他对内是一位维护和平与公正的君主，对外是一位服侍教会的十字军战士。腓力四世的父亲勇敢者腓力三世（Philippe Ⅲ le Hardi）在突尼斯登上王位，15 年后，为了向"西西里晚祷屠杀"事件复仇，他发动了"反阿拉贡十字军战争"，结果在战争中罹患痢疾而去世。

不同于腓力奥古斯都、圣路易和腓力三世，美男子腓力四世的政治行动以法兰西王国为核心。1284 年，他与纳瓦拉王国和香槟伯国的女继承人纳瓦拉的让娜（Jeanne de Navarre）成婚，此后从未停止过领土扩张。他的目标首先是吉耶纳（la Guyenne，1294 年将其没收，1299 年将其归还），然后是从埃斯考河岸（l'Escaut）到维瓦莱山区（le Vivarais）的东部边境地区。腓力四世常年对弗兰德地区发动无情的战争，但财政问题却让他头疼不已，哪怕香槟地区使王室收入大幅增加，仍无法弥补军费开支。于是他增收赋税，频繁操纵货币，驱逐犹太人并没收其财产，抢劫伦巴第人（意大利商人），向法国教士开征俗世什一税。

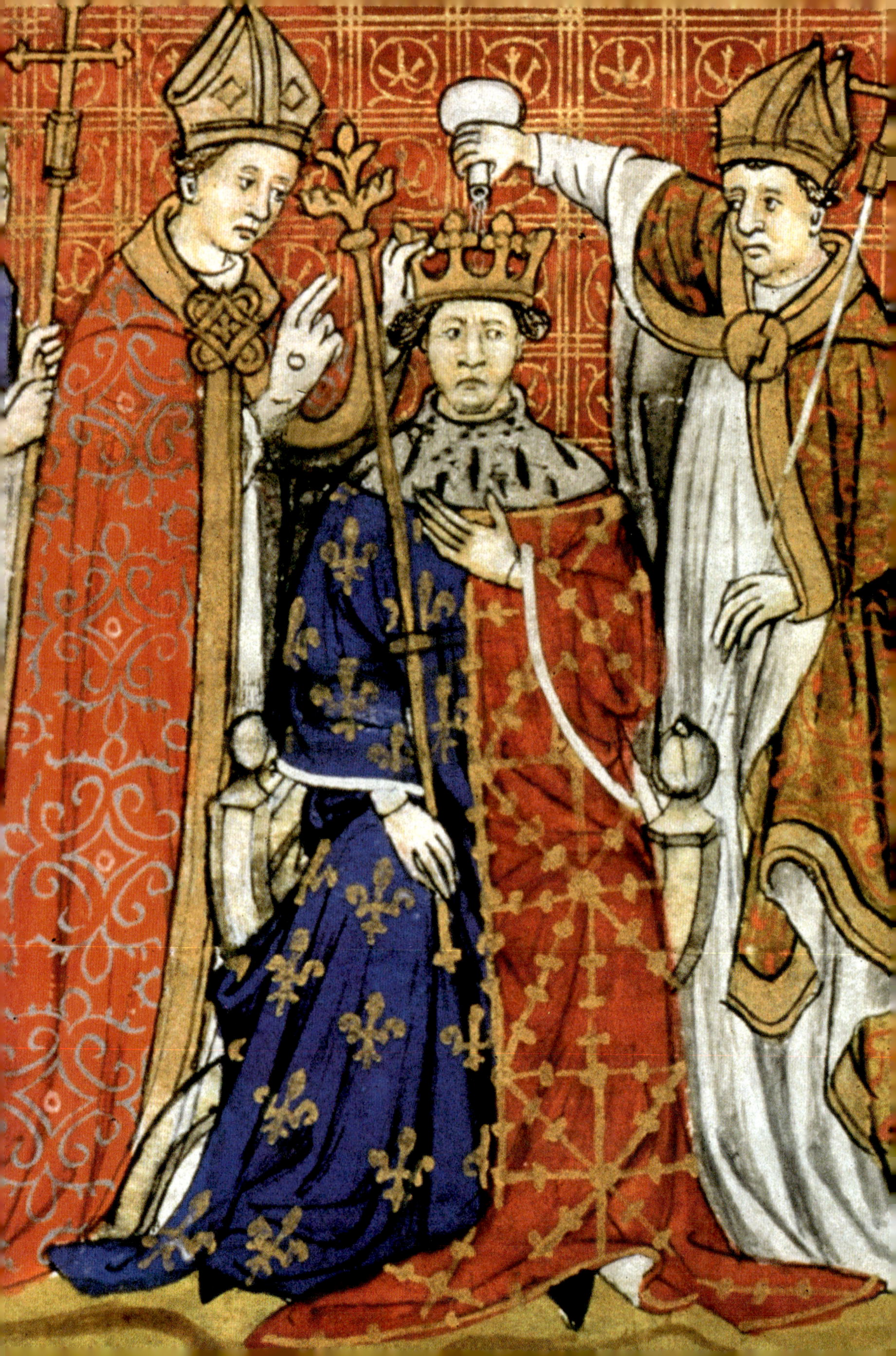

腓力四世在位的 29 年是王权以粗暴的形式得以确立的时期，这也表现在他对一些重要人物的政治审判，与教皇卜尼法斯八世的无情斗争，以及圣殿骑士团的悲惨结局。他竭尽全力使特鲁瓦主教吉沙尔（Guichard）受到审判，吉沙尔是王后纳瓦拉的让娜（卒于 1302 年）的顾问大臣，他被指控实施巫术、毒害王后，后被教皇流放到波斯尼亚（Bosnie）。伟大的中世纪政治史研究专家米什莱大力批判腓力四世，认为"美男子腓力面目可憎"，彼得·弗洛特（Pierre Flote）、吉勒·艾瑟兰（Gilles Aycelin）、纪尧姆·德·诺嘉莱（Guillaume de Nogaret）、纪尧姆·德·普莱西安（Guillaume de Plaisians）、昂格朗·德·马里尼（Enguerrand de Marigny）等议政大臣的管理也堪比暴政，"法兰西如同一个穿着铁甲的法学家……"。但腓力四世也是一位先驱，从埃德加·布塔里克（Edgar Boutaric）到让·法维耶（Jean Favier）等优秀的学者和传记作家都对他进行过研究："无论美男子腓力是不是邪恶之人或糟糕的国王，我们都不能否认在他统治时期，法兰西开启了世俗秩序的伟大时代，他为现代君主制奠定了基础。"

腓力四世身边没有茹安维尔这样的密友，也没有足够亲近的忏悔神父或史官，因而没有留下相关记录让我们深入了解他的性格。他没有像他父亲一样，对继任者进行教诲。受腓力四世迫害的帕米耶主教贝尔纳·赛塞（Bernard Saisset）有一句常被引用的评论："他既不是人，也不是兽，而是一尊雕像"，但对官方文件和王室账目的研究以及众多文献的评论让我们对腓力四世有了更多的了解。或许他寡言少语，接待访客时面若冰霜，但他却是一位杰出的战争领袖、狂热的狩猎爱好者，他也喜欢奢华、庆典和宴会，有着活色生香的宫廷生活。或许他不是一位文人国王，但仍命令让·德·摩恩用散文的方式翻译波爱修斯的《哲学的慰藉》。腓力四世的政治教育主要来自他的家庭教师、托马

唯一被涂圣油的卡佩君王
1285 年美男子腓力四世加冕（*Le Sacre de Philippe IV le Bel en 1285*），14 世纪末，《圣德尼大编年史》（*Grandes Chroniques de Saint-Denis*）彩色装饰画，图卢兹，市政博物馆

斯·阿奎那的学生埃吉迪厄斯·罗马努斯（Aegidius Romanus[①]）在他登基之前为他而写的论著《论君主政治》（De regimine principum）。腓力四世甚至命人将其译为法文（Li livres du gouvernement des rois）。这部论著的表达手法深受亚

走向绝对君主制的卡佩王朝之挽歌
被诅咒的国王：被王后、女儿伊莎贝拉（英国王后）、三个儿子（路易（路易十世）、查理（查理四世）、腓力（腓力五世））、弟弟瓦卢瓦的查理（Charles de Valois）围绕的美男子腓力四世（Les Rois maudits. Philippe Ⅳ le bel entouré de la reine, de sa fille Isabelle (reine d'Angleterre) et des ses trois fils Louis (roi Louis X), Charles (roi Charles Ⅳ), Philippe (roi Philippe V), et de son frère Charles de Valois），14 世纪，法国手抄本细密画，巴黎，法兰西国家图书馆

[①] 原书中该人名以法文 Gilles de Rome 呈现，其他语种多用拉丁文人名 Aegidius Romanus，故译者以拉丁文音译出。

里士多德的影响，描绘了拥有所有美德的君主的完美形象，并重点强调了"谨慎"，要求君主听取建议时必须审慎。但是国王同样要成为神圣法律和务实法律之间的调节者、为集体利益考虑的理智之人和独一无二的立法者。他大胆抛开封建关系，要求臣民服从于他。我们不由得揣测波爱修斯和埃吉迪厄斯·罗马努斯的著作对国王这种既坚韧又傲慢的性格究竟有多深的影响。

除了人物心理以外，19世纪以来的历史学家们逐渐发现了腓力四世在政治领域的智慧力量。在美男子腓力的统治下，法兰西在所有领域都表现出狂热的绝对君主制特征，这一点毋庸置疑。然而，这种统治方式的要求非常纯粹，它不仅需要源自罗马法的原则和程序作为支撑，也需要卡佩王朝的宗教使命作为理据。因此，这些内容都体现在战时的布道宣传，国王大臣在贵族、主教和城市代表的正式集会上的演讲，对带有威胁性质的教皇谕旨进行回击的政治论著以及王室的法令、信件和指令之中。在实际行动方面，美男子腓力却遭遇一场重挫，1302年，他的八千名骑兵被弗兰德地区的市民和工人组成的步兵打得落花流水。这场战争被称为"金马刺之战"（bataille des éperons d'or），名称源自法国骑兵在战场上遗落的无数马刺。法国骑兵遭遇的奇耻大辱在基督教世界引起很大反响，1304年，腓力四世在卡塞尔（Cassel）击败弗兰德人，但这场胜利也无法真正抹去之前的耻辱。

危害国家的罪行
《1314年国王美男子腓力四世观看在柴堆上被活活烧死的圣殿骑士》（*Le Roi Philippe IV le Bel regarde les templiers brûler vifs sur le bûcher en 1314*），约 1350—1399 年，《法兰西编年史》细密画，伦敦，大英图书馆

13世纪，王权神秘主义在政府机构中迅猛发展，甚至偏远的司法直辖区或司法总管辖区都被波及，如果不考虑到这一点，就无法理解腓力四世的统治及其最令人难以置信的决定，例如毫无顾忌地打击教会，派亲信赴教皇驻地阿纳尼（Anagni）抓捕并凌辱教皇，处死圣殿骑士团等。宗教、政治与司法混合在一起的神秘主义在14世纪初发展到顶点，确切来说是当君主制度陷入绝境，无法忍受阻碍或抵抗之时。1297年，美男子腓力主导完成了祖父路易九世的封圣仪式。1298年，他将祖父的遗骸安葬在圣德尼大教堂主祭坛后的圣龛中，然后将其头颅存放在圣礼拜堂。他对圣骨的处理问题有着近乎古怪的关注。就在这一时期，他的法律顾问提到了上帝和卡佩王朝的结合以及"对基督教极为忠诚的"法兰西王国的优越性，他们歌颂神圣的王室血统，赞扬腓力四世天生就要承担捍卫信仰这一至高无上的职责。还是在这一时期，他们以口号的方式，声称"法兰西国王是其王国的皇帝"，官方文件里使用的都是源自罗马教规的字词，以显示国王"充分的权力"和"确凿的学识"。在这种王国公共事务（*res publica regni*）被过度基督教化、王室形象被神化的背景下，卡佩王朝的国王自然有权随便将某个主教投入监狱，召开大公会议来审判与法兰西为敌的教皇，以异端之名处理归咎于圣殿骑士的罪行。当代历史研究特别关注国王个人在这些事件中的责任，但我们至少可以说他对自己选择的亲信采取了放任的态度。诺嘉莱和他一样，是一位极端虔诚的教徒，狂热地捍卫王国利益，对法国王权的神圣职责深信不疑。这一时期的一切政治冲突都源于这种从未消失的意识形态。（J.K.）

奥卡姆的威廉

（Guillaume d'Ockham，约 1285—1347 年）

英国方济各会修士奥卡姆的威廉的名望与人们所称的"唯名论"（nominalisme）有关，这种学说认为现实的普遍范畴并不存在，它们只是思想的一种分类活动。因此，他创立了一个与托马斯派和司各脱派对立的思想派别。这种纯精神层面的简介无法解释他为何一生都在不断反对教会的权力。实际上，"唯名论"哲学原则比本文中讲述的更古老、更持久。确切来说，中世纪晚期的所有经院哲学都属于"唯名论"。相反，"唯实论"立场才更需要努力为自己辩解。然而，奥卡姆的威廉的见解有着清晰的构思和稳固的论证，它有着挑衅的一面，反对区分普通科学和神学，前者可以很容易就接受唯名论的思考（并将其纳入实践中），后者仍是一种例外。

实际上，奥卡姆的威廉的人生是一段有人试图将他卷入一场思想争执却未遂的经历。从这层意义来看，他经历的事件在某种程度上标志着经院哲学的结束。1317 年成为方济各会修士的威廉先后在牛津大学修道院和巴黎完成学业。他在牛津大学教过几年书，本有可能成为牛津大学的博士（学业完成后要申请教职），因为他的逻辑学和形而上学领域的写作都非常优秀，但由于他开始遭

《奥卡姆的威廉》（*Guillaume d'Ockham*），英国神学家和哲学家，1341 年，羽毛笔素描，选自抄写本《逻辑学大全》（*Summa Logicae*），剑桥大学冈维尔与凯斯学院

遇一系列挫折,最终未能拿到这个学位,这也为他赢得了"令人尊敬的启发者"(*venerabilis inceptor*)的外号。1324 年,他被牛津大学训导官、托马斯派的约翰·鲁特莱尔(John Lutterell)揭发,并因为极端的形而上学立场而被指控为异端。然而,这起事件并没有人们所想的那么特别,这起揭发是颇为常见的"谨慎考虑"的结果,它的目的是解除在未来可能引发争论的大学教员的一切职务。威廉的学说之所以被训导长官怀疑为异端,是因为它质疑了普通神学的几条公设,尤其是其"科学"前提(托马斯的从属学说或司各脱的演绎学说),也因为它批评了证明上帝存在的可能性。人们有时认为威廉的这种哲学预示着现代性的出现,因为它优先考虑事实(*faits*),而不是对本质(*essences*)进行形而上学的思辨。

但阿维尼翁的教廷在奥卡姆的威廉的学说中几乎找不到异端的痕迹。一连串的上诉和传唤导致他在一段时间内只能待在方济各会的一所修道院中。也正是他对教皇约翰二十二世的正统性提出质疑,因为这位教皇拒绝方济各会灵修派提出的安贫立场。方济各会灵修派认为,基督及其使徒对财产只能使用而无权利(usage sans droit),因此他们主张修士放弃一切财产权利,安守贫穷;但教皇约翰二十二世坚持认为基督、使徒以及修士都有资格拥有财产,他们对自己的财产的使用事实上就是一种权利。1327 年秋,自 1316 年即担任方济各会总会长的切塞纳的米夏埃尔来到阿维尼翁的方济各会修道院,他在不久前刚加入灵修派。米夏埃尔到达阿维尼翁之后,威廉才开始真正对这场关于安贫的争论感兴趣,他坚信教皇已经沦为异端,并加入了方济各会的灵修派。奥卡姆的威廉对教皇的质疑很快就染上了政治色彩,他决定加入神圣罗马帝国皇帝巴伐利亚的路易四世(Louis IV de Bavière)的阵营,用思想武器为皇帝效力。然而,他当时必须在阿维尼翁为自己辩解,而且他在那里遇到了同因异端审判而被传唤的埃克哈特大师。与死后被判刑(1329 年)的埃克哈特大师不同,威廉始终未被判刑。1328 年 5 月 25 日深夜,威廉成功越狱,逃往慕尼黑。他或许曾对皇帝说过这句话:"噢,皇帝陛下,你若用剑保护我,我将用言语保护你"(Ô empereur, défends-moi par l'épée et jete défendrai par le verbe)。巴伐利亚的路易四世宣称世俗政权优先于神权,他在方济各会的灵修派中找到了可靠的盟友。

教皇约翰二十二世在某个不确定的日期开除了奥卡姆的威廉的教籍。威廉在余下的日子里致力于完成他的神学和哲学著作，以及一些反对教皇权威的政治宗教小册子。1347年，奥卡姆的威廉去世，这在一定程度上也标志着经院哲学的结束。（A.B.）

乔万尼·薄伽丘

（Boccace, Giovanni Boccaccio，1313—1375 年）

和但丁一样，薄伽丘是意大利文学史上最著名的作家之一，他的《十日谈》与《神曲》一样，是世界文学的杰作之一。两人都是佛罗伦萨人，所处的时代间隔不到半个世纪，然而，这两位作家以及那两部令他们享誉世界的作品却是截然不同的两种类型。《神曲》带领读者步入哲学和神学思想的最高殿堂，《十日谈》展现给读者的则是一系列人物忙着享受生活乐趣，而非思考道德领域或玄奥的问题。薄伽丘的学识不如但丁广博，但他们年轻时同样痴迷诗歌和小说文学；薄伽丘在生活中经历了一系列变故，因此他晚年的作品有着更多的历史和道德思考，与他年轻时的作品有着很大区别。

1313 年出生的薄伽丘是一个佛罗伦萨大商人的私生子，14 岁被送到那不勒斯，在巴蒂商社（当时最大的商社之一）的分社学习如何经营大宗贸易。他的父亲很快就获得这家分社的管理权，并把他带入那不勒斯上层社会。薄伽丘在那不勒斯度过了最美好的青年时光，与一些年轻贵族一起，纵情享受生活愉悦，分享对文学的热爱。

因此，他很早就接触到了有教养的纨绔子弟所喜欢的一切文学类型，例如最细

油画肖像画的诞生
匿名，《薄伽丘肖像》（*Portrait de Giovanni Boccacio dit Boccace*），1621 年，油画，私人收藏

腻的抒情诗、放肆的韵文讽刺故事、骑士小说、民间故事、从但丁到古代最不受约束的作家的作品等。这个社会阶层的年轻男女似乎拥有真正的自由，薄伽丘很早就体会到了爱情的喜悦和痛苦，他放任自己投入情感旋涡之中，这一点在他的作品中有诸多体现。热闹纷繁的世俗和情感生活并没有妨碍他接触那些经常出入罗伯特国王宫廷的学者，丰富自己的学识。薄伽丘一生都深深怀念他在那不勒斯度过的青年时光，那段尽情享受身体和思想愉悦的时光。

1341年，或许是因为父亲的经商活动受挫，他被迫回到佛罗伦萨。他继续在佛罗伦萨创作诗歌和散文，但无论形式还是内容上，这些作品与他在那不勒斯的众多创作没有本质区别。他在《十日谈》之前的大部分诗歌和小说都遵

油画裸体像从恶的象征转变为美的体现
《画裸女的女艺术家》(*Une artiste peignant un nu féminin*)，约1400—1425年，选自薄伽丘的《名女》(*Livre des femmes nobles et renommées*) 法译本，伦敦，大英图书馆

循宫廷文学和骑士文学的创作规则，这些作品的素材很大程度上源自法国小说作品、古代故事或拜占庭故事。只有返回佛罗伦萨之后创作的少数作品开始摆脱这些文学题材的既定模式，表达了作者对现实和爱情的偏好，这一点后来在《十日谈》中得到了充分展现。这些征兆预示着即将发生的改变。回到佛罗伦萨之后，薄伽丘发现这里的城市生活有各种各样的活动和新事物；学者们不仅崇拜但丁，也大胆追求人文主义；这里的政治体制欢迎所有人参与其中。这座城市的活力、精力、智慧就像那不勒斯宫廷中的高雅生活一样让他如痴如醉。薄伽丘在1349—1353年撰写了《十日谈》，他丝毫不否认以前的情感经历，但如今他更追求一种新人文精神的价值观，即意大利城市公社中的资产阶级和劳动阶级的人文精神，这是一种丰富多彩的人文精神，《十日谈》中的百篇小说呈现了它的方方面面。

《十日谈》很快就取得了巨大成功，被翻译成西方世界的大部分语言。这部作品持续受到读者喜爱，这在很大程度上是因为作品中有许多滑稽放荡的场景描写。但是，薄伽丘最早的那批读者并没有被这一点所迷惑，他们完全理解作者透过《十日谈》中数百个故事和人物想要传达的信息，信息的主题是自由，对男人和女人都至关重要的自由（这在当时是闻所未闻的！），自由允许他们选择自己的行为方式，只要不阻碍他人的自由，遵守一定数量的道德观念即可。《十日谈》以1348年肆虐佛罗伦萨和整个欧洲的黑死病为背景，书中的故事讲述者是为了躲避黑死病而逃难到农村的佛罗伦萨富人，这一点同样令当时的人们和后世震惊。

《十日谈》之后，薄伽丘的文学创作速度减慢，他所做的主要是论著汇编工作，他可以在这些作品中自由倾吐自己越来越重视的道德思考。他曾多次受佛罗伦萨城邦政府之托，作为特使去意大利其他城邦和教廷执行外交使命，他也与佛罗伦萨和其他地区的人文主义友人保持交流，这就是他生活的主要内容。薄伽丘的朋友中最著名、最有影响力的正是彼得拉克，他在彼得拉克的鼓励下，沿着自己开启的宗教和道德哲思之路继续走下去。1375年，薄伽丘在契塔尔多（Certaldo）去世，这是他父亲出生的城镇，多年以来，他都喜欢在此地隐居，带着新的信念，过着简单勤勉的生活。（J.-C.M.-V.）

柯拉·迪·黎恩济

（Cola di Rienzo，约 1313—1354 年）

柯拉·迪·黎恩济只是中世纪意大利政坛一颗一闪而过的流星。然而，1347 年，他掌管罗马共和国的七个月足以让他成为意大利历史上最著名的人物之一。柯拉和他的命运拥有让人叹为观止的一切要素，他白手起家，34 岁成为罗马这座城市的主宰，当时的罗马虽然已经衰败，但仍是整个西方世界历史最悠久的城市。他的政治成就主要归功于他的学术天赋，而非他的官员身份。

柯拉于 1313 年左右出生在一个非常普通的家庭，他的父亲是旅店老板，母亲是洗衣妇。出于未知的原因，他很早就被送到阿纳尼的亲戚家，这是一个拉迪姆南部的小城市，他出色的拉丁语就是在那里学的。回到罗马之后，柯拉大量阅读古代作者的作品，很快凭借丰富的古代知识在罗马的学术界声名鹊起。他是为数不多懂得古建筑石碑铭文的学者，他能够翻译和阐释古代文献，用文笔优美、颇有古典修辞遗风的拉丁语撰写信函和讲稿。总而言之，作为人文主义学者，柯拉·迪·黎恩济的所有能力都达到了登峰造极的地步。必须强调的是，他死后在日耳曼地区的名望主要源自他的文学素养，而非其扮演的政治角色，柯拉流传下来的唯一一部通信集在这些地区广泛流传，在很大程度上推动了新文化的发展。

他在阿维尼翁旅行期间结识了彼得拉克，二人成为朋友。与彼得拉克等所有人文主义学者一样，柯拉对古罗马充满敬仰之情，但当时的罗马却拒绝了那些曾经带来辉煌和荣耀的价值观。身为博学的文人，柯拉也是一位对罗马政治环境有着敏锐视角的公民，他最初是这座城市中的公证人，后来成为城市公社（即管理城市和周围地区的政治机构）的官员。从 13 世纪中期开始，罗马落入一小撮大领主和贵族手中，他们根据自己的利益来管理城市，阻碍法庭的正常运转，他们任何暴力行为都不会受到惩罚。罗马人多次试图反抗这些贵族，但每次，科罗纳家族、奥西尼家族、阿尼巴尔迪家族、孔蒂家族和其他权贵都会在几个月后再度掌权。柯拉下定决心要做到前人未竟之业。必须要承认的是，虽然他的掌权时间只有七个月，但在罗马城市公社的历史上，他的行动标志着一个新时代的开始。从14世纪40年代开始，柯拉立志要将贵族从城市公社中驱逐出去。为了实现这个目标，他需要民众的支持，尤其是位居贵族之下的罗马民众中的精英阶层，因为贵族霸权导致的混乱局面使这些人的主要商业活动（大宗贸易、罗马平原的大型庄园经营）遭受的损失最严重。为此，柯拉发挥了如今人们所称的交际天赋。为了让平民摆脱麻木冷漠的状态，他在城市的闹市区摆放巨幅画布，命人以图像的形式将贵族的危害展现出来。为了吸引城市中的批发商、大有产者和其他公证人的注意，他在拉特兰圣若望大殿中举行了一场声势浩大的仪式。他以讲解罗马帝国时期的法律为由，鼓励他们重新获得古罗马元老院赋予的权利。随后，他邀请这些人参与一些规模更小的集会，和他们一起制定详细的措施清单，待他掌权之日，便将其付诸实施。

1347年5月20日，执政纲领得到了广大罗马人的支持的柯拉发动了一场和平政变，他的目标终于实现了。柯拉被拥立为护民官，根据古罗马平民执政官的重要传统，他发誓保护弱者不受强权侵害。实际上，他实施的政策与当时所有民众政权一样，首先都是要稳定秩序和司法公正，这是城市亟待解决的问题。作为罗马城市公社的领导者，他的执政新颖之处在其他方面。首先，他组织了一些宏大的仪式，赞扬他个人的功劳，然后重申要实现意大利统一。在他看来，这种统一必须要选出一位意大利皇帝，他本人就是最佳人选。

这就是柯拉的性格中最令人困惑的一个方面，他有时冷漠无情，有时狂妄自大。他的失败必须要从他这种两极的性格中寻找原因。1437年12月15日，无力应对被大贵族操控的抗议者，这位护民官直接放弃了权力，没有任何斗争，甚至没有号召支持者将权力夺回。（J.-C.M.-V.）

波希米亚的查理四世

(Charles Ⅳ de Bohême,1316—1378 年)

查理四世不仅是中世纪末期最伟大的君主之一,也代表了强大而睿智、有文学素养又支持文艺事业的理想国王形象,他的统治打上了当时欧洲重大社会变化的印记,例如君主制国家不断巩固,民族国家、民族文化和民族语言的诞生。查理四世的成功证明了他的祖父在 1312 年(去世前一年)成为神圣罗马帝国皇帝亨利七世(Henri Ⅶ)以来,卢森堡公爵无与伦比的影响力。他的父亲瞎子约翰①(Jean l'Aveugle,1296—1346 年)没能入主神圣罗马帝国,但约翰与普热米斯尔王朝(les Přemyslides)的女继承人伊丽莎白成婚后,成为波希米亚国王。1347 年,他将这顶王冠留给了儿子,这顶王冠就是未来的查理四世的力量之源。查理四世出生时取名温策斯拉斯(Wenceslas),7—14 岁(1323—1330 年)在法兰西国王查理四世的宫廷中长大,这位卡佩王朝的国王将自己的名字给了他,并且请费康修道院院长彼得·罗杰(Pierre Roger),即未来的教皇克雷芒六世(Clément Ⅵ)为他讲授拉丁语。查理回到布拉格之后,重新学习了捷克语(他经常自夸能够讲法语、意大利语和德语)。1334 年,他成为波希米亚总督之后,恢复了王室领地,征服了当地贵族。1346 年,他的父亲在克雷西战役中阵亡,这却加速了好运的到来。他在 1346 年和 1347 年先后成为罗马人的国王和波希米亚国王,他的老对手神圣罗马帝国皇帝巴伐利亚的路易四世(1328—1347 年在位)去世后,他在 1349 年被再次选举和加冕为罗马人的国王。1355 年,他在米兰接受了伦巴第铁王冠,在罗马正式加冕为皇帝。从此以后,查理曼的辉煌照耀到了他的身上。这位新皇帝握有实现雄心壮志、为波希米亚和神圣罗马帝国谋利的工具。1368 年,他从波兰国王那里长期租借了西里

---

① 约翰从 1340 年起双目失明。

中世纪最重要的农业协定

《神圣罗马帝国皇帝查理四世从克雷桑的彼得手中接过手抄本附件》(*L'Empereur Charles Ⅳ du saint Empire reçoit de Pierre de Crescent une copie de son manuscrit*),细密画,选自克雷桑的彼得的《农事或农村收益之书》(*Rustican* ou *Livre des profits champêtres et ruraux*),14 世纪,布拉格国家图书馆

延续了四个半世纪的皇帝选举规定(1356—1806 年)

《皇帝查理四世于 1356 年颁布的〈黄金诏书〉的一页》(*Page de la bulle d'Or de l'empereur Charles Ⅳ de 1356*),按温策斯拉斯一世的要求进行装饰的法典,约 1400 年,维也纳,奥地利国家图书馆

mediolanam coro-
na et hoc ante impe-
ratorem dumtaxat
qui tam impialibʒ
insilis est insigni-
tis quas gestabūt
aliqui ꝑncipes infe-
riores ad hoc ꝓ im-
peratorem speciali-
ter iurta placitum de-
putandi. De ūisitu
impaticis
imperatrix
vel regina
romanoꝝ
suis angu-

stalibʒ amicta i sig-
niuis post regem vel
impatorem roman-
ʒ etiam post regem
veniē qui impera-
torem immediate cō-
sequitur competen-
tis spacii intuallo
associata ꝑceribʒ: su-
is comitata vginib-
vus ad locum sessi-
onis ꝑdcat. De of-
ficiis ꝑncipium ele-
ctorum in solempni-
ꝯ cuius Impator
vel regum tenoꝝ

西亚，1373 年，他的影响力同样扩展到勃兰登堡（Brandebourg）。布拉格在他的手中成为了真正的首都和大主教府所在地。他委任法国建筑师阿拉斯的马修（Mathieu d'Arras）修建圣居易大教堂（Cathédrale de Saint-Guy），这座教堂的拱廊中有他的石制半身像和家庭成员的雕像。

他建立了神圣罗马帝国第一所大学，1357 年修建了查理桥（pont Charles），他还在距离城市不远的地方建成了坚固的卡尔施泰因（Karlstein）堡垒，用来存放他的财富以及他的外甥、未来的法王查理五世敬献的圣物圣十字架。他在神圣罗马帝国境内的巡访从不间断，巩固了自己的权威，同时，他也加强与教廷和法国君主的外交联系。但他非常谨慎，在百年战争期间，不公开表态支持法国；在1378 年开始的教会大分裂中，他支持罗马，反对阿维尼翁。然而，1378 年 1 月，他在巴黎进行了为期三周的访问，这可以视为欧洲历史上第一次"国事访问"。他先后选择的四任妻子（瓦卢瓦的布朗什（Blanche de Valois）、帕拉迪纳的安妮（Anne du Palatinat）、希维德尼察的安妮（Anne de Schweidnitz）、波美拉尼亚的伊丽莎白（Élisabeth de Poméranie））也证明了外交政策的重点所在。查理四世也是一位有文学素养的国王，1350 年左右，他用拉丁语撰写了一部类似自传的作品，但是被选为罗马人的国王时，他的写作便告一段落。这部自传作品可以和他生前的许多幅肖像画进行对比。他为波希米亚王国起草了法律（《查理法典》（*Majestas carolina*, 1355）），但该法典未被贵族阶层接受。他在《黄金诏书》（bulle d'Or, 1356）中制定了一直沿用至 1806 年的皇帝选举规则。热衷于宗教礼拜仪式的他还撰写了《波希米亚神圣国王温策斯拉斯传》（*Vie du saint roi de Bohême Wenceslas*）和神圣罗马帝国象征之一《圣枪祭礼》（*Office de la Sainte-Lance*）。他为儿子们编写了一部《君主宝鉴》（*Miroir des princes*）和一部名为《道德寓言》（*Moralitates*）的合集。与前任皇帝们（霍亨斯陶芬王朝）或对手（维特斯巴赫）相比，查理四世更加渴望建立一个帝国王朝，1363 年，他让长子温策斯拉斯（Wenceslas）登上波希米亚王位；1376 年，他在世时，便让儿子被选举和加冕为罗马人的国王（从未实现），以便自己死后（1380 年）儿子可以立刻成为皇帝。无论是长子温策斯拉斯，还是次子斯基斯蒙（Sigismond）都未能达到父亲的高度。1437 年，哈布斯堡家族彻底粉碎了卢森堡家族的帝国梦。（J.-C.S.）

尼古拉·奥雷姆

（Nicolas Oresme，约 1320—1382 年）

尼古拉·奥雷姆出生在卡昂附近，具体出身未知。他首先是巴黎大学的教师。他是文学硕士、神学博士，1356 年成为纳瓦拉学院院长。在普瓦捷战役溃败导致的 1356—1358 年的危机中，他属于改革派和纳瓦拉国王"恶棍"查理（Charles le Mauvais）的阵营，但经历了一次审判之后，1361 年他失去了纳瓦拉学院管理者的位置，职业生涯发生转折，但他仍在巴黎大学继续担任神学讲师。他与宫廷和太子查理（1364 年成为国王查理五世）的关系逐渐密切起来，太子乐于向他咨询事务，命他为自己的图书馆翻译著作。尼古拉·奥雷姆在诺曼底的神职生涯同样一帆风顺。他先后在鲁昂大教堂担任议事司铎和教务会长老，1377 年担任利雪（Lisieux）主教，直至去世。奥雷姆和老师布里丹（Buridan，约 1300—约 1360 年）一样，首先是一位哲学家和博学者，他评论过亚里士多德的自然哲学，撰写了与算数和天体力学有关的各种论著，例如《比例算法》(*Algorismus proportionum*)、《论比之比》(*De proportionibus proportionum*) 和《论天体运动的通约和不可通约性》(*De commensurabilitate vel incommensurabilitate motuum celi*) 等。即便这些论著没有使他成为现代科学的先驱，也成为他将新颖的数学计算形式应用于物理学和天文学的证据，在此之前，这两门学科是纯粹的定性研究。

他的神学著作较少，包括对《箴言集》的部分评注，一部讲道合集，一部受奥卡姆启发而写的关于基督双重性的论著（《论基督特性》(*De communicatione idiomatum in Christo*)）。

14 世纪 50 年代，奥雷姆相信"哲学"应当在王国统治中占据一席之地，科学可以为君主提出有益的建议和政治行动原则，除了面向大学教师以外，他也选择向宫廷中的世俗群体和权贵进行宣传。因此，他所涉及的是与政治直

接相关的主题，他在《质量与运动的构形》(*De configurationibus qualitatum et motuum*)和《驳占星之术》(*Tractatus contra judiciarios astronomos*)中论证了让许多统治者（包括查理五世）趋之若鹜的占星术和占卜术的无用性，在《货币制度》(*De moneta*)中批评了无休止的局势变动损害了货币稳定性和社会正常发展，唯一的直接受益者是君主。为了增强这些论著的政治影响力，他将其译为通俗语版本，例如《占卜书》(*Livre de divinacions*)或《论货币》(*Traité des monnoies*)（后者有可能是他的亲属纪尧姆·奥雷姆（Guillaume Oresme）所译）。

　　1365 年之后，在国王的要求下，奥雷姆致力于用通俗语翻译能够为政治活动提供基础、服务于公共福祉的学术著作，并向世俗公众普及。他编写了一些百科全书式的著作，总结了当时涉及宇宙起源和天文学的知识，例如《论球体》(*Traité de la sphère*)和《论天空与世界》(*Du ciel et du monde*)。此外，1370—

第一位使用法语的伟大学者
《奥雷姆：教学场景》(*Oresme. Scène d'enseignement*)，1400 年？，细密画，选自《法兰西大编年史》，巴黎，法兰西国家图书馆

1374 年，他将亚里士多德的三部道德哲学论著：《伦理学》（*Éthique*）、《政治学》（*Politique*）和《经济学》（*Économique*）译成法语。他为这些译著附上了解释性的前言、丰富的"疑难词汇目录"、词汇表等，以帮助世俗读者理解这些艰深的作品，让源自古希腊的学术内容符合 14 世纪的时代背景和基督教君主的具体需求。

因此，奥雷姆是第一位使法语成为政治语言和科学语言的学者。他为法语创立了真正的哲学、科学和政治词汇，让法语和拉丁语一样，成为一种精准的学术语言，表达抽象概念，展现讲法语民众之天赋以及统治这些民众的君主之荣耀。

奥雷姆在语言领域的创新并未取得一致公认的成功，他的科学现代性也备受争议。他首先是充满危机和变迁的 14 世纪的学者，他继承了巴黎大学的亚里士多德传统，也是一位虔诚的基督徒，但与此同时，他渴望让知识走出学校和宗教的象牙塔，使其成为一件治国理政的利器，推动以支持文艺事业的开明君主为核心的法兰西民族情感的诞生。（J.V.）

贝特朗·杜·盖克兰

（Bertrand Du Guesclin，1320—1380 年）

让·库维利耶（Jean Cuvelier）1380 年撰写的长篇《编年史》（Chronique）让贝特朗·杜·盖克兰的生平为人所知，后来这部作品的散文版本更是广为传播。这部作品把杜·盖克兰的一生描述为一系列伟大的英雄事迹。实际上，和许多人一样，贝特朗·杜·盖克兰首先是一位为法兰西国王效力的布列塔尼武将，他多次参与当时的冲突，例如法王支持的布鲁瓦家族与英王支持的蒙佛尔家族之间的布列塔尼继承战；特拉斯塔马拉的亨利（Henri de Trastamare）与"残忍者"佩德罗一世（Pierre le Cruel）之间的卡斯蒂利亚王位继承战，这场战争的本质也是英法之间的冲突。杜·盖克兰所参与最重要的战争是英法百年战争，1356 年普瓦捷战败之后，法兰西王国失去了三分之一的领土（1360 年，《布雷蒂尼—加来合约》）。

与这一时期的大部分将领一样，贝特朗·杜·盖克兰出身贵族，是拉莫特布隆（La Motte-Broons）领主和桑斯女继承人马莱斯曼的让娜（Jeanne de Malesmains）所生的长子。他的家庭非常富有，而且与未来的布列塔尼新公爵布鲁瓦的查理（Charles de Blois）关系密切。据说贝特朗由于相貌太丑而不被母亲喜爱，但他和同阶层的人接受了同样的教育，很快他就离开家族城堡，学

《百年战争：逃至德瓦尔城堡的罗伯特·诺尔斯被法王军队包围，右边骑白马的是杜·盖克兰，左边站在帐篷前的是安茹的路易》（La guerre de Cent ans. Réfugié dans le château de Derval, Robert Knolles est encerclé par les troupes royales: à droite, Du Guesclin sur un cheval blanc, à gauche, Louis d'Anjou devant sa tente），约 1480 年，装饰画，选自彼得·勒博（Pierre le Beau）的《布列塔尼人的编年史与历史汇编》（Compilation des chroniques et histoires des Bretons），巴黎，法兰西国家图书馆

ant lceur diuion. & iiij   ties que auoient faictz ceulx de dedens
duc Bertran du glaiquin   estoient brises. et que mesire robert
Connestable de france   quenosse ne bouloit tenir nulles
entendirent que les trai·   des conuenances quilz eussent p̃mises

SANS·PLUS · SANS·PLUS

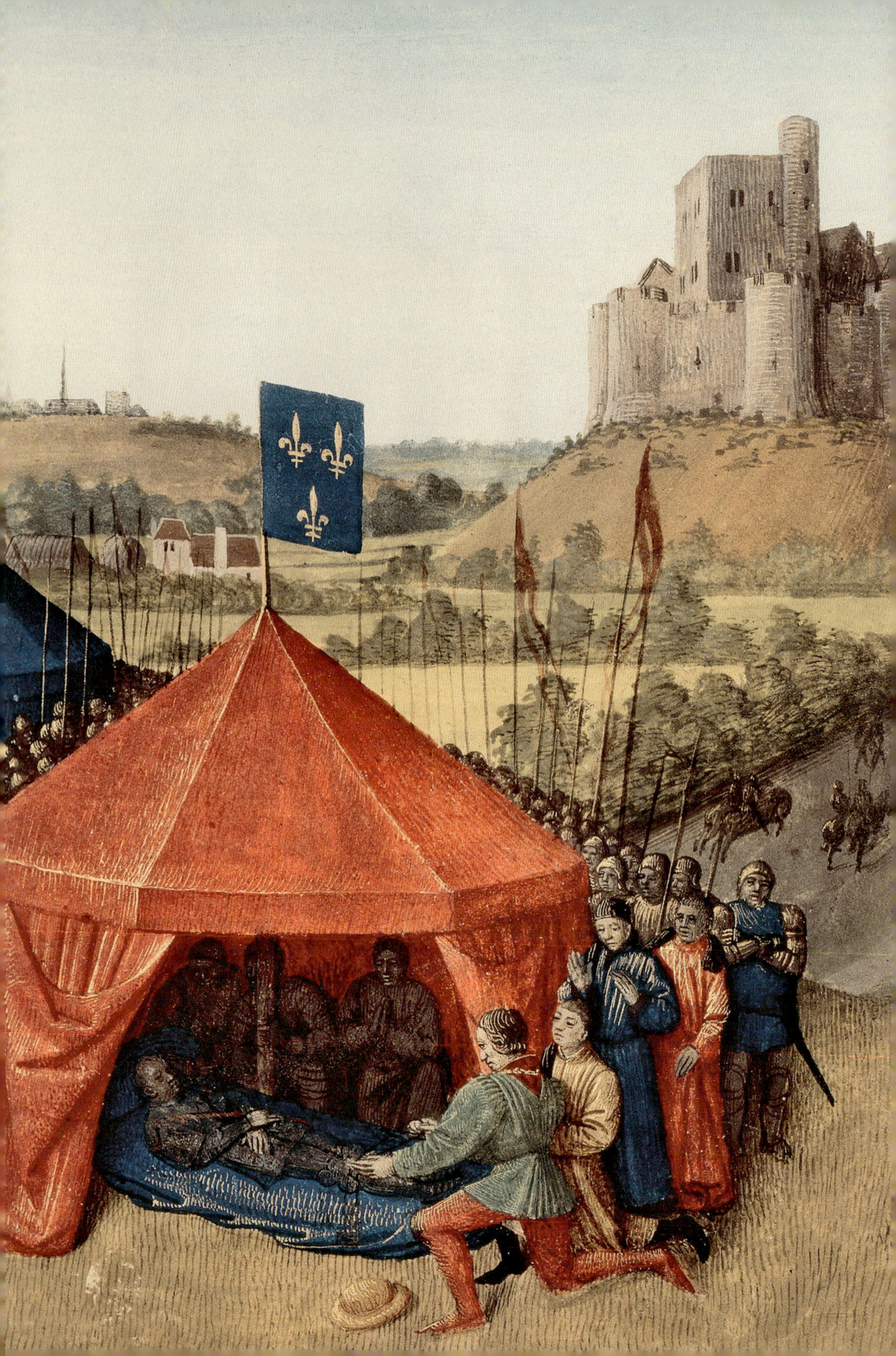

习如何作战，因为如同傅华萨所述，"勇猛之人用武器锻炼身体，获得这世间的荣誉和名望"。他的英勇在骑士比武中表现得尤为突出。1354 年，为法兰西国王管理诺曼底的奥德雷海姆（Audrehem）封他为骑士。蓬德尔松（Pontorson）要塞的上尉彼得·德·维里耶（Pierre de Villiers）将他招入自己的雇佣兵（routier）军团中，这是国王让二世模仿英国军队而组建的部队，主要目的是四处搜刮钱财。不同于其他雇佣兵，贝特朗·杜·盖克兰很快时来运转。1357 年，他成为蓬德尔松上尉。他高呼着"盖克兰，圣母玛利亚！向前冲！"，从与英国人结盟的纳瓦拉的查理手中夺回了塞纳河低地河谷的重要据点。1364 年 4 月 9 日，让二世卒于英国监狱中，瓦卢瓦王朝的声望遭受重创，法国迎来了生死存亡之关键时刻。1364 年 5 月 16 日，杜·盖克兰在科舍雷尔（Cocherel）击败纳瓦拉将领、实力非凡的加斯科涅布赫领主让·德·格拉伊（Jean de Grailly, captal de Buch），取得关键胜利。这场胜利确保了查理五世在三天后的加冕仪式，也让两人结下了深厚的友谊。杜·盖克兰忠心耿耿保卫王室，后来他两次被俘，国王也毫不犹豫地为他支付赎金，第一次是在奥赖（Auray）战役中，布列塔尼公爵布鲁瓦的查理战死，1364 年 9 月 29 日，杜·盖克兰兵败被俘，必须支付 10 万利弗尔才能获得自由（他曾经说过："毋宁死，不逃跑"），第二次是与"残忍者"佩德罗一世的纳胡拉（Najera）战役中，他被黑太子（le Prince Noir）俘虏。

1370 年 10 月 2 日，贝特朗·杜·盖克兰被任命为陆军统帅时，法兰西王国巩固了防御体系，局势已经发生了变化。杜·盖克兰与奥利维耶·德·克里松（Olivier de Clisson）宣誓结盟，并多次发动袭击，收复战略要地。英国占领的地区大幅缩小，1376 年，黑太子去世时，英国在法国境内的领地仅剩加莱和吉耶纳。但是 1378 年，他不同意国王对布列塔尼实施的政策，于是远离宫廷，

为王室效力的伟大战士之颂歌

让·富盖，《贝特朗·杜·盖克兰之死，远处为朗东新堡》(*La Mort de Bertrand du Guesclin avec en arrière-plan, le château de Châteauneuf-de-Randon*)，约 1455—1460 年，细密画，选自《法兰西大编年史》，巴黎，法兰西国家图书馆

或许他想要回到西班牙。他在途中沉重打击了在波旁（Bourbonnais）和奥弗涅地区烧杀劫掠的雇佣兵军团。他在围攻朗东新堡（Chateauneuf-de-Randon）时病倒，1380年7月13日去世。查理五世下令将杜·盖克兰葬在圣德尼教堂的王室陵寝，但一直到1389年才举行盛大的入葬仪式。

杜·盖克兰喜好金钱和奢侈之物，他在城堡和巴黎府邸中的生活做派可以证明这一点。我们不了解他是否会读书写字，但他第一任妻子蒂凡尼·拉格奈尔（Tiphaine Raguenel）是占星师，第二任妻子拉瓦尔的让娜（Jeanne de Laval）出身布列塔尼的大贵族。他的社会地位的上升凭借的是自己的军事天赋和朋友的力量，他在生前就已经颇受民众爱戴。厄斯塔什·德尚（Eustache Deschamps）写道："四面八方都有人为他祈祷"，为了给自己的身份增光添彩，贵族们喜欢再三强调自己"曾经效力于陆军统帅杜·盖克兰"。（C.G.）

艾蒂安·马塞尔

（Étienne Marcel，约 1315—1358 年）

艾蒂安·马塞尔是一位富裕的呢绒商和宫廷供货商，他在 14 世纪中期使巴黎动荡不安的政治事件中扮演了重要角色，但不能因此就视其为法国大革命或人民民主的先驱，虽然 19 世纪的历史学家乐于这样描述他。他之所以能够扮演这个政治角色，首先是因为 1354 年他被巴黎的市政长官选为巴黎市长（prévôt de marchands），其次是因为他成为了奥依语地区三级会议的城市代表。三级会议接连不断地召开，以便获得与英国作战所必须的资金，支付 1356 年在普瓦捷战役中被俘的国王让二世的赎金，对王国进行改革等。艾蒂安·马塞尔虽然出身巴黎大资产阶级，但他的家庭只是一个从圣路易时期就为王室效力的家族的旁系，婚姻为他带来了许多好处，巩固了他的地位，尤其是与埃萨尔的玛格丽特（Marguerite des Essarts）的第二次婚姻，玛格丽特的父亲埃萨尔的彼得（Pierre des Essarts）为艾蒂安打开了通往新世界的大门，使他结识了许多名商巨贾以及国王腓力六世（Philippe Ⅵ）和让二世的顾问大臣。然而，从 1346 年克雷西战役惨败之后，公共舆论认为这些人应该为战败负责，要求他们引咎辞职。艾蒂安·马塞尔或许将这些人视为了反面教材。埃萨尔的彼得被捕入狱，财产被悉数充公，1349 年出狱后不久便去世。艾蒂安担心审判结束之后会面临巨额罚款，便拒绝继承岳父的遗产。1352 年，让二世恢复了彼得的名誉，艾蒂安·马塞尔和妻子与一笔巨额遗产失之交臂，这位巴黎市长甚至对妻子娘家的亲属抱有一些怨恨。然而，将艾蒂安·马塞尔的行为简单归结为对亲属的报复似乎否定了他的一切思想。一直到去世，他都是王国改革的支持者，如同他在通信中所述，他非常欣赏资产阶级掌权的弗兰德城市政府。想要实现这一点，他需要人民。

艾蒂安·马塞尔和他的阶层断绝了往来，他的改革构想与三级会议的贵族和神职人员想要捍卫的改革并不一致，因此改革权力和控制权力这双重目标就更加艰难。以拉昂·罗贝尔·勒科克（Laon Robert le Coq）为首的贵族和神职人员享有领地和固定收入，他们希望恢复稳定的货币，控制税收，减免贵族和教士阶层的税负。虽然城市代表们一致认为应该核查国王官员们的行为，但他们更希望减轻资产阶级和平民阶级所承受的税收负担，他们支持软通货（即币值相对不稳定的货币），这对负债的百姓更有利。艾蒂安·马塞尔与市民百姓顺理成章结为联盟，这位市长的口才出众，在百姓中又享有威望。1356 年 12 月，巴黎民众揭竿而起，身穿象征市政府的蓝色和红色斗篷，抗议三级会议制定的回归强势货币的决议。艾蒂安·马塞尔很乐意批准三级会议于 1357 年 3 月通过

14 世纪的资产阶级反抗首领
让·富盖，《巴黎市长艾蒂安·马塞尔从法王让二世手中获得 1357 年"大政令"，并批评国王的行为》(Étienne Marcel, prévôt des marchands de Paris, obtient du roi de France Jean Ⅱ le Bon la «Grande Ordonance » de 1357 et lui reproche sa conduite)，14 世纪，细密画，选自《法兰西大编年史》，巴黎，法兰西国家图书馆

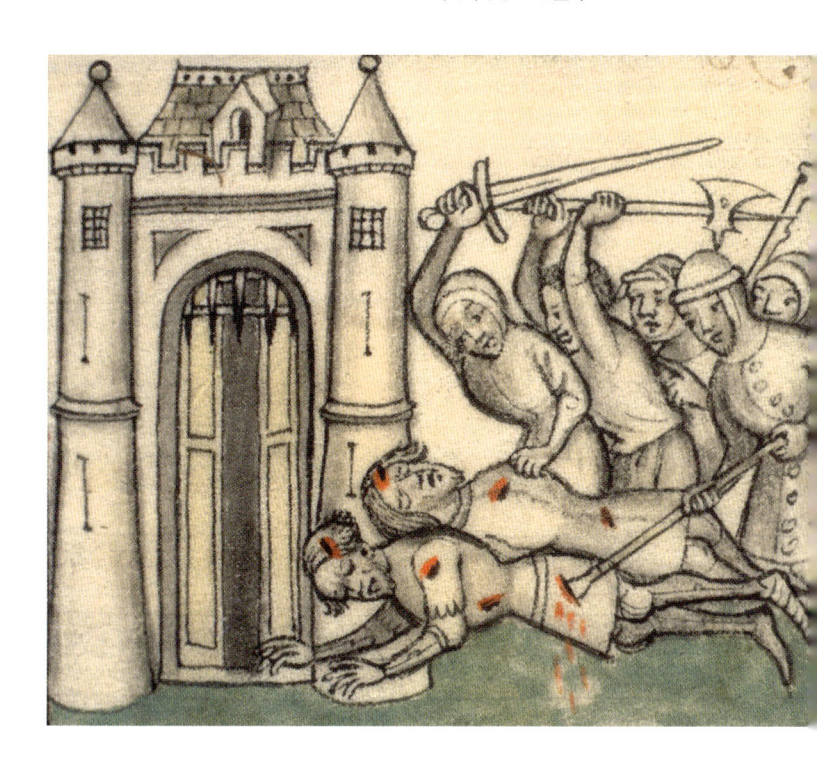

的改革政令，该政令大幅限制了国王的权力，委派 9 名来自各阶层的改革者肃查王国的各个机构，但艾蒂安的力量仍然被削弱了。1357 年 11 月，他与觊觎王位、反对太子查理的纳瓦拉的查理（Charles de Navarre）的结盟没有解决任何问题，因为纳瓦拉的查理是贵族的支持者。1358 年 2 月 22 日，艾蒂安·马塞尔任由民众在惊慌失措的太子面前杀死香槟和诺曼底的地方大法官，但马塞尔强迫太子穿上与暴动民众一样的蓝红色斗篷，救了太子一命。

这起重要事件是一个转折点，它导致了艾蒂安·马塞尔的失败，因为他没有系统的组织，政治纲领的逻辑也不够清晰严密。成为摄政王的太子查理离开

匿名，《1358 年 7 月 31 日巴黎市长艾蒂安·马塞尔被处死》(*Exécution d'Étienne Marcel, prévôt des marchands et maire de Paris, le 31 juillet 1358*)，14—15 世纪，插画选自贝尔纳·居伊所译的《法兰西编年史》(*Chroniques françaises*)，保存地点未知

巴黎，很快就加入温和派改革者的行列。艾蒂安·马塞尔被迫与某些群体结成了不太合理的联盟，他与农民结盟，但并不了解这个群体的文化，也不清楚他们的目的；面对瓦卢瓦王朝，无可奈何的他又被迫与英国人的盟友纳瓦拉的查理结盟，时刻准备向后者敞开城门。1358 年 7 月 31 日，艾蒂安·马塞尔被自己的亲外甥、为报亲人背叛之仇的让·马雅尔（Jean Maillard）杀死，而巴黎民众在为粮食发愁，对此事无动于衷。（C.G.）

约翰·威克里夫

（John Wyclif，1330—1383 年）

约翰·威克里夫是一位大学教员，也是一位拥有坚定信念的"学者"，其信念源自其严密的逻辑，他曾努力将这种逻辑应用于当时的政治和宗教机构。约翰出生于英格兰北部（威克里夫是约克郡的一个村庄），后进入牛津大学默顿学院（Merton）和贝利奥尔学院（Balliol）学习，1351 年接受神品。他于 1356 年左右获得艺术本科学位，1360 年拿到硕士学位，随后继续研读神学，并于 1372 年获得神学硕士学位。虽然他很快就得到认可（一位对手称他为"牛津精英"），但所得到的却是普通圣职。他被坎特伯雷大主教西蒙·伊斯利普（Simon Islip）任命为坎特伯雷学院院长，当时本笃会修士与世俗人员均可进入该学院。伊斯利普的继任者却规定学院只能接收本笃会修士，约翰遂遭驱逐。虽然他很期待进入约克郡或林肯郡的大教堂中的学院任职，但最终只能依靠一所学院（怀斯特贝里（Westbury-on-Trym））的微薄俸禄过活。他的职位只是一个普通的本堂神甫，几经交涉之后，他才得到拉特沃斯（Lutterworth）教区长的职务。他曾试图进入宫廷任职，1374 年，他加入了前往布鲁日会见教皇特使的代表团，虽然他与兰卡斯特公爵根特的约翰（Jean de Gand）相谈甚欢，但后来两个便不再来往。

14 世纪著名的异端者
《英国神学家、改革家约翰·威克里夫肖像》（*Portrait de John Wyclif, théologien et réformateur anglais*），1497 年，木刻版画，选自哈特曼·舍德尔（Hartmann Schedel）的《舍德尔世界历史》（*Die Schedelsche Weltchronich*），保存地点未知

在 1382 年被牛津大学驱逐之前，威克里夫仍是一位笔耕不辍的工作者，他在女王学院（Queen's College）租住的房间里完成了一部巨著（流传至今的有近 120 篇文章）。

这部巨著的两大支柱是他的唯实论逻辑和对《圣经》的信仰，他是最后一位在牛津大学完成《圣经》全本批注的人。在他的影响下，或许是在他的领导下，他的弟子们将《圣经》全本译成英文。对威克里夫而言，《圣经》是基督徒可以依赖的唯一权威（*scriptura sola*）。他深受奥古斯丁以及牛津的奥氏门徒（特罗斯泰特（Grosseteste）、布拉德沃丁（Bradwardine）、菲茨拉尔夫（Fitzralph））的影响，他先后在两部论著中阐述了自己的神学思想，第二部由独立的政治论文构成（尤其是《论俗权统治》（*De civili dominio*））。他在作品中提出的两种理论很快就被批判为异端，其中一种理论源自他的唯实论，神甫祝圣后，圣坛上的面包和葡萄酒的本质（substance）并没有改变；在祝圣后同样的圣餐里，因为没有"主体"（上帝）的出现，所以"附带物质"（主体的颜色、形状等）并不存在；基督不会以其肉身真实地转化在圣餐中，他的存在只是象征性的。另一种理论是万能的上帝能够完全预知恩宠的作用：只有获得恩宠的人才能合法拥有"所有权"（*dominium*）和恩宠赋予的权力，只有上帝知道谁能获得恩宠，没有任何人，即使是教皇，能够声称自己享受圣宠，并以此证明自己的权力（《圣经》中哪里提到了教皇？）。相反，世俗之人以"支配权"（*potestas*）的名义进行统治，而非"所有权"，"支配权"的行使受到人为法（实证法）（*le droit positif*）的约束，不依赖于恩宠。

这种理论导致的结果是革命性的：神职人员如同指路人，他们只需要把《圣经》的内容传达给世俗之人。教皇的权力毫无用处。教会的财产应当被没收，重新分配给国防，或者用于学校和济贫院。威克里夫的这部分纲领产生了巨大影响，为罗拉德派运动提供了精神支持，该运动甚至波及了政治社会的最高层，因此威克里夫始终得到了兰卡斯特公爵根特的约翰提供的庇护，1384 年 12 月 31 日，他因中风发作在拉特沃斯去世。在"贫穷的司铎"（*poor preachers*）的宣传下，威克里夫的思想也传播到民众阶层，这些传教士在 1381 年英国农民大起义中扮演了至关重要的角色，他们用英文撰写论著和讲道文章，传播威克里夫的作品。虽然从 1411 年开始，拉罗德派遭到迫害，但这场运动并未被彻底消除，它对新教在英国的大发展做出了贡献。它是否是一场早期宗教改革（安娜·哈德森（Anne Hudson）语）？威克里夫所坚持的"圣餐不变论"触犯了当时的基督教思想，他其余的纲领则足以与罗马教廷彻底决裂。威克里夫是第一位现代的宗教改革者，他的思想对扬·胡斯产生了决定性影响，继而也影响了路德。（J.-P.G.）

"英明的"查理五世

(Charles V le Sage, 1338—1380 年)

查理五世是"好人"让二世(Jean le Bon)和卢森堡的博娜(Bonne de Luxembourg)的长子。1364 年 5 月 19 日,25 岁的查理被加冕为国王。克雷西战役(1346 年)、普瓦捷战役(1356 年)以及随后的《布雷蒂尼—加来合约》(1360 年)、曾与自己结盟对抗父亲让二世的纳瓦拉的查理对王位的企图等使他明白瓦卢瓦王朝四面楚歌。不同国家之间的冲突、扎克雷农民叛乱、艾蒂安·马塞尔领导的市民叛乱(1358 年 2 月 22 日,香槟和诺曼底的地方大法官被杀是叛乱的最高潮)等使他对暴力深恶痛绝,对人民充满怀疑。1349 年,多菲内(Dauphiné)并入法国之后,查理被封为王储,1356 年成为诺曼底公爵。1358 年和 1364 年父亲在英国入狱期间,他两次摄政,因此他很早就有执政经验,也意识到必须进行深层改革,为此他需要选择优秀的顾问大臣,保证货币的稳定。查理在执政期间落实了这些原则,他不仅从圣路易那里吸取改革经验,也吸收了当时的政治思想,他遵循亚里士多德的原则,更倾向于选拔官员而非任人唯亲。成为国王之后,他抛弃骑士短装,穿神职人员和法律官员的长袍。

克里斯蒂娜·德·皮桑于 1404 年完成了查理五世的传记《英明的查理五世国王的事迹与美德之书》(*Le Livre des faicts et bonnes moeurs du sage roi Charles le Quint*),她在传记中对国王的智慧赞不绝口。这是一部类似颂词的作品,融合了作者的个人记忆(她的父亲托马斯·德·皮桑(Thomas de Pisan)

身为哲学家和政治学家的国王,权力讨论的组织者
《一位神职人员和一位骑士在"英明的"查理五世面前就教会和国家的关系进行辩论》(*Débat, devant le roi Charles V le Sage, d'un clerc et d'un chevalier sur les rapports de l'Église et de l'État*),1378 年,插画,选自《维吉尔之梦》(*Songe du Vergier*),伦敦,大英图书馆

是国王的占星师）及其对理想君主的描述。国王所做的决定在很大程度上印证了她的陈述，他的"口才出众，条理清晰"，擅长使用法律和司法程序，敌人甚至称他为"律师"。1369年，阿玛尼雅克伯爵（Armagnac）和阿尔布雷伯爵（Albret）向国王求助，因为身为大诸侯的黑太子为了向士兵发军饷而试图向他们征收赋税，国王首先咨询了自己的法律机构，然后在1370年任命得力将领贝特朗·杜·盖克兰为陆军统帅，命其发动收复战争。他所做的选择既让他成为一位常胜国王，又避免了统治期间过多参与军事行动。

查理五世的实力源自他行使王权的方式。1376年，他命法学家埃弗拉尔·德·特雷默贡（Evrard de Trémaugon）撰写了《维吉尔之梦》，这部作品是神职人员与骑士的对话录，总结了国王主要关注的事宜，例如教会与国家之间的关系、布列塔尼问题、贵族的性质等。查理五世也是一位乐于赞助文艺事业的文人国王，他主持翻译了亚里士多德、圣奥古斯丁、索尔兹伯里的约翰（Jean de Salisbury）的著作，他的图书馆是欧洲相当完备的图书馆之一，他也是第一位被同时代的人称为"非常虔诚的基督徒"的国王，此外，他在加尔默罗会修士让·戈兰（Jean Golein）的帮助下，用理论诠释了加冕礼和王室治愈瘰

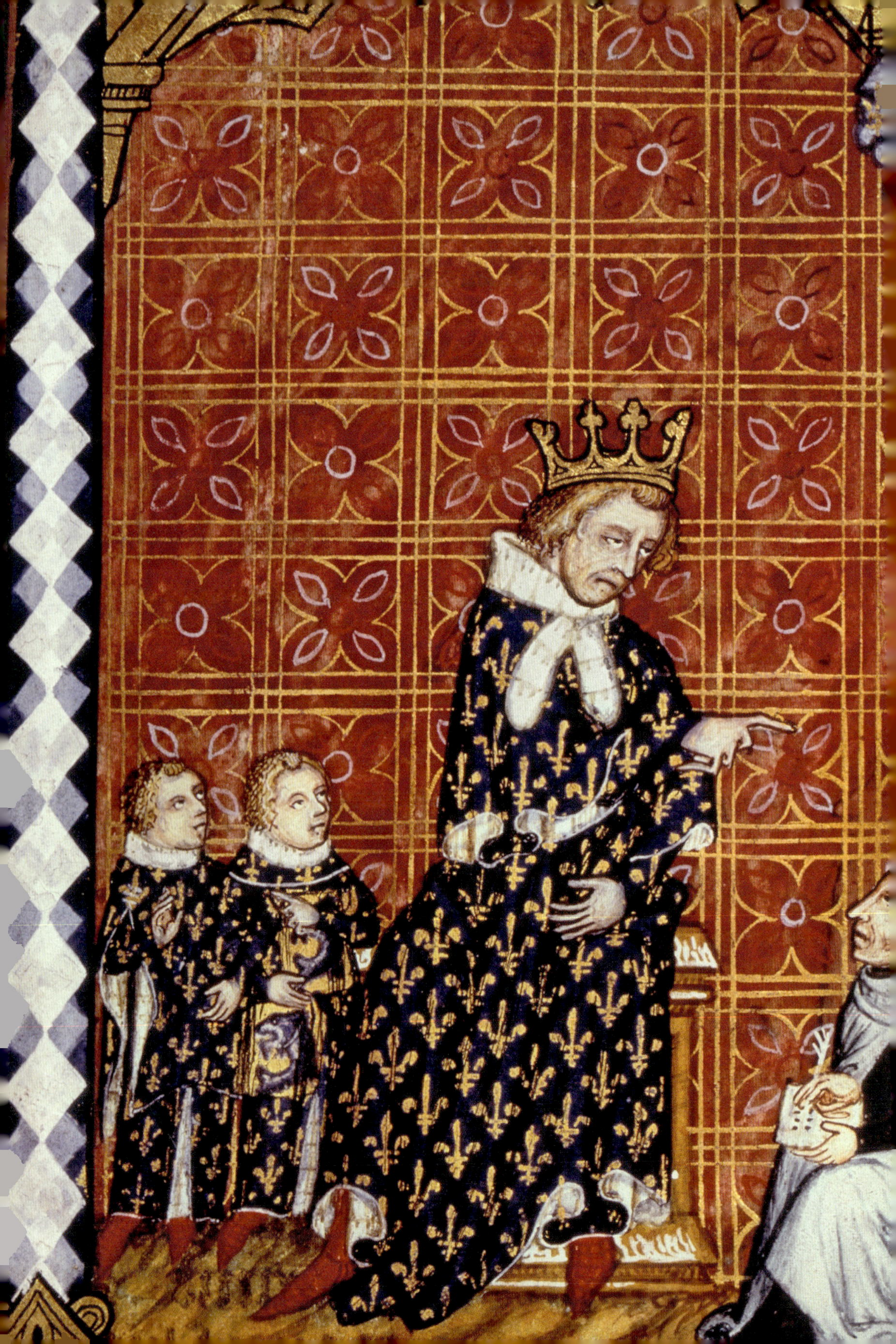

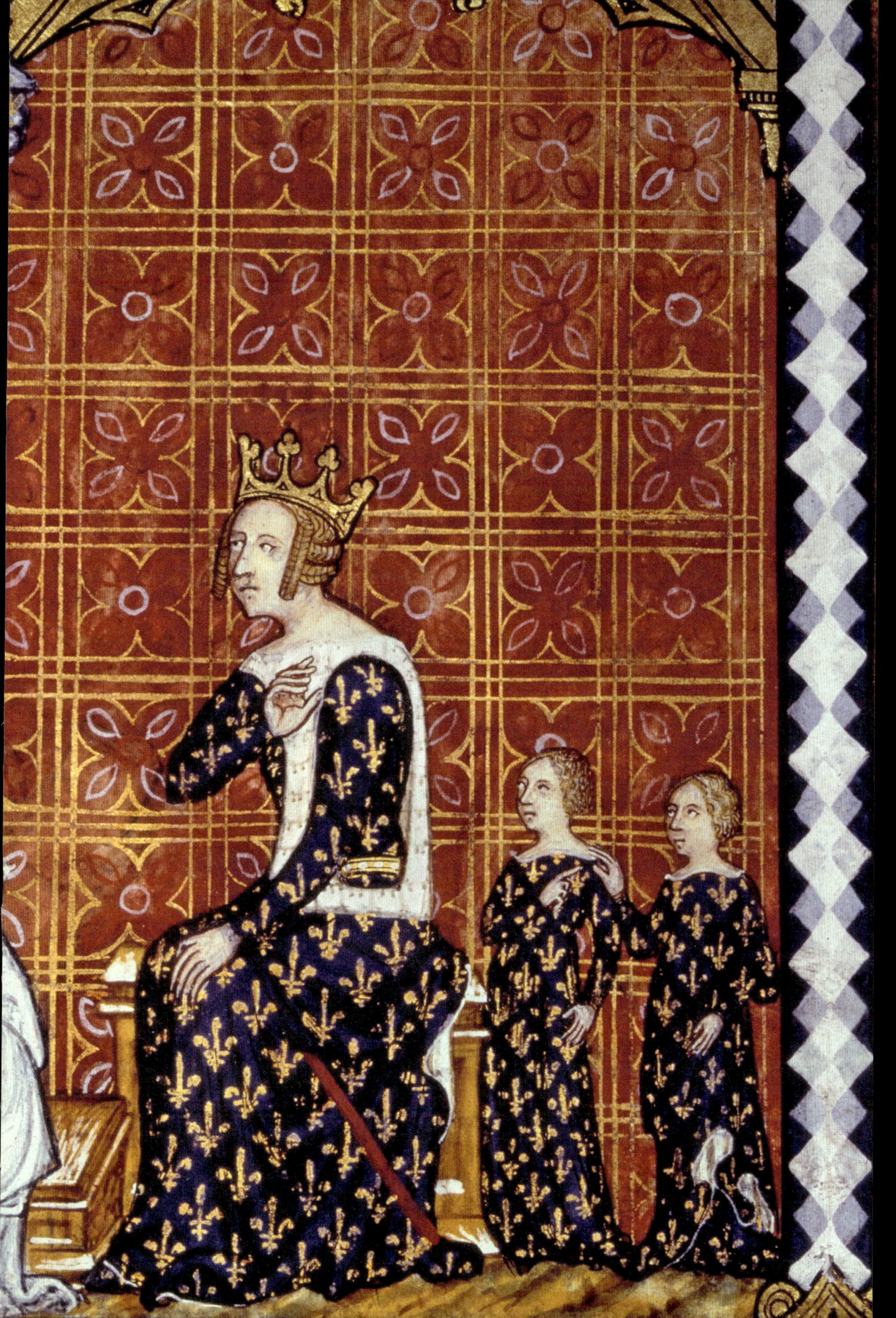

一位学者国王

《"英明的"查理五世坐在卢浮宫书房中的旋转唱诗台前努力了解"知识的完美"》(*Charles V le Sage assis devant un lutrin tournant, dans sa bibliothèque du Louvre, s'applique à acquérir « la perfection du savoir »*),约 1372 年,插画,选自索尔兹伯里的约翰的《论政府原理》(*Polycraticus*),德尼·傅勒沙(Denis Foulechat)译,巴黎,法兰西国家图书馆

被家人围绕的国王向教士口述对孩子的教育(双页图)

《被孩子围绕的"英明的"查理五世和波旁的让娜》(*Charles V le Sage et Jeanne de Bourbon, entourés de leurs enfants*),1374 年,细密画,选自《圣理宗规》(*Rational des divins offices*),纪尧姆·杜朗(Guillaume Durand),让·戈兰(Jean Golein)译,巴黎,法兰西国家图书馆

瘰之疾[1]的神迹。

查理五世在巴黎建造了供王室起居之用的圣波尔宫（hôtel Saint-Pol），但主要的政府机构仍在西岱岛的宫殿里，由此，他把国王的两大机构区分开来，官员们担任的职务也从此确定下来。他非常担心王位继承问题，于是宣布王位不可让渡，要求法学家对法兰克人的蛮族法典[2]（即撒利克法典）进行注解，该法典其中一条成为《撒利克继承法》，为男性长子王位继承确立了法律基础，解释了瓦卢瓦王朝建立的正统性。1374年，为了避免出现王位空位的情形，他把长子成年年龄降至14岁，因为1350年他与之成婚的波旁的让娜所生的儿子、未来的查理六世（Charles Ⅵ）1368年才出生。1377年，在接待神圣罗马帝国皇帝卢森堡的查理四世时，查理五世自称"自己王国的皇帝"。

查理五世是一位富有的国王，1363年，为了缴纳父亲好人让的赎金，他向各个社会等级征税。这是否是他在临死之前废除直接税的原因？这种赎罪行为是国王给人民的赠礼，但这项决议却是1380年9月16日他去世之后发生暴动的原因之一。（C.G.）

---

[1] 从克洛维开始，法兰克国王被渲染为具有一种神授的特殊天能，即通过触摸能够治愈疾病的能力，传说中最常被治愈的疾病是瘰疬。莎士比亚的《麦克白》第四幕第三场中也描述了国王的"摸治"能力。
[2] 5世纪末、6世纪初，在先进的罗马成文法文化的影响下，各日耳曼王国以原有的习惯法为基础，吸收某些罗马法的原则、术语以及早期教会法的内容，编纂了一系列成文法典。由于当时日耳曼人被称为"蛮族"，这一系列法典因此被称为"蛮族法典"。在众多"蛮族法典"中，法兰克王国的《撒利克法典》对后世影响较大。

让·傅华萨

（Jean Froissart，约 1337—1404 年之后）

让·傅华萨出生在瓦朗谢纳（Valenciennes），是一位诗人和宫廷小说作家，更是中世纪最重要的编年史作者之一。与纪尧姆·德·马肖一样，他在很大程度上得到了王室的赞助。与此同时，他先后在艾蒂安奥蒙（Estiennes-au-Mont）和希迈（Chimay）担任教士和议事司铎，因此教会的俸禄能够满足他的物质需要。虽然我们在他的作品中能够感受到那些势力强大的赞助人对他的影响，但他比当时的宫廷作家要自由得多，例如 15 世纪为勃艮第公爵服务的乔治·沙斯特兰（Georges Chastelain）。

青年时期的让·傅华萨首先在英王爱德华三世（Édouard Ⅲ）的妻子埃诺的腓力帕（Philippa de Hainaut）的宫廷中供职。在这位女庇护人的支持下，年轻的傅华萨前往英格兰、苏格兰、法国和弗兰德等地旅行，搜集了许多导致当时英法冲突的信息。渐渐地，他全心投入这项活动，这成了他的志愿所在，也是他获得个人满足和文学声誉的源泉。

王后去世后，傅华萨回到埃诺地区。温策斯拉斯一世（Wenceslas de Brahant，波希米亚国王卢森堡的约翰（Jean de Luxembourg）之子）、纳穆尔的罗贝尔（Robert de Namur）和布鲁瓦的居伊（Guy de Blois）等新庇护人同样允许他云游四方，致力于其写作事业。因此，他得以创作出大量类型各异的诗歌作品，

半官方历史学家傅华萨身穿中世纪晚期的优雅服装，向其中一位赞助者和庇护者勃艮第公爵夫人献上他的书

《百年战争期间的编年史作者让·傅华萨向勃艮第公爵夫人玛格丽特二世呈上作品》（Jean Froissart, chroniqueur contemporain de la guerre de cent ans présente son travail à la duchesse de Bourgogne, Marguerite Ⅱ），14 世纪，插画，选自让·傅华萨的《编年史》（Chroniques），尚蒂伊，孔代博物馆

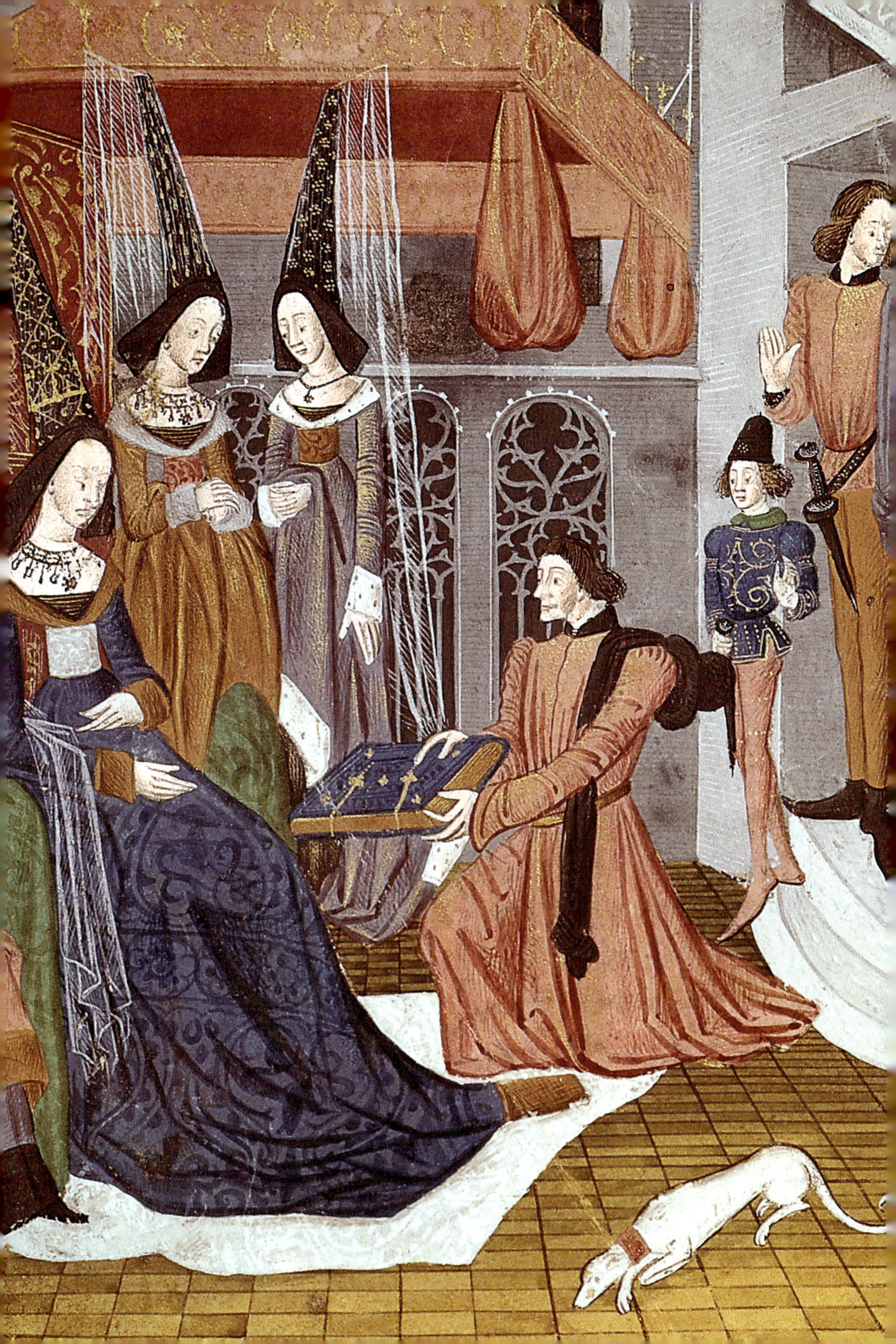

从抄写人到作家：傅华萨

《撰写编年史的傅华萨》（*Froissart écrivant ses chroniques*），19 世纪，根据细密画制作的木雕画，私人收藏

例如格言故事、抒情诗、回旋诗和对话体诗歌等。他也创作了一部长篇小说《梅里亚多》（Méliador），重新挖掘不列颠骑士传说，融入了温策斯拉斯一世的抒情诗。

然而，傅华萨最重要的作品是他的编年史。他所著的编年史共四卷，记录了 1325—1400 年这 75 年的历史。这是一部了解百年战争前半部分和当时贵族的思想状况的重要文献。这部作品的表面统一是为了尊重年代的延续性，然而，我们可以很容易就发现作者风格的显著变化：他撰写第一卷时是根据弗兰德编年史作者让·勒贝勒（Jean le Bel）的作品写成，但在后三卷的编写过程中，他着重呈现的是一种更加个人、更加复杂的历史观。

年轻时的傅华萨崇尚英雄主义、荣誉和礼仪。他向后人叙述英雄事迹，目的就是避免他所称的"有教益的典范"被人遗忘。现代的某些历史学家批评他不懂得深入分析事件，对贵族的奢华之风持有一种愉悦的崇拜之情，而非批判精神。实际上，这些过于严苛的批评是一种误会。作为那个时代的历史学家，傅华萨已经竭尽所能去理解事件的意义。为此，他使用了小说这种文学体裁的写作方法，因为他认为小说最能传达意义。此外，他不知疲倦地在多次旅行中，尽最大努力搜集证据材料，验证自己所掌握的材料的真伪。他对掌权者的变幻无常、傲慢和虚伪的揭露也愈加频繁。

随着他越来越成熟，傅华萨的个人面貌也开始逐渐显露。第三卷讲述的是他在弗瓦（Foix）和贝阿恩（Béarn）伯爵宫廷中的见闻。在这卷书中，他的记载越来越像回忆录。傅华萨对个人旅行、亲身经历的时间、遇到的人物的记录逐渐增多。他多次向读者解释为何要把某些时间整合在一起，为何在某个时间点突然停止，转而返回到最开始的叙述中去。他的诗歌和历史作品与其性格有着密不可分的关系。

1395 年，傅华萨在英国的最后一次旅行给他带来了深刻的影响。虽然国王理查二世（Richard II）奉他为上宾，他却为无法找回年轻时所见的英国和以前的骑士观念而备感失望。返回埃诺之后，他撰写了编年史的第四卷，这卷书在很大程度上跳出了法英战争的框架。简单的年代顺序方便读者理解事件发生的原因、结果和规模。这卷书流露出作者的某种怀疑态度，第一卷的最后一版也有同样的特点。由于每个新的版本都有不同的视角和特定的意图,第一卷书的第三版在历史和文学创作方面都非常精彩。

得益于傅华萨的天赋及其对戏剧冲突的感知力,编年史中的某些场景早已家喻户晓,例如克雷西战役和普瓦捷战役,加莱市民的受辱与获救,疯狂舞会,查理六世(Charles Ⅵ)在勒芒(Le Mans)森林中发狂,理查二世被忠诚的猎狗抛弃等。此外,傅华萨的著作能够让读者感受到一个中世纪男子的人生历程,他的成熟、兴趣和侧重点的变化等;如果我们能从他的角度去思考,就可以更好地理解他的价值观。(M.N.)

杰弗里·乔叟

（Geoffrey Chaucer，1340/1343—1400 年）

提到乔叟，人们常常想到的就是《坎特伯雷故事集》(*Canterbury Tales*)中的讽刺故事，但他的著作和人生值得人们投入更多的精力去了解。

乔叟的祖父和父亲是葡萄酒批发商，深受国王宠信，因此乔叟的一生和王室脱不开关联。他曾经参加过百年战争，不幸被俘之后，国王爱德华三世（Édouard Ⅲ）支付了他的赎金。他与讲法语的骑士诗人或年轻贵族往来密切，例如法国的厄斯塔什·德尚、萨瓦的奥顿·德·格兰德森（Oton de Grandson）、埃诺的让·傅华萨等。他先后担任伦敦的毛皮进口关税管理员，以及泰晤士河畔的王室建筑工程主事。他曾出使法国、西班牙，尤其是意大利的热那亚、佛罗伦萨和米兰。他了解但丁、彼得拉克和薄伽丘的作品。乔叟担任过肯特郡（Kent）治安法官，临时被选为该郡骑士代表出席议会下院。他的儿子托马斯后来擅长经商而且成为骑士，他的孙女成为萨福克伯爵夫人，这是社会阶层流动的范例，资产阶级和贵族阶级之间没有障碍。

乔叟在伦敦的河岸边度过童年，从小就了解过外国语言和文化。当他意识到通俗语变得越来越重要时，就决定用英语而非拉丁语或法语写作，后两者在英国是权威语言。这是一个有风险的决定，因为官方英语尚不存在，其他地区的人难以理解或者容易误解他用伦敦方言写成的诗歌。同时代的其他诗人（兰格伦（Langland）、大英图书馆中编目为 Cotton Nero A.X. 的诗歌手稿的作者高尔（Gower）等）也做了同样的决定，但只有乔叟被视为英语的奠基者。英语之所以能在英国战胜法语，文学是原因之一，但更重要的是不断增长的民族认同感以及议会、学校和大学机构的语言政策，但无论如何，文学仍然是捍卫一种语言并将其发扬光大的工具。

文学是乔叟与生俱来的使命。他大量的业余时间都用来阅读和写作。他对

Althogh his lyfe queynte be · the resemblaunce
Of hym · hath in me so fressh lyfelynesse
That to putte other men in remembraunce
Of his persone · I haue here the liknesse
Do make · to this ende in sothefastnesse
That they that haue of hym · lost thought and mynde
By this peynture · may ageyn hym fynde

The ymages that in the chirches ben
Maken folk thynke on god and on his seyntes
Whan they the ymages · beholden and seen
Wher as vnsight of hem causeth restreyntes
Of thoughtes goode · whan a thyng depeynt is
Or entailed · if men taken of it hede
Thoght of the liknesse · it wole in hem brede

Yit som holden oppynyon and sey
That none ymages · shuld y maked be
They erren foule · and gone out of the wey
Of trouthe · han they skant sensibilitee
Passe ouer nood · that blissed trinite
Vpon my maistres soule · mercy haue
ffor hym lady eke · thy mercy I craue

More other thyng wold I fayne speke and touche
Here in this booke · but suche is my dulnesse
ffor that al voide · and empty is my pouche
That al my luste · is queynt with heuynesse
An heuy spirite · comaundeth stilnesse
And haue I spoke of pees · I shal be stille
God sende vs pees · if it be his wille

法国作品（他翻译的《玫瑰传奇》(Roman de la Rose)、纪尧姆·德·马肖的诗歌）和佛罗伦萨人的诗歌（但丁、彼得拉克、薄伽丘）的模仿令自己的名誉受损：乔叟，模仿者还是剽窃者？如果这么想就大错特错了。再创作和加工都是创作。乔叟把刚刚翻译的波爱修斯的哲学与薄伽丘描写不幸爱情时的线性叙事相结合，他将《爱的摧残》(Il Filostrato) 中的历史故事脱胎换骨，变成了戏剧性十足的《特洛伊罗斯与克瑞西达》(Troilus and Criseyde)，他对克瑞西达的不忠抱有同情，认为她在男性主宰的世界里，不过是一个脆弱的玩偶。一个世纪后的亨利森（Henryson）对男性世界的批评更加严厉，莎士比亚的批评甚至达到了夸张讽刺的地步。为了得到女性的原谅，乔叟在《贤妇传说》(The Legend of Good Women, Saints of Cupid) 中刻画了一系列"道德高尚的贵妇、丘比特箭下神圣的牺牲者"。

乔叟的诗歌数量众多，而且大多数为长诗。他最高产的时期是1375—1385年。除了这些诗歌以外，他还有一些散文作品，例如他翻译的波爱修斯的《哲学的慰藉》和两部天文仪器论著。乔叟对星象有可能决定人类命运的学说很感兴趣。

《坎特伯雷故事集》每则故事的撰写时间很难确定。乔叟或许是随机编写故事，把它们收集起来，然后进行部分加工和整理。这部作品没有最终完成，但已经形成了清晰的架构。三十多位朝圣者聚集在伦敦南部的南沃克（Southwark），准备前往坎特伯雷朝拜圣托马斯·贝克特。为了解闷，南沃克的旅店店主提出为最优秀的讲故事者提供一顿免费的饭食，每位朝圣者在去途和归途各讲四个故事。实际上，乔叟只写了二十四个故事，坎特伯雷大教堂是全书内容和精神之旅的终点，书中没有提及归途。最后一篇是牧师所讲的关于罪恶（前面的故事和讲述者就是例证）和忏悔的教诲。乔叟在全书的最后表达了自己的忏悔，并列举了自己的一系列作品。中世纪的故事合集非常多，但乔叟

英国第一位伟大的诗人和作家及其被精心保存的抄写本
《杰弗里·乔叟》(Geoffrey Chaucer)，1430年，插画，伦敦，大英图书馆

《以持书的乔叟作为装饰的段首字母》(*Lettrine avec un portrait de Geoffrey Chaucer tenant un livre*)，约 1400 年，装饰画，伦敦，大英图书馆

的聪明之处在于他用生动、活泼的形式将故事呈现出来，故事与讲述者相互呼应，彼此对立，旅店老板起到了穿针引线的作用。

全书的总引描述了各个人物（*dramatis personae*），它遵守了传统的三个等级划分，即战斗贵族等级（骑士及其身为护卫的儿子、同为骑士侍从的乡士（Yeoman））、教会成员（女修道院院长、女尼、修道僧士、游乞僧）、第三等级（商人、律师、自由农等）。严格的等级划分会让人感觉枯燥无味，但乔叟脱离了这种束缚，引入了水手、医生、大学教师、牧师和身为"自耕农"的兄弟、教会法庭差役、赦罪僧等人物。整个中世纪社会的面貌得以展现，但乔叟非常谨慎地避开了王公贵族、托钵修会这些不会出现在客栈中的特别社会阶层。朝圣者所讲的故事中的人物使他们自己的社会形象更加丰满，以巴斯妇（Bath）为代表的纺织作坊主的市民形象最为活灵活现。这位妇人使用神学论据和个人秘密为女性辩护，她有过五任丈夫，正在寻找第六任。在乔叟生活的时代，这是一个具有神秘色彩的人物。

与丰富的社会阶层相呼应的是各种文学体裁和诗歌韵律，书中涉及的主题也极为丰富，例如爱情、死亡、自由意志、梦想、女性社会地位、金钱、权力、怀古等。

在叙述故事时，乔叟只以间接形式做出评判。在他和许多同时代的人看来，不可饶恕的罪恶是基于贪婪的宗教虚伪，代表就是贩卖赎罪券的赎罪僧这个独一无二的角色。乔叟并没有一味地炫耀文学技巧，华丽的修辞会喧宾夺主，光亮的表面有可能掩盖朴素的内涵。乔叟在故事中提出了自己的观点，甚至得出好几个结论。

乔叟生活在一个动乱的时代。英国正在百年战争中不断获胜（1346年的克雷西战役，1356年的普瓦捷战役），但战争成本导致国王理查二世横征暴敛，1399年被废黜，1400年被杀。1348年，腺鼠疫（黑死病）扩散到英国，成为农民和手工业者掀起暴动的原因之一。乔叟是1381年伦敦被洗劫的见证者。威克里夫提出了一些具有革命性的政治和宗教观点，随后被罗拉德派传播开来。乔叟的作品只是偶尔提及这些骚乱。《坎特伯雷故事集》中的医生很可能在黑死病流行期间发了大财；"僧士的故事"中的猎狐行为引起的骚动堪比伦敦暴乱；好牧师被错认为罗拉德派。乔叟写过两首关于理查二世暴政的短诗，赞颂了"合法"（légitime，乔叟的原话）登基的亨利四世[①]，仅此而已。出于谨慎，加之秉性使然，乔叟尽量远离极端分子，避免公开表明立场。对他而言，诗歌（和星相学）并非为了躲避时事喧嚣，因为他描写和揭露了同时代人的缺陷；而是一个比充斥着政治野心的世界更可取的天地。（A.C.）

---

① 理查二世被亨利四世所杀。

锡耶纳的圣凯瑟琳

（Sainte Catherine de Sienne，1347—1380 年）

凯瑟琳出身锡耶纳的手工业者家庭，父亲雅各伯·迪·本尼卡萨（Jacopo di Benincasa）是圣多米尼可修道院（couvent de San Domenico）附近的丰特布朗达区（Fontebranda）的染布工人，她很早就对宗教生活充满了向往，但母亲拉帕（Lapa）一心想让她嫁人。在与母亲爆发了一场冲突之后，凯瑟琳在 1364—1365 年加入一个 "披风修女会"（忏悔者修女会），修会中是一些接受多明我会修士指导的世俗女信徒，但她们并没有过着修道院或隐修院的生活。凯瑟琳勇敢的性格和虔诚的信仰很快就为她赢得了一批 "精神之友"（后来人们称其为凯瑟琳的 "小帮派"），这些朋友中既有来自锡耶纳望族的男男女女，也有前来向她咨询道德和精神生活的教士和修士。

这个年轻女子没有什么文化，后来才学习阅读和写作，她之所以有如此影响力，是因为她对穷人和病人有着永不枯竭的仁爱之心，要求自己坚持苦修和

被上帝之手赐福
《锡耶纳的圣凯瑟琳》（Sainte Catherine de Sienne），15 世纪，细密画，米兰，布雷顿斯国立图书馆

在修女陪伴下的圣凯瑟琳与教廷成员簇拥的教皇之间的对谈（双页图）
乔万尼·迪保罗（Giovanni di Paolo），《面对教皇格里高利十一世的锡耶纳的圣凯瑟琳》（Sainte Catherine de Sienne devant le pape Grégoire XI），1447 年，卢加诺，提森-博内米萨国家博物馆藏品

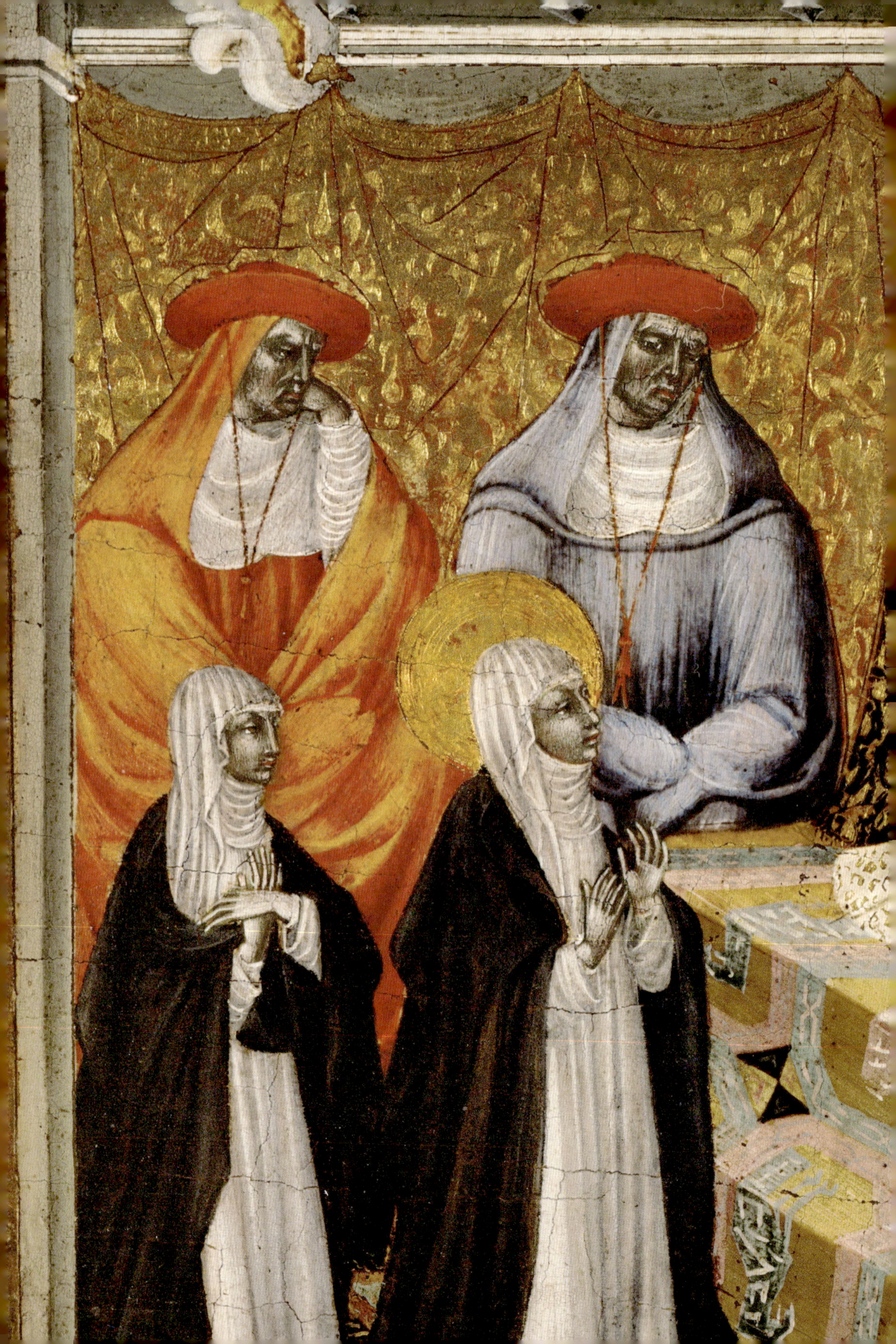

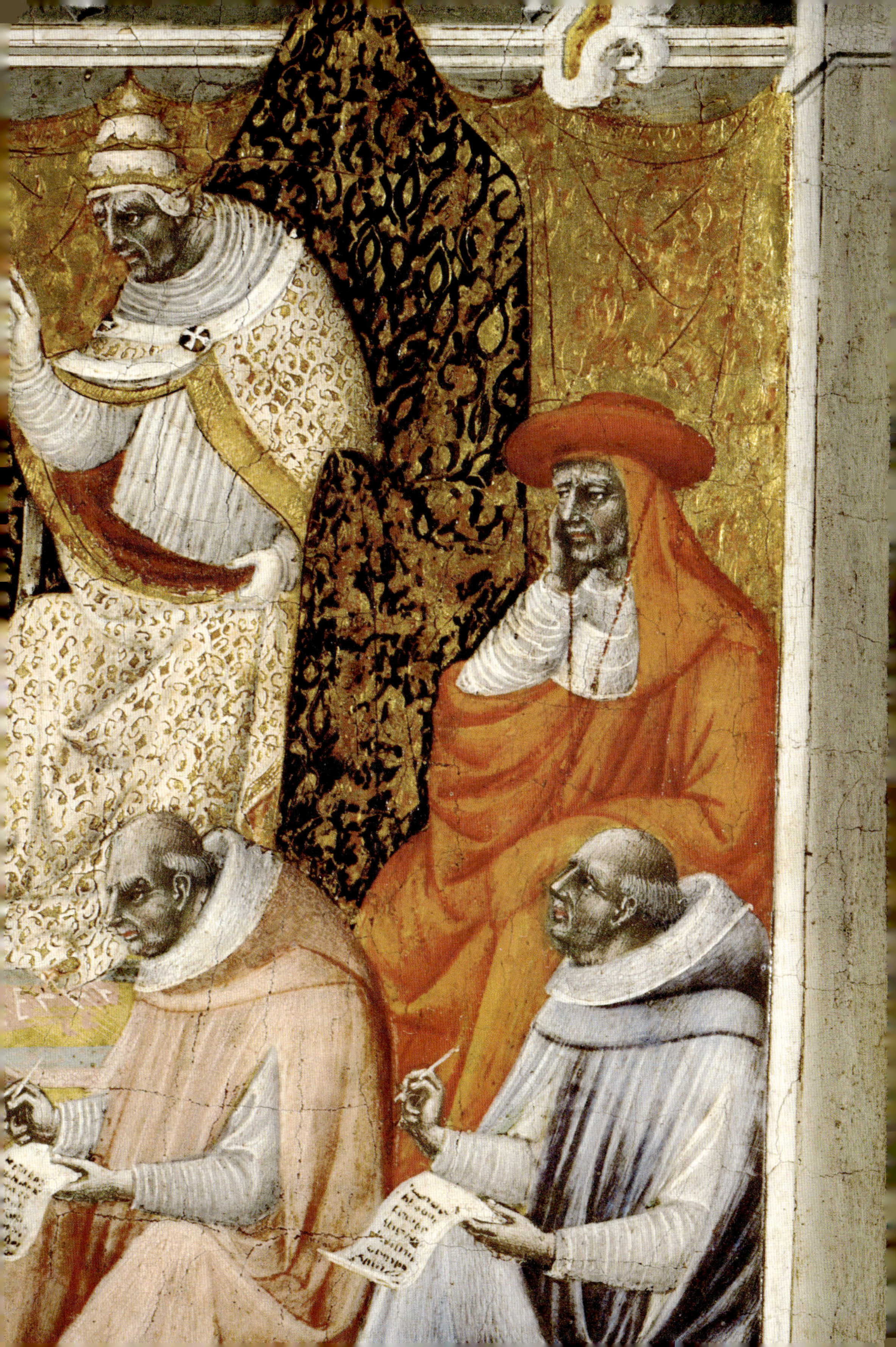

忏悔，饮食方面更是极为朴素。她的生活中经常出现神秘的身体现象，例如心醉神迷、身体腾空、心灵交换等。凯瑟琳晚年时在一位弟子的帮助下，撰写了《神意对话》(Dialogue de la divine providence)，她在书中仔细回忆了自己与基督的密切联系，尤其是她与基督的长篇对谈，对出现在圣餐中的基督的崇拜。据说她身上也出现了圣痕，这些痕迹令她非常痛苦，但肉眼看不到。此外还有一些与她有关的各种神迹出现。

1367—1370年，凯瑟琳在基督的鼓励下，出现在公共场合。1374年，在佛罗伦萨举行的多明我会教务大会的要求下，她接受了某些神学家的审查，她的地位得到巩固，但修会为她分派了一位信仰导师，即卡普亚的雷蒙（Raymond de Capoue），后来雷蒙成为凯瑟琳的传记作者与宣传者。1375年，在比萨，她举行了一场支持十字军东征的活动。她认为发动十字军东征之前，教廷必须从阿维尼翁搬回罗马，教会必须进行深层改革，这是圣地解放、"撒拉逊人"皈依基督的前提条件。为此，她给教皇格里高利十一世写了一系列信件，向其施压；1376年，她甚至前往阿维尼翁，试图说服教皇回到意大利。我们不能说这次会面让教皇下定决心离开阿维尼翁，返回罗马，但至少凯瑟琳的信念之强给教皇留下了深刻影响。凯瑟琳回到意大利后，在贝尔卡洛（Belcaro）成立了一个修会组织，对托斯卡纳地区的敌对家族进行调解，努力说服佛罗伦萨政府与教皇达

圣人和女圣人常常与一座或几座城市有密切联系。与凯瑟琳有关的是她的出生地锡耶纳、她完成使徒任务的罗马和封圣之地威尼斯
《锡耶纳的圣凯瑟琳，左后方是锡耶纳城》(Sainte Catherine de Sienne, avec en arrière-plan, sur la gauche, la ville de Sienne)，15世纪，木刻画，锡耶纳，国家档案馆

成和平协议（未能成功）。1377 年，她欣喜地目睹了教皇回到罗马的场景，但这份喜悦并未持续太久。格里高利十一世去世后，新教皇乌尔班六世（Urbain Ⅵ，得到凯瑟琳支持的意大利人）与枢机主教团矛盾重重，后者居然又选出一位教皇克雷芒七世（Clément Ⅶ），这也标志着教会大分裂的开始。凯瑟琳全力支持乌尔班六世，她给多位欧洲君主写信，请求他们对乌尔班六世保持忠诚。1378 年 11 月，她来到罗马定居，试图在此召集当时最具影响力的宗教人物，召开一次"圣人公会"，但这项计划以失败告终。她请求乌尔班六世对教会进行必要的改革，但她收获的却只有失望。然而，在她的影响下，卡普亚的雷蒙被任命为多明我会总会长，他在多明我会中大力开展了严守教规运动。

1380 年 4 月 29 日，凯瑟琳在罗马去世，几年之后，她的遗骨被转移到多明我会的密涅瓦圣母堂（Santa Maria sopra Minerva），她至今仍长眠于这里。1393 年，卡普亚的雷蒙为他敬佩的凯瑟琳撰写了一部传记（《大传奇》（*Legenda major*）），书中强调凯瑟琳通过忏悔获得了不可思议的身体掌控能力，逐渐理解了基督的神意，深化了自己的使徒使命。然而，崇拜和宣传凯瑟琳之神圣的主要地点是威尼斯多明我会修道院的圣约翰和圣保罗大教堂，托马索·卡法里尼（Tommaso Caffarini）所写的第二部传记为凯瑟琳的封圣做好了铺垫，但实际上，1412 年，封圣程序才真正开始。1462 年，凯瑟琳最终被来自锡耶纳的教皇庇护二世（Pie Ⅱ）封为圣人，这使得圣凯瑟琳的作品以及描绘其生活中的神秘事件的图像广为流传。（A.V.）

瓦迪斯瓦夫·雅盖沃

（Ladislas Jagellon，约 1362—1434 年）

瓦迪斯瓦夫二世·雅盖沃是立陶宛大公（1377—1401 年）和波兰国王（1386—1434 年）。1386 年，雅盖沃是欧洲最后一个异教国家的君主，但他早就意识到立陶宛无法逃脱基督教化的趋势。对条顿骑士团而言，民众信仰异教是一个干涉立陶宛事务的理想借口。然而，雅盖沃必须在东正教和西方拉丁天主教之间做出选择。此外，由于他只是立陶宛大公，所以他明白自己无法同时应对条顿骑士团率领的十字军战士和罗斯人。

当雅盖沃有机会得到波兰王冠时，他的政策有了新方向，他需要做的就是接受天主教信仰，迎娶波兰王位继承人安茹的雅德维加（Hedwige d'Anjou），即波兰和匈牙利国王路易一世（Louis Ier）的女儿。1385 年，波兰和立陶宛在克雷沃（Krewo）签署联合协议，规定所有立陶宛人都要皈依基督教，广阔的立陶宛大公国和波兰成为共同体。但协议并未规定它在未来会成为一个"个人的共同体"。

1386 年 2 月，雅盖沃在克拉科夫受到庄严而热烈的接待，接受洗礼之后，他更名为瓦迪斯瓦夫。波兰国王以瓦迪斯瓦夫二世·雅盖沃的名字被载入史册，他最初的姓氏也传给了后代子孙。波兰的臣民们顺利接受了这位新君主，他承诺在波兰居住的时间要多于前任国王安茹的路易一世。此外，立陶宛异教徒的洗礼也顺利进行，没有任何节外生枝。

立陶宛和波兰的联合是当时的欧洲经常出现的国家王朝协议之一，1397 年北欧国家（丹麦、瑞典、挪威）之间签署的联合协议也属同种性质。然而，克雷沃联合的特别之处在于它相对稳定。在 14 世纪最后三十年间，瓦迪斯瓦夫不停地在他管辖的广阔土地上往返奔波，最终平息了王朝成员之间无休止的争斗。他与自己的侄子、立陶宛的执政官维托尔德（Witold）结成长期联盟，互相帮助，应对共同的敌人。瓦迪斯瓦夫也满足了要求重新界定立陶宛与波兰之间关系的立陶宛统治阶层。1401 年，新联合协议签署，维托尔德成为立陶宛大公，此后他一直统治该地区直到去世。作为交换，维托尔德承诺未经瓦迪斯瓦夫同意，不得再与条顿骑士团签署合约。瓦迪斯瓦夫则停止干预立陶宛的某些政务。

十字军进攻萨莫吉希亚（Samogitie）时，教皇插手和谈，把有争议的地区分给了条顿骑士团。但是 1409 年，萨莫吉希亚爆发起义，维托尔德全力支持起义，瓦迪斯瓦夫也投入其中。1410 年 7 月 15 日，冲突达到白热化，条顿军队在坦能堡（Tannenberg）战役（又名格伦瓦尔德（Grunwald）战役）中惨败，骑士团大团长乌尔里奇·冯·容金根（Ulrich von Jungingen）阵亡。立陶宛和波兰大获全胜之后，于 1411 年与条顿骑士团签署《索恩和约》（la paix de Thorn）。条顿骑士团被迫放弃萨莫吉希亚，该地区正式并入立陶宛大公国，骑士团也必须缴纳一笔巨额赔款，主要是为了赎回被俘的骑士团成员。如此一来，条顿骑士团的财政彻底崩溃，威望受到严重破坏，但它的实力并未被完全摧毁。

1413 年，波兰与立陶宛签署新的联合条约，两国之间的关系更加紧密。立陶宛大公继续存在，但每次选举结果必须得到波兰国王的同意。1414 年，两国与条顿骑士团在边界划分问题上再起冲突。瓦迪斯瓦夫和维托尔德在康斯坦茨大公会议上，最后一次请求罗马人的国王卢森堡的斯基斯蒙（Sigismond de Luxembourg）对此事做出裁决。1420 年，卢森堡的斯基斯蒙做出了偏向骑士团的决定。从这天开始，波兰国王和立陶宛大公表态支持胡斯派信徒。

立陶宛与条顿骑士团之后再次爆发新冲突，最终以 1422 年的《麦尔默湖和约》（la paix du lac de Melmo）的签署而告终。双方在该和约中提出实现"永久和平"。在此基础之上，萨莫吉希亚彻底成为立陶宛的领土。如果和约被破坏，立陶宛臣民将拒绝服从十字军。

1430 年，维托尔德去世，没有留下任何男性继承人。同年，瓦迪斯瓦夫批准了贵族阶层享有重要的特权。这位年迈的国王曾有过四段婚姻，不缺男性继承人，漫长的统治之后，他于 1434 年去世，10 岁的儿子被指定为王位继承人。

瓦迪斯瓦夫二世·雅盖沃用他的名字开创了一个新的统治家族，该家族在波兰历史上占据重要地位，为波兰民族身份的构建做出了突出贡献。瓦迪斯瓦夫二世象征着不断向东推进的波兰边境线，在波兰的政治、文化和民族发展上打下深刻的烙印。（M.N.）

扬·胡斯

（Jean Hus，约 1370—1415 年）

扬·胡斯是讲道者、作家和大学校长。1396 年，他在布拉格大学获得自由艺术硕士学位。两年后成为正式的大学教师。1400 年，他接受神品，成为教士，并继续研读神学。在其他稍年长的捷克同僚的影响下，他很早就对威克里夫的作品产生了兴趣。这位牛津改革派的著作成为了胡斯文学创作的基础，他把威克里夫的思想与捷克的背景结合起来，最大程度上向这位榜样靠近。

胡斯并没有受到古老的波西米亚改革派的影响，然而，他有着激进的基督教观念，强调道德观，对讲道者这份职业有着较高的期待，由此与改革派产生了联系。从 1402 年起，他被分配到布拉格的伯利恒（Bethléem）礼拜堂，这座礼拜堂后来成为布拉格大学的威克里夫派的讲坛，他自己也成为讲道者的榜样。接触了布拉格的公众之后，扬·胡斯的教学逐渐极端化。有学者认为，正是在这一时期，胡斯或他的一位朋友撰写了《论捷克语正字法》（De l'orthographe du tchèque; De orthographia Bohemica）。研读神学、在伯利恒礼拜堂讲道的同时，胡斯也在艺术学院授课，并吸引了一大批拥有改革派思想的支持者。1409 年的比萨大公会议试图选举一位新教皇，结束基督教大分裂的局面，国王温策斯拉斯四世（Wenceslas Ⅳ）要求布拉格大学赞成这一决定，因为大公会议

扬·胡斯身穿长袍，头戴异端帽，被押赴火刑场
1415 年 7 月 6 日，扬·胡斯在康斯坦茨大公会议上因异端被判处死，在登上火刑架之前，他的长袍被剥去（Exécution de Jean Hus pour hérésie au Concile de Constance, le 6 juillet 1415 et Jean Hus dépouillé de sa robe avant de monter sur le bûcher），15 世纪，木雕画，选自乌尔里奇·冯·里齐腾塔尔（Ulrich von Richtental）的《康斯坦茨大公会议编年史》（Chroniques du Concile de Constance），保存地点未知

de gradinem
husso

把"罗马人的国王"这个头衔授予了温策斯拉斯四世。在布拉格大学中，只有来自捷克的大学教师支持国王，于是国王通过《库特纳霍拉敕令》（le décret de Kutná Hora）改变了布拉格大学行政管理中不同国家的教师的投票比例，捷克人拥有了四分之三的选票，剩余的四分之一分配给其他国家的教师。在这种背景下，1409年，胡斯被任命为布拉格大学校长，他致力于大学的改革，但这使他与布拉格大主教产生了尖锐的冲突。大主教获得了针对威克里夫著作的禁令，派人将这些书在广场上烧毁，并禁止在私人场所讲道。

1411年，胡斯被开除教籍。最初，国王表态支持胡斯，但第二年，胡斯开始公开反对贩卖赎罪券，事情变得复杂起来。教皇约翰二十三世（Jean XXIII）将胡斯彻底逐出教门，胡斯则把耶稣基督视为"至高无上的审判者"。胡斯发现自己不管走到哪里，禁令都如影随行，于是他离开布拉格，前往农村地区，大部分时间都住在波西米亚南部的科齐·赫拉德克（Kozí Hradek）地区。他在那里完成了最重要的几部著作。

扬·胡斯既可以使用拉丁语，也可以用捷克语写作。他主要的作品有《论教会》（De Ecclesia）（他把教会描述成注定获得永福之人组成的协会）、《论信仰、十诫和天父》（Vyklad viery, Desatera a páteře）（用捷克语所写的关于《信经》、十诫和天父的论著）、《捷克语批注》（Postila）等。在《论六个错误》（O šesti bludiech）中，他思考了教会与世界的关系，《良女》（Dcerka）向女性讲解了如何通过上帝之言而获得和谐生活。

由于扬·胡斯在改革运动中扮演的角色以及该运动对教会的危害，在"罗马人的国王"卢森堡的斯基斯蒙的怂恿之下，康斯坦茨大公会议决定传唤扬·胡斯。斯基斯蒙表面支持胡斯，但只给了他一张自由前往康斯坦茨的通行证。胡斯仍希望在大公会议上为自己辩护。与此同时，在布拉格，密斯的雅各布吕斯（Jacobellus de Mies）得到胡斯的许可，开始提供两种圣餐。

然而，1415年6月和7月举行的两场听证会不过是为了让胡斯否认威克里夫的学说和他自己的思想。胡斯很清楚自己身陷危险之中，但他仍拒绝服从。他对那些最后一次试图说服自己的朋友表示，如果他觉得自己有罪，一定会推翻自己的言论，但他希望有关人士使用《圣经》来证明他错在何处。胡斯因根深蒂固的异端思想而被判刑，1415 年 7 月 6 日，他被绑在火刑柱上活活烧死，他的骨灰被撒进莱茵河中。

胡斯被处死的消息传开之后，他的信徒们对判处胡斯死刑之人、大公会议以及教会高层深恶痛绝。他们坚信胡斯并没有偏离教会的教导，他之所以被处死，是因为他用讲道来捍卫真理。胡斯被判处火刑也被视为一种对波西米亚王国的诽谤行为。波西米亚的紧张局势一触即发，1419 年一场革命终于爆发。如今这些骚乱被称为"胡斯革命运动"。从基督教欧洲历史的角度看，把扬·胡斯视为新教改革的先驱之一绝对合情合理。（M.N.）

锡耶纳的圣贝尔纳迪诺

（Saint Bernardin de Sienne，1380—1444 年）

贝尔纳迪诺·德格里·阿勒比泽奇（Bernardino degli Albizzeschi）出生在托斯卡纳的马萨马里迪马（Massa Marittima），父亲是托斯卡纳执政官。在 6 岁时他成为孤儿，由锡耶纳的姨母抚养长大，后在大学学习文学和法律。1400 年黑死病流行期间，他进入鞭笞者兄弟会（confrérie des Flagellants），在圣玛利亚阶梯医院（Santa Maria della Scala）待了四个月，尽心尽力照顾病人。这次经历给他造成了深刻的影响，他选择隐居了一段时间。1403 年，他加入当时人数还不是很多的"守规派"方济各会。在研读神学的一年中，他不仅学习圣波拿文都拉的思想，也了解了其他"灵修派"方济各会修士的著作，例如雅各伯·达·多蒂（Jacopone da Todi）、奥利维（Olivi）、卡萨勒的乌贝迪诺（Ubertin de Casale）等，他们非常重视"神贫①"（la pauvreté

弗拉·安吉利科（Fra Angelico），锡耶纳的圣贝尔纳迪诺展示耶稣圣名之记号 IHS（H 代表希腊字母 η（艾塔））（Saint Bernardin de Sienne présente le trigramme «IHS» avec le nom du Jésus Christ, «H» pour la lettre grecque «êta» («JHEsus»)），约 1450—1452 年，博斯克埃弗拉蒂修道院（Couvento del Bosco ai Frati）祭坛装饰屏的木板蛋彩画，佛罗伦萨，圣马可博物馆

---

① 出自《马太福音》（5∶3）：神贫的人是有福的，因为天国是他们的，意指那些承认自己灵性贫乏的人是有福的。

évangélique），因而在 14 世纪初被教皇和大部分方济各会修士视为异端。

1404 年，贝尔纳迪诺晋升铎品，开始在锡耶纳地区布道，但一直到 1410 年起，他才从事巡回布道，在意大利北部和中部地区的大部分大城市中发表公众演讲。最初，他的讲道遵循了当时的启示录派布道者的思路，例如多明我会的樊尚·费雷尔（Vincent Ferrier）和维塞尔的曼弗雷德（Manfred de Verceil），他们强调末日将近的征兆，以此为依据，号召民众皈依基督。

然而，从 1423 年起，贝尔纳迪诺走上了另一条路，并不断获得成功。他只使用通俗语讲道，而且他不像其他修士一样无止境地引用圣经，反而采用民众熟悉的对话语言，日常生活琐事和典型的奇闻逸事都被他演绎得绘声绘色。

另一方面，他的布道场所不在教堂里，而是在公共广场上，他常登上广场的木质讲台，与观众面对面办讲座，男性和女性观众由一道栅栏隔开。一位呢绒剪毛工记录了讲道内容，我们能够从中了解到在 1427 年的整个封斋期，他每日在锡耶纳的田野广场（Campo de Sienne）的讲道。这些讲道非常自然，毫不做作。他的目的是突出上帝的爱、忏悔和圣餐，使基督教民众重拾宗教习俗，使教会恢复它在大分裂混乱时期失去的信誉。与基督教义相比，他更加强调道德和具体行为，让世俗之人接受基督教在各个领域的道德观，因此他经常直接提到丈夫与妻子的关系、家庭和职业生活、导致城市分裂的派系纷争、贵族阶层的奢靡之风等。他同样有能力讨论经济问题，他把有息贷款与高利贷区分开，使基督教义进入经济领域，这为他的弟子们成立最早的当铺奠定了基础，这些当铺从 15 世纪中期开始做抵押贷款。他那张瘦削、掉光牙齿的面孔及其对耶稣之名[①]（*IHESUS*）的虔诚为他在民众和执政者中赢得了极高的威望，尤其是米兰的菲利波·玛利亚·维斯孔蒂（Filippo Maria Visconti）或从蒙泰菲尔特罗（Montefeltro）到乌尔比诺（Urbino）的公爵们，他们纷纷向贝尔纳迪诺求

---

① IHS 或 JHS 是基督教的标志性缩写，是中世纪欧洲以来拉丁教会和如今许多新教教会使用的首字母缩写符号。最常见的是 IHS，为耶稣希腊文（IHΣOYΣ）首字母的缩写，即 IHΣ，结尾的 Σ 有时候用 S 表示。中世纪耶稣圣名写作 IHESUS，因此 IHS 是圣名的首尾字母缩写而成。17 世纪之前，拉丁语中 I 和 J 没有严格区分，因此 JHS 和 IHS 同时使用。受方济各会和耶稣会的影响，中世纪后期，对耶稣圣名的崇拜被吸收为文艺复兴美术中的常见题材。

助，以恢复各自地区的秩序与和平，改革修会会士的生活。事实上，贝尔纳迪诺是守规运动的主要推动者：15 世纪初，守规派在意大利有 30 多所修道院，贝尔纳迪诺去世时，数量增加到 200 多所。1437 年，他成为意大利"守规派"方济各第一位总会长，他撰写了一部《论会规》(*Exposition de la règle*)（圣方济各的会规），准备将方济各会的两个派系（住院派（les conventuels）和守规派（les observants））分开，最终在 1443 年得到教皇欧仁四世（Eugène Ⅳ）批准。1444 年 5 月 20 日，他在拉吉拉（L'Aquila）去世。在此之前，在那不勒斯国王阿方索五世（Alphonse V）的要求下，他正准备前往意大利南部开展一场布道运动。为存放他的遗骨，拉吉拉的修会会士们修建了一座大教堂和一座壮观的陵墓，这座教堂中据说出现了许多神迹。从 1445 年开始，贝尔纳迪诺的主要弟子之一卡佩斯特拉诺的乔万尼（Giovanni da Capestrano，法语写为 Jean de Capestran）在拉吉拉主持了贝尔纳迪诺的封圣程序，1450 年，教皇尼古拉五世将贝尔纳迪诺封圣。他在意大利、日耳曼地区和斯拉夫地区都广受欢迎，因而当时最伟大的艺术家们都为他画过肖像，如今在许多教堂和修道院中仍可以看到他的肖像画。(A.V.)

邦菲利奥或贝内代托·邦菲利奥（Bonfigli ou Benedetto Buonfigli），《圣贝尔纳迪诺在基督面前手持 IHS 图章》(*Saint Bernadin tient, devant le Christ, le trigramme «IHS»*)（局部），1465 年，布胶画，佩鲁贾，翁布里亚国家美术馆

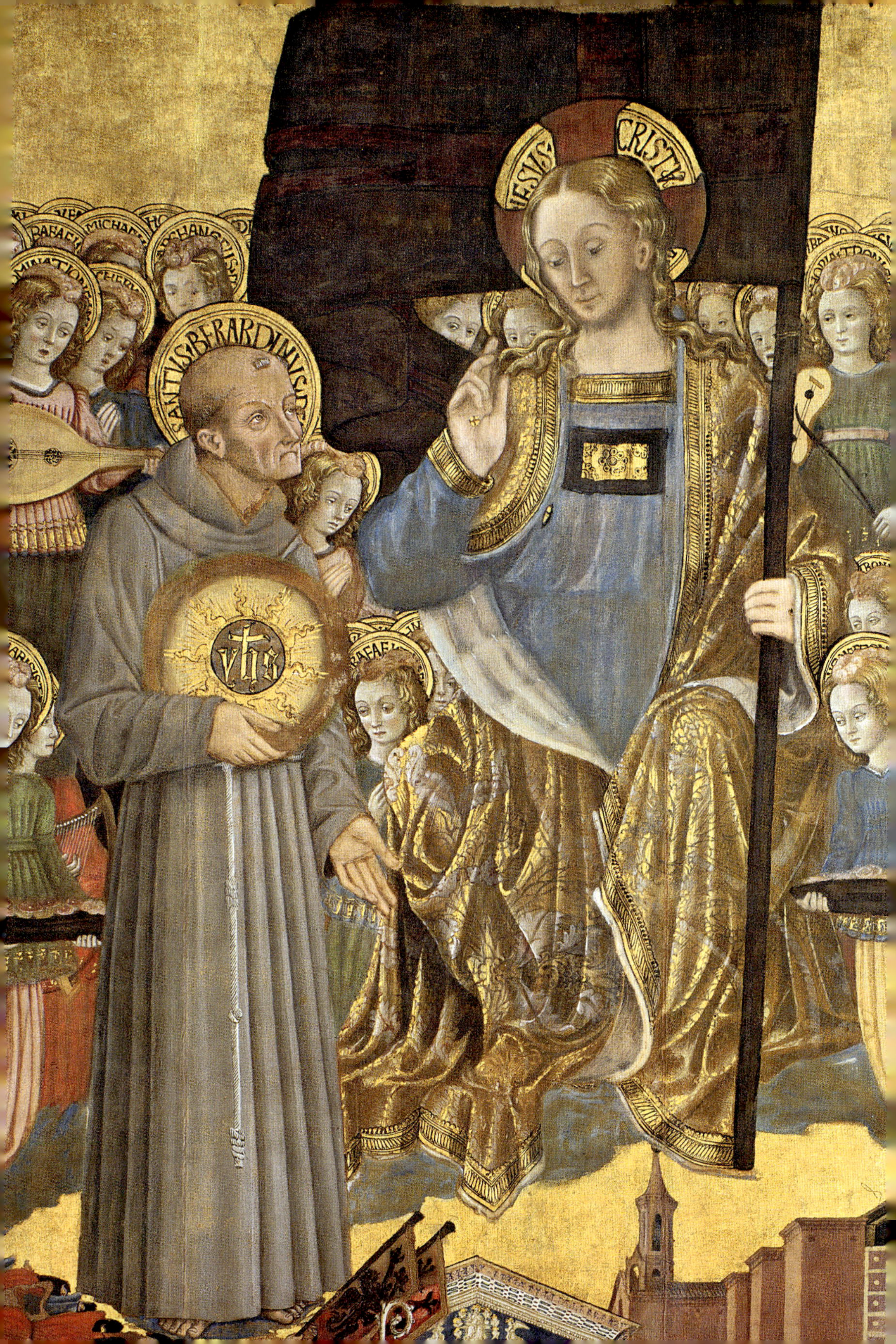
IESVS
CRISTV
SANTVS BERARDINVS

航海者亨利

（Henri le Navigateur，1394—1460 年）

里斯本国家古代艺术博物馆中有一件珍宝《圣文森特祭坛装饰画》（Polyptyque de saint Vincent），大约完成于 1460 年，据说作者是画家努诺·贡萨尔维斯（Nuno Gonçalves）。这件艺术品包含 6 块画板，画家以里斯本的主保圣人圣文森特为核心，绘制了约 60 个人物，包括王公贵族、神职人员、水手和渔夫等，这是对当时普通社会的浓缩展现。人们对这幅画的评论非常多，画中人物的身份更是讨论热点。虽然各种假设不断涌现，但其中一个人物的身份从无疑问，即圣文森特左边的航海者亨利。

在这座博物馆不远处，贝伦（Belém）修道院对面，有一座在亨利王子逝世五百周年之际竖立的航海大发现纪念碑。亨利王子身后是瓦斯科·达伽马（Vasco de Gama）、圣弗朗西斯·泽维尔（saint François Xavier）、卡布拉尔（Cabral）和麦哲伦（Magellan）等 32 名葡萄牙帝国的构建者。从努诺·贡萨尔维斯的祭坛画到萨拉查执政时期的纪念碑，纵有时间流逝，但有一点没有变：15 和 16 世纪葡萄牙海外扩张的伟大事业是由亨利王子所设计，他的神话很早就出现，一直延续至今。

勾勒出这位伟大先锋的轮廓并非易事，他尚在人世时，国王史官（1454—1474 年）、《几内亚编年史》（Croniche de Guiné）的作者戈梅斯·埃亚内斯·德·祖拉拉（Gomes Eanes de Zurara）就以一种辩护的语气撰写了一些关于

深居简出的航海大发现规划者
努诺·贡萨尔维斯，《葡萄牙王子航海者亨利肖像》（Portrait de Henri Le Navigateur, prince du Portugal），《圣文森特祭坛装饰画》的局部，15 世纪，里斯本，国家古代艺术博物馆

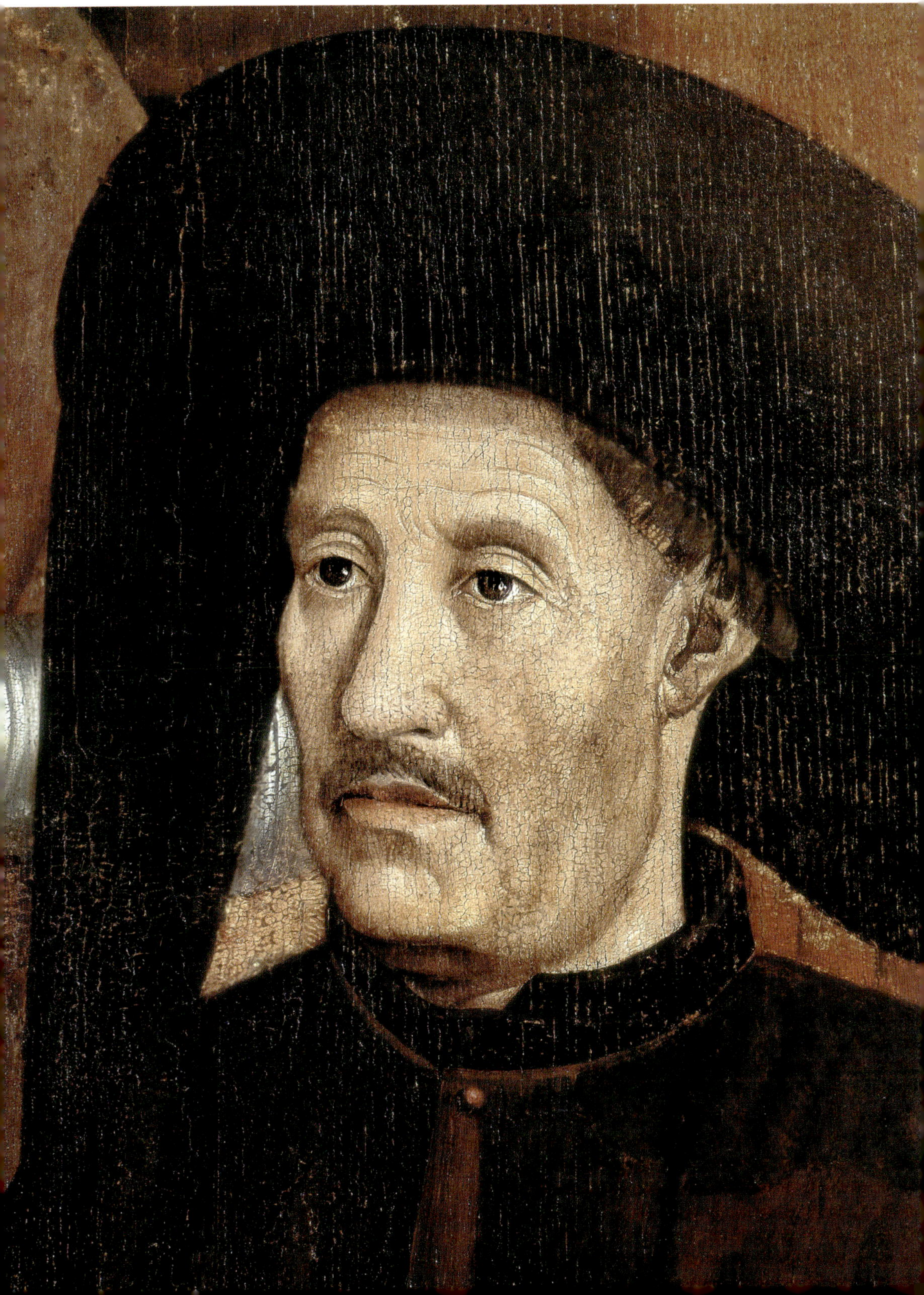

他的作品。祖拉拉这样描述这位1394年3月4日出生在波尔图（Porto）、国王若奥一世（Jean Ier）与王后兰卡斯特的菲利帕（Filipa de Lancastre）之子："身材魁梧，心宽体胖，四肢修长而健壮"。祖拉拉对这位王子倍加颂扬：伟大的劳动者，关注司法公正和公共利益，虔诚，爱好慈善，有教养，为人端正，从不为仇恨冲昏头脑，从未说过不实之言。这位史官也承认王子的府邸奢华，经常有许多外国人出入，而且王子爱好庆典、珠宝和佳肴。

我们从祖拉拉描绘的形象中可以发现王子的三个主要特点：他喜好各种武器、有着虔诚信仰、对知识充满兴趣。这些特点构成了神话的主要源泉。1415年，21岁的亨利亲自率领军队突袭摩尔人占领的休达（Ceuta），并占领了这个摩洛哥北部的港口。他曾对父亲若奥一世说："不信教者天生反对我们"，最终说服父亲发动这场新十字军东征。1437年，他再次发动对丹吉尔（Tanger）的远征，却遭遇惨败，弟弟费迪南（Ferdinand）被俘，11年后在流亡中死去。1458年，晚年的他鼓动国王、他的侄子阿方索五世发动远征，最终占领了塞吉尔堡（Alcacer Seguer）。这三个重要事件表明亨利王子内心渴望成为十字军东征的楷模。

此外，他在多次航海发现中扮演了重要角色，虽然他并没有发挥传说中的决定性作用。他的住所位于海滨小城萨格里什（Sagres）和葡萄牙最西南端的圣文森特角（cap Saint-Vincent）之间，家中的图书馆里有数学著作、普通地图和航海罗盘地图等，还有一座作为天文台的塔楼。他的住所附近还有一座军火库和一座供航海者休息的房子。这一切都为航海大发现和殖民活动提供了理想的环境。

然而，亨利王子并不是唯一的葡萄牙航海事业的赞助者。在1434年（吉尔·埃阿尼什（Gil Eanes）越过博哈多尔角[①]（cap Bojador）的日期）和1447年（迪尼斯·迪亚兹（Diníz Dias）抵达塞内加尔（le Sénégal）一年后）之间，30次非洲航海中只有10次由他发起和资助，还有两次是部分资助。虽然若奥·扎尔科（João Zarco）和特利斯塔奥·瓦兹（Tristão Vaz）从1419年开始发现了马

[①] 博哈多尔角是非洲西海岸延入大西洋的海角，它在大航海时代之前是欧洲已知世界的尽头。

德拉群岛（les îles de l'archipel de Madère），贡扎罗·维洛·卡布拉尔（Gonzalo Velho Cabral）在 1431 年发现了亚速尔群岛（les Açores），他们都是亨利王子的近臣，但这些似乎都是他们自己的行动。马德拉群岛的第三位发现者巴托洛缪·佩雷斯特雷洛（Bartolomeu Perestrelo）效力于亨利王子的幼弟约翰王子。最后，从 1454 年开始，亨利王子为威尼斯人卡·达·莫斯托（Ca da Mosto）提供资助，后者在 1458 年发现了佛得角群岛（les îles du Cap-Vert）。

祖拉拉在作品中特别强调亨利王子渴望传播基督教信仰，也希望能在非洲找到可以联盟抵抗伊斯兰教的君主。1452 年，他有可能接待了祭司王约翰派来的特使。祖拉拉没有过多提到王子及其部下从这些有利可图的航海任务中获得的好处。从 1411 年开始，亨利王子在贝拉省（la Beira）北部地区积累了巨额财产。1415 年，他获得了维塞乌公爵（le duc de Viseu）的头衔；1418 年，他成为极其富有的基督骑士团（ordre militaire du Christ）的大团长；1433 年和 1439 年，他先后成为马德拉群岛和亚速尔群岛的领主；晚年，佛得角群岛也归他所有，所有这些头衔都能为他带来可观的收益。他垄断了肥皂贸易和渔业，1441 年从非洲到葡萄牙的贩奴贸易也给他带来了巨额利润。他凭借这些巨额收入为远征提供资助，赞助文艺事业，享受奢华的生活。

1460 年 11 月 13 日，长期深居简出的亨利王子在别墅中去世。他一生中只在 1415 年突袭休达时离开过葡萄牙，但他的目光始终从萨格里什望向非洲大陆。通过传记作家的塑造，他最终成为"航海者亨利"。（B.V.）

雅克·科尔

（Jacques Coeur，约 1400—1456 年）

雅克·科尔的具体出生地点和时间都未知，他很可能于 1400 年左右出生在布尔日（Bourges）。1456 年，他在参加某种形式的十字军东征时，卒于希腊的希俄斯岛（Chio）。事实上，他生命中为人所知的时间只有 13 年，即 1438—1451 年，前者是他升任法兰西王国的财政官的日期，后者是他被逮捕的日期，随后他经历了审判和倒台。本文涉及的即这 13 年。[①]

笔者在另一本书中提到，雅克·科尔想要"什么都做，单枪匹马，毫不迟疑"。[②] 至少我们可以这么假设，毕竟与他有关的文献并没有留下多少。单枪匹马，的确如此，他没有借助家族关系，甚至没有向四个儿子寻求帮助。他的雇员都是一些布尔日的朋友，例如瓦尔伊的纪尧姆（Guillaume de Varye）曾是他的代理人，或者后来成为他的地中海船队总指挥的维拉日的让（Jean de Villages）。孤身一人的状态使他行动自由，但也让他成为一个明显的目标。

什么都做，又是何意？绝对不是垄断法兰西王国贸易之意。他所拥有的

冒险家、商人和高官
匿名，《国王查理七世的财务官和商人雅克·科尔肖像》（*Portrait de Jacques Coeur, argentier du roi Charles VII et homme d'affaires*），15 世纪，油画，布尔日，雅克·科尔宫

[①] 参见米歇尔·莫拉（Michel Mollat），《雅克·科尔或企业精神》（*Jacques Coeur ou L'Esprit d'entreprise au*），1988 年，巴黎，奥比耶（Aubier），第 495 页。
[②] 贝尔纳·舍瓦利耶（Bernard Chevalier），《皇城图尔：1356—1520 年》（*Tours ville royale (1356—1520)*），巴黎/鲁汶，万德-诺维拉尔茨（Paris et Louvain, Vander-Nauwelaerts），1975 年，第 275 页。——原书注

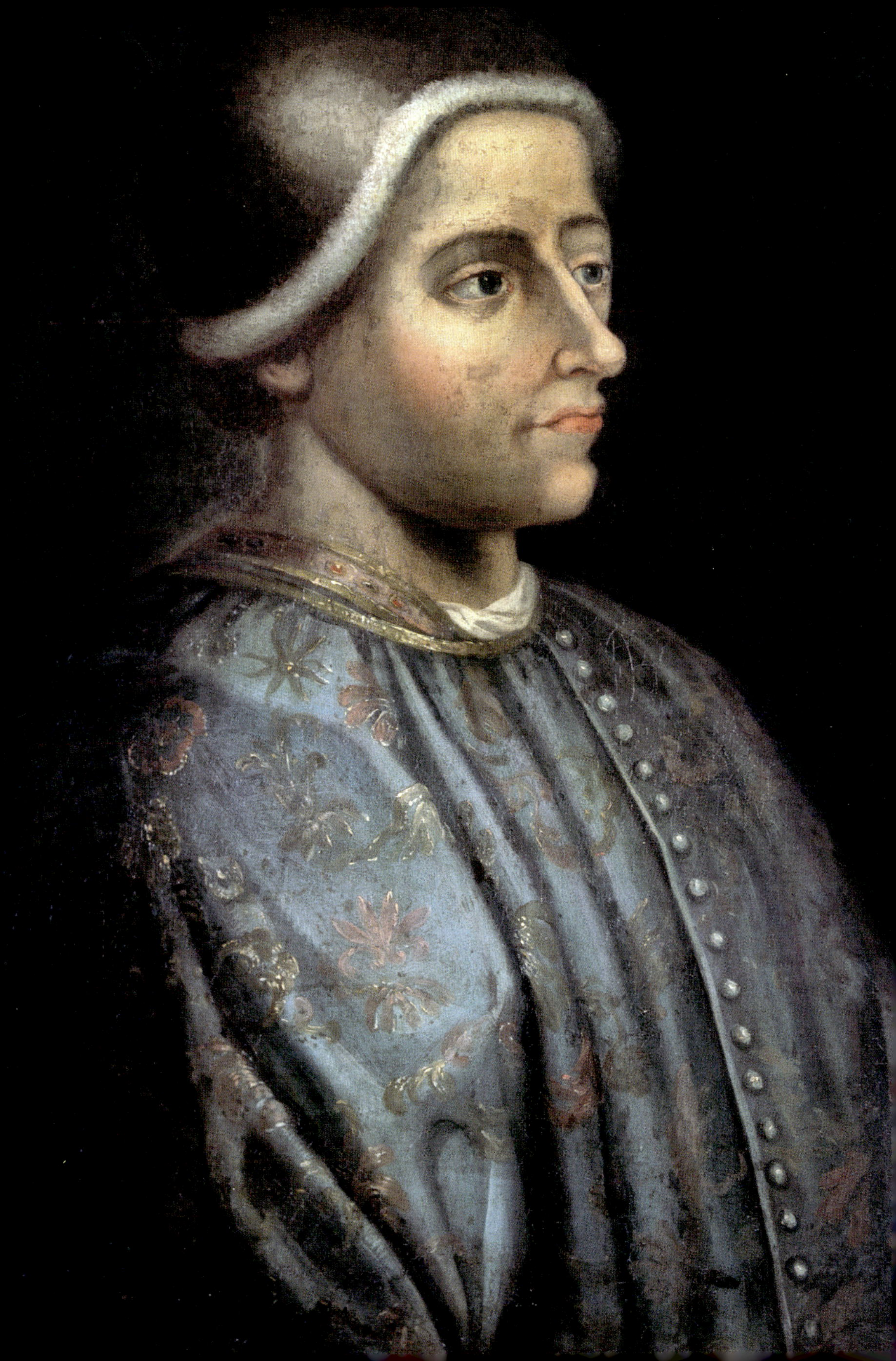

大量不动产证明事实恰好相反，例如他购买的大量土地财产，或者奢华的建筑（布尔日的城市宫殿、1451 年在图尔修建的宫殿等）。

"什么都做"到底何意？雅克·科尔首先是一名消息非常灵通的实干家，他随时准备抓住任何机会发财致富、高人一等和抛头露面。成为财政官之后，他决定在图尔存储满足宫廷一年之需的奢侈用品，他倒台之后，有关部门清点这座"阿里巴巴的洞穴"，结果也证明了这一点。他打造了一个从苏格兰到埃及的庞大贸易网络，捍卫国王的利益就是捍卫他的个人利益。他创建了一支东方船队，船舶上飘扬着王室旗帜，实际上却只为他所用，尤其是为图尔的仓库供货。现金不足始终是他的短板，为了获得现金流，他与收取人头税的税务员达成协议，插手利润丰厚的贩盐贸易，以间接税检查员的身份控制南方贸易，他还控制北方大量粮仓，牢牢掌控北方贸易。1441 年他被封为贵族，1444 年左右或几年后，他成为国王参事会（Conseil du roi）的成员。国王参事会是一个没有留下档案或会议记录的机构，他在其中的参与程度如何，我们很难估计。最有可能的推测是他参与了国王参事会的日常工作，尤其是 1441—1443 年的货币政令的拟定。他曾负责铸造含银量达 92% 的高成色银币，这种银币被称为"雅克·科尔格罗斯币"（le gros de Jacques Coeur）。获得国王信任的雅克·科尔在 1447—1448 年承担了重要的外交使命，他也继续从中为自己谋利，例如 1448 年 7 月，他前往罗马觐见刚刚结束分裂局面、重新统一教会的教皇尼古拉五世（Nicolas V），他在罗马的奢华排场令民众叹为观止；他几乎能以平等的身份与阿拉贡、西西里和那不勒斯的国王通信。

1449 年，他参加了重新征服诺曼底的战争，即使他并非战争的煽动者，他也为国王提供了 40 万埃居的资金，其中一部分是他个人的积蓄。战争结束后，他身穿贵重耀眼的铠甲，与迪努瓦伯爵（Dunois）并肩骑马进入鲁昂城，风光无限。

1451 年，当他准备在波尔多再次重演鲁昂的风光之时，突然因涉嫌毒害阿涅斯·索莱尔（Agnès Sorel）被捕入狱，成为以忘恩负义著称的路易七世的受害者。被判死刑的雅克·科尔成功越狱，逃至罗马。他受到了教皇加理斯笃三世（Calixte III）的热情接待，随后他奉教皇之命率军远征，卒于途中。（B.C.）

圣女贞德

（Jeanne d'Arc，约 1412—1431 年）

圣女贞德的故事太过神奇，从她最初进入公共视野至今，它始终能够引人思考。1429 年，某些神学家承认她是一位虔诚的基督徒；1431 年，另一些人以异端之名判处她火刑；1456 年，一场新的审判证明了她的清白；很久之后，她终于被封圣（1920 年）。天主教会从来没有为任何人如此大费周折。

从政治角度看，1429 年 7 月 17 日查理七世在兰斯大教堂加冕时，贞德取得了巨大成功，她被审判时这位国王却无动于衷，反差极大。从 1431 年到 1450 年，查理七世似乎忘记了这位在某种意义上让他获得了合法地位的女子。

远道而来的陌生女子与法兰西王储在希农（Chinon）的会面似乎令人颇感震惊，但确有其事。王储身处绝境，万分紧急，一切尝试他都不会放过。相较而言，在当时的情况下，贞德有着非同寻常的光芒，人们都神奇般地为她所折服。虽然对当时许多人而言，解决奥尔良之围是个奇迹，但这件事可以有合理的解释。英国人与法国人之间的力量相差无几，法国人只要发起突袭即可改变局面。贞德率军向英国人发起进攻，英军一败涂地，上帝将胜利给了法国人。

人们始终思考的一个问题是：贞德这样一个 17 岁的女孩，没有受过文化教育，与父母生活在偏远村庄，她怎么会产生"上帝赋予她拯救法兰西王国于危难之使命"的想法呢？人们做了诸多假设：她是否产生了幻视？她是否在撒谎？是否有人暗中指使？她是魔鬼的玩偶还是受到了神启？最初有人恶意揣测贞德精神错乱，但这种解释随后遭到排斥，尤其是 1431 年审判她的那些人。他们最初有所迟疑，但并没有在贞德身上看到生病迹象。他们也没有采纳第三方灌输的假设。因此，剩下的解释便只有她听到的"声音"了。他们最后下定结论，这些声音的来源并不吉利，贞德要么不由自主被骗，要么被恶灵刻意召唤。

25 年之后，随着贞德的名誉被恢复，学者们在论著中谨慎地得出结论：虽

圣女贞德推动女性主义发展：在《女捍卫者》（*Le Champion des Dames*, 1442）中，马丁·勒弗朗克（Martin Le Franc）支持克里斯蒂娜·德·皮桑关于男女平等的观点

《圣女贞德》，《女捍卫者》细密画，格勒诺布尔，市政图书馆

然无法做任何定论，但贞德所听到的声音，例如大天使米迦勒和圣凯瑟琳、圣玛格丽特的声音，其超自然来源是可以想象的，甚至是极有可能的，从听到声音开始，贞德所得到的都是虔诚的建议，从行动目的来看（拯救"神圣的"法兰西王国的永福，帮助深陷痛苦中的法国人），这些建议不可能来自魔鬼。

在旧制度时期的法国，天命论拥有一种官方色彩，即上帝掌控国家和国家首领的命运，它尤其关注法兰西和"对基督极为虔诚的"国王的命运。但这种论调也不断遭到怀疑，例如16世纪的伯纳德·杜海澜（Bernard du Haillan），17世纪的加布里埃尔·诺戴（Gabriel Naudé）和彼得·巴依勒（Pierre Bayle），18世纪的孟德斯鸠。为了让民众恢复信心，说服灰心丧气的王储，精明的将军们有可能把贞德包装成一个受到神启的女子。在19世纪，天命论尚未被弃，或许这意味着经过漫长的思想斗争，天主教会最终要把贞德送上神坛。

某些圣女贞德的崇拜者出于自己的世界观，不接受贞德所听到的声音的神圣来源，他们的立场是什么？他们所提出的是一种世俗化的解释：不知受到何种心理过程的影响，她可能听到的是自己内心、祖国、民族甚至故乡的声音。

由于缺少明显的证据确定那些声音的来源，如今的历史学家只能提出，按照当时的思想，上帝会适时而动，为显示自己的恩典，他选择一位"信使"，并把一项使命，哪怕是临时的使命，托付于其。在中世纪末期的民间信仰中，超自然现象无处不在。各种各样的先知，甚至女先知，都会介入精神世界。此外，贞德在世的时候，不也有拉罗谢尔的卡特琳（Catherine de La Rochelle）或布列塔尼的皮耶罗纳（Pierronne la Bretonne）这样的竞争者吗？我们不得不承认，如同莫扎特是同龄人中的天才一样，贞德也算得上"天才"吧？（P.C.）

鲁昂广场柴堆上的圣女贞德，右边伸手的是主教柯雄，左边手拿卷起的诉讼状的是执达吏让·马西约（*Jeanne d'Arc au bûcher à Rouen, à droite, l'évêque Cauchon, la main tendue; à sa gauche, l'huissier Jean Massieu tenant l'acte d'accusation roulé dans sa main*），1484年，《查理七世的瞻礼》（*Vigiles de Charles VII*）装饰画，奥弗涅的马西亚尔（Martial d'Auvergne），巴黎，法兰西国家图书馆

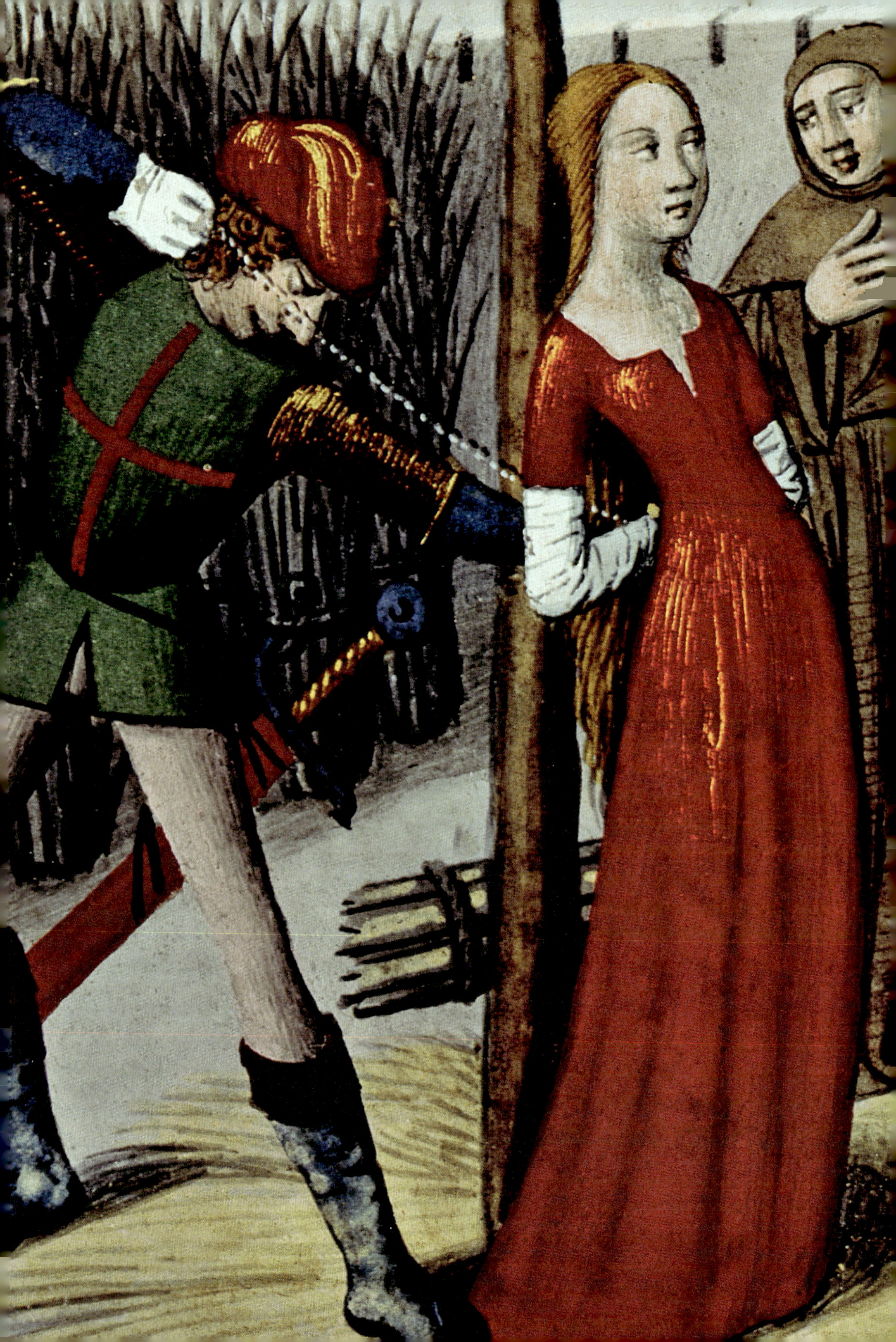

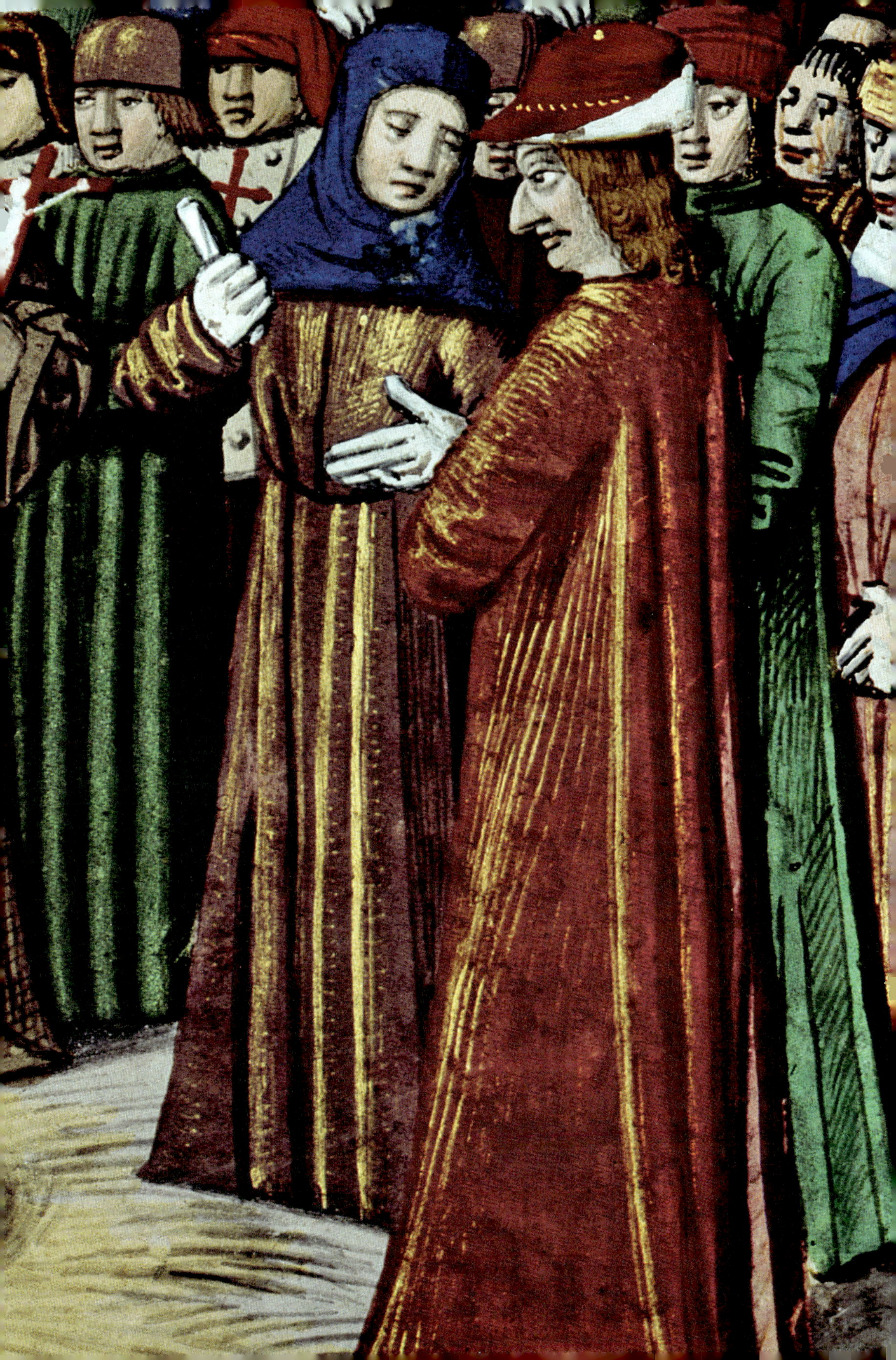

佛兰德画派,《圣女贞德》(Jeanne d'Arc),细密画,1485年,巴黎,国家档案馆

让·富盖

（Jean Fouquet，1415/1420—约 1480 年）

《默伦双联》(*Diptyque de Melun*)这幅画创作于 1452—1455 年，其资助者是大权在握的财务大臣艾蒂安·舍瓦利耶(Étienne Chevalier)。在这幅画的木框上有一枚圆形铜章，距离画中的艾蒂安不远，铜章是富盖(Fouquet)的正面自画像，这是一幅金色单色画像，背景为灰蓝色。铜章的内缘写有他的名字：*Joh[ann]es Fouquet*(让·富盖)，这么做仿佛是为了让自己名留青史。事实上，人们更感兴趣的是他的作画手法，而不是他的名字，因为他的作画方式非常独特，为了突出鼻子下方并画出鼻孔，他使用了波浪状的细密影线。但是，让·富盖究竟是谁？

他很久之后才被写入历史，关于他的文献非常少，只有某些残缺不全的材料中有少许与其相关的内容，我们可以从中发现他在图尔的一些信息，例如 1460 年，他被迫加入城墙夜间巡逻队；10 年后，他收到了为圣米歇尔骑士会的骑士章程所绘图画的付款。1470 年，无论是在私人客户眼中，还是对公共订单而言，他的作品都已经举足轻重。1440 年左右，他在佛兰德地区旅行时，向当地人学习了许多技艺。1445—1446 年，他前往意大利学习"几何学"，在那里作画为生，同时不断精进自己的技巧。安东尼奥·费拉莱特(Antonio Filarete，1400—1469 年)曾在罗马见过富盖，并在《建筑论》(*Traité d'architecture*)的第九卷中提及此事。据费拉莱特所述，富盖为教皇欧仁四世(Eugène Ⅳ，1441—1447 年)作肖像画，很快就赢得罗马教廷和贵族的青睐。乔尔乔·瓦萨里(Giorgio Vasari，1511—1574 年)在 1542—1550 年撰写了《艺苑名人传》(*Vies des meilleurs peintres, sculpteurs et architectes*)，他在写"安东尼奥·费拉莱特传"时提到了此事。瓦萨里将富盖选入书中，将他的名字意大利语化为 *Giovanni Foccara*(乔万尼·富卡拉)。另一位意大利人弗朗切斯科·弗洛里奥(Francesco Florio)是

住在法兰西王国的佛罗伦萨人，他创作的诗体书简《图尔与都兰颂歌》(*Éloge de Tours et de la Touraine*)有着人文主义的形式与风格。1470年左右，他在写给一位托斯卡纳友人（旅居罗马的雅克·塔尔拉蒂·德·沙蒂永（Jacques Tarlati de Châtillon））的信中，提到了著名的欧仁四世肖像画，这幅作品被收藏在密涅瓦圣母玛利亚教堂（Santa Maria sopra Minerva）的圣器收藏室中，但此后却消失不见。弗洛里奥在描述让·富盖的天赋时，指出了三种主要优点，他认为这些优点在很大程度上帮助富盖声名远扬：绘画流畅自如、观察事物清晰透彻、能够赋予作品生命。

然而，这些优点很快就被隐藏了起来，或许是因为富盖把过多精力放在了家庭画室的日常工作中。他和两个儿子（路易、弗朗索瓦）共同管理画室，其中一位很可能是"薄伽丘画师"（Maître du Boccace），这个名字源自收藏在慕

法国第一位伟大画家和肖像画家
让·富盖，《默伦圣母教堂双联画框上的自画像》(*Autoportrait provenant du cadre du dipyque de Notre-Dame de Melun*)，1450年左右，铜章，灰蓝色和金色，巴黎，卢浮宫

尼黑的巴伐利亚州州立图书馆中的手抄本。让·富盖非常了解顾客的品味和时尚，这些顾客都属于查理七世（1422—1461年在位）和路易十一（1461—1483年在位）统治时期法兰西王国的传统精英阶层，富盖与他们的关系极为密切。他众多著名的"肖像画"，例如由他绘制的两幅著名的宗教油画（《默伦双联》和《圣殇》（*Pietà*，约1460—1465年，努昂莱丰泰内（Nouans-les-

"法兰西最光荣的国王"面露不悦
让·富盖，《国王查理七世肖像》（*Portrait du roi Charles Ⅶ*），约1450年，木板油画，巴黎，卢浮宫

Fontaines）教区教堂））以及在儿子的帮助下完成的所有装饰画都成功地满足了这些精英的期待，例如，如何摆脱固定的宗教传统、选择一个最具戏剧性的瞬间来展现平日里见不到的内容？《圣殇》近景中的白色裹尸布呈现的就是这种效果，它把基督、玛利亚、约瑟夫和匿名的虔诚祈祷者聚集在了一起，人们可以想象这块很快就散开的裹尸布预示着基督即将复活。富盖为《祈祷书》（Heures）创作装饰画时，依靠个人对礼拜文本的解读，成功地从视觉层面呈现了文本的原意。

富盖比任何人都懂得用自己创造的形式，忠实呈现法兰西国王的政治威严，即用图像的形式展现正在形成的民族国家的荣耀。在薄伽丘的作品《名人命运》（Des cas des nobles hommes et femmes）的扉画上（约1459—1460年），他描绘的是《旺多姆最高法院会议》（Lit de justice de Vendôme）以及发生在1458年的阿朗松公爵的倒台，国王查理七世在图画的上方，面容沉着冷静，他所处的角度也突出了法兰西王国君主的威严。

1904年，在国家图书馆和卢浮宫的马森厅（pavillon de Marsan）中举行"文艺复兴前的法国艺术家"（Les primitifs français）展览之际，亨利·布绍（Henri Bouchot，1849—1906年）使公众重新发现了画家让·富盖的艺术和独创性。（D.R.）

"穿刺者"弗拉德三世（德古拉）

（Vlad III "l'Empaleur"(Dracula)，约 1429—1476 年）

瓦拉几亚（Valachie，在如今的罗马尼亚）大公弗拉德三世是匈牙利国王马提亚斯·科韦努斯（Mathias Corvin）的封臣，他第一次出现在历史上是1463年在维也纳印刷的活页册子上。在这个册子出版的前一年，弗拉德三世已经被马提亚斯·科韦努斯逮捕，被囚禁在多瑙河畔的一座城堡之中。他在小册子中的外号是"德古拉"（Dracula），这个单词的来源有多种说法，最可能的是它源自罗马尼亚语的 *drac*，从拉丁语 *draco*（龙）演变而来，意思是"魔鬼"，"德古拉"的意思则是"恶魔之子"。19 世纪初，英国领事威廉·威尔金森（William Wilkinson）指出，在瓦拉几亚语中，Dracula 的意思是"魔鬼"，从中世纪末期开始，瓦拉几亚人用这个外号来指所有"因为勇气、残忍的行为或聪明"而与众不同的人。这则从科学角度出发的信息告诉我们，如果说弗拉德三世这个名字代表了一个极其残忍的怪物，那么他的外号则用来指代许多在巴尔干大部分地区横行肆虐的强盗劫匪和野蛮习俗。1463 年的小册子的匿名作者已经把这个人物描绘成在某个地区为所欲为的暴君。对他而言，这位暴君的"残酷远超希律王、尼禄、戴克里先以及全人类所了解的暴君和拷问者"。我们可以自行评判：弗拉德三世以极其残忍的方式折磨无数臣民和"异教徒、犹太人、基督徒、土耳其人、德国人、意大利人、茨冈人"。他最喜欢的酷刑是把削尖、抹油的尖木桩插入受害者的直肠，他由此被称为"穿刺者"，这个人物形象在 15 和 16 世纪的德国被广泛传播。然而，从 1486 年起，他却被俄国人描述成一个严酷但公正、有教养的王公，抵抗土耳其人的瓦拉几亚保护者。令人生畏但久负盛名的恐怖的伊凡（Ivan le Terrible）或许受到了他的启发。由此弗拉德三世的历史形象有两种解释，一种是残忍的，另一种是公正的。这种模棱两可的形象是某些具有传奇色彩的中世纪人物的共同特征。

弗拉德·德古拉是瓦拉几亚（如今罗马尼亚的南部地区）大公，他属于14世纪建立的巴萨拉布王朝。15世纪的瓦拉几亚是匈牙利人和土耳其人的必争之地，这一地区冲突不断。1453年，君士坦丁堡陷落之后，瓦拉几亚的王公向土耳其人频繁缴纳贡金，从而在很大程度上保持了独立。因此，统治和流亡交替出现在弗拉德三世的生活中。1448年，他第一次登上王位，此前数年间他都是奥斯曼土耳其帝国的人质。他的统治时期主要在1456—1462年，之后从1463年开始长期流亡，直到去世。1476年，他在与另一位觊觎王位且与土耳其人结盟的瓦拉几亚贵族的战斗中丧命，头颅被砍下送往君士坦丁堡。

1463年的德国小册子是弗拉德三世之恶名的源头，这一恶名此后一直在发酵传播，直到弗拉德死去，这个多少有些神秘色彩的故事一直流传至今。这种恶名实在太深入人心，某些文献材料（例如俄国的）努力为德古拉塑造的与之相反的形象完全无法匹敌。1897年，德古拉死后的命运迎来了关键的转折点，爱尔兰小说家布莱姆·斯托克（Bram Stoker）在伦敦出版了小说《德古拉》（*Dracula*），其灵感来自1879年比利时人玛丽·尼泽（Marie Nizet）所出版的《吸血鬼上校》（*Le Capitaine Vampire*）。吸血鬼的形象从17世纪起就已出现在罗马尼亚，但直到19世纪末，尤其是布莱姆·斯托克的小说出版后，德古拉才从"穿刺者"变成"吸血鬼"，他的残忍恶名和嗜血暴君的现代形象以这种特殊的形式再次为众人所知。

从穿刺者变成吸血鬼之后，弗拉德三世德古拉的名声的最后一次转变是由于电影。有一部《德古拉之死》（*Drakula Halala*），但并不成功。1922年，匈牙利导演穆尔瑙（Murnau）拍摄了著名的《诺斯费拉图》（*Nosferatu le Vampire*），呈现了一个崭新的德古拉。某些演员在电影中扮演了德古拉之后，成名成家，走上了艺术常青之路，例如来自特兰西瓦尼亚的演员贝拉·卢戈西

吉勒·德·莱斯（Gilles de Rais）之后最残忍的连环杀手（15世纪）
《穿刺者弗拉德三世或德古拉在被刺死的囚犯前吃午饭》（*Vlad III l'empereur ou Dracula déjeunant devant ses prisonniers empalés*），15世纪，一本德国著作中的版画，私人藏品

Hie facht sich an gar ein graussem

liche erschröckenliche hystorien von dem wilden wüt-
rich Dracole weyde Wie er die leüt gespißt hot vnd
gepraten vn mit den haäßtern yn einem keßd gesotten

（Bela Lugosi）。美国西部片演员约翰·卡拉丁（John Carradine）饰演过三个著名的怪物：德古拉、弗兰肯斯坦和狼人。1958—2003 年，克里斯托弗·李（Christopher Lee）多次在电影中精彩演绎德古拉。德古拉的后代也有着意想不到的后续故事，例如 19 世纪末，维多利亚女王的一个孙女声称自己是德古拉的后代；2012 年，英国的威尔士亲王查尔斯也大胆爆料自己是德古拉的远亲！重要的新闻媒体也毫不犹豫地把德古拉放在首页，例如 1997 年 12 月 31 日布莱姆·斯托克的《德古拉》出版一百周年之际，《解放报》（*Libération*）就是这么做的；2011 年 12 月 31 日，还是《解放报》，刊登了一篇关于德古拉的长文。德古拉证明了某些神秘人物在历史中扮演的角色及其重要性，他们证明了研究历史的眼光必须放得足够长远，历史远非仅由几个重要人物所组成。（J.L.G.）

克里斯多夫·哥伦布

（Christophe Colomb，约 1451—1506 年）

克里斯多夫·哥伦布出生在热那亚，父亲是织布工，后来全家移居萨沃纳（Savone）。出生在利古里亚地区这件事对哥伦布的命运起到了决定性作用。他没有继承父亲的职业，年纪轻轻便投身航海事业，这是当时在热那亚和利古里亚地区的主流行业，更何况当时从威尼斯到里斯本的基督教世界纷纷将目光投向海上，一方面是为了贸易，另一方面是为了开辟航路，通往中世纪地理想象中最具吸引力的地方，即当时所称的印度群岛，甚至更远的中国。

这种吸引力开始于 13、14 世纪之交，哥伦布的偶像之一马可·波罗的游记《寰宇记》中渗透着基督教世界的想象。15 世纪，探索发现世界的主要方向以围绕非洲大陆的环游航行为主。克里斯多夫·哥伦布在一些热那亚船舶上做水手，完成了多次旅行，例如他去过爱琴海上的希腊岛屿希俄斯岛，很可能也参加了一次前往冰岛的旅行。但他心中逐渐浮现出一幅"伟大蓝图"：抵达神奇的印度群岛，那里埋藏着无数宝藏，尤其是黄金。他设想着借助指南针和星盘等基督教世界越来越先进的工具指引方向，开辟一条新路径。这条新路径不再绕着非洲前往东方，而是向西，穿越大西洋。哥伦布需要资助人，他可以用两个意图来打动这些人。与大部分寻找印度群岛的航海者一样，吸引他们的首先是财富，包括上等香料，这是中世纪美食中的主要原料，以及黄金，这种贵重金属能够解决欧洲经济逐渐面临的货币短缺问题。另一个具有吸引力的意图是占领和统治庞大而富有的土地。

热那亚的商人和银行家无法为哥伦布提供实现伟大蓝图所需的钱财，于是他前去说服葡萄牙国王，这位君主最热衷于寻找这些岛屿，渴望从航海者亨利王子（卒于 1460 年）著名的地理大发现中收获成果。除了拥有航海经验以外，哥伦布还阅读和思考了众多他认为非常重要的著作。

EFFIGIES · LIGVRIS · MIRANDA
COLVMBI · ANTIPODVM · PRI
· PENETRAVIT · IN ·
ORBEM ·

他主要阅读了塞涅卡（Sénèque）和老普林尼（Pline l'Ancien）等古代作家的作品和《奇迹之书》（*Livre des merveilles*，14世纪），其中影响力最大的是红衣主教彼得·达利（Pierre d'Ailly）在15世纪初所写的《世界宝鉴》（*Imago mundi*）。哥伦布的地理知识有三个来源：《圣经》、古代地理学家克洛狄乌斯·托勒密（Ptolémée）和彼得·达利。即便做了所有这些准备，哥伦布的行事方式仍然是中世纪风格。虽然他的主要目的是发现神奇的印度群岛，但他的深层动机与传教士相同（克里斯多夫·哥伦布也是祭司王约翰传奇的忠实读者），然而对于他的资助者而言，财富的吸引力才是他们对这项计划感兴趣的终极动力。

1485年，哥伦布首先前去说服葡萄牙国王若昂二世（Jean II），但这位君主并不支持这项计划，原因有二：首先，葡萄牙人坚信通往东方的路线要经过非洲；其次，他认为哥伦布的要求太夸张。哥伦布要求获得海军上将的头衔和征服地总督的职务。随后，哥伦布前往西班牙，觐见"天主教双王"，当时西班牙正在收回被穆斯林占领的最后一块疆土格拉纳达王国（Grenade），最终于1492年1月将其夺回。虽然西班牙国王也对哥伦布的个人要求犹豫不决，但他们最终同意为这项计划提供资助；由于新发现的土地的分配由罗马教廷决定，所以他们一直与葡萄牙人竞争，力图获取最大份额。哥伦布获得了三艘快帆船、一批船员和必要的供给。1492年9月9日，船队在哥伦布的指挥下离开西班牙的帕洛斯港（Palos）。他在加那利群岛略作停留，10月12日在安地列斯群岛的一座岛屿登陆，并将其命名为圣萨尔瓦多岛（San Salvador）。也在10月，他发现了古巴，12月发现了海地。1493年3月4日，他启程返回帕洛斯，4月份抵达目的地。哥伦布、船员与这些地区的印第安土著的关系整体良好，但印第安人的某些暗示一直萦绕在哥伦布与同伴的脑中，即某座岛屿上生活着食人族，但具体情况未知。因此，从哥伦布向西班牙国王汇报其发现开始，基督教世界认

塞巴斯蒂亚诺·德·皮翁博（Sebastiano del Piombo），《疑为克里斯多夫·哥伦布的画像》（*Portrait supposé de Christophe Colomb*），1519年，油画，纽约，大都会艺术博物馆

快帆船是中世纪晚期和文艺复兴早期的典型船只

"圣母玛利亚号"快帆船(*La Caravelle «Santa Maria»*)《哥伦布关于发现美洲的通信》(*Lettre de Colomb sur la découverte de l'Amérique*)(局部),1493年,木雕,保存地点未知

为这些新发现的土地上有三种不同的重要特征：第一，当地土著居民非常原始（例如他们在生活中赤身裸体），但乐于信仰基督教；第二，这些地区有巨大的财富（哥伦布只见到了一小部分含金矿的土地，但有人向他表示更远的西部地区盛产黄金）；第三，某片更远一些的土地上生活着可怕的食人族。哥伦布带回的十个印第安人证明了他的发现是真实的，并激起了基督教徒的好奇心。此后，哥伦布又进行了三次航行。1493 年 9 月到 1496 年 6 月的第二次航行期间，他发现了小安地列斯群岛，考察了古巴岛，成功找到一处金矿，他也以为自己找到了食人族存在的证据。1498 年 5 月 30 日到 1500 年 11 月 25 日的第三次航行期间，哥伦布在安地列斯群岛遭遇诸多不幸。一个名叫罗兰（Roland）的下属造反，取代了哥伦布的位置，与此同时，天主教双王也撤去他的职务，让博巴迪拉（Bobadilla）取而代之。1500 年，哥伦布被解送回西班牙。在第三次航行期间，他的发现仅仅扩展至中美洲的一小部分和委内瑞拉北部的岛屿。1500 年 12 月，天主教双王在格拉纳达友好接见哥伦布，但并未恢复其特权。1502 年 5 月到 1504 年 11 月，他进行了第四次，也是最后一次航行。这次历险同样没有太多新发现。哥伦布精疲力尽、心灰意冷地返回了西班牙，1506 年 5 月 20 日在瓦拉多利德（Valladolid）去世。临死之际，他一直以为自己发现的是东印度群岛。然而，人们对新世界的了解在不断深入。哥伦布在热那亚时对地图绘制技术有些兴趣，但了解有限，而且有些异想天开（和中世纪学者一样，将托勒密奉为标杆），后来这种技术在德国某些重要城市不断发展起来。与此同时，一位为葡萄牙和西班牙服务的佛罗伦萨航海家越过哥伦布发现的岛屿，抵达了美洲大陆；1507 年，一位德国地理学家用第二位发现者亚美利哥·韦斯普奇（Amerigo Vespucci）的名字把这片大陆命名为"亚美利加州"（l'Amérique）。哥伦布天赋异禀却时运不济，他凭借自己敏锐的航海直觉和命运的垂青发现了美洲，但终究只是一位伟大的中世纪航海家。我们可以从他留下的大量书面文献中深入了解其性格。我们掌握的文献包括他的航海日志，这对编年史研究至关重要，但更重要的与其思想有关的作品，包括一部著作《预言之书》（Livre des prophéties），里面收集了与《圣经》相关的材料，这些材料能够阐释中世纪最神秘的特点之一，即以预言的形式预测未来。克里斯多夫·哥伦布是圣方济各第三会（le tiers ordre franciscain）成员，与某些西班牙宗教人士关系密切，他一直认为自己是重要的基督使者。他经常说这句话："让这些人皈依我们的神圣信仰，这是此事业的主要目的"。他最大的遗憾是没能找到蒙古大汗，他本想与其联手，共同折磨那些令十字军尤其是圣路易无法释怀的穆斯林。（J.L.G.）

克里斯多夫·哥伦布所使用的中世纪地图建立在古代地理学家托勒密的基础之上
克里斯多夫·哥伦布的地图，欧洲和非洲海岸，上方为托勒密提出的地心说宇宙简图（*Carte géographique de Christophe Colomb avec les côtes européennes et africaines ainsi qu'une représentation schématique de l'univers géocentrique selon Ptolémée en haut*），约1492—1500年，羊皮纸，收藏地点未知

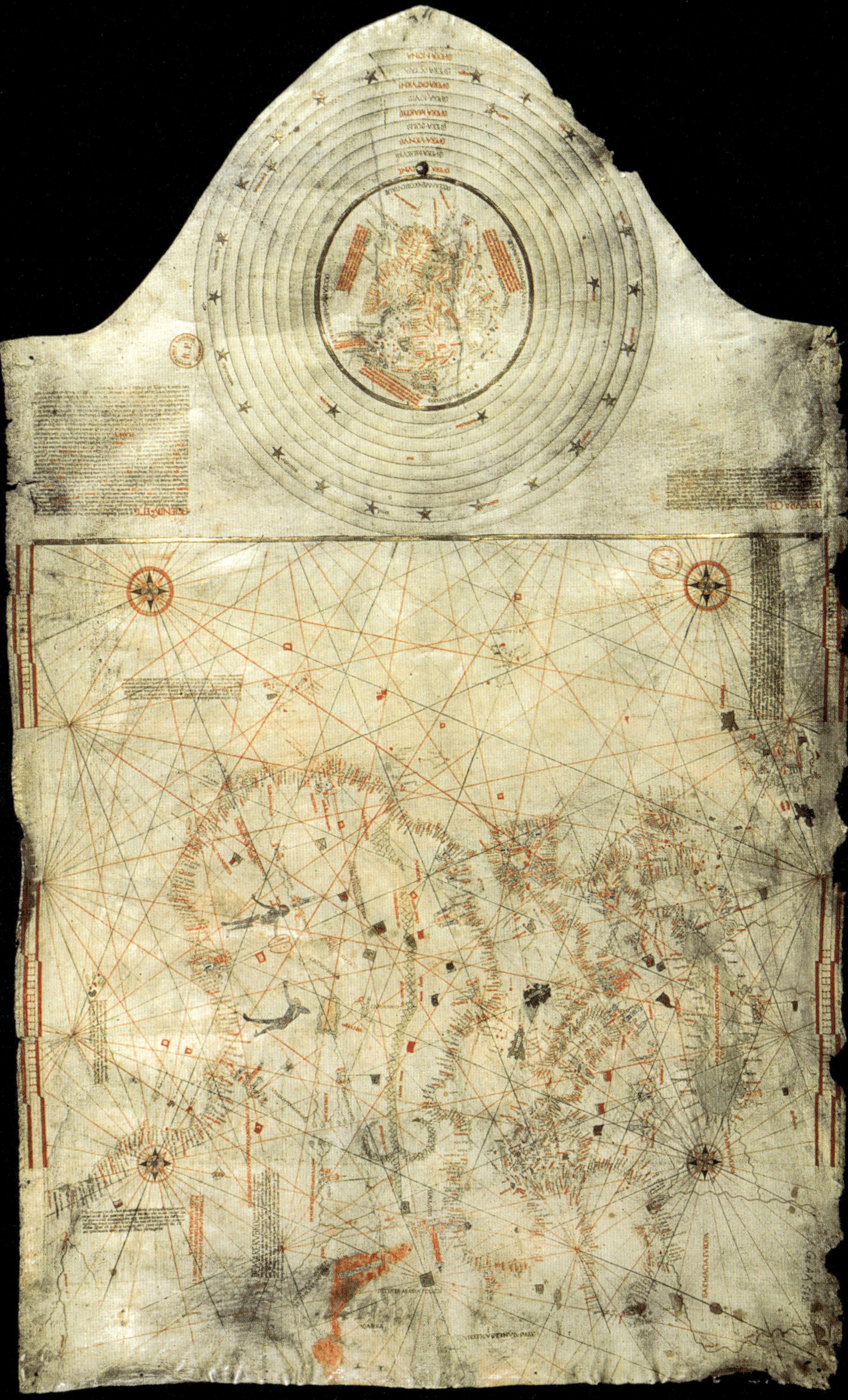

虚构的人物

在世界的任何地方、任何时期、任何社会都会经历同样多的虚构想象和现实感知。欧洲和基督教世界的中世纪社会深受基督教的影响，其虚构想象同时打上了基督教和其他社会文化来源的印记。

本书虽然将宗教与虚构放在一起讨论，但无意冒犯"有宗教信仰的"读者们。我认为基督教最虔诚的信徒和传播者们能够深刻感受到，在他们的宗教领域中举足轻重的人物在世俗之中同样重要，他们代表且践行了善良或邪恶，毕竟善与恶的存在和冲突构成了中世纪精神状态的基础。这就是为何圣母玛利亚出现在这些代表了善良的虚构而强大的人物之中，她在《新约》中很少被提及，在中世纪早期也很少受到崇敬，但从 11—12 世纪开始，她迅速成为人们崇拜的对象，我在一篇历史论文中甚至将她称为三位一体在中世纪的第四分身。相反，邪恶在中世纪随处可见，因为它有一个能够指挥千军万马的首领，即撒旦。和圣母玛利亚崇拜一样，他在中世纪历史中也占有一席之地，因为人们在不同时期都可以或多或少感受到撒旦的力量和魔鬼的介入。也有一些古代历史人物在中世纪社会中成为非常活跃的虚拟人物，例如亚历山大大帝，他是中世纪最受欢迎的一系列小说的灵感来源。但是，由于他是真实的历史人物，所以没有被选入本书。然而，我仍然保留了两个或许存在过的人物，某些被视为中世纪文学之代表的杰作对他们有所介绍，而我们对其的了解仅限于此。一位是亚瑟王（le roi Arthur），从 11 世纪开始，他成为一系列内容丰富的传说（圆桌骑士、圣杯等）的主角，人们对他的痴迷持久绵长。另一位是罗兰（Roland），据说他是查理曼的外甥，他为中世纪的想象带来了一些重要元素，例如他的宝剑杜兰德尔（Durandal）能与亚瑟王的埃克斯卡利伯宝剑（Excalibur）媲美；与穆斯林的斗争成为十字军东征的榜样；罗兰号角（le cor de Roland）响彻整个中世纪，直至今日。

虚构想象以教会这一在中世纪占据统治地位的权力机构为核心，根据神职人员的特点之一，创造出了一个既令人赞叹又引起愤慨的人物：传奇般的女教皇让娜（papesse Jeanne），她可以掌控由单身男子组成的整个教会，这个人物源自 15 世纪奇怪的教会制度。对神职人员的想象还有另一个版本，对东方奇迹的幻想催生了一个神奇的虚构人物：祭司王约翰。

中世纪的想象同样从民间信仰中汲取营养，创造出一系列长期流传的仙女形象。仙女可以分为两种，一种是善良但不幸的仙女，例如梅露辛（Mélusine）；另一种是强大但邪恶的仙女，例如莫佳娜（Morgane）和薇薇安（Viviane）。除此之外，先知或预言者是另一类重要的人物，他们的变化标志着犹太基督文化与民间文化的碰撞，梅林（Merlin）是其中的典型代表。最后，在中世纪的现实社会，尤其是边缘人或被统治者中出现了一种为那些不断受到神职人员和贵族剥削或威胁的最卑微的人打抱不平、伸张正义的人物。根据中世纪两种主要的自然环境，他们可以分为两类，一类在乡村，例如起义反抗的农民乡巴佬扎克（Jacques Bonhomme）；另一类在森林中，例如侠盗罗宾汉（Robin des Bois），他是流浪汉、行凶者，也是弱者的保护者和裁判官。人们也从动物世界中寻找灵感，撰写作品，无论在文本还是图画中，动物都成了中世纪的美梦与梦魇的完美体现。其中一只动物受到了特殊对待，因为它已经变得与人无异，也成为无数文学作品的主角，它就是列那狐（Renard，中世纪的拼写是 Renart）。狡猾的列那狐如同古希腊神话中的墨提斯女神在中世纪的化身，它为这个善恶对立的二元世界引入了第三个人类维度，即无法定性的狡猾。（J.L.G.）

亚瑟王

（Arthur）

中世纪有许多英雄介于真实与想象、历史与虚构之间，他们在这一时期成了传说中的人物，有些一直流传至今，亚瑟王就是他们的代表之一。

亚瑟是一位国王，由于国王这个角色在中世纪的历史和想象中都有着举足轻重的地位，亚瑟也因此成为最重要的人物之一。此外，他虽有一定的历史背景，但我们并不确定他是否真实存在过，我们也不清楚他与什么历史事件有所关联，但是他却从这虚无的历史中获得双重威望：如果他真的存在过，他就是中世纪最早的国王之一；如果他是虚构的，他就是最受关注的英雄之一，从中世纪开始，人们便创作了大批以他为主角的文学作品，赞颂这个人物所代表的荣誉和梦想。

亚瑟出现在 9 世纪初编年史作者奈纽斯（Nennius）撰写的《不列颠史》（*Historia Britonum*）中，据说亚瑟与不列颠国王一起与入侵大不列颠的撒克逊人作战，杀敌 960 人之多，后来他也成为不列颠国王，因此亚瑟是以英勇的战士形象出现的。他被归为战功显赫的伟人之列，成为了主宰中世纪的骑士人物中最令人瞩目的一位。

亚瑟是国王，也是战士，他注定要名扬四海。此外，他出身中世纪最具声望的不列颠民族，无论是大陆的布列塔尼，还是大不列颠岛，不列颠人都是中世纪社会之源头凯尔特人的最有名的代表。

亚瑟王这个人物真正诞生于 12 世纪的《不列颠诸王史》（*Historia Regum Britanniae; Histoire des rois de Bretagne*），这部创作于 1135—1138 年的著作比奈纽斯的编年史有名得多，其作者是牛津的一位议事司铎蒙茅斯的杰弗里（Geoffroi de Monmouth）。这部历史作品以出生在罗马的国王布鲁图斯（Brutus）说起，他为野蛮的不列颠先民带来了文明。罗马人与蛮族混合而成的不列颠人

经历了一系列国王的统治,其中最后一位国王尤瑟潘德拉贡(Utherpendragon)在魔法师梅林的帮助下,与爱人伊格莱茵(Ingerne)生下了儿子亚瑟。亚瑟 15 岁即位,屡屡战胜罗马人和西欧民族,他征服了整个大不列颠岛、北方诸岛和一直到比利牛斯山的大陆地区,杀死了在圣米歇尔山周围造成恐慌的巨人。但是他的外甥莫德雷德(Mordred)却背叛了他,夺走了他的妻子和王国。亚瑟回到大不列颠后,杀死莫德雷德,但自己也受了致命伤,被送到威尔士地区的阿瓦隆岛上,经历漫长的治疗才得以恢复,并夺回自己的王国和曾经征服的地方。

亚瑟王的故事在 15 世纪仍广为流传,尤其是两个主要的神话:圆桌骑士与圣杯
《圣杯出现在圆桌骑士面前》(Le Saint Graal apparaît aux chevaliers de la Table Ronde),15 世纪,细密画,选自戈蒂耶·迈普(Gautier Map)的《湖上骑士兰斯洛特之书》(Livre de Messire Lancelot du lac),巴黎,法兰西国家图书馆

如此，亚瑟王蕴含了两大想象主题，一个是伟大的战士，另一个是隐藏在神秘之地、伺机东山再起的君王。

然而，亚瑟王的威望不止于此。从 12 世纪开始，他成为一系列文学作品中的主角，即人们所称的亚瑟王传奇。第一位也是最重要的亚瑟王传奇作家是特鲁瓦的克里蒂安，他的创作时间在 1160—1185 年。12 世纪下半叶和 13 世纪，亚瑟王传奇以翻译、新创作的小说、诗歌或散文的形式在欧洲大部分地区传播开来。亚瑟王的特别之处在于他没有独享威名，他周围有许多杰出人物也成为中世纪想象的传奇英雄，与他共享荣光，其中最著名的是高文、兰斯洛特和珀西瓦尔。但亚瑟王的影响力更加深远。首先，他能够借助魔法师梅林的神奇力量；其次，他与周围的人物一起创造了中世纪两个最重要的神话，体现了这一时期两个最重要的特点：一个是战士群体，另一个是宗教秘密。在十二骑士的辅佐下，亚瑟王缔造并领导了一个讨论战争事宜的特殊场合：圆桌。与亚瑟王有关的另一个重要故事，即著名的圣杯的诞生与这张圆桌紧密相连。圣杯是上帝创造的神秘又神奇的物品，它也是中世纪战士阶层被基督教化的最重要的产物。除此之外，亚瑟王也在为基督教千禧年说所预言的末世未来做准备。他在阿瓦隆岛上要面对的不仅仅有凯旋归乡的荣耀，还有人类通往末日审判和永恒的过程。与此同时，他也留下了一件在中世纪或多或少被神化的工具，查理大帝拥有"黄金之剑"茹瓦尤斯（Joyeuse），罗兰拥有"恒常之剑"杜兰德尔，亚瑟王拥有"王者之剑"埃克斯卡利伯。历史与传说总是与某个空间和某些特定的地点联系在一起，亚瑟王则经常与特殊之地有关联，例如阿瓦隆岛、他的出生地康沃尔郡（Cornouaille）的廷塔杰尔城堡（Tintagel）以及卡米洛特（Camelot），即传说中亚瑟王国的都城，位于康沃尔郡和威士地区。与亚瑟王密切相关的还有两个真实的地点，第一个是格拉斯顿伯里（Glastonbury）本笃

我们可以注意到图中的王冠和锁子甲头盔、长矛、宝剑、画有抱童圣母像的盾牌，在亚瑟王拥有的王国中，法国排在第一位

《亚瑟王》（*Le Roi Arthur*），14 世纪，细密画，选自 P. 朗托福特（P.Langtoft）的诗体《盎格鲁诺曼编年史》（*Chronique anglo-normande*），伦敦，大英图书馆

France	Norvef	Albanne	Or Skom	hirland	Noroñ
Danmark	Germen	Portingale	Nauerne	Armori	Angeon
Island	Guthland	Almain	Gruffom	Galis	Gres
Aragon	Espaigne	mede	libye	Arge	Cepte

修道院，位于威尔士边境地区，据说1191年，这里发现了亚瑟王和王后格妮维亚的遗骨。另一个令人震惊的地方则是某些中世纪文献所称的阿瓦隆岛。13世纪初，一位英国作家和历史学家热尔韦·德·蒂尔贝里（Gervais de Tilbury）在故事集《皇家趣事》（*Otia imperalia*）中指出了重伤的亚瑟王等待痊愈或世界末日的地点，即西西里岛的埃特纳火山燃烧着熊熊烈焰的火山口。在笔者看来，这是12世纪产生的人间炼狱信仰对亚瑟王这个人物的影响，埃特纳火山被视为炼狱入口之一。亚瑟王之所以出现在喷发的火山口，或许是因为这位光芒万丈的人物与所有人一样，也是有罪之人，这证明了他对基督教的信仰，例如他杀死了身为叛徒的外甥，他也有夫妻情感和性方面的问题，虽然格妮维亚与兰斯洛特偷情，但他也曾无数次出轨。在中世纪，任何人都背负着原罪，男圣人或女圣人也都不例外。

一个著名的小故事可以证明亚瑟王文学的成功。在13世纪初的《奇迹丛谈》（*Dialogus miraculorum*）中，西多会修士海斯特巴赫的凯撒利乌斯（Césaire de Heisterbach）写道，如果在布道过程中，他看到有人在打盹，就会高声喊道："听我说，修士们，仔细听我说，我要给你们讲一件件新鲜的异事，从前有一个国王名叫亚瑟……"众人听到他这番话，便纷纷醒了过来，兴致盎然地聆听他所讲的内容。

在中世纪，亚瑟王文学不断发展丰富，例如在13世纪末出现了一本匿名作者的小说《里格梅的奇迹》（*Les Merveilles de Rigomer*），14世纪傅华萨写了一部小说《梅里亚多》，15世纪末，马洛里（Malory）1485年写了一首著名的诗《亚瑟王之死》（*La Mort d'Arthur*）。1590年，伟大的诗人斯宾塞（Spencer）在《仙后》（*The Fairy Queen*）中再次歌颂亚瑟王。在艺术领域，书籍装饰画中始终有亚瑟王的形象。17世纪，伟大的作曲家普赛尔（Purcell）根据诗人约

亚瑟王的壮举，包括海上旅行、骑士比武和狩猎怪兽
亚瑟王传奇的骑士场景（*Scènes de chevalerie de la légende d'Arthur*），约1330—1350年，小象牙盒的三面，克利夫兰艺术博物馆

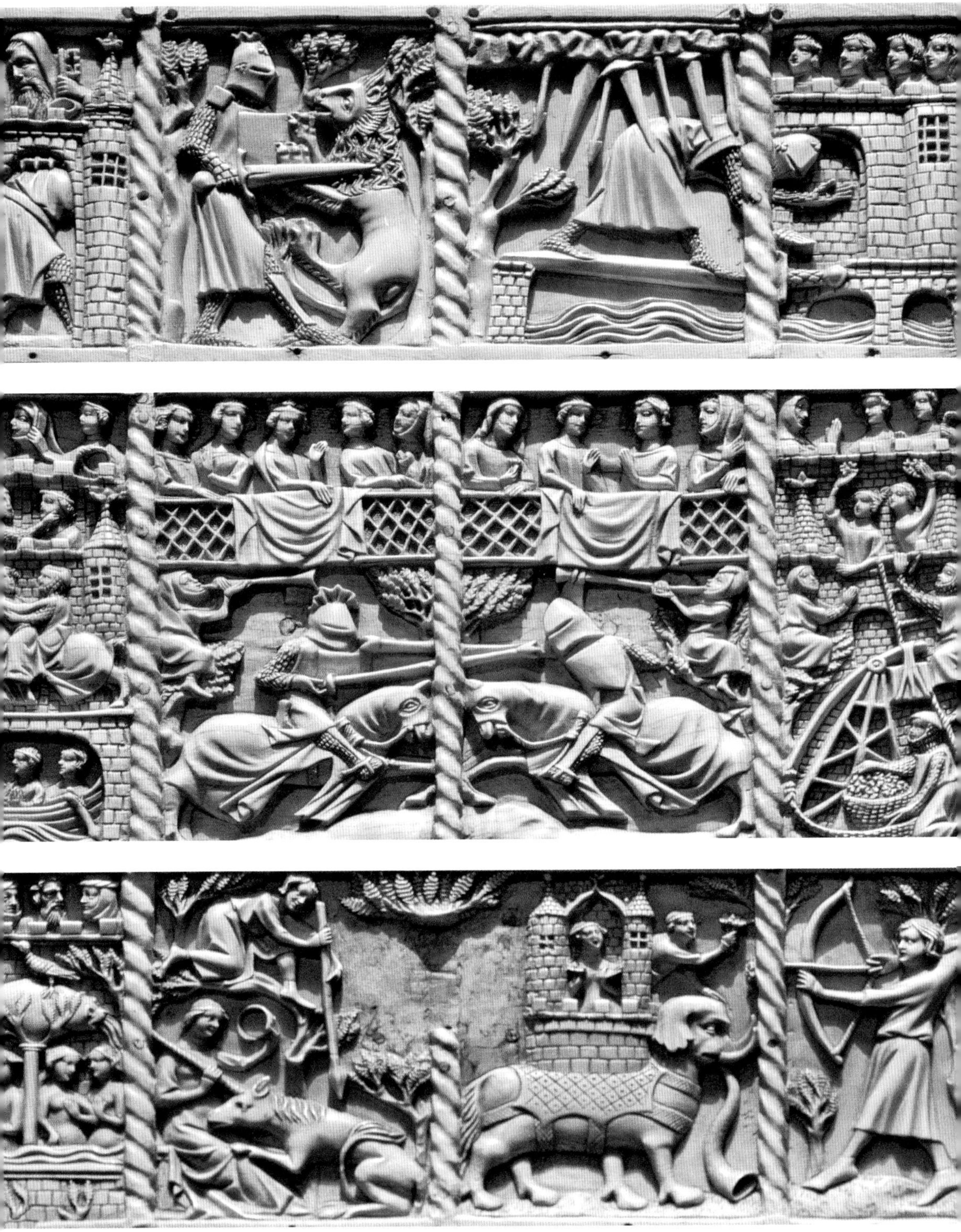

翰·德莱顿（John Dryden）的剧本创作了《亚瑟王》（*King Arthur*）。亚瑟王同样也是浪漫主义的主角，诗人泰森（Tyson）1842 年撰写了《亚瑟王之死》（*Mort d'Arthur*），晚年创作了《国王之歌》（*The Idylls of the King*）。在油画领域，亚瑟王也是拉斐尔前派的主角之一。在音乐领域，肖松（Chausson）在瓦格纳的影响下，1886—1895 年创作了唯一一部歌剧《亚瑟王》（*Le Roi Arthur*）。

20 世纪和 21 世纪初，亚瑟王仍然广受欢迎。在戏剧领域，让·科克托（Jean Cocteau）1937 年创作了《圆桌骑士》（*Les Chevaliers de la Table ronde*）。许多电影也以亚瑟王和他周围的人物为主角，其中不乏经典作品，例如罗伯特·布列松（Robert Bresson）的《湖上骑士兰斯洛特》（*Lancelot du Lac*, 1974），埃里克·侯麦（Éric Rohmer）的《珀西瓦尔》（*Perceval le Gallois*, 1978）和约翰·保曼（John Boorman）的《黑暗时代》（*Excalibur*, 1981）。亚瑟王也是无厘头喜剧恶搞的对象，例如特瑞·吉列姆（Terry Gilliam）和特瑞·琼斯（Terry Jones）执导的《巨蟒与圣杯》（*Monty Pythons: Sacré Graal!*, 1975）。亚瑟王也穿越时空，来到 20 世纪或 21 世纪，例如泰·加内特（Tay Garnet）执导、平·克罗斯比（Bing Crosby）主演的《误闯亚瑟王宫》（*Un Yankee à la cour du roi Arthur*, 1949），安东尼·福奎阿（Antoine Fuqua）在《亚瑟王》（*Le Roi Arthur*, 2004）中，把与撒克逊人作战的亚瑟王和与伊拉克人和阿富汗人作战的小布什（George W. Bush）做了一番对比。亚瑟王同样也是连环画和电视剧的灵感来源，例如法国电视剧《卡米洛特》（*Kaamelott*）。（J.L.G.）

乡巴佬扎克

(Jacques Bonhomme)

14世纪的编年史作者们用"扎克"(或雅克)(Jacques)这个名字指代1358年5—6月博韦地区起义的农民。这个称呼或许指的是"粗俗的庄稼汉"所穿的短衣(jacque),在等级森严、以貌取人的社会中,它很快就被赋予了一种嘲讽色彩。这些农民的首领纪尧姆·卡勒(Guillaume Cale)是一个具有象征意义的人物,傅华萨记录了"他们如何在自己人之中选出了一个国王,人称乡巴佬雅克……简直是粗人中的粗人"。而另一位编年史作者却将其形容为"一个能说会道、面容英俊、体态英武的男子",而且他有可能经历过战争,会读书写字,拥有一枚私人印章,这些都是当时的富农阶层中所不常见的。我们知道并非所有起义造反者都属于农民或小城市中的赤贫阶层,他们并不属于边缘人群,主要是农夫和手工业者。国王征收的税赋使他们备受压榨,百年战争开始之后,连绵不断的战争让他们饱受劫掠和勒索,此外还有纳瓦拉的查理与摄政王查理之间的矛盾冲突,前者企图染指王位,后者是好人约翰(约翰二世)的长子,在父亲被囚禁于伦敦监狱期间成为摄政者。从1356年开始,普瓦捷的贵族不再为国王而战,反而转投黑王子爱德华旗下,这更让农民们忍无可忍。这种挫败意味着上帝对道德败坏的贵族的诅咒。众多类似于《普瓦捷战役悲歌》(*Complainte de la bataille de Poitiers*)的作品广为流传,批判贵族更加爱慕虚荣而非保卫王国的可鄙习性。受形势所迫,农民们拿起武装,国王连发几道政令,允许他们这么做,因此他们占领并加固了教堂和城堡。艾蒂安·马塞尔带领巴黎市民起义的消息传到他们耳中,促使他们揭竿而起,因为城市与农村相依为命。乡巴佬扎克对各种消息非常敏感,因为他是第一个关注农业贸易的人,尤其是巴黎所需的谷物的流通。起义这把火燃烧了三个星期,但它并非如长久以来人们所相信的那样是自然爆发的。

乡巴佬扎克或许犯下了一些可怕的罪行，编年史作者们迫不及待地将其记录下来，例如谋杀、亵渎圣物、强暴妇女、烧死骑士和儿童等，城堡被攻陷、暴行结束之后，他们放肆地饮酒、跳舞，将血流成河的景象抛之脑后。我们该相信什么？起义的确伴随着犯罪行为的产生，但编年史记述字里行间也是刻板套路，如同描述某种不可言喻的邪恶，例如对整个社会造成威胁的暴君。事实上，编年史作者是贵族的发言人，他们也感到深深的恐惧。对起义的镇压非常血腥，在1358年6月9日的莫城大桥事件中，起义者的尸体染红了马恩河，6月10日的梅洛战役更是凸显了起义农民与纳瓦拉的查理率领的军队之间的力量差距。与此同时，贵族们也极其渴望羞辱他们的敌人，他们没有遵守作战规则，纪尧姆·卡勒被诱骗到军营谈判，却立刻被逮捕，头上被套上具有嘲讽意味的三角形枷锁，然后作为叛徒被斩首。起义军失去了领袖，武器装备也不齐全，很快便溃不成军。这起事件表明社会中的鸿沟远比一场普通的军事溃败更深刻。这条鸿沟源自贵族、神职人员甚至普通市民对农民的鄙视，在他们看来，乡巴佬扎克既丑陋又残暴。既然他是如此"丑恶"，怎么可能受人尊敬？如何才能接受农民也有着自己的荣誉法则，也在乎自己的名誉这个事实呢？很长一段时间里，乡巴佬扎克的形象都遭到抨击，只因为他敢于反抗。然而，对他而言，荣誉也是社会关系中的核心价值。（C.G.）

祭司王约翰

（Le Prêtre Jean）

祭司王约翰是中世纪想象中最常出现，也是最具代表性的人物之一。他体现了中世纪灵修和社会的两个最深刻、最根深蒂固、最令人困惑的理想。一方面，基督教建立在《福音书》的话语之上，"上帝的归上帝，恺撒的归恺撒"，这让中世纪基督教世界拒绝了教皇格里高利七世企图实施的教会中央集权统治以及神圣罗马帝国的某些皇帝实施极权统治的幻想，使自己避免落入神权政治之下。由于世俗政权相对独立于宗教政权，基督教世界中不可能出现一个身兼国王与神职人员的人物。但是，在某些基督徒看来，这样拥有两个身份的人却是一个至高无上的首领，能够领导整个基督教世界，神职人员的最佳代表自然是教皇。这个人物是可以想象的，但却是不切实际的，因此中世纪的人们虽然把祭司王约翰视为一个拥有宗教身份的国王，却不得不接受另一种解释，把所谓的祭司王约翰视为"君主的明鉴"，即国王言行举止和治国理政的楷模。从这个角度来看，《祭司王约翰信函》（Lettre du Prêtre Jean）是一篇关于治理国家的论著，而且祭司王约翰是以基督教君主的形象出现的。

与这个人物相关的第二个空想是神奇的东方世界。远东是歌革与玛各的民族占据的地区，他们会在世纪末日之时消灭人类，使其接受末日审判，因此远东地区被魔鬼化了。西方的基督教世界居住的则是背负原罪的男男女女，但降生的耶稣为他们赎了罪。在魔鬼化的远东和西方基督教世界之间，还有一片东方世界，由中世纪的地图学者和百科全书学者所称的"三个印度"组成。这三个印度分别是在使徒多马（Thomas）的努力下皈依基督教的大印度、地理学家所称的阿拉伯以及非洲，至少是当时的人们所了解的非洲之角，即埃塞俄比亚地区。对西方的基督徒而言，这片由三个印度组成的世界里处处皆是奇观,尤其从 12 世纪开始,这片地区在中世纪的想象中占据了重要地位,这主要是因为基督教学者重新发现了 3 世纪的罗马学者索里努斯(Solinus)所写的《百事集》(*Collectanea rerum memorabilium*)。这些奇观要么是风景,要么是宫殿,要么是令人叹为观止或瞠目结舌的动植物,但更主要的是无数黄金白银。祭司王约翰就是这片地区的国王,这为他的形象增添了另一面,也是对中世纪基督教君王模范的一种修正。理想的基督教国王应当秉持正义、爱好和平,但有了祭司王约翰做参照之后,基督教国王同样应当富甲天下。我们可以发现中世纪的许多价值观存在模糊之处,人们既赞扬贫穷,又歌颂财富。

人们对祭司王约翰的了解源自 12 世纪起流传于基督教世界的一些信件,这些信件有诸多版本。最早提及祭司王约翰的是主教弗莱辛的奥托(红胡子腓特烈一世的叔父)于 1156—1157 年所著的编年史。从 1165 年左右开始,一系列信件在基督教世界扩散开来,其中有四封最引人注意,一封是写给皇帝曼努埃尔一世·科穆宁大帝(Manuel Comnène,1143—1180 年)的,另一封是写给教皇尤金三世的,第三封是写给皇帝红胡子腓特烈一世(1152—1190 年)的,最后一封是写给一位法兰西国王的,但日期和姓名不详。直到 14 世纪,大量类似的信件或译本在整个基督教世界广为流传,语种涉及拉丁语、法语、盎格鲁罗曼语、奥克语、意大利语、西班牙语、加泰罗尼亚语、葡萄牙语、德语、

《祭司王约翰战胜成吉思汗》(*Bataille entre le prêtre roi chrétien Jean et Gengis Khan, qui fait du Prêtre Jean le vainqueur*),约 1333 年,细密画,选自马可·波罗的《奇迹之书》,伦敦,大英图书馆

荷兰语、英语、爱尔兰语、威尔士语、瑞典语、丹麦语、斯拉夫语和希伯来语等。

在整个中世纪期间，西方的基督徒都相信祭司王约翰的存在，他们最初认为其是聂斯托利派教徒，后来把他塑造为东正教教徒。几乎可以确定的是，最早的文献出现在聂斯托利派教基督徒之中（428—431 年在君士坦丁堡担任主教的异端者聂斯托利（Nestorius）相信基督的人性和神性的分离，认为玛利亚是基督之母，而非上帝之母），很有可能是在 12 世纪初的美索不达米亚的埃德萨地区（Édesse）。祭司王约翰与异端的联系并不妨碍天主教会的基督徒视其为楷模，在西方通过宗教裁判所镇压异端的时代，这是难以想象的事情，他们将其视为一个对犹太人和穆斯林都很宽容的国王。基督教世界对不同版本的《祭司王约翰信函》有大量评论，这些评论中出现了与基督教历史紧密相连的内容。祭司王约翰有可能是东方三博士（les Rois mages）之一的儿子，他也有可能是被来到印度马德拉地区布道的使徒多马所感化的基督徒的后代。他或许证明了《约翰启示录》所提到的歌革和玛各领导的可怕部族带来的世界末日。最后，从一个更加现实和更靠近历史的角度来看，他使 12 世纪末和 13 世纪初的教皇、基督教国王和皇帝们心生希望：他们将其视为能够使占据或攻击圣地的穆斯林腹背受敌的盟友。

整个 13 世纪期间，许多基督教学者都曾提到祭司王约翰，例如伟大的神学家大阿尔伯特，然而在 14 世纪，祭司王约翰的传奇历史发生了重大变化。许多新成立的托钵修会似乎对他情有独钟。

在 14 世纪，西方的评论把祭司王约翰所在地区从大印度转移到了第三个印度，即埃塞俄比亚地区。人们把他与某个真实存在过的努比亚国王大卫混淆了。葡萄牙探险者们认为祭司王约翰生活在埃塞俄比亚，1515 年，葡萄牙的佩德罗王子（Pedro de Portugal）结束埃塞俄比亚旅行之后，带回了一封所谓的祭司王约翰的信函，这让上述地理位置的变化更具说服力。此外，朱力亚诺·德·美第奇（Julien de Médicis）收到了一位找到祭司王约翰踪迹的旅行者的来信，据说祭司王约翰与圣多马所感化的南印度地区保持着联系。最后，这个虚构的人物是一系列半历史、半传说的回忆录的重要组成部分，就连 950 年左右从希腊

India prima caśar.

Persarū Imperium
Persia

Siria
Mediterraneu
Arabia petrea
Terrestre mare

Arabia sterilis

Arabia felix

S. persicū

Barnacais.r.
Ethiopia
sub egiṫu.
Abesch.r.
India maior ethiopū prete
Media
thiopia.
meroe
ef saba
Coiame.r.
S. arabic.
Adel.r.

Mare Indicum

Damater.
Azama.r.

EQVINOTIALIS

AFRICA

Melin
day.r.
Lmontera
Ethiopia Interior
Quiloa

Libus Deserti

TROPICVS CAPRICORN

Bonaspes.

语译为拉丁语的《亚历山大大帝传奇》也不例外。16世纪中期,祭司王约翰逐渐被人忘记,有时被其他类似的历史或虚构人物所取代,从16世纪末开始,他淡出真实历史,成为想象的一部分。无论如何,他在中世纪的想象史中都占据了重要位置。(J.L.G.)

祭司王约翰从亚洲来到非洲
印度洋地图:祭司王约翰坐在埃塞俄比亚的王座上(*Carte de l'océan Indien. En Éthiopie, le Prêtre Jean est dépeint sur son trône*),1558年,选自《玛丽女王地图集》(*Queen Mary Atlas*),伦敦,大英图书馆

女教皇让娜

（La papesse Jeanne）

女教皇让娜，这个虚构的女性人物必须在中世纪著名而且真实的女性形象中占据一席之地，因为从13世纪中叶到16世纪，她的故事都被视为是真实的。她的真实性遭到怀疑是一个渐进的过程，而且局限于学术界，但一个女人登上教皇宝座的假设不断为许多虚构故事提供了素材，直至今日。

让娜的故事有无数个不同的版本，但大致可以总结如下：850年左右，一个祖籍英国但出生在美茵茨的女人扮上男装，跟随求学的恋人先后去往雅典和罗马，因此她生活在一个女子禁入的世界中。她在这些城市中学业有成，甚至进入罗马教廷的高层，最终被选为教皇。她担任教皇两年多，后因一桩丑闻而被处死。她始终沉湎于肉欲之爱，结果在梵蒂冈的圣彼得大教堂和拉特兰圣若望大殿之间的街道上祭祀游行过程中产下一个孩子。教皇加冕之前的验明正身仪式便源于此。与许多传说一样，这个故事也有一些在现实中可循的线索。

这个故事证明了虚构想象在历史中的作用，历史学家们必须对其进行仔细思考。实际上，这个故事之所以广为人知，很大程度上是因为它体现了过去很少被表达出来的渴望：是否应当遵循禁止女子承担教会圣职的传统？长久以来，女子始终被挡在"高等教育"的大门之外。另一方面，这个故事让人们开始讨论教皇选举的合法条件，从基督教大分裂以来，这都是一个棘手的话题。最后，这个故事让人们树立起"圣职"这个在13世纪至关重要的概念，圣职是一项与承担者的身份无关的职务。实际上，在丑闻暴露之前，让娜的教皇之职持续了相当一段时间，没有遭遇明显的抵制，某些版本的故事甚至提到某些授职（主要是教会的）可以追溯到这一时期。

这则传奇的矛盾之处在于它是被教会所接受的，第一条线索是1255年左右的一本多明我会的编年史的记载，13世纪末，这个故事又被收入奥帕瓦的马

丁（Martin de Troppau，即波兰的马丁（Martin le Polonais））所著的教皇编年史中。奥帕瓦的马丁与罗马教廷关系密切，曾是多位教皇的特派神父。1474年，波拉提那（Platina）所著的非常正式的《教皇传》（*Vies des papes*）也将女教皇收录其中。胡斯教派和16世纪的路德教派则延续了某些方济各会修士（例如奥卡姆的威廉）的反对意见，让娜的形象遭遇了巨大反转，成为了堪比巴比伦大淫妇（la Grande Prostituée de Babylone）的人物。

然而，女教皇让娜一直存在于文学和电影之中，这位中世纪重要的女性形象也因此延续至今。（A.B.）

路边分娩暴露了真实身份
《女教皇让娜产子》（*Enfantement de la papesse Jeanne*），14世纪，细密画，选自薄伽丘与洛朗·德·杜普米非（Laurent de Premierfait）的《名人命运》（*Cas des nobles hommes et femmes*），巴黎，阿森纳图书馆

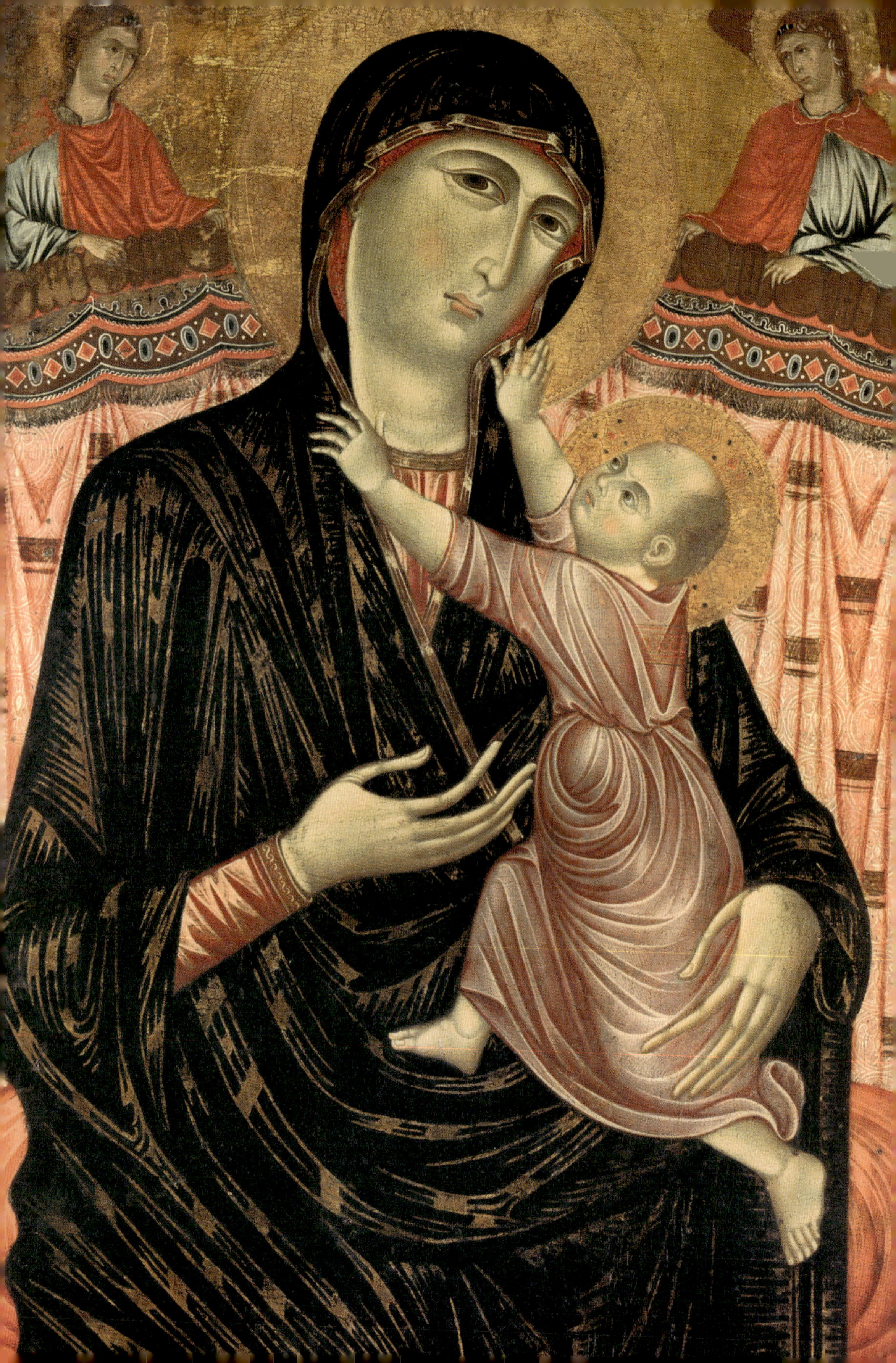

圣母玛利亚

（La Vierge Marie）

圣母玛利亚的地位在中世纪的基督教崇拜中有了大幅提高。她在中世纪世界的所有领域中都扮演着重要的角色，无论个人生活还是政治斗争，均不例外。如果不把她列入本书中，肯定会让基督教信徒大为震惊。此外，这一部分的重点并非对圣母玛利亚本人，而是对中世纪发展迅猛的圣母崇拜的介绍。

《福音书》中涉及圣母玛利亚的内容极少，对她的崇拜一直到基督教扩张之后才开始发展。最初皈依基督教的人很快就发现该宗教的神坛上没有任何女性人物。以弗所（Éphèse）大公会议（431年）之后，圣母崇拜首先在东方拜占庭地区发展起来。加洛林王朝时期（8世纪末—9世纪初），圣母崇拜开始在西方出现，但快速发展是在11世纪到13世纪基督教文明飞跃时期。礼拜仪式推动了圣母崇拜的发展，尤其是音乐和艺术领域。在中世纪早期，圣母的身份主要是上帝之母。随着耶稣的形象逐渐人性化，成为受苦受难的基督，而非死而复生的基督，圣母的特征也更加明确。玛利亚拥有了更加丰富、更加完整的人类生活，这不仅是因为耶稣，也是因为她自身。和其他圣人一样，她经常被信徒提及，但其他圣人所拥有的都是某种特定类型的神奇力量，而圣母玛利亚却可以施展各种神迹，可以说她是一个完整的圣人。

13世纪，圣母玛利亚成为了三位一体之外的第四个位格，这么说或许有些大胆。然而，圣母玛利亚的一个特性从未被质疑，即她以处子之身诞下耶稣。正因为此，她在中世纪扮演了极为重要的角色，在某种程度上与夏娃相反的角

灵视中的圣母
圣雷米西奥画师（Maître de San Remigio），《被天使围绕的抱子圣母》（La Vierge à l'Enfant entourés d'anges），约1290年，木版画，佛罗伦萨，圣雷米西奥教堂

色，她为承担原罪之责的女人带来了救赎。

圣母地位的上升不断地体现在 11 世纪到 13 世纪的讲道、颂词和圣母经、宗教歌曲、祈祷和祭祀等领域。与圣母玛利亚有关的主要讲道者有沙尔特的弗勒贝尔（Fulbert de Chartres，卒于 1028 年）、克吕尼的欧迪隆（Odilon de Cluny，卒于 1048 年）和彼得·达米安（Pierre Damien，卒于 1072 年）。

《慈悲圣母》（Alma Redemptoris Mater）是弥撒结束时赞美圣母的歌曲，《又圣母经》（Salve Regina）是与《天主经》（Pater noster）几乎同样重要的宗教歌曲，它们都创作于 11 世纪初。修道院用了大量时间来抄写和传播圣母玛利亚祈祷词汇编，尤其是坎特伯雷的圣安瑟伦（卒于 1109 年）的《祈祷与沉思》（Orationes sive meditationes）在修道院中广为流传，实施新会规的西多会也不例外。圣母无玷始胎瞻礼节于 1060 年左右出现在英格兰，12 世纪初传播到欧洲大陆。圣母玛利亚有了一个新的头衔：中介者，这也让她在基督教中扮演了独一无二的角色。介于上帝和人之间的玛利亚拥有近似于耶稣的救世职能。著名的圣贝尔纳是圣母崇拜的主要推广者，他始终强调玛利亚的中介职能。圣母升天节是一个古老的基督教节日，它成了一种特殊崇拜的对象，因为它强调玛利亚去往了天国，以及她拥有特殊而强大的力量，并且能够让这种力量降临人间。从 12 世纪开始，所有基督徒都了解与《天主经》《信经》拥有同等地位的《万福玛利亚》（Ave Maria）。圣母玛利亚的朝圣地点不断增加，例如库唐斯（Coutances）或罗卡马杜尔（Rocamadour）的圣母大教堂。寓言故事集中随处可见圣母玛利亚的踪迹，这是一种穿插在讲道和圣徒传记中的具有模范特征的小故事。13 世纪末，瓦拉泽的雅各布斯所写的《金色传奇》取得了巨大成功，这部作品由两部分构成，即《世俗生活》（Temporal）或《礼拜仪式日》（Fête de l'année liturgique）、《礼拜仪式》（Sanctoral）或《圣人与女圣人传记合集》（Recueil de vies de saintes et de saints），圣母玛利亚在其中有着举足轻重的地位。

圣母玛利亚的罕见的"历史"事件之一
《逃亡埃及：圣母与基督》（La Fuite en Égypte. La Vierge et le Christ），1109—1114 年，木版画，齐利斯（Zillis），圣马丁教堂

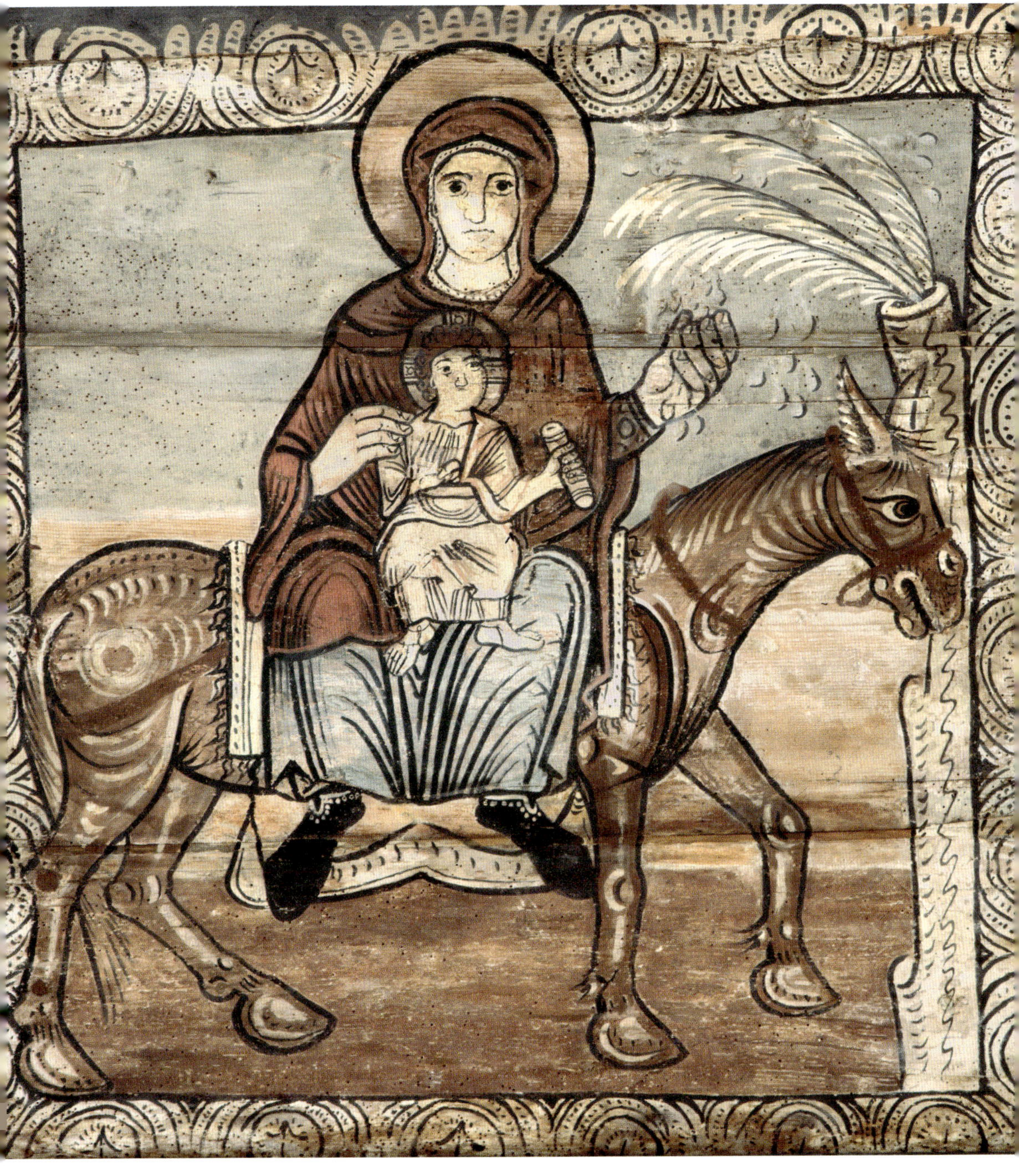

瓦拉泽的雅各布斯是多明我会修士，13世纪期间，多明我会逐渐倾向于以圣母为主保圣人。

随着对受折磨的基督和钉在十字架上的耶稣的崇拜的发展，圣母玛利亚的角色和形象发生了深刻的变化。玛利亚坐在十字架脚下，膝上是被钉死的耶稣的遗体（参见《哀悼耶稣》(Pietà) 和《痛苦圣母》(Mater dolorosa)）。耶稣死后，玛利亚自己也有了一段人间生活，虽然犹太教和伊斯兰教以此为理由，将玛利亚降为普通凡人，基督教却让她在世和死去时身边都有使徒环绕，即耶稣的同伴。

玛利亚之死被描绘成一种自然、恬淡的死亡，"圣母永眠"也成为同时具备人性和超自然特征的绘画主题。然而，"圣母玛利亚无染原罪"却是唯一被中世纪教会拒绝的教义，该教义在中世纪有颇多争论，但1854年，天主教会正式将其列为教义之一。艺术是传播玛利亚和圣母崇拜的重要工具。从12世纪起，教堂壁画、小礼拜堂和祭坛上频频可见玛利亚的形象。端坐的玛利亚也是重要的雕塑主题，最常见的是怀抱圣童耶稣的玛利亚。大教堂也同样推崇玛利亚的形象，大量雕塑和油画中都以祈祷的圣母玛利亚为主角。许多教堂以她命名，最初被致敬的圣人被圣母取代，首当其冲的是圣艾蒂安。从12世纪末起，巴黎的新教堂不再是圣艾蒂安大教堂，而是巴黎圣母院。中世纪末期，一些新的节日标志着玛利亚在宗教信仰和民间想象中的重要地位，例如1263年确立的圣母往见瞻礼节（la Visitation de Marie）和1423年科隆出现的圣母痛苦节（Douleurs de Marie）。15世纪末，圣母无玷始胎瞻礼节普及开来，罗马教区也表示接受。最后，基督徒的信仰中还有特别重要的一项：15世纪开始发展并延续至今的玫瑰经祷文，即诵念150次圣母经，这也是《圣经》的《诗篇》中的赞美诗的数量。《圣母圣咏》(le Psautier de la Vierge) 出现在13世纪的西多修道会中，查尔特勒修会的修士们推动了它的传播，从15世纪开始，在多明我会修士的推动下，《圣母圣咏》广为流传，并且在很长一段时间内和一串特殊的代替圣咏而产生的玫瑰念珠联系在一起。1571年10月7日，为了纪念勒班陀战役中基督徒军队战胜穆斯林，教皇庇护五世（Pie V）把这天确立为"胜利之母节"。(J.L.G.)

海妖梅露辛

（Mélusine）

在中世纪最初几个世纪里，基督教致力于消除关于欧洲古代异教徒的信息和同样被视为异教的民间传说中的人物。但基督教在自身的主导地位得以稳固之后，便允许某些人物出现或重新出现，这些人物并不属于基督教世界的超自然现象，而是属于奇闻异事，生物、风景，以及源自大自然但罕见、虚构但有一定现实基础的事件等都可以归入这一范畴。既然人有好有坏，天使也分为善、恶（魔鬼）

魔鬼化的梅露辛
有翼龙身的梅露辛从窗口逃离雷蒙德（*Mélusine, en forme de dragon ailé, s'enfuit par la fenêtre pour échapper à Raymond*），1401 年，插图，选自吟游诗人库德莱特（Couldrette）的《梅露辛传奇》（*Roman de Mélusine*），巴黎，法兰西国家图书馆

两派，那么仙女自身也有善恶两面，绝对善良和绝对邪恶的仙女自然也存在。

仙女有好有坏，但实际上，在这个女性地位有所提升（以圣母玛利亚为范例）的时代，中世纪仙女通常是善良的，然而，梅露辛隐藏了自己的阴暗面。她和其他中世纪仙女一样，以情侣的形式出现在故事中，梅林和莫佳娜便是如此。在梅露辛的故事中，她的伴侣为她同时带来了幸福与不幸。

12世纪和13世纪初，梅露辛出现在拉丁语文学和通俗语文学中。她的名字直到14世纪才确定下来，并且与法国西部的大领主卢西尼昂家族联系在了一起。我们可以从两部作品中确定梅露辛的来源。12世纪，英国教士戈蒂耶·迈普在《宫廷轶事》（*De nugis curialium; Anecdotes sur les courtisans*）中讲述了长着一口大牙的年轻领主埃诺特（Hennot）在诺曼底森林里遇到了一位美貌的陌生女子，并娶其为妻。然而，当一位教士想要为她洒圣水时，她跳上屋顶，吼叫着飞走了。第二部作品《皇家趣事》的作者热尔韦·德·蒂尔贝里也是英国人，他讲述了卢塞城堡的领主雷蒙德（Raymond）的故事。雷蒙德在埃克斯（Aix-en-Provence）附近的河畔遇到一个漂亮的年轻女子，便想娶她为妻，但女子有一个条件：绝对不能看到她的裸体。这桩婚事为雷蒙德带来了巨大的物质财富和多个漂亮的孩子，但一天晚上，他在好奇心的驱使下，从窗外偷窥妻子，结果他看到一条美人鱼在木桶中给孩子哺乳。梅露辛听到丈夫的声音，化身为一条有翅膀的龙，夺窗而逃，此后她只能夜间来到窗外端详自己的幼子。水妖乌尔瓦希（Urvaçi）是印欧神话中的另一个梅露辛式的形象。她是一个象征丰产的仙女，也是象征封建社会的仙女，这也是为何埃马纽埃尔·勒华拉杜里（Emmanuel Le Roy Ladurie）称其"既是母亲，又是开垦者"。但中世纪的人们对她的魔鬼起源非常敏感，例如狮心王理查谈到金雀花王室的纠纷时，说过："你们希望我们怎么办？我们难道不是魔女的后代吗？"

梅露辛的故事在中世纪广为流传，这是一个充满神奇现象和情感背叛的故事。14世纪末有两部相关题材的小说，一部是让·达拉斯（Jean Darasse）为让·德·贝里公爵（Jean de Berry）所写的散文体小说，另一部是库德莱特的诗歌体小说。梅露辛的故事后来与十字军东征这个新主题结合了起来，因为卢西尼昂家族的领主们成为了塞浦路斯的国王。梅露辛走出法国，成为欧洲范围内

的主题，在日耳曼和斯拉夫的想象文学中俯拾皆是。

　　梅露辛的故事通过四处贩卖的小册子流传开来，由此，各个社会阶层都对梅露辛有所了解。她也出现在许多图像中。在现代，她为奈瓦尔（Nerval）、波德莱尔（Baudelaire）、安德雷·布勒东（André Breton）提供了灵感；丹麦的女性研究会把梅露辛放在了徽章上。在日耳曼地区，这位仙女有了一个男性版本，即天鹅骑士，瓦格纳（Wagner）创作的歌剧《罗恩格林》（Lohengrin）赞颂了这个人物。在欧洲人的想象中，梅露辛仍有着双重特性，她既是魔女，也是为恋人痴狂的爱人和母亲。（J.L.G.）

身为母亲的梅露辛
梅露辛现身为子哺乳（Mélusine apparaît pour nourrir ses fils），1401年，插图，选自吟游诗人库德莱特的《梅露辛传奇》，巴黎，法兰西国家图书馆

梅林和薇薇安

（Merlin et Viviane）

梅林是中世纪虚构人物的典型代表，他是一位拥有预言能力的巫师，因此外号"魔法师"。梅林与亚瑟王传说、圆桌和圣杯文学有着密切联系。在蒙茅斯的杰弗里所著的《不列颠诸王史》中，梅林出现在亚瑟王的身旁。蒙茅斯的杰弗里对自己创造的这个虚构人物特别感兴趣，他分别于1134年和1148年为梅林撰写了《梅林的预言》（*Prophétie de Merlin*）和《梅林传》（*Vie de Merlin*）两部作品。事实上，这个人物取材于高卢民间故事，尤其是基于一个名叫米尔丁（Myrrdine）的高卢吟游诗人的作品，此人生来没有父亲，预言了不列颠人的未来。12世纪的梅林是一个介于善与恶、上帝与撒旦之间的人物。梅林的母亲是凡人女子，被名为"梦淫妖"（démon incube）的魔鬼玷污后生下梅林，因此梅林拥有一些亦神亦魔的超凡能力。梅林的预言天赋主要服务于亚瑟王和不列颠人，他成为了不列颠民族主义的先驱，也被视为圆桌的真正设计者。梅林

梅林，怪兽魔法师
梅林的事迹：凯尔特国王伏提庚在城堡附近发现两条龙（*Les Actes de Merlin. Le roi celte Voltigern trouve deux dragons près de son château*），14世纪中期，细密画，选自巴约咏礼司铎韦斯（Wace）的《布鲁特传奇编年史》（*Chronique de Roman de Brut*），伦敦，大英图书馆

森林和海上寻宝
地下（魔鬼）和城堡中的不幸（梦淫妖）
梅林：森林和海上旅行的骑士；撒旦与纯洁处女生下梅林（*Merlin. Cavaliers dans la forêt et voyage en mer. Engendrement de Merlin par Satan et une vierge pure*），1250年，细密画，选自罗伯特·德·博隆，《梅林故事》（*Histoire de Merlin*），巴黎，法兰西国家图书馆

Tote li demnement ses torment
merlin rien dire ne daigneit
Lir Rois dit merlin entent
Desouz ta tor el fundement
A vn estanc grant e produnt
Car ki ta tor en terre findent
Ci dit il cel estanc midier
Car vuides lesse espuiser
El fonz ad. ij. dragons dormanz
E souz vn roche qui muelt granz
Li vns des dragons est tote blance
Et li autre est rouges e sauues
Li Rois fist grant l'aloier
Et le fluue midisier
Dragons sunt del fluue ssiusse
Et forement ses sunt en vse
Ar grant fierte sentre asserent
Si ke li beroy tot les virent
Cen les uiles estoner
Et des goules flambes ietter

en que elle ne savoit ou il est

Il dist li contes que que

a boine fin · AMEN

jour fu ires li anemis

在亚瑟王的王国中制造奇迹，加入寻找圣杯的行列，很可能也从爱尔兰搬运了巨大的石块，建造了著名的索尔兹伯里（Salisbury）巨石阵。如同历史学家保罗·祖姆索尔（Paul Zumthor）所述，在罗伯特·德·博隆（Robert de Boron）创作的《梅林》（*Merlin*）和《通俗版梅林》（*Merlin-vulgate*）中，梅林成了"亚瑟王故事形象的核心所在，或者说1250年的人类想象的核心所在"。

拥有预言能力的梅林却为自己带来了不幸，他在布劳瑟良德森林中游荡时，被湖中仙女薇薇安催眠，中了她的魔法。根据劳伦斯·哈弗-兰克纳（Laurence Harf-Lancner）所述，薇薇安是一个"莫佳娜"式的仙女，也就是说她要把爱人带到另一个世界去。梅林被她囚禁在湖底。16世纪，梅林这个人物被人遗忘，但19世纪再次回到人们的记忆中，一方面是因为歌德（Goethe），另一方面是因为埃德加·基内（Edgar Quinet）所写的《魔法师梅林》（*Merlin l'Enchanteur*, 1860年），后者更令人吃惊。梅林的传说再次活跃起来是在19世纪凯尔特文化复兴时期，尤其在埃尔萨尔·德·拉威尔玛盖（Hersart de la Villemarqué）出版的《布列塔尼民歌》（*Barzaz Breiz*, 1939）中，这位学者随后出版了《米尔丁或魔法师梅林》（*Myrrdine ou l'Enchanteur Merlin*）。

20世纪下半叶，随着电影和儿童文学的发展，梅林再次进入人们的视野，但是在保罗·祖姆索尔看来，梅林或许正在从欧洲想象中消失。（J.L.G.）

列那狐

（Renart）

虽然狐狸的形象在古代的伊索（Ésope）寓言中就已出现，但列那狐却是中世纪最独特的文学创造之一。骗子是各种民俗和文化中都存在的重要人物，拟人化的列那狐是其在中世纪的表现形式。这个狡猾的形象可以追溯至古希腊神话中的墨提斯（Mètis），集智慧与狡猾于一身的女神。它也反映了基督教确立的人与动物之间的根本关系。在《创世记》中，上帝创造了人与动物，让人为动物命名。列那狐在中世纪的出现有两个原因，一方面它与地理情况、农村住宅、田野和森林的边界有联系，另一方面它是领主阶层的重要角色，因为狩猎是专属于贵族的活动。

列那狐有一个敌人，二者之间的互动令其形象更具魅力，因为决斗是中世纪最重要的行为之一。它的敌人是一只名叫伊桑格兰（Ysengrin）的公狼，无论在哪个时代，狼都是令人恐惧、遭人诋毁的动物。列那狐不断地嘲笑和羞辱它，甚至还与伊桑格兰的老婆偷情。中世纪的动物世界是一个与人类世界类似的王国，列那狐对狮子国王的行为也具有不确定性，有时它是狮子的仆从，有时又篡夺狮子的权力。《列那狐传奇》（Roman de Renart）让列那狐的名声达到了顶点，这部作品是约1150年成书的《伊桑格兰》（Ysangrinus）的后续。《伊桑格兰》是一部专门讲述伊桑格兰狼的作品，这只狼在《列那狐传奇》中成了列那狐的叔叔。《列那狐传奇》是文学史上一部独一无二的作品，其编写者最初是教士，然后是研究文学的历史学家，他们将不同时期（大约在1170—1250年）的不同作者的独立作品编纂成为一部作品，每个部分被称为一个"支系"。

列那狐是一种赤狐（Vulpes vulpes），《圣经》把这种颜色视为叛徒的颜色。列那狐犯下许多坏事，它勾引母狮，企图篡夺王位，狮子国王想要将其困在马佩杜城堡（Maupertuis，意为"可怕的入口"）中，但没有成功。列那狐受了致

命伤，下葬之后却又复活。列那狐让人害怕又受人敬仰，它在中世纪成为一个代表平民社会关系和政治计谋的形象。

1250年之后，它继续成为一些新小说的主角，但形象越来越负面。它在意大利、英国，尤其是德国取得了巨大成功，从12世纪开始，德国的海恩里希·德·格里萨切埃（Heinrich der Glichesaere）的一本小说使列那狐的传说广为流传，让它在欧洲成为狡猾的象征，1794年，歌德出版了《狐狸列那》（*Reineke Fuchs*）。20世纪，列那狐仍然出现于文学作品如圣埃克絮佩里（Saint-

具有讽喻色彩的1289年新版《列那狐传奇》
列那狐在一对一格斗中刺伤伊桑格兰（*Renart blesse Isengrin en combat singulier*），13世纪，细密画，选自雅克马特·吉列（Jacquemart Gielee）的《新列那狐》（*Renart le Nouvel*），巴黎，法兰西国家图书馆

在长篇《列那狐传奇》中，布伦熊将王位让与狮子
动物之王狮子与它的宫廷（*Le Lion, roi des animaux et sa cour*），1479 年，细密画，选自《列那狐传奇》，巴黎，法兰西国家图书馆

Exupéry)的《小王子》(*Le Petit Prince*)中。它成了儿童文学的角色,在电影中大受欢迎,与侠盗罗宾汉并称中世纪虚构故事中的两大主角。更令人意想不到的是,"狐狸"对应的西班牙语单词是 Zorro(音译:佐罗),"佐罗"在 20 世纪初成为美国西部电影中近乎超人的英雄,在弗莱德·尼布罗(Fred Niblo)执导的《佐罗的面具》(*Le Signe de Zorro*, 1920)中,道格拉斯·范朋克(Douglas Fairbanks)扮演了这位行侠仗义的蒙面侠客。(J.L.G.)

列那狐,扮成传教士的骗子
列那狐向两只鸡和一只鹅传教(*Maître Renart prêchant devant deux poubles et une oie*)(局部),1310—1320 年,细密画,选自一本《圣诗集》,伦敦,大英图书馆

侠盗罗宾汉

（Robin des Bois）

罗宾汉是介于史实和虚构之间的人物之一。如果他是真实的历史人物，他所扮演的角色与文学作品中所描述的差不多，是一个流浪在诺丁汉舍伍德森林的绿林好汉。罗宾汉大约生活在 12 世纪，因为在传说中，他对狮心王理查极为忠诚。然而，他第一次出现是在 1360—1390 年，威廉·兰格伦（William Langland）在著名的长诗《农夫皮尔斯》（*Piers Plowman*）中将其塑造为一个民间英雄。

在 15、16 世纪的民间叙事诗歌中，罗宾汉成为一个流行人物，他也出现在这一时期的画像中。人们之所以对他感兴趣，一方面是因为他反映了 14 世纪末的民间反抗与宗教冲突，另一方面是因为他代表了一种积极但又与骑士针锋相对的社会榜样，他是地位低微者和穷人的捍卫者。最后，他让森林这一自然范畴进入中世纪的想象世界之中，无论在经济领域还是在社会中，森林都扮演着至关重要的角色。他是为普通民众伸张正义的英雄，是森林中的流浪汉，他的武器是弓箭，这与具有社会象征意义的骑士宝剑截然不同。他也是帮派首领，他周围活跃的小团体在中世纪也时有出现。忠实的伙伴小约翰（Little John）和粗犷的塔克修士总是辅佐他左右。

这部作品表明这一时期的英雄人物能够在 19、20 世纪，甚至今天再次流行开来。但罗宾汉却是一个特别的案例。浪漫主义首先从中世纪挖掘了这个介于史实与虚构之间的人物，沃尔特·斯科特（Walter Scott）著名的小说《艾凡赫》（*Ivanhoé*，1819 年）营造了神秘的社会环境，给罗宾汉蒙上了一层浓厚的政治色彩。随后，一位美国作家以罗宾汉为主角创作了一系列儿童读物《罗宾汉奇遇记》（*The Merry Adventure of Robin Hood*，1883），雷金纳德·戴·柯文（Reginald de Koven）从中获得灵感，创作了大获成功的歌剧《罗宾汉》，使罗

宾汉在美国家喻户晓。

最后，罗宾汉这个人物的声誉同样来自电影。许多著名的演员曾扮演过他，例如道格拉斯·范朋克在阿兰·多万（Allan Dwan）执导的默片《罗宾汉》中饰演该角色；埃洛·弗林（Errol Flinn）在迈克尔·柯蒂斯（Mickael Kurtis）执导的《罗宾汉历险记》(*Les Aventures de Robin des Bois*, 1938 年）中诠释了罗宾汉，这部电影中的女性角色奥利维亚·德·哈维兰（Olivia de Havilland）让罗宾汉体验了浪漫的爱情。理查德·李斯特（Richard Leister）1976 年执导的《罗宾汉与玛丽安》(*Robien and Marian; La Rose et la flèche*）或许是最著名的罗宾汉电影，男女主角由肖恩·康纳利（Sean Connery）和奥黛丽·赫本（Audrey Hepburn）扮演，他们让这位源自中世纪英国的英雄成为一个跨越年龄层、穿越时代的人物。迪士尼公司很清楚这一点，并在 1973 年把这位舍伍德森林中的绿林好汉的传奇拍成了动画片。（J.L.G.）

在英国，弓箭并不是专属于平民的武器。举止行为类似骑士的罗宾汉也使用这一武器。
罗宾汉（*Robin des Bois*），约 1600 年，木版画，保存地点未知

罗兰

（Roland）

罗兰是一位历史人物，但我们对他几乎一无所知。9世纪初，艾因哈德的《查理大帝传》(*Vie de Charlemagne*)指出罗兰是查理大帝的外甥。然而，这个外甥是否存在令人生疑，或许这也是他的生平不为人所知的原因。他有可能是查理大帝与妹妹乱伦所生之子。史诗把他描述成一个无所畏惧、无可指责的英雄，但他的出身仍有些污点。罗兰为人所了解的唯一头衔是布列塔尼总督（或许是由"舅舅"册封），布列塔尼在当时是加洛林帝国在边境地区设立的缓冲地带之一。11世纪末的史诗《罗兰之歌》(*La Chanson de Roland*)把他塑造为一位声名显赫但命运悲惨的英雄，他被查理大帝派往西班牙与穆斯林作战。《罗兰之歌》这部史诗是用通俗罗曼语写成的重要作品之一，让·杜福尔奈（Jean Dufournet）称其为"我们的文学、我们的文化和我们的历史的奠基之作，我们的语言诞生的表现"。这部作品的起源比较复杂。最古老的文学形式很可能是口头流传的，将这些朗读文本记录下来的可能是一位盎格鲁-诺曼底修士杜罗尔德（Turold），著名的巴约挂毯有相关场景。据《不列颠诸王史》的作者马姆斯伯里的威廉（Guillaume de Malmesbury）所述，在征服者威廉大获全胜的黑斯廷斯战役中，一位行吟诗人在诺曼底军队中四处吟唱《罗兰之歌》(*Cantilena Rolandi*)，后来圣德尼修道院的法语版手抄本使罗兰成为法国历史遗产的一部分。但现代版的《罗兰之歌》源自金雀花王朝的亨利二世宫廷中流传的英语手抄本（1170—1180年写成），现存于英国牛津大学。《罗兰之歌》讲述了罗兰与同伴奥利维（Olivier）和大主教托宾（Turpin）统领的基督徒部队从西班牙北部班师回国的途中与萨拉戈撒国王马尔西勒（Marsil）的一场战斗。妒忌心极强的叛徒加奈隆（Ganelon）联手撒拉逊人在比利牛斯山的隆瑟瓦（Roncevaux）山口对罗兰的部队发动伏击。

《罗兰之歌》全文虽渗透着十字军东征的精神，但它却重点突出了罗兰的英雄主义，强调无论在和平还是战争时期，善战的罗兰和谨慎的奥利维这两种人都应当优势互补："罗兰勇猛，但奥利维智慧"，这几乎可以视为对骑士双重美德的定义。

　　《罗兰之歌》刻画的封建社会上层人物的形象还包括发号施令的查理大帝和拥有骑士风范的大主教托宾。但《罗兰之歌》所讲述的却是漫长的濒死时刻，它令读者和听众面对的是中世纪社会现实和想象中最重要的建筑之一：坟墓。

　　最后，诗歌重点突出了大自然，这个重要的组成要素后来才出现在艺术中，

罗兰与菲拉古作战（Combat entre Roland et Ferragut）（"查理大帝彩绘玻璃窗"局部）约1225 年，彩绘玻璃，沙尔特圣母大教堂

但它在本诗中营造了一个令人震撼的环境。罗兰临死之前的一个情节非常有名：他明白自己身处危难之中，便向查理大帝求援，他使用的号角是中世纪生活中常见的乐器之一，同样也是狩猎和打仗的工具。

　　罗兰的形象对后世影响很大，也让后人充满好奇。罗兰是少数在文艺复兴时期仍声名显赫的中世纪英雄人物之一，实际上，他所呈现的内容除了英雄主义之外，还有爱情。15世纪末，人文主义学者博瓦尔多（Boiardo）撰写了一部《热恋的罗兰》（Roland amoureux; Orlando inamorato），费拉拉的伟大

著名的罗兰之死，他在死前吹响号角，砍断宝剑杜兰德尔，不让它落入敌手
隆瑟瓦，罗兰试图砍断宝剑，吹响号角（Roncevaux, Roland tente de briser son épée et sonne du cor）（"查理大帝彩绘玻璃窗"局部），约1225年，彩绘玻璃，沙尔特圣母大教堂

诗人阿里奥斯托（Arioste）于1516—1532年创作了《疯狂的罗兰》（*Orlando furioso*）。罗兰从一位光芒四射的英雄变成了天使般的恋人，他也可以被视为罗密欧与朱丽叶的早期形象。中世纪的《罗兰之歌》基本上只有乔治·杜比所描述的"中世纪男性"，史诗中唯一的女性形象是罗兰的未婚妻、留在亚琛的奥德（Aude），在诗歌的最后，查理大帝试图安慰她。

对浪漫主义作家而言，罗兰是一个完美的英雄。阿尔弗雷德·德·维尼（Alfred de Vigny）著名的诗歌《号角》（*Le Cor*）和雨果的《世纪传奇》（*La Légende des siècles*）中都出现了罗兰。他最初在欧洲范围内广为流传，1404年，不来梅为他竖起一座五米高的雕像，作为城市特权的象征；他也为16世纪和17世纪西西里岛的木偶戏提供了灵感。但他后来逐渐回归法国，成了一位民族英雄，尤其是1880年莱昂·戈蒂耶（Léon Gauthier）的改编作品出现之后。在儒勒·费里（Jules Ferry）推行的公共学校中，他和维钦托利、杜·盖克兰、圣女贞德、巴耶德（Bayard）、蒂雷纳（Turenne）、奥什（Hoche）和马索（Marceau）一样成为法国的民族英雄。

电影工作者对罗兰的兴趣并不浓厚，除了路易·菲拉德（Louis Feuillade）的默片《隆瑟瓦的罗兰》（*Roland à Roncevaux*, 1913年）之外，还有弗兰克·卡森提（Frank Cassenti）的经典影片《罗兰之歌》（*Chanson de Roland*, 1978年），著名演员克劳斯·金斯基（Claus Kinski）饰演了挥舞着神奇的杜兰德尔的罗兰一角。（J.L.G.）

15世纪依然流行

罗兰之歌：罗兰在隆瑟瓦战役中死去（*La Chanson de Roland. La mort de Roland à la bataille de Roncevaux*），15世纪，细密画，选自《法兰西国王大编年史》，巴黎，法兰西国家图书馆

撒旦

（Satan）

伊甸园中引诱亚当和夏娃的试探者在《新约》(le Nouveau Testament)中成了撒旦（敌对者）和魔鬼（恶语中伤和离间他人者）。和《创世记》中的蛇一样，他是人类的敌人，试图欺骗人类，使人类堕落。《启示录》表示"这世界的王"在末日之时将被战胜，在"从天而降的耶路撒冷"，邪恶、不幸和死亡都将消失。

最初的基督教艺术忽视了撒旦。在6—10世纪的艺术中，撒旦还不是一个令人厌恶的怪物。然而，在11、12世纪，"魔鬼突然第一次大规模出现"（勒高夫），撒旦和地狱怪物出现在圣瑟韦的《论启示录》插图中以及维泽莱、欧坦（Autun）、穆瓦萨克（Moissac）和卢瓦尔河畔圣本笃的雕塑中。它们也出现在12世纪初欧坦的洪诺留（Honorius d'Autun）所著的教理书《释义》(Elucidarium)中，洪诺留系统梳理了分散在以前著作中的与魔鬼有关的内容。此外，12世纪的两部著作《异世界幻视论》(Vision de Tnugdal)和《圣帕特里克的炼狱》(Purgatoire de saint Patrick)提到了《彼得启示录》(2世纪)和《保罗启示录》(3世纪)，详细讲述了有罪之人死后所受的处罚。这种关于魔鬼和地狱的主张传播得越来越广，而在同一时期，对圣母玛利亚的信仰和对守护天使的崇拜也在迅速发展。

从14世纪开始，魔鬼侵犯人类的案例遍布整个西方世界，一直持续到17世纪上半叶。如同阿兰·布罗（Alain Bourreau）所述，1280—1330年期间，教会出现了大范围的魔鬼论思考。经院哲学试图更好地理解和确定魔鬼附身、召唤魔鬼、巫魔夜会、巫术和魔法。然而，但丁（卒于1321年）的《神曲》中的《地狱》却超出了神学家的范畴，在范围更广阔的普通民众中流传，这象征着一个时代向另一个时代的过渡。黑死病、宗教大分裂、土耳其人入侵、新教争论、宗教战争等灾难或大事件打破了人为划分的中世纪与文艺复兴的界限，它们不断累积或接连而至，成为西方不能承受之痛。这些灾难一方面被视为对人类罪孽的惩罚，另一方面被视为撒旦对充满原罪的世界拥有无限权力的证据。从此以后，艺术以各种各样的形式表现了对魔鬼及其同伙的恐惧，这种恐惧渗透了整个文明，例如艺术家从《神曲》中找到灵感来设计比萨公墓（Campo Santo de Pise）；在圣吉米尼亚诺（San Gimignano），路西法用它的力量碾碎了渺小的人类；在《贝里公爵的豪华时祷书》（Très Riches Heures du duc de Berry）中，撒旦以巨人形象出现，用满是火焰的恐怖巨嘴吞噬和吐出那些有罪之人。然而，比地狱刑罚更加可怕的是撒旦为了诱惑人类而设下的陷阱，例如荷兰画家博斯（Bosch）为了提醒世人而创作的《人间乐园》（Jardin des délices）和《圣安东尼受试炼》（Tentation de saint Antoine），以及15、16世纪揭露人类疯狂和"颠倒世界"的虚假幻想的文学。

这一时期，西方对魔鬼的忧虑有两大组成部分，一方面，人们相信当时的灾难预示着世界末日即将到来；另一方面，泛滥的魔鬼论比以前更加强调撒旦拥有无限的力量和无数的爪牙，如同一支真正的黑暗军队。两位宗教裁判官于1486年出版了可怕的《女巫之锤》（Malleus maleficarum; Le Marteau des sorcières），该书做出如下判断："在一个世纪的灾难之中"，"处于黑暗边缘的世界逐渐衰落，人类的恶念不断增长"，敌人"勃然大怒，他知道自己所剩时间不多"，"因此他在天主的大地上推行一种令人震惊的异端堕落"，即女巫。1486—1669年，这本书的拉丁语版本再版三十多次。

"进步"的概念尚未出现在14—16世纪的西方人的思想体系中。从厄斯塔什·德尚到圣文森特·费雷尔、萨伏那洛拉（Savonarole）、纪尧姆·比代，再到路德（Luther），他们都确信最后的审判即将来临。随着当时的新媒体印刷术

天使关上人类与魔鬼共居的地狱之口的大门（Ange fermant les portes de la bouche de l'Enfer, dans laquelle humains et démons cohabitent），约1121—1161年，布鲁瓦的亨利（Henri de Blois）的《圣诗》，伦敦，大英图书馆

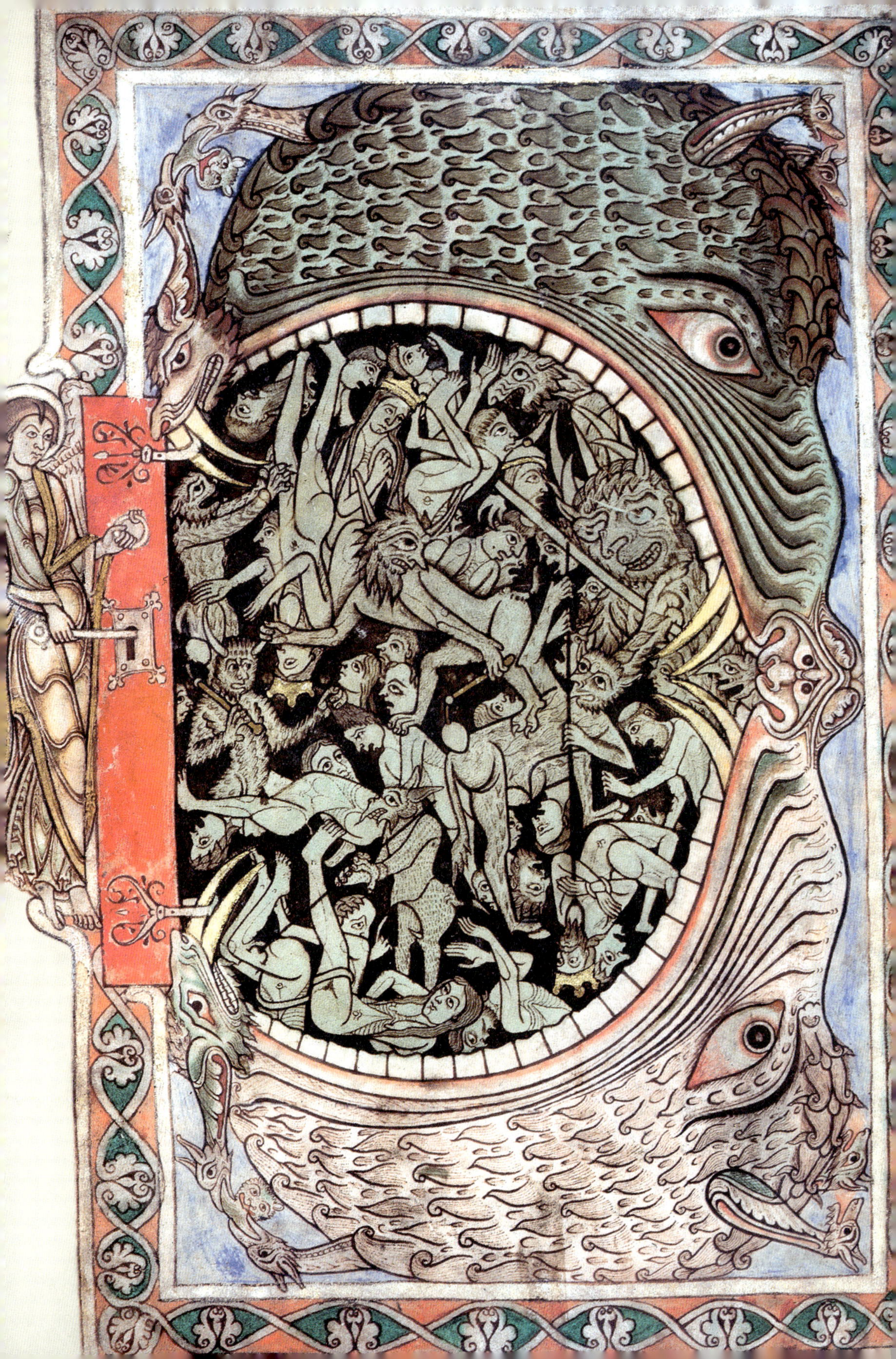

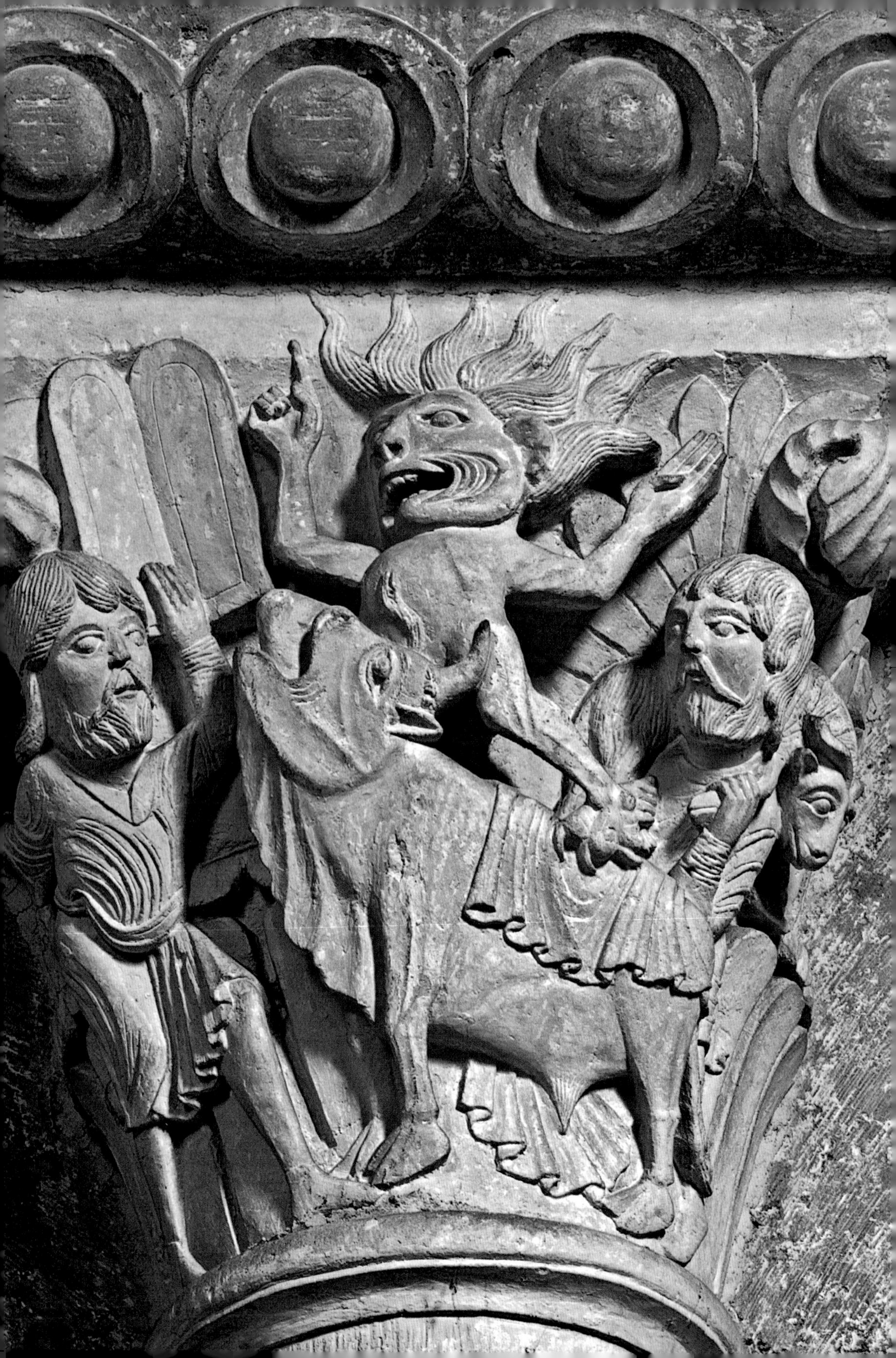

和雕版画的发展，例如丢勒（Dürer）的《启示录》（*Apocalypse*），这种恐惧不断扩大。加尔文（Calvin）的弟子维莱特（Viret，卒于1571年）信誓旦旦地表示："世界末日即将到来……它如同行将就木之人。"在某些人看来，新教源自不断发酵的末世论，这种论调可以追溯到黑死病时期，而新教进一步推动了末世论的发展。

如同《女巫之锤》的作者所述，撒旦知道自己即将被永远封禁在地狱中，便动用所有人间爪牙，例如土耳其人、异端者、渎神者、男巫和女巫等，发动最终战争。

这是依照传统来区分中世纪与文艺复兴时期的困难之一。从数量和解释程度来看，魔鬼论和巫术审判在近代初期，尤其是1600年左右达到顶峰。他们对撒旦及其魔鬼的描述之细致令人咋舌。某些学者列举了几百万种魔鬼，耶稣会神学家苏瓦雷（Suarez）发现每个人都有魔鬼的另一面，这也意味着每个人都需要守护天使。此外，人们认为撒旦和魔鬼只有在上帝的允许之下，才能侵扰人类，它们存在于地狱、人间、天上和江河湖海中，能够幻化成任何外形，精通人体附身之术，这也是魔鬼论著作如此之多的原因。路德对此表示："在这个魔鬼是王、是主的世界，我们的一切都屈服于魔鬼和异族之人。"因此，信徒应当依靠信仰，投身于能够拯救自己的上帝的怀抱中。（J.D.）

在中世纪的想象和雕塑中，尤其是教堂的柱头上，撒旦无处不在
金牛与撒旦（*Le Veau d'Or avec Satan*），1125年，维泽莱，圣玛德莲娜教堂柱头

附　录

地图

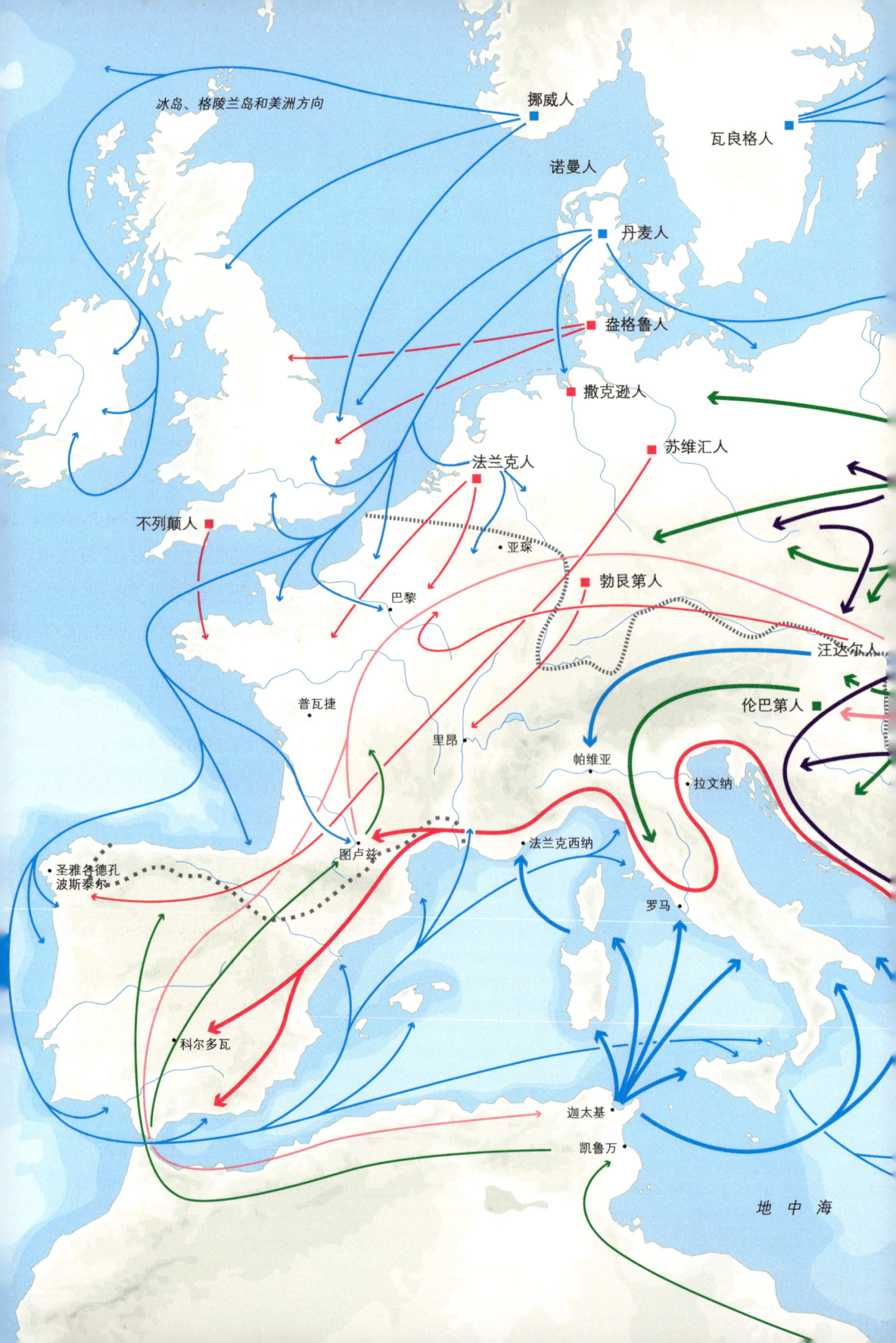

- 冰岛、格陵兰岛和美洲方向
- 挪威人
- 瓦良格人
- 诺曼人
- 丹麦人
- 盎格鲁人
- 撒克逊人
- 苏维汇人
- 法兰克人
- 不列颠人
- 勃艮第人
- 亚琛
- 巴黎
- 汪达尔人
- 伦巴第人
- 普瓦捷
- 里昂
- 帕维亚
- 拉文纳
- 圣雅各德孔波斯泰尔
- 图卢兹
- 法兰克西纳
- 罗马
- 科尔多瓦
- 迦太基
- 凯鲁万
- 地中海

5–13 世纪的入侵

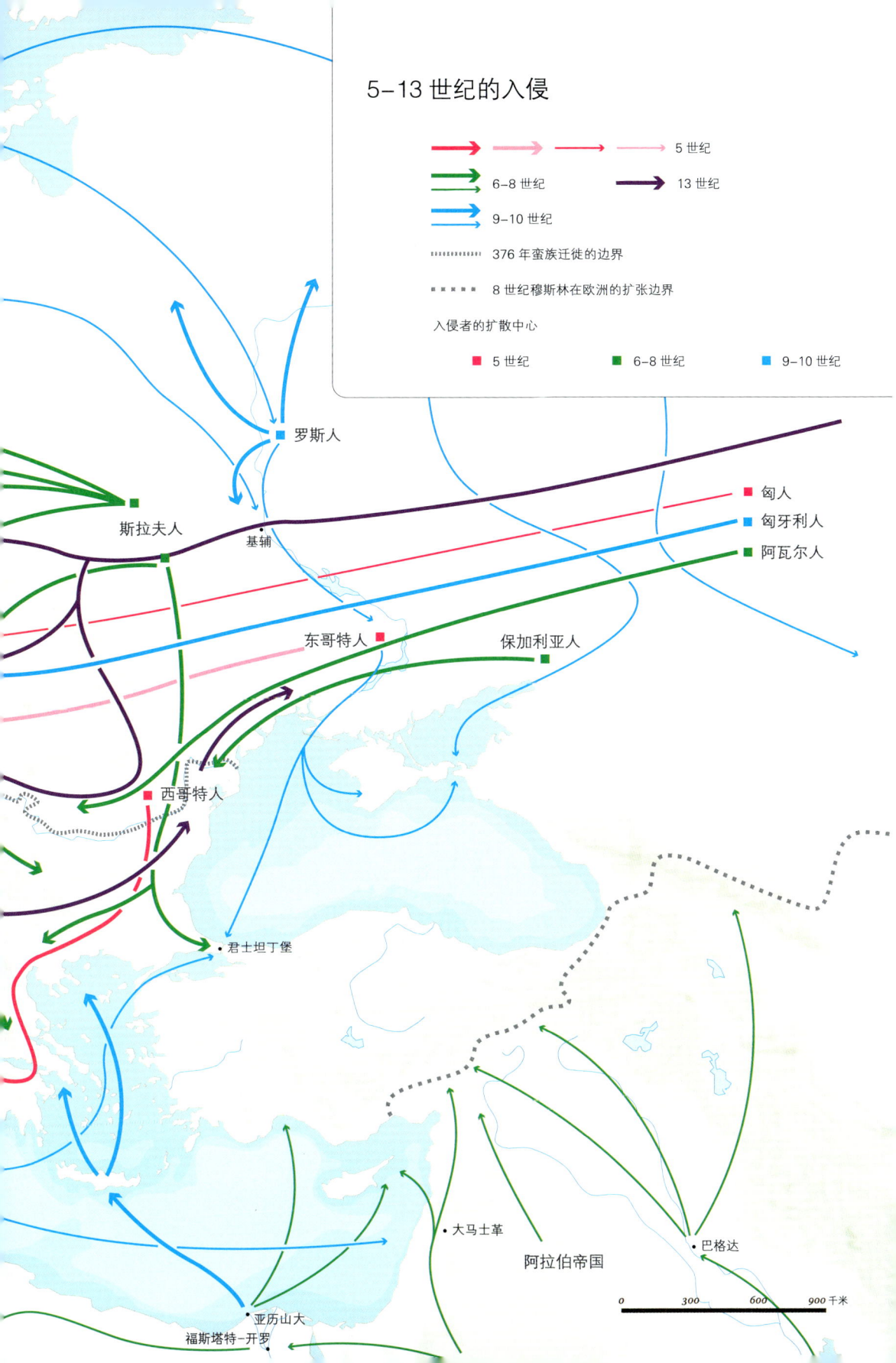

图例：
- 5 世纪
- 6–8 世纪
- 9–10 世纪
- 13 世纪
- 376 年蛮族迁徙的边界
- 8 世纪穆斯林在欧洲的扩张边界
- 入侵者的扩散中心（5 世纪、6–8 世纪、9–10 世纪）

标注地点与民族：
- 罗斯人
- 斯拉夫人
- 基辅
- 东哥特人
- 保加利亚人
- 匈人
- 匈牙利人
- 阿瓦尔人
- 西哥特人
- 君士坦丁堡
- 大马士革
- 巴格达
- 阿拉伯帝国
- 亚历山大
- 福斯塔特-开罗

比例尺：0　300　600　900 千米

挪威
卑尔根
瑞典
维斯比
苏格兰
丹麦
施特拉尔松德　格但斯克
什切青
爱尔兰
吕贝克
法兰克福
汉堡
波兰
英格兰
斯塔福伦
不来梅
马格德堡
伦敦
布鲁日
科隆
美因茨
雷根斯堡
巴黎
韦兹莱
维也纳
克莱蒙-费朗
里昂
威尼斯
热那亚
斯普利特
比萨
拉古萨
科西嘉
罗马
都拉
圣雅各德孔波斯泰尔
巴里
图卢兹
巴塞罗
萨丁
瓦伦西亚
巴勒莫
塞维利亚
西西里
格拉纳达
布日伊
突尼斯
休达
地中海

11-12 世纪西方的扩张

- - -	2 世纪初的基督教西欧
→	十字军
→	日耳曼殖民
→	主要海上贸易浪潮
▨	威尼斯殖民地
▨ 卡法	热那亚殖民地和据点
→	恢复失地运动
— —	10–11 世纪
···	13 世纪
▨▨	格拉纳达王国

地名：里瓦尔、诺夫哥罗德、里加、立陶宛、蒙卡斯特罗、卡法、马特里达、赫尔松、苏达克、琴巴洛、雅尔塔、阿图普卡、塔纳、阿斯特拉罕、黑海、锡诺普、阿玛斯特里斯、特拉布宗、君士坦丁堡、克里特岛、利尼亚岛、安条克、圣地的拉丁王国、巴格达、阿卡、耶路撒冷、亚历山大、格莱德

0　300　600　900 千米

欧洲地图

- 挪威
- 斯德哥尔摩
- 瑞典
- 苏格兰
- 丹麦
- 哥本哈根
- 爱尔兰
- 都柏林
- 威尔士
- 英格兰
- 约克
- 伦敦
- 格但斯克
- 马尔堡
- 托伦
- 吕贝克
- 不来梅
- 汉堡
- 什切青
- 波兰
- 布鲁日
- 根特
- 伊珀尔
- 杜埃
- 哥廷根
- 科隆
- 神圣罗马帝国
- 布拉格
- 克拉
- 兰斯
- 巴黎
- 雷根斯堡
- 奥尔良
- 维也纳
- 布达
- 法国
- 里昂
- 米兰
- 的里雅斯特
- 威尼斯
- 波尔多
- 热那亚
- 吉耶纳
- 蒙彼利埃
- 阿维尼翁
- 比萨
- 佛罗伦萨
- 图卢兹
- 马赛
- 锡耶纳
- 圣雅各德孔波斯泰尔
- 阿拉贡
- 教皇国
- 卡斯蒂利亚
- 巴塞罗那
- 科西嘉
- 罗马
- 那不勒斯王国
- 葡萄牙
- 那不勒斯
- 阿马尔菲
- 托雷多
- 里斯本
- 瓦伦西亚
- 马略卡王国
- 巴勒莫
- 西西里王国
- 格拉纳达
- 格拉纳达王国
- 哈弗斯王朝
- 突尼斯
- 马林王朝
- 赞吉王朝
- 地中海

14 世纪初的西方

- 条顿骑士团的势力范围
- 14 世纪初的拜占庭帝国
- 1350 年左右的奥斯曼国势力范围
- 英格兰诸王的领地
- 哈布斯堡王朝的领地
- 威尼斯的势力范围
- ■ 加入汉萨同盟的城市
- ◆ 热那亚的势力范围

里瓦尔
诺夫哥罗德
诺夫哥罗德公国
莱佩达
科夫诺
维捷布斯克
立陶宛
基辅
利沃夫
金帐汗国
匈牙利
蒙卡斯特罗
塔纳
卡法
瓦拉几亚
赫尔松
瓦尔纳
保加利亚
锡诺普
尔维亚帝国
安迪诺普勒
萨洛尼卡
尼西亚
特拉布宗
埃尔祖鲁姆
塞尔柱帝国
埃德萨
亚半岛
安条克
罗德岛
坎迪亚
法马古斯塔
坎迪亚王国
塞浦路斯王国
马穆鲁克王朝
大马士革
耶路撒冷
亚历山大

0 300 600 900 千米

1492年的世界*（局部）

地图标注：

欧洲城市： 伦敦、吕贝克、安特卫普、法兰克福、布拉格、莫斯科、布鲁日、巴黎、克拉科夫、里昂、纽伦堡、热那亚、威尼斯、罗马、君士坦丁堡、里斯本、塞维利亚、卡迪斯、格拉纳达

非洲与中东： 的黎波里、亚历山大、开罗、埃及、巴格达、通布图、萨奥、埃尔米纳（1470）、费尔南多波岛（1469）、阿比西尼亚（1486）

大西洋岛屿与航线节点：
- 亚速尔群岛（1431）
- 马德拉群岛（1419）
- 加那利群岛（1405）
- 布朗角（1441）
- 佛得角群岛（1457）
- 佛得角（1445）
- 好望角（1487）

美洲： 墨西哥、阿兹特克帝国、奇琴伊察、玛雅帝国、库斯科、印加帝国

其他： 奥斯曼帝国、大西洋、北回归线、赤道、南回归线

航线： 巴尔托洛梅乌·迪亚士（1487—1488）

图例：
- 基督教世界
- 伊斯兰世界
- 佛教世界
- 哥伦布之前的已知世界

比例尺：0　1000　2000　3000 km

*本图截取原书图局部

大事年表

欧洲重要事件

276 年	日耳曼人第一次大规模入侵罗马帝国。
313 年	《米兰敕令》给予基督徒文化自由。
325 年	君士坦丁在尼西亚大公会议上捍卫基督教正统教义,反对阿里乌教派
330 年	君士坦丁将罗马帝国首都迁至君士坦丁堡。
379—395 年	狄奥多西一世承认基督教为国教,临终时将罗马帝国分为东罗马帝国和西罗马帝国。
410 年	西哥特国王阿拉里克率军攻陷并洗劫罗马。
415 年	西哥特人定居西班牙。
432—461 年	圣帕特里克在爱尔兰传教。
约 440 年	盎格鲁、朱特、撒克逊等日耳曼民族定居大不列颠,不列颠人逃向欧洲大陆。
451 年	罗马将军埃提乌斯在卡塔隆平原拦截阿提拉率领的匈人大军。
476 年	赫鲁利人奥多亚克废除西罗马皇帝罗慕路斯·奥古斯都,并将西罗马帝国的徽章送至君士坦丁堡。
488—525 年	东哥特国王狄奥多里克在拉文纳统治意大利。
496—511 年间	法兰克首领克洛维受洗。
约 529 年	努西亚的圣本笃成立卡西诺山修道院,为僧侣确定《会规》,后成立本笃会。
约 555 年	西哥特人夺取安达卢西亚,定都托雷多。
约 570—636 年	塞维利亚的伊西多尔,中世纪基督教百科全书之父。
590—604 年	格里高利一世任教皇。
约 590—615 年	爱尔兰修道士圣科伦巴努斯在高卢(吕克瑟伊)、日耳曼尼亚南部(康斯坦茨)和意大利北部(博比奥)建立修道院。

568—572 年	伦巴第人攻陷意大利北部和部分中部地区,建立王国,定都帕维亚。
732 年	法兰克王国宫相查理·马特在普瓦捷大败入侵的穆斯林。
757 年	宫相矮子丕平被教皇斯蒂芬二世加冕为法兰克国王,丕平支持教皇在意大利建立教皇国,称其为"圣彼得的遗产"。
759 年	穆斯林丢失在高卢地区的最后据点纳尔榜。
771 年	查理曼成为唯一的法兰克国王。
774 年	查理曼兼任伦巴第国王。
778 年	查理曼的外甥罗兰指挥的后卫部队在隆瑟瓦山口遭遇巴斯克人突袭。
787 年	在第二次尼西亚大公会议上,查理曼允许基督教艺术使用圣像。
793—810 年	诺曼人开始进攻大不列颠和高卢。
796—803 年	查理曼在亚琛修建宫殿和教堂。
800 年	查理曼在罗马加冕为皇帝。
827 年	撒拉逊人攻占西西里岛。
约 830 年	西班牙加利西亚发现圣雅克的圣骨。
842 年	用通俗日耳曼语和通俗罗曼语所写的《斯特拉斯堡誓言》。
843 年	《凡尔登条约》,德国与法国诞生。
9 世纪下半叶	拉丁语 miles(士兵、骑士)开始指代诸侯。
881 年	单词 fief(封地;采邑)首次出现。
895 年	匈牙利人定居多瑙河平原。
910 年	克吕尼修道院建立。
911 年	"天真汉"查理与以罗隆为首领的诺曼人签订《埃普特河畔圣克莱尔条约》,将塞纳河入海口地区割让给诺曼人。
929 年	科尔多瓦哈里发国成立。
948 年	汉堡总主教区成立,成为向北欧国家传教的中心。
约 950 年	大规模开垦开始;卢瓦尔河以北地区开始使用犁。
955 年	奥托大帝在莱希费尔德战役中击败匈牙利人。
960 年	科尔多瓦清真寺建成。
962 年	奥托大帝加冕,成为神圣罗马帝国的皇帝。
967 年	波兰梅什科公爵受洗。
972 年	布拉格主教区成立。

985 年	匈牙利大公瓦伊克（圣艾蒂安）受洗。
987 年	高卢地区的卡佩王朝开始（于格·卡佩）。
1000 年	西尔维斯特二世（奥利亚克的热贝尔，999—1003 年任教皇）与奥托三世（神圣罗马帝国皇帝，983—1002 年在位）联合统治拉丁基督教世界。
	"教堂白衣"开始修建（源自克吕尼僧侣秃头的拉乌尔的说法："世界仿佛披上了一件白色教堂外衣"）。
	格涅兹诺主教区建立，成为波兰宗教中心。
1001 年	圣艾蒂安加冕为匈牙利国王。
1005—1006 年	西欧遭遇大饥荒。
1015—1028 年	圣奥拉夫二世·哈拉尔德松在挪威强制推广基督教。
1019—1035 年	克努特大帝成为丹麦国王和英格兰国王。
1020 年	阿维塞卜洛（所罗门·伊本·盖比鲁勒），犹太哲学家（约 1020 年出生于马拉加，约 1058 年逝世于瓦伦西亚）。
	圣热尼代方丹修道院（加泰罗尼亚）的门楣，法国最古老的罗曼式雕塑。
约 1020 年	阿雷佐的圭多发明了新的记谱法。
1023 年	在教会的要求下，虔诚者罗贝尔在奥尔良烧死摩尼教异端者。
1028 年	克努特大帝征服挪威和英格兰。
1028—1072 年间	圣瑟韦的利埃巴纳的贝阿图斯手抄本《论启示录》细密画。
1029 年	意大利南部第一个诺曼公国（阿维尔萨）。
约 1030 年	意大利的公社运动开始（克雷莫纳）。
1031 年	科尔多瓦哈里发国（后倭马亚王朝）灭亡。
1032—1033 年	西方世界大饥荒。
约 1035 年	在阿尔比建造一座石桥。
1037 年	神圣罗马帝国皇帝康拉德二世在意大利北部建立封地继承制。
1054 年	拉丁罗马天主教与希腊东正教彻底分裂。
1060—1091 年	诺曼人征服西西里岛。
1066 年	征服者威廉率诺曼人征服英格兰。
1069 年	勒芒"公社"运动。
1071 年	圣尼古拉的遗骨从东方迁至意大利东南部的巴里。
1072 年	"有限责任合伙关系"（*colleganza*）合同出现在威尼斯。

1073—1085 年	格里高利七世任教皇；格里高利改革。
1077 年	神圣罗马帝国皇帝亨利四世在卡诺萨向教皇格里高利七世忏悔罪过。
约 1080 年	圣奥梅尔出现行会。
1081 年	比萨，民选"执政官"。
1085 年	卡斯蒂利亚的阿方索六世攻占托雷多。
1086 年	诺曼底首次出现缩绒磨坊（圣旺德里耶）。
11 世纪末	在法国北部，马取代牛成为主要劳动力。
1088 年后	伊纳留斯在博洛尼亚讲授罗马法。
1093 年	第一座尖拱教堂——杜伦大教堂开始建造。
1095 年	乌尔班二世在克莱蒙讲道。
1098 年	排犹浪潮：向巴勒斯坦行进的农民十字军屠杀犹太人。
1099 年	热那亚商人成立了"康帕尼亚"组织（*compagna*，意为"公社"）。
约 1100 年	弗兰德地区开始排空沼泽地，围海造田。
1108 年	巴黎建成圣维克多学院，早期经院哲学中心。
1112 年	拉昂公社起义，伯爵主教被杀。
1020—1150 年	西方出现最早的行业章程。
1126—1198 年	阿威罗伊（伊本·鲁世德），科尔多瓦的阿拉伯哲学家，亚里士多德哲学诠释家，卒于马拉喀什。
1127 年	弗兰德城市获得"解放特许状"。
1132—1144 年	絮热重建圣德尼修道院大教堂，哥特风格开始出现。
1135—1204 年	迈蒙尼德，科尔多瓦的犹太神学家和哲学家，用阿拉伯语写作，卒于开罗。
1140 年	葡萄牙王国成立。
约 1140 年	格拉蒂安教谕，教会法典的基础。
1141 年	克吕尼修道院院长尊者彼得命人将《古兰经》译成拉丁语。
1143 年	吕贝克建成。
1154 年	红胡子腓特烈一世给予博洛尼亚的教师和大学生特权。
1154—1224 年	地跨英法的金雀花王朝。
1165 年	一位伪教皇将查理曼封为圣人。
1170 年	塞维利亚的吉拉达尖塔建成。
1175 年后	热那亚出现订购合同。

1180 年	主教和沙尔特学派的庇护者索尔兹伯里的约翰去世。
1183 年	红胡子腓特烈一世与"伦巴第同盟"签订《康斯坦茨合约》，承认伦巴第城市的自由。
1200 年	里加建成。
1202 年	千禧年说神学家弗洛拉的约阿西姆去世。
1204 年	十字军攻占并洗劫君士坦丁堡；君士坦丁堡的拉丁帝国成立（1204—1260 年）。
1207 年	圣多明我归化阿勒比的纯洁教派。
1209 年	第一个圣方济各会成立。
1209—1229 年	阿勒比十字军东征。
1212 年	西班牙的基督徒在纳瓦斯德托洛萨战役中战胜穆斯林。
1214 年	牛津大学获得首批特权。
1215 年	库尔松的罗贝尔为巴黎大学制定章程。
	第四次拉特兰大公会议：对婚姻和忏悔做出规定，提出反犹太、反异端的措施。
	英国大宪章。
1215—1218 年	莫埃贝克的威廉，将亚里士多德的著作翻译成拉丁语的译者。
1216 年	多明我会成立。
1223 年	教皇批准修改后的方济各会会规。
1229—1231 年	巴黎大学罢课。
1231 年	格里高利九世改革宗教裁判所。
1232 年后	穆斯林在格拉纳达修建阿尔罕布拉宫。
1238 年	阿拉贡人夺取瓦伦西亚。
1241 年	蒙古人突袭西里西亚、波兰和匈牙利。
1242 年	最早的尾舵出现（埃尔宾城的徽记）。
1248 年	卡斯蒂利亚人攻占塞维利亚。
1252 年	热那亚和佛罗伦萨铸造金币。
1252—1259 年	托马斯·阿奎那在巴黎大学讲学。
1253 年	罗贝尔·德·索邦在巴黎大学为贫困的神学专业学生成立一所学院（未来的索邦神学院）。
1254 年	乌尔班四世确立圣体瞻礼。
1261 年	君士坦丁堡的拉丁帝国覆灭。

1266 年	贝内文托战役。安茹的查理成为西西里国王。
1268 年	法布里亚诺出现最早的造纸磨坊。
1270 年	第一次提到地中海航海地图。
1276 年	拉蒙·鲁尔成立了一所向基督教传教士讲授阿拉伯语的学院。
1280 年	城市罢工和骚乱浪潮（布鲁日、杜埃、图尔奈、普罗万、鲁昂、卡昂、奥尔良、贝济耶）。
1282 年	西西里晚祷战争：法国人被迫将西西里割让给阿拉贡人。
1283 年	条顿骑士团占领普鲁士。
1284 年	威尼斯铸造金杜卡托。
1290 年	博韦大教堂穹顶坍塌。
1298 年	热那亚、英格兰和弗兰德开始以海路保持固定联系。
1300 年	第一次确定提到眼镜。
14 世纪初	汇票在意大利传播开来。
1306 年	法国驱逐犹太人。
约 1306 年	皮耶罗·德·克雷申齐的《农业助手》出版，一部中世纪农业科学大全。
1309 年	教廷迁至阿维尼翁。
1310 年	鲁昂大教堂的广场上首次呈现了耶稣受难。
1313 年	亨利七世卒于比萨，皇帝之梦结束。
约 1313 年	但丁创作完成《神曲》。
1315 年	莫尔加滕战役，瑞士民兵战胜哈布斯堡军队。
1315—1317 年	欧洲大饥荒：14 世纪的"危机"出现。
1321 年	法国的犹太人和麻风病人因被指控在井里下毒而遭到屠杀。
1337 年	英法"百年战争"开始。
1341 年	彼得拉克在罗马被加冕为"桂冠诗人"，人文主义之光闪耀。
1347 年	柯拉·迪·黎恩济试图复兴古罗马政府，遭遇失败。
1347—1348 年	黑死病开始大范围传播（一直到 1720 年）。
1348 年	黑死病导致人口锐减。
1353 年	加利波利成为土耳其在欧洲的第一个战略部署地。
1355 年	尼古拉·奥雷姆的《论货币》出版。
1358 年	巴黎市民起义，反抗王室摄政者。
	艾蒂安·马塞尔遇刺。法国东北部爆发扎克雷农民起义。

1368 年	立陶宛大公瓦迪斯瓦夫·雅盖沃与波兰卡西米尔大帝的女儿和继承人雅德维加成婚。*
1378 年	天主教会大分裂开始。
	佛罗伦萨爆发羊毛工人起义。
	教皇乌尔班六世返回罗马。
1379 年	菲利普·范·阿特维尔德带领根特人发动反叛。
1381 年	瓦特·泰勒在英国领导农民大起义。
1382 年	约翰·威克里夫因异端被判刑。
1389 年	土耳其人在科索沃战胜塞尔维亚人。
1394 年	犹太人被彻底逐出法国。
1397 年	丹麦、瑞典、挪威结成卡尔马联盟。
1409 年	受扬·胡斯影响而颁布的《库特纳霍拉敕令》导致德国人离开布拉格大学。
1410 年	条顿骑士团在坦能堡战役中被波兰人击败。
1414—1418 年	康斯坦茨大公会议。
	扬·胡斯因异端被审判和处死。
1420—1436 年	布鲁内列斯基完成了佛罗伦萨花之圣母大教堂的穹隆顶。
1431 年	圣女贞德被烧死在鲁昂。
1431—1437 年	巴塞尔大公会议。
1434 年	科西莫·德·美第奇成为佛罗伦萨的主宰者。
1439—1443 年	佛罗伦萨和罗马大公会议结束了大分裂。
1450 年	古登堡在美因茨发明了金属活字印刷术。
1453 年	土耳其人攻陷君士坦丁堡。
1456 年	马奇里奥·斐奇诺出版《柏拉图研究》。
1458—1464 年	庇护二世（埃伊尼阿斯·西尔维乌·比科罗米尼）任教皇，欧洲的支持者
1458—1471 年	胡斯派波希米亚国王格奥尔格·冯·波杰布拉德在位。
	组织欧洲联盟的规划。
1458—1490 年	匈牙利国王马提亚一世在位。
1462—1505 年	莫斯科大公伊凡三世统治时期。
1464 年	"现代"神学家、宗教宽容的捍卫者库埃斯的尼古拉去世。

* 应为 1386 年。原书疑有误。——译者

1468 年　　　阿尔巴尼亚人、抵抗土耳其人的英雄斯坎德培去世。

1469 年　　　西班牙的天主教双王举行婚礼。

1475 年　　　《皮基奎涅条约》签署，百年战争结束。

1476 年　　　奥地利的马克西米利安与勃艮第的玛丽完婚。

1477 年　　　波提切利创作《春》。

1483 年　　　多明我会修士托尔克马达被任命为西班牙宗教裁判所大法官。

1492 年　　　西班牙天主教双王攻陷格拉纳达。
　　　　　　　穆斯林被彻底逐出伊比利亚半岛。

1494 年　　　在教皇亚历山大六世的仲裁下，西班牙与葡萄牙签订了瓜分新世界的《托德西利亚斯条约》。

1495 年　　　法兰西国王查理八世迅速征服那不勒斯王国。意大利战争开始。

欧洲以外的大事

美洲

700—800 年　　中美洲的玛雅文明达到鼎盛时期。

800—925 年　　玛雅文明崩溃。

1000—1200 年　墨西哥的托尔特克文明达到鼎盛时期。

12 世纪　　　　带有神话色彩的秘鲁的印加帝国源自这一时期。

1370 年　　　　阿兹特克人在墨西哥建立特奥蒂华坎。

15 世纪　　　　阿兹特克联盟的更替。

1492 年　　　　克里斯多夫·哥伦布"发现新大陆"。

非洲

6—13 世纪　　　津巴布韦的祖鲁王国达到鼎盛时期。
　　　　　　　　阿拉伯人攻占埃及，建立福斯塔特（开罗），成为什叶派的法蒂玛王朝（969—1171 年）的首都。

709 年　　　　　阿拉伯人攻陷北非。

约 800 年　　　　乍得湖地区建立卡涅姆王国。

1057 年　　　　希拉尔阿拉伯人摧毁艾格莱卜王朝的首都喀土穆。

1062 年　　　　穆瓦希德人（12 世纪末）和马林人（1269 年）的柏柏尔王朝建立马拉喀什。

1171 年	库尔德人萨拉丁恢复逊尼派在埃及的统治，建立阿尤布王朝（1171—1250）。
1250 年	马穆鲁克人夺取埃及政权。
1312—1337 年	曼萨·穆萨统治的马里穆斯林王国达到巅峰，并且吞并了加纳王国。
1402 年	诺曼底人让·德·贝当古征服加那利群岛。
1415 年	葡萄牙人征服休达。
1418 年	葡萄牙人定居马德拉群岛。
1456 年	葡萄牙人抵达几内亚湾。
1477 年	加那利群岛归西班牙统治。
1488 年	巴托洛梅乌·迪亚士发现好望角。

亚洲：远东

320—480 年	印度北部处于笈多王朝统治之下。
3—4 世纪	印度南部处于帕拉瓦王朝统治之下。
581—618 年	隋文帝杨坚统一中国，定都长安，修建大运河和长城。
618—907 年	唐王朝。
	加强中央统治，与朝鲜交战并取得胜利。
	承认吐蕃。佛教传播。
710 年	奈良成为日本国都。
8 世纪中期—824 年	夏连特拉王国的君主在爪哇岛中部修建婆罗浮屠舍利塔。
777 年	佛教成为日本宫廷的宗教。
794 年	京都成为日本国都。
858 年	藤原家族开始把持朝政，统治日本。
907—960 年	中国进入五代十国时期。
960—1279 年	宋朝。科举制度。修建大运河。
1024 年	中国首次印刷纸币。
1086 年	中国出现活字印刷术。
1181—1218 年	阇耶跋摩七世统治时期的高棉帝国达到顶峰，并且修建了吴哥窟。
1185—1192 年	日本镰仓幕府建立。
1192 年	穆斯林统治印度北部。
1206—1526 年	穆斯林建立德里苏丹国。
1206—1279 年	蒙古帝国形成。

1245—1254 年	威尼斯商人尼克罗·波罗、马泰奥·波罗与马可·波罗在中国和东南亚游历。
1279—1368 年	元朝建立，1264 年，以大都为国都。
1314—1330 年	方济各会修士鄂多立克游历印度和中国。
1371 年	明太祖朱元璋颁布禁海令。
1392 年	室町幕府统治日本。禅宗文化流传开来。
1400—1700 年	明王朝。
1470—1480 年	中国北部修建明长城。

穆斯林中东

622 年	穆罕默德离开麦加，返回麦地那：希吉来。
630 年	东罗马帝国皇帝希腊希拉克略战胜波斯人，从耶路撒冷带回"真正的十字架"。
632 年	穆罕默德去世。
634 年	穆斯林离开阿拉伯半岛。
	穆斯林开始征服北非（709 年彻底征服）和亚洲（塔什干，712 年）。
636—724 年	大马士革的倭马亚哈里发国。
638 年	阿拉伯人攻占耶路撒冷。
661 年	穆罕默德的女婿阿里遇刺。
680 年	阿里的儿子侯赛因在卡尔塔拉战役中被杀。什叶派统治开始。
762 年	巴格达阿巴斯王朝。
786—809 年	哈伦·拉希德哈里发统治时期。
1009 年	哈基姆哈里发摧毁耶路撒冷的圣墓大教堂。
1055 年	塞尔柱帝国的土耳其人攻占巴格达，恢复逊尼派统治。
1071 年	塞尔柱帝国的土耳其人在曼兹科特战役中击败东罗马帝国。
1099 年	十字军攻占耶路撒冷。
1148 年	第二次十字军东征失败。
1187 年	库尔德人萨拉丁在哈丁战役中击败基督教徒，夺取耶路撒冷。
1191 年	第三次十字军东征失败，基督徒定居塞浦路斯。
1250—1254 年	圣路易在圣地逗留。
	圣路易的十字军东征失败（埃及，1250 年；突尼斯，1270 年）。
1291 年	马穆鲁克人攻占基督徒在巴勒斯坦的最后据点阿卡。
1354—1403 年	奥斯曼苏丹巴耶塞特一世征服并统一了阿纳托利亚的土耳其酋长国。

参考书目

总参考书目

BARTLETT, R., *Le monde médiéval*, Monaco, 2002.

BASCHET, J., *La civilisation féodale de l'An Mil à la colonisation de l'Amérique*, Paris, 2004, [3ᵉ éd., 2006].

BLOCH, M., *La Société Féodale*, 2 vol., Paris, 1935 et 1940.

DALARUN, J. (dir.), *Le Moyen Âge en lumière*, Paris, 2002.

DELORT, R., *Le Moyen Âge, histoire illustrée de la vie quotidienne*, Lausanne, 1972.

ECCO, U. (dir.), *Il Medioevo, Barbari, Cristiani, Musulmani*, Milan, 2010.

FOSSIER, R., *Le Moyen Âge*, 3 vol., Paris, 1983.

FOSSIER, R., *La société médiévale*, Paris, 1991.

FRIED, J., *Das Mittelalter, Geschichte und Kultur*, Munich, 2009.

GÉNICOT, L., *Les lignes de faîte du Moyen Âge*, Paris, 1952.

GUERREAU, A., *L'avenir d'un passé incertain. Quelle histoire du Moyen Âge pour le XXᵉ siècle ?* Paris, 1901.

ICHER, F., *La société médiévale. Codes, rituels et symboles*, Paris, 2000.

LE GOFF, J., *La civilisation de l'Occident médiéval*, Paris, 1964.

LE GOFF, J., *Le Moyen Âge en images*, Paris, 2000.

LOPEZ, R., *Naissance de l'Europe*, Destins du monde, Vᵉ-XIIᵉ siècle, Paris, 1962.

PERROY, E., AUBOYER, J., CAHEN, Cl., DUBY, G. et MOBLOT, M., *Le Moyen Âge*, Paris, 1955.

PIRENNE, H., *Histoire de l'Europe, des invasions au XVIᵉ siècle*, Paris, Bruxelles, 1936.

Le Moyen Âge vu par le cinéma européen in Les Cahiers de Conques, n°3, avril 2011.

Das Mittelalter, erklärt von J. LE GOFF, M. BRANDT, livre-audio, Dusseldorf, 2009.

关于"人物"这一概念。塑造中世纪人物。

BLOCH, M., *La Société féodale*, 2 vol., Paris, 1939-1940, [2ᵉ éd. 1949].

BORST, A., *Lebensformen im Mittelalter*, Francfort s/le Main, 1973.

CAPITANI, O., *Medioevo passato prossimo*, Bologne, 1979.

FUHRMANN, H., *Einladung ins Mittelalter*, Munich, 2000.

FUHRMANN, H., *Überall ist Mittelalter von der Gegenwart einer vergangenen zeit*, Munich, 1996.

GOUGUENHEIM, S., *Le Moyen Âge en questions*, Paris, 2012.

HASKING, C. H., *The Renaissance of the XIIᵉ Century*, Cambridge Mass., 1928.

LE GOFF, J. (dir.), *L'homme médiéval*, Paris, 1989.

LINEHAN, P. et NELSON, J. L., *The Medieval World*, Londres/New York, 2001.

VOLPE, G., *Il medioevo*, Florence, 1965 [nouv. éd. avec préface de C. VIOLANTE, Rome/Bari, 1990].

Il Medioevo, Secoli V-XV, t.3, Storia d'Europa, Turin, 1994.

Senefiance, études réunies par C. CONNOCHE-BOURGNE, n°53, Aix-en-Provence, 2007.

The Cambridge Medieval History, 8 vol., Cambridge, 1911-1963.

古代晚期—中世纪早期

ANGENENDT, A., *Das frühmittelalter. Die abenländische Christenheit von 400-900*, Stuttgart, 2001.

BANNIARD, M., *Genèse culturelle de l'Europe*, Paris, 1989.

COUMERT, M. et DUMÉZIL, B., *Les royaumes barbares en Occident*, Paris, coll. « Que sais-je ? », 2010.

DEMOUGEOT, E., *La formation de l'Europe et les invasions barbares*, Paris, 2 vol., 1979.

DUMÉZIL, B., *Les racines chrétiennes de l'Europe : conversion et liberté dans les royaumes barbares, V^e-VIIe siècles*, Paris, 2005.

LANÇON, B., *L'Antiquité tardive*, Paris, coll. « Que sais-je ? », n°1155, 1997.

MAROU, H.-I., *L'Église de l'Antiquité tardive (303-604)*, Paris, 1985.

RICHÉ, P., *Éducation et culture dans l'Occident barbare, Ve-VIIIe siècles*, Paris, 1988.

SOUTHERN, R. W., *The Making of the Middle Ages*, Londres, 1953.

从查理曼到公元 1000 年

ALTHOFF, G., *Otto III*, 1996.

ALTHOFF, G., *Die Ottonen*, 2000.

DUBY, G., *L'an Mil*, Paris, 1967.

FOLZ, R., *La naissance du Saint Empire*, Paris, 1967.

GEARY, P., *Phantoms of Remembrance. Memory and oblivion at the end of the first millenium*, Princeton, 1994.

LE JAN, R., *La royauté et les élites dans l'Europe carolingienne du début du IXe siècle aux environs de 920*, Villeneuve D'Ascq, 1998.

中世纪中期

GÉNICOT, L., *Le XIIIe siècle européen*, Paris, 1968.

LE GOFF, J., *Fischer Weltgeschichte*, t. XI, *Das Hochmittelalter*, Francfort sur le Main, 1965.

LE GOFF, J., *Apogée de la chrétienté, vers 1180-vers 1330*, Paris, 1968.

MOORE, R. I., *La première révolution européenne, Xe-XIIIe siècle*, trad. fr., Paris, 2001 [2000].

中世纪晚期

BOUCHERON, P. (dir.), *Histoire du monde au XVe siècle*, Paris, 2009.

HUIZINGA, J., *L'automne du Moyen Âge*, préface de J. LE GOFF, Paris, 1975 [1ère éd., 1919].

虚构的人物

BALTRUSAITIS, J., *Réveils et prodiges. Le Moyen Âge fantastique*, Paris, 1960.

GRAF, A., *Miti, leggende e superstizioni del Medioevo*, 2 vol., Turin, 1892-1893.

HARF-LANCNER, L., *Les fées au Moyen Âge*, Paris, 1986.

KAPPLER, C., *Monstres, démons et merveilles à la fin du Moyen Âge*, Paris, rééd. 1999.

LE GOFF, J., *Héros et merveilles du Moyen Âge*, Paris, 2005.

LE GOFF, J., « Merveilleux » in J. LE GOFF et J.-C. SCHMITT, *Dictionnaire raisonné de l'Occident médiéval*, Paris, 1999, p. 709-724.

从欧洲的基督教化到查理曼 (325-814)

图尔的圣马丁

SÉVÈRE, S., *Vie de saint Martin*, éd., trad., notes et commentaires par Jacques FONTAINE, coll. « Sources chrétiennes », n° 133-135, Paris, 1967-1969.

JUDIC, B., « Les modèles martiniens dans le christianisme des Ve-VIIe siècles » in Michèle GAILLARD (dir.), *L'Empreinte chrétienne en Gaule*, Turnhout (Belgique), à paraître (2013).

PIETRI, L., *La Ville de Tours du IVe au VIe siècle. Naissance d'une cité chrétienne*, collection de l'École française de Rome 69, Rome, 1983.

希波的圣奥古斯丁

BROWN, P., *Augustine. A Biography*, Berkeley, 1967, [éd. révisée et augmentée, 2000].

COSMA, A., DA GAI, V. et PITTIGLIO, Gi., *Iconografia agostiniana*, vol. 1, *Dalle Origini al XIV secolo*, Rome, 2011.

COURCELLE, P., *Les Confessions de saint Augustin dans la tradition littéraire. Antécédents et postérité*, coll. « Études augustiniennes », Paris, 1963.

DEKKERS, E., « Le succès étonnant des écrits pseudo-augustiniens au Moyen Âge » in *Fälschungen in Mittelalter : Internationaler Kongress der Monumenta Germaniae Historica, München, 16.-17. September 1986*, Hanovre, 1988, p. 361-368.

MARROU, H.-I., *Saint Augustin et la fin de la culture antique (1938)*, suivi de la *Retractatio*, 4e éd., Paris, 1958.

VERHEIJEN, L., *La Règle de saint Augustin*, vol. 1, *Tradition manuscrite*, et vol. 2, *Recherches historiques*, coll. « Études augustiniennes », Paris, 1967.

VERHEIJEN, L., *Nouvelle Approche de la Règle de saint Augustin*, Paris, 1980.

埃吉丽亚（或埃特丽亚）

MARAVAL, P. (éd. et trad.), *Égérie, Journal de voyage*, Paris, coll. « Sources chrétiennes », n° 296, 1982.

Actes du colloque sur la *Peregrinatio Egeriae*, Arezzo, 1988.

努西亚的圣本笃

VAUCHEZ, A. et CABY, C. (dirs.), *L'Histoire des moines, chanoines et religieux au Moyen Âge*, Turnhout (Belgique), 2003.

La Règle de saint Benoît, éd. A. DE VOGÜÉ et J. NEUFVILLE, 7 vol. Paris, coll. « Sources chrétiennes », n° 191-196 *bis*, 1964-1972.

阿提拉

BOZOKY, E., *Attila et les Huns. Vérités et légendes*, Paris, 2012.

ROUCHE, M., *Attila. La violence nomade*, Paris, 2009.

波爱修斯

(voir également la bibliographie de Cassiodore)

TILLIETTE, J.-Y., *Introduction* in Boèce, *la Consolation de Philosophie*, Paris, coll. « Lettres gothiques », p. 9-42, 2008.

卡西奥多罗斯

BRUNHÖLZL, F., *Histoire de la littérature latine du Moyen Âge*, t. I, Turnhout (Belgique), 1990.

BRUYNE, E. DE, *Études d'esthétique médiévale*, t. I, *De Boèce à Jean Scott Érigène*, Bruges, 1998 [1946].

CURTIUS, E.R., *La Littérature européenne et le Moyen Âge latin*, 2 vol., Paris, 1986 [1956].

RICHÉ, P., *Éducation et culture dans l'Occident barbare, VIe-VIIIe siècles*, Paris, 1962.

WOLFRAM, E., *Histoire des Goths*, Paris, 1990.

格里高利一世

BOESCH GAJANO, S., *Grégoire le Grand*, Paris, 2007.

DAGENS, C., *Saint Grégoire le Grand. Culture et expérience chrétiennes*, Paris, 1977.

MARKUS, R., *Gregory the Great and his World*, Cambridge, 1997.

塞维利亚的伊西多尔

ALONSO, C. R., *Las Historias de los Godos, Vándalos y Suevos de Isidoro de Sevilla. Estudio, edición crítica y traducción*, León, coll. « Fuentes y estudios de historia leonesa », n° 13, 1975.

ELFASSI, J. et RIBÉMONT, B., « La Réception d'Isidore de Séville durant le Moyen Âge tardif », *Cahiers de recherches médiévales*, n° 16, décembre 2008.

FONTAINE, J., *Isidore de Séville et la culture classique dans l'Espagne wisigothique*, Paris, 1959.

RIBÉMONT, B., *Les Origines des encyclopédies médiévales. D'Isidore de Séville aux Carolingiens*, Paris, coll. « Bibliothèque du Moyen Âge », 2001.

Isidori Hispalensis episcopi Synonyma, Turnhout (Belgique), 2009 (*CCSL* 111B).

Coll. « Études augustiniennes », série Antiquité, n° 100-102, 3 t., Paris, 1re éd. 1959, [2e éd. 1983]

Les *Etymologiæ* en latin par W.M. LINDSAY, 2 t., Oxford, 1911.

Les *Etymologiæ* en bilingue, livres II, III, IX, XI, XII, XIII, XVII, XVIII, XIX et XX, Paris, coll. « Auteurs latins du Moyen Âge », 2004-2011.

比德

BROWN, P., *The Rise of Western Christendom*, Oxford, 2003, p. 349-356.

BRUNHÖLZL, F., *Histoire de la littérature latine du Moyen Âge*, t. I, Turnhout (Belgique), 1990.

BRUYNE, E. DE, *Études d'esthétique médiévale*, t. I, *De Boèce à Jean Scott Érigène*, Bruges, 1946, [1998].

CURTIUS, E.R., *La Littérature européenne et le Moyen Âge latin*, 2 vol., Paris, 1986 [1956].

MITCHELL, B. et ROBINSON, F.C., *A Guide to Old English*, Oxford, 2007, p. 229-237.

RICHÉ, P., *Éducation et culture dans l'Occident barbare, VIe-VIIIe siècle*, Paris, 1962.

阿尔昆

Brunhölzl, F., *Histoire de la littérature latine au Moyen Âge*, t. I, vol. 2, Paris, 1997, p. 29-46 et 267-272.

阿尼亚纳的本笃

Dolbeau, F., « Sur un florilège carolingien de Septimanie, composé par Benoît d'Aniane », *Revue bénédictine*, Denée (Belgique), juin 2008.

Iogna-Prat, D., art. « Benoît d'Aniane » in *Dictionnaire des saints*, Paris, 1986, p. 79-84.

Schmitz, P., « L'influence de saint Benoît d'Aniane dans l'histoire de l'ordre de Saint-Benoît » in *Il monachesimo nell'alto Medioevo*, Spoleto, 1957, p. 401-415.

La Concordia regularum, éditée par P. Bonnerue, 1999.

利埃巴纳的贝阿图斯

Carozzi, C., *Apocalypse et Salut dans le christianisme ancien et médiéval*, Paris, 1999.

Carozzi, C. et Taviani-Carozzi, H., *La Fin des temps. Terreurs et prophéties au Moyen Âge*, Paris, 1999.

Cohn, N., *Les Fanatiques de l'Apocalypse*, Paris, 1962.

Mottu, H., *La Manifestation de l'Esprit selon Joachim de Flore*, Neuchâtel/Paris, 1977.

Reeves, M., *The Influence of Prophecy in the later Middle Ages*, Oxford, 1969.

查理曼

Boussard, J., *Charlemagne et son temps*, Paris, 1968.

Boutet, D., *Charlemagne et Arthur ou le roi imaginaire*, Paris, 1992.

Braunfels, N. (dir.), *Karl Der Grosse. Lebenswerk und Nachleben,* Dusserldorf, 1965-1967.

Éginhard, *Vita Karoli Magni (Vie de Charlemagne)*, éd. et trad. par Louis Halphen, Paris, 1967.

Heer, F., *Charlemagne and his World*, Londres, 1975.

Kerner, M., *Karl Der Grosse, Entschleierung eines Mythos*, Cologne, 2001.

Kleinclaus, A., *Charlemagne*, Paris, 1934, [nouv. éd. 1977].

Morrissey, R., *L'Empereur à la barbe fleurie. Charlemagne dans la mythologie et l'histoire de France*, Paris, 1997.

Riché, P., *Les Carolingiens, une famille qui fit l'Europe*, Paris, 1983.

La Saga de Charlemagne, trad. et notices de Daniel W. Lacroix, Paris, coll. « La Pochothèque », 2000.

从查理曼到公元 1000 年 (814-1000)

阿尔弗雷德大帝

Smyth, A.P., *King Alfred the Great*, Oxford, 1995.

Alfred the Great: Asser's Life of King Alfred and other Contemporary Sources, Harmondsworth, 1983.

Oxford Dictionary of National Biography, art. « Bède » par Patrick Wormald, Oxford, 2004.

奥托大帝

Folz, R., *La Naissance du Saint Empire*, Paris, coll. « Le mémorial des siècles », 1967.

Laudage, J., *Otto der Grosse (912-973). Eine Biographie*, Ratisbonne, 2001.

Puhle, M. (dir.), *Otto der Grosse, Magdeburg und Europa*, 2 vol., Mayence, 2001.

奥利亚克的热贝尔

Riché, P., *Gerbert d'Aurillac, le pape de l'an mil*, Paris, 1987.

Riché, P. et Callu, J.-P., édition de la *Correspondance de Gerbert*, Paris, 1992 (2 vol.) et 2008 (1 vol.).

Schärlig, A., *Un portrait de Gerbert d'Aurillac, inventeur d'un abaque, utilisateur précoce des chiffres arabes et pape de l'an mil*, Lausanne, 2012.

Actes des congrès de Bobbio en 1983, 2000, 2004, d'Aurillac en 1996, 2000, de Vich (Catalogne) en 1999 et de Budapest en 2001.

« Autour de Gerbert d'Aurillac », École des chartes, Paris, 1996.

圣阿德尔伯特

Poppe, A. et Poppe, D., « Adalbert de Prague » in Pierre Riché (dir.), *Histoire des saints et de la sainteté chrétienne*, t. V, *Les Saintetés dans les empires rivaux (815-1053)*, Paris, 1986, p. 62-69.

圣艾蒂安

Cevins, M.-M. de, *Saint Étienne de Hongrie*, Paris, 2004.

Györffy, G., *King Saint Stephen of Hungary*, New York, 1994.

中世纪中期 (1000-1300)

阿雷佐的圭多

COLETTE, M.-N., POPIN, M. et VENDRIX, P., *Histoire de la notation du Moyen Âge à la Renaissance*, Paris, 2003.

CULLIN, O. et FERRAND, M. (dirs.), *Guide de la musique au Moyen Âge*, Paris, 1999.

GUI D'AREZZO, *Micrologus* (Guid. Aret. Micr.), Nijmegen, 1955.

GUI D'AREZZO, *Micrologus*, trad. et commentaires par Marie-Noëlle COLETTE et Jean-Christophe JOLIVET, Paris, 1993.

MEYER, C., « Les Traités de musique » in *Typologie des sources du Moyen Âge occidental*, fasc. 85, Turnhout (Belgique), 2001.

ROUCHE, M., *Histoire de l'enseignement et de l'éducation. V{e} siècle av. J.-C.-XV{e} siècle*, t. 1., Paris, 2003 [1981].

TREITLER, L., *With Voice and Pen. Coming to Know Medieval Song and How it was Made*, Oxford, 2003.

格里高利七世 (希尔德布兰德)

COWDREY, H.E.J., *Pope Gregory VII. 1073-1085*, Oxford, 1998

Gregorii VII Registrum, Hanovre, 1920-1923 (MGH, Epistolae selectae, II)

征服者威廉

BATES, D., *William the Conqueror*, Stroud, 2004.

BOUARD, M. DE, *Guillaume le Conquérant*, Paris, 1984.

Oxford Dictionary of National Biography, art. « Guillaume le Conquérant » par David BATES, Oxford, 2004.

坎特伯雷的圣安瑟伦

CORBIN, M. (dir.), *L'Œuvre d'Anselme de Cantorbéry*, 9 vol., Paris, 1986-2005.

SOUTHERN, R.W., *Saint Anselm : A Portrait in Landscape*, Cambridge, 1990.

"骁将"熙德

AURELL, M., « Le Cid » in A. VAUCHEZ (dir.), *Dictionnaire encyclopédique du Moyen Âge*, t. I, Paris, 1997, p. 329.

EPALZA, M. DE et GUELLOUZ, S., *Le Cid, personnage historique et littéraire*, Paris, 1983.

FLETCHER, R., *The Quest for el Cid*, Oxford, 1989.

HORRENT, J., *Cantar de mío Cid (Chanson de mon Cid), édition, traduction et notes*, 2 vol., Gand, 1982.

MENJOT, D., « Le Cid » in Cl. GAUVARD, A. DE LIBÉRA et M. ZINK (dirs.), *Dictionnaire du Moyen Âge*, Paris, 2002, p. 291.

阿伯拉尔与爱洛漪丝

CLANCHI, M. T., *Abélard* (1997), trad. fr., Paris, 2000.

COLLECTIF, *Pierre Abélard, Pierre le Vénérable. Les courants philosophiques, littéraires et artistiques en Occident au XII{e} siècle*, Paris, 1975.

DUBY, G., *Dames du XII{e} siècle, Héloïse, Aliénor, Iseult et quelques autres*, t. 1, Paris, 1945, [rééd. Paris, coll. « Folio », 1997].

GANDILLAC, M. DE, *Œuvres choisies d'Abélard*, Paris, 1945.

GILSON, E., *Héloïse et Abélard*, Paris, 1938.

JOLIVET, J., *Abélard*, Paris, Seghers, 1969, [rééd. Paris, 1994].

LE GOFF, J., « Abélard et Héloïse » in *Cinq personnages d'hier pour aujourd'hui*, Paris, 2001, p. 27-43.

VERGER, J., *L'amour castré. L'histoire d'Héloïse et d'Abélard*, Paris, 1996.

VERGER, J., *La théologie d'Abélard*, Paris, 1997.

VERGER, J. et JOLIVET, J., *Bernard-Abélard ou le cloître et l'école*, Paris, 1982.

ZUMTHOR, P., *Abélard, lamentations, histoire de mes malheurs, correspondances avec Héloïse*, Arles, 1992.

絮热

CARTELLIERI, O., *Abt Suger von Saint Denis, 1081-1151*, Berlin, 1892.

GASPARRI, F., *Suger, Œuvres*, t. 1 et 2, Paris, 1996 et 2001.

GORSON, P. (dir.), *Abbot Suger and Saint Denis*, Colloque New York, 1961, [nouv. éd. New York, 1986].

LECOY DE LA MARCHE, A., *Œuvres complètes de Suger*, Société de l'histoire de France, Paris, 1967.

MC CROSBY, S., *L'abbaye royale de Saint Denis*, Paris, 1953.

PACAUT, M., *Louis VII et son royaume*, Paris, 1954.

SASSIER, Y., *Louis VII*, Paris, 1991.

SUGER, *Vie de Louis VI le Gros*, éditée et traduite par H. WAQUET, Paris, coll. « Les classiques de l'histoire de France au Moyen Âge », 1964.

布雷西亚的阿尔诺

FRUGONI, A., *Arnaud de Brescia dans les sources du XIIe siècle*, Paris, 1993 [1954].

克莱沃的圣贝尔纳

AUBÉ, P., *Saint Bernard de Clairvaux*, Paris, 2003.

LECLERCQ, J. et ROCHAIS, H., *Sancti Bernardi Opera*, 8 vol., Rome, 1957-1977, [édition bilingue latin-français, coll. « Sources chrétiennes », Paris].

Bernard de Clairvaux. Histoire, mentalités, spirtitualité, Paris, coll. « Sources chrétiennes », n° 380, 1992.

尊者彼得

IOGNA-PRAT, D., *Ordonner et exclure. Cluny et la société chrétienne face à l'hérésie, au judaïsme et à l'islam*, Paris, 1998.

TORRELL, J.-P., et BOUTHILLIER, D., *Pierre le Vénérable abbé de Cluny. Le courage de la mesure*, Tours, 1988.

MÉHU, D., *Paix et communautés autour de l'abbaye de Cluny (X[e]-XVe siècle)*, Lyon, 2001.

宾根的希尔德加德

BURNETT, C. et DRONKE, P. (dirs.), *Hildegard of Bingen. The Context of her Thought and Art*, Warburg Institute Colloquia, 4, Londres, 1998.

GOUGENHEIM, S., *Hildegarde de Bingen, abbesse et prophétesse rhénane*, Paris, 1996.

MOULINIER, L., *Le Manuscrit perdu à Strasbourg. Enquête sur l'œuvre scientifique de Hildegarde*, Paris/Saint-Denis, 1995.

SAURMA-JELTSCH, L. E., *Die Miniaturen im « Liber Scivias » der Hildegard von Bingen. Die Wucht der Vision und die Ordnung der Bilder*, Wiesbaden, 1998.

彼得·隆巴德

LOMBARD, P., Les *Quatre Livres des Sentences. Premier Livre*, introd., trad. et notes par Marc OZILOU, Paris, coll. « Sagesses chrétiennes », 2012.

COLISH, M. L., *Peter Lombard*, 2 vol. (Brill's Studies in Intellectual History, 41), Leyde/New York/Cologne, 1994.

DE GHELLINCK, J., *Le Mouvement théologique du XIIe siècle*, Bruges/Bruxelles/Paris, 1948, p. 213-277.

DELHAYE, P., *Pierre Lombard : sa vie, ses œuvres, sa morale*, Montréal/Paris, 1960.

ROSEMANN, P. W., *Peter Lombard*, Oxford, coll. « Great Medieval Thinkers », 2004.

VERGER, J., *La Renaissance du XIIe siècle*, Paris, coll. « Initiations au Moyen Âge », 1996.

Livre des Sentences in *Magistri Petri Lombardi Sententiae in IV libris distinctae*, 2 t. en 3 vol., dont un de *Prolegomena* (Spicilegium Bonaventurianum, IV et V), Grottaferrata, 1971-1981.

圣托马斯·贝克特

BARLOW, F., *Thomas Becket*, Londres, 2004.

DUGGAN, A., *Thomas Becket. Friends, Networks, Texts*, Aldershot, 2007.

FOREVILLE, R., *L'Église et la royauté sous Henri II Plantagenêt*, Paris, 1943.

Oxford Dictionary of National Biography, art. « Thomas Becket » par Frank BARLOW, Oxford, 2004.

旺塔杜尔的贝尔纳

APPEL, C., *Bernart von Ventadorn : seine Lieder*, Halle, 1915.

BEC, P., *Écrits sur les troubadours et la lyrique médiévale (1961-1991)*, Caen, 1992.

DE GOUSTINE, L., *Bernard de Ventadour ou les Jeux du désir*, Périgueux, 2007.

LA CURNE DE SAINTE-PALAYE, J.-B., *Histoire littéraire des troubadours, contenant leurs vies, les extraits de leurs pièces, et plusieurs particularités sur les mœurs, les usages et l'histoire du douzième et du treizième siècles*, éd. mise en ordre et publiée par l'abbé MILLOT, P. DURAND neveu, 1774, 3 vol in-12 de LXVIII + 472 p., VIII + 504 p. et VIII + 456 p., [nouv. éd. Genève, 1967].

LAZAR, M., *Chansons d'amour* de Bernard de Ventadour, éd. critique, trad., intro., notes et glossaire, Paris, 1966, [rééd. 2001, Paris, présentation Luc DE GOUSTINE, pré-texte Geneviève BRUNEL-LOBRICHON].

DE RIQUER, M., *Vidas y amores de los trovadores y sus dames*, Barcelone, 2004.

ROUBAUD, J., *La Fleur inverse. L'art des troubadours*, Paris, 2004 [éd. revue et augmentée, 2009].

Les Vies des troubadours, textes réunis et traduits par Margarita EGAN, Paris, coll. « Bibliothèque médiévale », 1985.

Anthologie des troubadours, textes choisis, présentés et traduits par P. BEC avec la collaboration de Gérard GONFROY et Gérard LE VOT, éd bilingue, Paris, coll. « Bibliothèque médiévale », 1979.

Introduction à Bernart de Ventadorn, trad. de l'allemand par Luc de GOUSTINE et de l'occitan par Miquela STENTA, Limoges, 1990.

Association Carrefour Ventadour : www.ventadour.net (courriel : carrefour@ventadour.net)

阿基坦的埃莉诺

AURELL, M. (dir.), *Aliénor d'Aquitaine*, hors-série de la revue *303, arts, recherches et création*, numéro 81, Nantes, 2004.

AURELL, M., « Aux origines de la légende noire d'Aliénor d'Aquitaine » in A.-H. ALLIROT, G. LECUPPRE et L. SCORDIA (dirs.), *Royautés imaginaires (XIIe-XVIe siècles)*, Turnhout (Belgique), 2005, p. 89-102.

AURELL, M., *L'Empire des Plantagenêt (1154-1224)*, Paris, 2003.

FLORI, J., *Aliénor d'Aquitaine : la reine insoumise*, Paris, 2004.

LABANDE, E.-R., *Pour une image véridique d'Aliénor d'Aquitaine*, Poitiers, 2005, [1952].

TURNER, R. V., *Aliénor d'Aquitaine*, Paris, 2011.

红胡子腓特烈一世

OPPL, F., *Friedrich Barbarossa*, Darmstadt, 1992.

PACAUT, M., *Frédéric Barberousse*, Paris, 1957.

RACINE, P., *Frédéric Barberousse*, Paris, 2009.

阿威罗伊

AVERROÈS, *Discours décisif*, trad. fr., Paris, 1996.

AVERROÈS, *L'Intelligence et la pensée*, trad. fr., Paris, 1998.

BENMAKHLOUF, A., *Averroès, le commentaire moyen sur le De interpretatione*, trad. fr. par S. DIEBLER, Paris, 2000.

BENMAKHLOUF, A., *Averroès*, Paris, 2000 et 2003.

BENMAKHLOUF, A., *Le Vocabulaire d'Averroès*, Paris, 2007.

弗洛拉的约阿西姆

CAROZZI, C., *Apocalypse et salut dans le christianisme ancien et médiéval*, Paris, 1999.

VAUCHEZ, A. (dir.), *Prophètes et prophétismes*, Paris, 2012.

特鲁瓦的克里蒂安

CHRÉTIEN DE TROYES, *Romans*, J.-M. Fritz *et alii* (dir.), Paris, 1994.

CHRÉTIEN DE TROYES, *Œuvres complètes*, Daniel POIRION (dir.), Paris, coll. « Bibliothèque de la Pléiade », 1994.

DOUDET, E., *Chrétien de Troyes*, Paris, 2009.

FRAPPIER, J., *Chrétien de Troyes, l'homme et l'œuvre*, Paris, 1957.

萨拉丁

CHAMPDOR, A., *Saladin, le plus pur héros de l'Islam*, Paris, 1956.

EDDÉ, A.-M., *Saladin*, Paris, coll. « Les Grandes Biographies », 2008.

EDDÉ, A.-M., « Saladin ou la fabrique d'un héros » in *Le Nouvel Observateur. Les Arabes*, hors-série n° 79, janvier-février 2012, p. 25.

MOUTON, J.-M., *Saladin, le sultan chevalier*, Paris, 2001.

RICHARD, J., « Les transformations de l'image de Saladin dans les sources occidentales » in *Figures mythiques de l'Orient musulman*, D. AIGLE (dir.), *Revue du monde musulman et de la Méditerranée*, n° 89-90, 2000, p. 177-187.

TOLAN, J., « Mirror of Chivalry : Salah al-Dîn in the Medieval European Imagination » in *Images of the Other : Europe and the Muslim World before 1700. Cairo Papers on Social Sciences*, n° 19, 1996, p. 7-38.

狮心王理查

AURELL, M., *L'Empire des Plantagenêt (1154-1224)*, Paris, 2003.

FLORI, J., *Richard Cœur de Lion, le roi-chevalier*, Paris, 1999.

GILLINGHAM, J., *Richard Cœur de Lion*, Paris, 1996.

NELSON, J. L. (dir.), *Richard Cœur de Lion in History and Myth*, Londres, 1992.

英诺森三世

FOREVILLE, R., *Le Pape Innocent III et la France*, Stuttgart, 1992.

SAYERS, J., *Innocenzo III*, Rome, 1997.

圣多明我

BOUCHET, J.-R., *Saint Dominique*, Paris, 1988.

VICAIRE, M.-H., *Histoire de saint Dominique*, 2 vol, Paris, 1982.

西里西亚的圣海德薇（雅德维加）

BAZIN, G., *Sainte Hedwige, sa vie et ses œuvres*, Paris, 1895.

GOTTSCHALK, J., *St. Hedwig Herzogin von Schlesien*, Cologne/Graz, 1964.

RÉAU, L., *Iconographie de l'art chrétien*, t. III, art. « Hedwige de Silésie », Paris, 1958, p. 632-633.

WASOWICZ, T., *Legenda Slaska*, Wroclaw/Varsovie/Cracovie, 1967.

史诺里·史特卢森

BOYER, R., *Les Sagas islandaises*, Paris, 1978.

La Saga des Sturlungar, Paris, 2005.

SNORRI STURLUSON, *Edda. Récits de mythologie nordique*, Paris, 1991.

SNORRI STURLUSON, *Histoire des rois de Norvège*, Paris, 2000.

阿西西的圣方济各和圣克莱尔

COLLECTIF, *François d'Assise, écrits, Vies, témoignages*, éd. du huitième centenaire, 2 vol., Paris, 2010.

DALARUN, J., *François d'Assise, un passage. Femmes et féminité dans les écrits et les légendes franciscaines*, Arles, 1997.

FOCILLON, H., *Saint François d'Assise et la peinture italienne au XIIIe et au XIVe siècle*, Montréal, 1945.

FRUGONI, C., *Saint François d'Assise, la vie d'un homme*, Paris, coll. « Pluriel », 1999.

LE GOFF, J., *Saint François d'Assise*, Paris, 1999.

LE GOFF, J., « Saint François d'Assise et Sainte Claire » in *Cinq personnages d'hier pour aujourd'hui*, Paris, 2001, p. 44-64.

LEONARDI, C. (dir.), *Francesco e Chiara d'Assisi*, vol. 1., *La letteratura francescana*, Milan, 2004.

MANSELLI, R., *Saint François d'Assise*, Paris, 1981.

NAGY P., *Le Don des larmes au Moyen Âge*, Paris, 2000.

VAUCHEZ, A., *François d'Assise*, Paris, 2009.

Claire d'Assise, écrits, introduction, textes latins, traductions, notes et index de M. F. BECKER, J. F. GODET et Th. MATURA, Paris, coll. « Sources chrétiennes », n° 325, 1985.

腓特烈二世

KANTOROWICZ, E., *L'Empereur Frédéric II*, Paris, 1987.

RADER, O.B., *Friedrich II.*, Munich, 2010.

STÜRNER, W., *Friedrich II.*, Darmstadt, 1992-2000.

匈牙利的圣伊丽莎白

BLUME, D. et WERNER, M. (dirs.), *Elisabeth von Thüringen : Eine europäische Heilige*, Berlin, 2007.

KLANICZAY, G., *Holy Rulers and Blessed Princesses*, Cambridge, 2004.

WOLF, K. B., *Life and Afterlife of S. Elizabeth of Hungary*, Oxford (États-Unis), 2011.

杜塞丽娜

CAROZZI, C., « Une béguine joachimite : Douceline, sœur d'Hugues de Digne » in *Franciscains d'Oc. Les Spirituels*, Toulouse, coll. « Cahiers de Fanjeaux », n° 10, 1975, p. 169-201

GOUT, R. (éd.), *La Vie de sainte Douceline, texte provençal du XIVe siècle*, Paris, 1927.

圣路易（路易九世）和卡斯蒂利亚的布兰卡

CAROLUS-BARRÉ, L., *Le procès de canonisation de Saint-Louis (1272-1297). Essais de reconstitution*, Rome, 1994.

GAPOSCHKIN, M. C., *The Making of Saint-Louis*, Ithaca (États-Unis), 2008.

LE GOFF, J., *Saint Louis*, Paris, 1986.

MERCURI, C., *Saint Louis et la couronne d'épines*, 2004, [trad. fr. Paris, 2011].

RICHARD, J., *Saint Louis*, Paris, 1983.

SIVÉRY, G., *Saint Louis et son siècle*, Paris, 1989.

SIVÉRY, G., Louis IX, *Le roi saint*, Paris, 2002.

SIVÉRY, G., *Blanche de Castille*, Paris, 1990.

圣波拿文都拉

BOUGEROL, J.-G., *Saint Bonaventure et la sagesse chrétienne*, Paris, 1963.

GILSON, E., *La Philosophie de saint Bonaventure*, Paris, 1943.

瓦拉泽的雅各布斯

BOUREAU, A., *La Légende dorée. Le système narratif de Jacques de Voragine*, préface de J. LE GOFF, Paris, 1984.

CASAGRANDE, C., *Dizionario biografico degli Italiani*, art. « Iacopo da Varazze », Rome, 2004, p. 92-102.

FLEITH, B. & *alii*, *La Légende dorée de Jacques de Voragine : le livre qui fascinait le Moyen Âge*, Genève, 1998.

FLEITH, B. et MORENZONI, F., *De la sainteté à l'hagiographie. Genèse et usage de la Légende dorée*, Genève, 1998.

JACQUES DE VORAGINE, *La Légende dorée*, textes traduits, présentés et annotés par A. BOUREAU & *alii*., préface de J. LE GOFF, Paris, coll. « Bibliothèque de la Pléiade », 2004.

拉蒙·鲁尔

PRING-MILL, R., *Le Microcosme lullien. Introduction à la pensée de Raymond Lulle*, trad. fr. de I. ATUCHA, Fribourg/Paris, coll. « Vestigia, Pensée antique et médiévale », 2008.

URVOY, D., *Penser l'Islam. Les présupposés islamiques de l'« Art » de Lulle*, Paris, coll. « Études musulmanes », XXIII, 1980.

L'Art bref, trad. fr. par A. LLINARÈS, Paris, coll. « Sagesses chrétiennes », 1991.

Lulle, choix de textes, traduits et présentés par L. SALA-MOLINS, Paris, 1967.

智者阿方索十世

BURNS, R.I., *Emperor of Culture. Alfonso X the Learned of Castile and his thirteenth Century Renaissance*, Philadelphie, 1990.

DOUBLEDAY, S.R., *The Wise King: A Christian Prince, Muslim Spain, and Birth of The Renaissance*, New York, 2015.

GONZÁLEZ JIMÉNEZ, M., *Alfonso X (1252-1284)*, Palencia, coll. « Reyes de Castilla », 1993.

O'CALLAGHAN, J. F., *The Learned King. The Reign of Alfonso X of Castile*, Philadelphie, 1993, [trad. esp, *El rey sabio. El reinado de Alfonso X de Castilla*, Séville, 1996].

RODRÍGUEZ LLOPIS, M. (dir.), *Alfonso X y su época*, Murcia, 2002.

RUCQUOI, A., « El Rey Sabio : cultura y poder en la monarquía medieval castellana », *III Curso de Historia Medieval*, Aguilar de Campoó, 1991, p. 77-87.

马可·波罗

HEERS, J., *Marco Polo*, Paris, 1983.

GERMAIN-THOMAS, O., *Marco Polo*, Paris, coll. « Folio », 2010.

GUERET-LAFERTE, M., *Sur les routes de l'Empire mongol. Ordre et rhétorique des récits de voyage aux XIIIe et XIVe siècles*, Paris, 1994.

MÉNARD, P. (dir.), *Le Devisement du monde*, 6 vol., Genève, 2001-2009.

MOLLAT, M., *Les Explorateurs du XIIIe au XVe siècle*, Paris, 1992.

POLO, M., *Le Livre des merveilles, Das Buch der Wunder. Manuscrit français de la Bibliothèque nationale de France*, Lucerne, 1999.

RACINE, P., *Marco Polo et ses voyages*, Paris, 2012.

约翰尼斯·埃克哈特

FLASCH, K., *Maître Eckhart, philosophe du christianisme*, trad. de l'allemand par C. KÖNIG-PRALONG, Paris, 2011.

LIBERA, A. DE, *Maître Eckhart et la mystique rhénane*, Paris, 1999.

MANGIN, É., *Maître Eckhart ou la Profondeur de l'intime*, Paris, 2012.

RUH, K., *Initiation à Maître Eckhart, théologien, prédicateur, mystique*, trad. de l'allemand par J. de BOURGKNECHT, et A. NADEAU, Fribourg/Paris, 1997.

贝尔纳·居伊

DUBREIL-ARCIN, A., *Vies de saints, légendes de soi. L'écriture hagiographique dominicaine jusqu'au Speculum sanctorale de Bernard Gui (+1331)*, Turnhout (Belgique), coll. « Hagiologia » n° 7, 2011.

GUENÉE, B., « Bernard Gui (1261-1331) », *Entre l'Église et l'État. Quatre vies de prélats français à la fin du Moyen Âge (XIIIe-XVe siècle)*, Paris, 1987.

LAMARRIGUE, A.-M., *Bernard Gui (1261-1331). Un historien et sa méthode*, Paris, 2000.

THOMAS, A., « Bernard Gui, frère Prêcheur », *Histoire littéraire de la France*, t. XXXV, 1921, p. 139-232.

Bernard Gui et son monde, coll. « Cahiers de Fanjeaux », n° 16, 1981.

但丁·阿利基耶里

AUERBACH, E., *Écrits sur Dante*, Paris, 1999

CROUZET-PAVAN, E., *Enfers et Paradis, L'Italie de Dante et de Giotto*, Paris, 2001

DANTE, *La Divine Comédie*, texte français, préface et notes de J. RISSET, 1 vol. Paris, 2010.

GILSON, E., *Dante et la philosophie*, Paris, 1939

GOUDET, J., *Dante et la politique*, Paris, 1969

LE GOFF, J., *La Naissance du Purgatoire*, Paris, 1981

RISSET, J., *Dante une vie*, Paris, 1995

动乱与变迁（1300-1500）

美男子腓力四世

FAVIER, J., *Philippe le Bel*, Paris, 1978.

HÉLARY, X., *Courtrai, 11 juillet 1302*, Paris, 2012.

PROVOST, A., *Domus Diaboli, Un évêque en procès au temps de Philippe le Bel*, Paris, Belin, 2010.

STRAYER, J. R., *The Reign of Philip the Fair*, Princeton, 1980.

THÉRY, J., « Une hérésie d'État. Philippe le Bel, le procès des "perfides templiers" et la pontificalisation de la royauté française » in *Médiévales*, n° 60, 1961, p. 157-186.

波希米亚的查理四世

Vie de Charles IV de Luxembourg, intro., éd. et trad. par Pierre MONNET et Jean-Claude SCHMITT, Paris, 2010.

尼古拉·奥雷姆

HASENOHR, G. et ZINK, M., Paris, 1994, p. 1072-1075.

GILLARD, L., « Nicole Oresme économiste », *Revue historique*, n° 279, 1988, p. 3-39.

NEVEUX, F., « Nicole Oresme et le clergé normand du XIVe siècle », *Revue historique*, n° 281, 1989, p. 5-75.

QUILLET, J. (dir.), *Autour de Nicolas Oresme*, Paris, 1990.

SOUFFRIN, P. et SEGONDS, A.-P. (dirs.), *Nicolas Oresme : tradition et innovation chez un intellectuel du XIVe siècle*, Paris/Padoue, 1988.

« Autour de Nicolas Oresme, un savant du XIVe siècle » in *Cahiers des archives départementales du Calvados*, Caen, n° 31, 2006.

Dictionnaire des lettres françaises. Le Moyen Âge, art. « Nicole Oresme », nouv. éd. par Geneviève HASENOHR et Michel ZINK, Paris, 1994, p. 1072-1075.

约翰·威克里夫

HUDSON, A., *The Premature Reformation. Wycliffite Texts and Lollard History*, Oxford, 1988.

MCFARLANE, K. B., *Wycliffe and English non-Conformity*, Harmondsworth, 1972.

Oxford Dictionary of National Biography, art. « John Wyclif » par Ann HUDSON et Anthony KENNY, Oxford, 2004.

让·傅华萨

ZINK, M., *Froissart et le temps*, Paris, 1998.

杰弗里·乔叟

CHAUCER, G., *Les Contes de Canterbury et autres œuvres*, trad. des œuvres complètes de Chaucer (textes scientifiques inclus) par A. CRÉPIN (dir.), Paris, coll. « Bouquins », 2010.

锡耶纳的圣凯瑟琳

CATHERINE DE SIENNE, *Le Dialogue*, trad. L. PORTIER, Paris, 2007.

FAWTIER, R. et CANET, L., *La Double Expérience de Catherine Benincasa (Catherine de Sienne)*, Paris, 1948.

扬·胡斯

MARIN, O., *L'Archevêque, le maître et le dévot. Genèses du mouvement réformateur pragois (années 1360-1419)*, Paris, 2005.

锡耶纳的圣贝尔纳迪诺

PELLEGRINI, L. (dir.), *Il processo di canonizzazione di Bernardino da Siena (1445-1450)*, Grottaferrata, 2009.

航海者亨利

MATTOSO, J.(dir.), *Historia de Portugal*, t. II, *A Monarquia feudal (1096-1480)*, Lisbonne, 1994.

RUSSELL, P., *Prince Henry « the Navigator ». A Life*, New Haven, Yale University Press, 2001.

VERGÉ-FRANCESCHI, M., *Un prince portugais au XVe siècle. Henri le Navigateur*, Paris, 2000.

圣女贞德

BEAUNE, C., *Jeanne d'Arc*, Paris, 2004.

BEAUNE, C., *Vérités et légendes*, Paris, 2008

CONTAMINE, P., BOUZY, O. et HÉLARY, X., *Jeanne d'Arc. Histoire et dictionnaire*, Paris, coll. « Bouquins », 2012.

DUPARC, P. (dir.), *Procès en nullité de la condamnation de Jeanne d'Arc*, 5 vol., Paris, 1977-1988.

TISSET, P., avec la collaboration d'Yvonne Lanhers, *Procès de condamnation de Jeanne d'Arc*, 3 vol., Paris, 1960-1971.

让·富盖

AVRIL, F., *Jean Fouquet, peintre et enlumineur du XVe siècle*, Paris, 2004.

AVRIL, F. et REYNAUD, N., *Les Manuscrits à peintures en France, 1440-1520*, Paris, 1993.

BOUCHOT, H. et alii, *Exposition des Primitifs français au palais du Louvre (pavillon de Marsan) et à la Bibliothèque nationale*, Paris, 1904.

REYNAUD, N., *Jean Fouquet*, Paris, coll. « Les dossiers du département des Peintures du musée du Louvre », n° 22, 1981.

L'Enluminure en France au temps de Jean Fouquet, cat. d'expo., Chantilly/Paris, 2004.

"穿刺者"弗拉德三世（德古拉）

CAZACU, M., *Dracula*, Paris, 2004.

DUREAU, C., *Les Interprètes de Dracula, « le saigneur » des Carpates*, Paris, 2011.

STOKER, B., *Dracula*, Paris, 2006 [1897].

Courrier international, n° 1103-1104, décembre 2011-janvier 2012.

Libération, 31 décembre 1987 et 31 décembre 2011.

克里斯多夫·哥伦布

BALARD, M., *Christophe Collomb. Journal de bord, 1492-1983*, Paris, 1992.

COLOMB, C., *La découverte de l'Amérique, Journal de bord, 1492-1493*, t.I., Paris, 1979. *Relations de voyages, 1493-1504*, t.II, Paris, 1979. *Écrits et documents, 1492-1506*, t. III, Paris, 1991.

MAHN-LOT, M., *Portrait historique de Christophe Colomb*, Paris, 1941 et 1988.

Studi colombiani, 3 vol., Gênes, 1962.

虚构的人物

亚瑟王

AURELL, M., *La Légende du roi Arthur*, Paris, 2007.

BARBER, R., *King Arthur. Hero and Legend*, Woodbridge, 1993.

BOUTET, D., *Charlemagne et Arthur ou le roi imaginaire*, Paris, 1992.

CHAUVEL, D., *Arthur, une épopée celtique, 9, Mewdrawt le traitre*, bande dessinée, « Préface » de J. LE GOFF, Paris, 2006.

FARAL, E., *La Légende arthurienne*, 3 vol., Paris, 1929.

LOOMIS, R.S., *Arthurian Literature in The Middle Ages*, Oxford, 1959.

RÉGNIER-BOHLER, D., *La Légende arthurienne*, Paris, coll. « Bouquins », 1989.

WHITAKER, M., *The Legend of king Arthur in art*, Londres, 1990.

祭司王约翰

BEJCZY, I., *La Lettre du Prêtre Jean. Une utopie médiévale*, Paris, 2001.

PIRENNE, J., *La Légende du « Prêtre Jean »*, Strasbourg, 1992.

RICHARD, J., « L'Extrême-Orient légendaire au Moyen Âge : roi David et Prêtre Jean » in *Annales d'Éthiopie*, n° 2, Paris, 1957.

圣母玛利亚

RUBIN, M., *Mother of God, a History of the Virgin Mary,* Londres, 2009.

Marie. Le culte de la Vierge dans la société médiévale, études réunies par D. IOGNA-PRAT, E. PALAZZO et D. RUSSO, préface de G. DUBY, Paris, 1996.

海妖梅露辛

CLIER-COLOMBANI, F., *La fée Mélusine au Moyen Âge. Images, mythes et symboles,* préface de J. LE GOFF, Paris, 1991.

COUDRETTE, *Le roman de Mélusine,* Présenté, traduit et commenté par L. HARF-LANCNER, Paris, 1933.

D'ARRAS, J., *Mélusine,* mis en français moderne par M. PERROT, préface de J. LE GOFF, Paris, 1979.

HARF LANCNER, L., *Les fées au Moyen Âge, Morgane et Mélusine, la naissance des fées,* Paris, 1984.

LE GOFF, J. et LE ROY LADURIE, E., « Mélusine maternelle et défricheuse » in *Annales E.S.C.*, 1971, p. 587-622.

LE GOFF, J., « Mélusine » in *Héros et merveilles du Moyen Âge,* Paris, 2005, p. 144-153.

SERGENT, B., « Cinq études sur Mélusine » in *Mythologie française,* n° 177, 1995, p. 27-38.

RINGOLTINGEN, T. DE, *Mélusine et autres récits,* présentés, traduits et annotés par C. LECOUTEUX, Paris, 1999.

梅林和薇薇安

BAUMGARTNER, E., *Merlin le Prophète ou le livre du Graal,* Paris, 1980.

LE GOFF, J., *Héros et Merveilles du Moyen Âge,* art. « Merlin », Paris, 2005, p. 154-161.

ZUMTHOR, P., *Merlin le Prophète. Un thème de la littérature prophétique, de l'historiographie et des romans,* 1943, [rééd. Genève 2000].

列那狐

ARNALDI, A. et ANGLADE, N., *Une œuvre, le Roman de Renart, un thème, société animale et société humaine,* Paris, 1977.

BATANY, J., *Scènes et coulisses du Roman de Renart,* Paris, 1989.

Le Roman de Renart, 2 vol., textes et traductions de J. DUFOURNET et A. MÉLINE, Paris, 1985.

Le Roman de Renart, textes et traductions par A. STRUBEL, Paris, coll. « Bibliothèque de La Pléiade », 1998.

侠盗罗宾汉

HOLT, J. C., *Robin Hood,* Londres, 1982.

POLLARD, A. J., *Imagining Robin Hood. The Late Medieval Stories in Historical Context,* Woodbridge, 2004.

罗兰

AMALVI, C., « La Chanson de Roland et l'image de Roland dans la littérature scolaire en France, de 1815 à 1914 » in *De l'art et la manière d'accommoder les héros de l'histoire de France. De Vercingétorix à la Révolution,* Paris, 1988, p. 89-111.

DUFOURNET, J., *La Chanson de Roland,* édition bilingue, Paris, 1993.

GALLETTI, A. I. et RODA, R., *Sulle orme di Orlando. Leggende e luoghi carolingi in Italia. I paladini di Francia nelle tradizioni italiane. Una proposta storico-anthropologica,* Padoue, 1987.

LE GENTIL, P., *La Chanson de Roland,* Paris, 1955.

LEJEUNE, R. et STIENNON, J., *La légende de Roland dans l'art du Moyen Âge,* 2 vol., Liège, 1965.

LEJEUNE, R., « Le héros Roland, mythe ou personnage historique ? » in *Académie Royale de Belgique, Bulletin de la classe des lettres et des sciences morales et politiques,* 5e série, t. 65, 1979, p. 145-165.

MOIGNET, G., *La Chanson de Roland,* texte et trad., Paris, 1969, [troisième éd. 1972].

撒旦

BOUREAU, A., *Satan hérétique, Histoire de la démonologie dans l'Occident médiéval,* Paris, 2004.

DELUMEAU, J., *La Peur en Occident,* Paris, 1978.

KELLEY, H.-A., *Satan, une biographie,* Paris, 2010.

LE GOFF, J., *La Civilisation de l'Occident médiéval,* Paris, 1964.

图片版权所有

© Aisa/Leemage 18, 39, 93, 94, 144, 350, 362, 375, 401 | © Angelo/Leemage 204 | © British Library Board / Robana / Leemage 25, 126, 226, 238-239, 283, 339, 442, 444, 457, 464, 473 | © Costa / Leemage 161, 341, 365, 385 | © Costa / Leemage 16 | © DeAgostini / Leemage 47, 66, 73, 81, 106, 162, 167, 207, 267, 316, 388 | © Electa / Leemage 184, 185, 233, 250, 255 | © Electa / Leemage pse116840, 262 | © Fototeca / Leemage 213, 419 | © Heritage Images / Leemage 103 | © Index / Leemage 20 | © Leemage 43, 136, 344 | © Lusia Ricciarini / Leemage 40, 48, 121, 243, 252, 253, 297, 310, 324-325 | © MOTTO/MP/ Leemage422 | © MP/ Leemage 293, 338 | © Photo Josse / Leemage 26, 35, 52, 76, 164, 171, 199, 236, 260, 307, 370-371, 405, 462 | © PrismaArchivo / Leemage 56, 154 | © Raffael / Leemage 208, 230 | © Selva / Leemage 272, 336, 376 | © SuperStock / Leemage 170 | © Youngtae / Leemage 68

© akg-images15, 54, 108, 114, 218-219, 351, 363, 372, 393, 412, 424, 433, 437, 453, 455, 458-459, 463, 466, 470 | © akg / De Agostini Pict.Lib. 280 | © akg-images / British Library 124, 147, 221, 329, 345, 369, 380, 382, 435 | © akg-images / Electa 64 | © akg-images /Erich Lessing 117, 222-223, 300, 386-387, 414, 415 | © akg-images / Jérôme da Cunha 410-411 | © akg-images / Jürgen Raible 118 | © akg-images / VISIOARS 357, 427 | © akg-images / Werner Forman 245 | © akg-images / Stefan Diller 278 | © Album / Oronoz / AKG 192 | © Album / Prisma / AKG 298-299 | © Yvan Travert / akg-images 474

© Alinari / The Bridgeman Art Library 212 | © Giraudon / The Bridgeman Art Library 129, 304| © The Bridgeman Art Library 246g, 246d

© Domingie & Rabatti / La Collection 396, 399, 448 | © Gills Mermet / La Collection 62 | © Imagno / La Collection 314-315 | © Interfoto / La Collection 183, 204, 285, 451 | © Jean-Paul Dumontier / La Collection 468, 469 | © Jean-Paul Dumontier / La Collection 26, 190-191 | © La Collection 358

© Bibliothèque nationale de France 79, 86, 88, 89, 90, 158, 177, 180, 195, 227, 256, 257, 269, 275, 295, 354, 447

© Cliché BMG 408

© Foto Art Media / Heritage Images / Scala, Firenze 313

© Photo Scala, Florence 286

图书在版编目(CIP)数据

中世纪的面孔/(法)雅克·勒高夫主编;申华明译.—北京:商务印书馆,2022(2022.12重印)
ISBN 978-7-100-20490-3

Ⅰ.①中… Ⅱ.①雅… ②申… Ⅲ.①文化史—欧洲—中世纪 Ⅳ.①K503

中国版本图书馆CIP数据核字(2021)第232960号

权利保留,侵权必究。

中世纪的面孔

〔法〕雅克·勒高夫　主编
申华明　译

商 务 印 书 馆 出 版
(北京王府井大街36号　邮政编码100710)
商 务 印 书 馆 发 行
北京中科印刷有限公司印刷
ISBN 978-7-100-20490-3

2022年8月第1版　　开本720×1000　1/16
2022年12月北京第2次印刷　印张32½
印数3000册

定价:198.00元